U0939952

山西大同大学出版基金资助
山西大同大学文学院一院一品项目资助

宴飨礼乐与古代戏剧

YANXIANG LIYUE YU GUDAI XIJU

宫文华◎著

中国戏剧出版社
CHINA THEATRE PRESS

图书在版编目（CIP）数据

宴飨礼乐与古代戏剧 / 宫文华著 . — 北京：中国
戏剧出版社，2020.7
ISBN 978-7-104-04972-2

Ⅰ . ①宴… Ⅱ . ①宫… Ⅲ . ①礼乐－中国－古代②古
代戏曲－戏剧史－中国 Ⅳ . ① K892.9 ② J809.22

中国版本图书馆 CIP 数据核字（2020）第 125388 号

宴飨礼乐与古代戏剧

责任编辑：张　霞
责任印制：冯志强

出版发行：中国戏剧出版社
出 版 人：樊国宾
社　　址：北京市西城区天宁寺前街 2 号国家音乐产业基地 L 座
邮　　编：100055
网　　址：www.theatrebook.cn
电　　话：010-63385980（总编室）
传　　真：010-63383910（发行部）

读者服务：010-63381560
邮购地址：北京市西城区天宁寺前街 2 号国家音乐产业基地 L 座

印　　刷：天津光之彩印刷有限公司
开　　本：787mm×1092mm　1/16
印　　张：21.25
字　　数：340 千
版　　次：2020 年 7 月　北京第 1 版第 1 次印刷
书　　号：978-7-104-04972-2
定　　价：118.00 元

序

■麻国钧

引言

中国号称“礼仪之邦”，这句话意味着中国是一个礼多仪众的国度。从大的方面说，在以官方为主导的礼仪中，大都有艺术演出夹杂其间，这些艺术或多或少、程度不一地为后世戏剧提供艺术营养。而当礼仪下移到民间之后，会更加灵活。在民间，往往会突破宫廷礼仪的某些束缚，从而为更多的艺术演出进入礼仪之中提供了便利。

在诸多礼仪中，如果说傩礼为后世提供了行进式的演出形态的话，那么宴飨之礼所提供的可能更多，也更加本质。宫文华以宴飨之礼与后世戏剧艺术的关系为课题撰写博士论文，选题既具慧眼，又抓住了要点，势必在自己面前展开一幅琳琅满目的祭礼与演出艺术的巨幅画卷。在这个题目下，有说不尽的话题，道不完的要点。于是，他在选题上已经占了先机。笔者长期以来也在关注这个话题相关的方方面面，因此当宫文华来电请为这部著述作序的时候，我欣然应允。思索再三，决定对以下几个问题略做探讨，权且为序。

历史悠久、品类众多的礼仪是否给予相对年轻的戏剧艺术某些基因与营养？这些基因、营养在戏剧中是否留下某些蛛丝马迹？对古典戏剧研究而言，寻到一二文化根脉，似也值得。

一、祭礼仪轨：戏曲程式的滥觞

在讨论戏曲艺术的时候，我们言必称“程式”。“程式”一词，来得较晚，但是程式的存在却绵长久远，程式的确立也非一蹴而就。程式意味着整饬与规定，体现在戏曲文本、表演之“四功”“五法”、乐队之文武场、服饰、道具，乃至演出空间的设想与构造等方面。凡此种种，无不体现其整齐划一的规定性。戏曲程式在大体上整齐划一的基础上，仍可变化，所谓“程式是死的，用之使活”，一个“活”字，体现了程式的可变性。但是，可变性以规定性为前提，活用与创新必须建立在规定性基础上。即便新创的程式，也需要与已有的程式在理念、风格、意蕴上相合，才能作为程式之一融入已有的程式体系中。诚然，程式并非绝对，在某些剧种以及某些剧目中，生活化的“四功”“五法”甚至服饰、道具等，也会出现写实的艺术形态。因此，对于程式，曰“程式化”似乎绝对些，谓之“程式性”或更为妥贴。

中国戏曲乃至东方古典戏剧存在异乎寻常的类同性。各国古典戏剧所敷衍的故事虽然千差万别，但是在场上呈现方面，却无不存在程度不一的程式规定性。长期以来，东方古典戏剧没有走出一条写实主义的道路，总体上都在写意的大道上前行，虽然时而左右徘徊，偶有旁顾，到头来依然回到既有的轨道上来，却是不争的事实。

何以如此？他国暂且不论，本文姑且就本国的情形，尝试着略探究竟。本序文把目光聚焦在祭祀礼仪程序，尤其是宴飨礼仪大大小小的程序上，略陈一二。

中国古代的祭礼仪式多如牛毛，大体而言，礼仪所面对的无非天神、地祇、人鬼。此外，傩礼的针对性是“鬼”。此处所谓“鬼”不同于前述人鬼之“鬼”。“人鬼”之“鬼”，指向亡去的人，主要指祖先。在这个层面上，“鬼者，归也”，意思是归回到其应该去的地方。因此，这里的“人鬼”，一般来说不会对现实人类施加戕害。大傩所驱之鬼是害人的鬼，是魑魅魍魉。在最初阶段，主要指带给人类各种疾病的疫鬼。汉代以后，被驱除之“鬼”的范围有所扩大。这个问题此处不作详论。

顾名思义，天神指的是常驻于天上的各路神明，地祇则指称常居于地上的神明。对天神、地祇、人鬼的正式祭祀礼仪被列入国家祀典，仪式程序有明确规定，不可随意更改，乐用祭祀礼乐，同样不可逾越，而其他演出艺术形态基本上被排除在外。诚然，大傩之礼另当别论。

但是，飨礼则不同。飨礼，虽然也入于“礼”，也有一定的规范性，但是与前述之礼仪相比要松弛得多，灵活得多。这种相对而言的灵活性，为演出艺术提供了赖以生存的契机与延生续命的空间。宴飨礼与其他祭礼存在重大区别的原因在于，二者的对象不同，参与人员不同，目的迥异。宴飨礼在古代吉、凶、军、宾、嘉“五礼”中归入嘉礼。嘉礼共有六仪，为饮食、婚冠、宾射、飨燕、赈膰、贺庆。飨燕也就是宴飨。嘉礼六仪的宗旨分别为亲宗族兄弟、亲成男女、亲故旧朋友、亲四方宾客、亲兄弟之国、亲异姓之国。以上五礼从周代开始，为历代王朝所遵行，而在延续过程中不断丰富。在举行五礼繁复的仪式中，“献”不可或缺。“献”就是献酒。早期历史礼仪中所行之“献”，最多为九献。到了宋代，飨礼之“献”，又获别名，称为“供盏”。名虽不同，其义一也。

宴飨礼虽然与其他祭祀礼仪相比，显得欢乐恣肆，但是毕竟入于“礼”，某些基本的规矩与程序还须恪守。因此，既有程序的基本规定性，又不乏灵活性。

1.“竹竿子”“参军色”与“致语”“口号”

松弛而欢快的宴飨礼仪，为各种演出艺术之纳入，开启了便利之门。与此同时，一些与演出艺术相关的小程序、执事者等也被确立，并获得名号，比如“竹竿子”与“参军色”。

“竹竿子”，以更加古老的竹信仰为依托，以竹图腾崇拜为底蕴，因此以竹子为材料制作而成。最初，利用自然竹而略加修剪，进入宫廷等相对隆重的场合之后，才有模仿自然竹的样态而新制，成为队舞、队戏等演出必备的道具。其样貌历代不一，形态各地有别，甚至自然竹与竹竿子二者并存。演出时，由“参军色”执掌竹竿子，则参军色又名“竹竿子”。在宴飨礼仪中，“竹竿子”不可或缺。

苏轼《苏轼诗集》卷 46 辑录有作者的若干首“教坊词致语口号”，如《坤成节集英殿宴教坊词致语口号》《集英殿秋宴教坊词致语口号》《兴龙节集英殿宴教坊词致语口号》（元祐二年）、《兴龙节集英殿宴教坊词致语口号》（元祐三年）、《紫宸殿正旦教坊词致语口号》《集英殿春宴教坊词致语口号》等。这些“致语”“口号”无不在宴飨礼仪中使用，无不是宴飨礼仪程序性规定，不可或缺。元祐是北宋哲宗年号，元祐二年、元祐三年，为公元 1087 年、1088 年，文献反映出北宋晚期宫廷的演出情形。苏轼所作，都是既有“教坊词”，也有“致语”、“口号”的作品。所谓“教坊词”，清・王文诰“辑注”说：“本集乐语，有勾、放各作者，统谓之‘教坊词’；无勾、放各作者，谓之‘致语’、‘口号’。”意思是说，收在该诗集中带有“教坊词致语口号”的作品，都是附有勾队、放队程序辞章以及致语、口号的作品。这样的作品称之为“宫廷队舞台本”似也不为过。下面，过录《坤成节集英殿宴教坊词致语口号》一种，以资说明：

臣闻视履考祥，既占怀月之梦；对时育物，必有继天之功。方大火之西流，属阴灵之既望。帝于是日，诞降仁人。意使斯民，咸归寿域。共庆千秋之遇，得生二圣之朝。式燕示慈，与民同乐。恭惟皇帝陛下，文思天纵，浚哲生知。力行禹、汤之仁，常恐一夫之不获；躬蹈曾、闵之孝，故得万国之欢心。恭惟太皇太后陛下，道契天人，德超载籍。知人则哲，盖帝尧之所难；修己安民，虽虞舜其犹病。风云从而万物睹，日月照而四时行。自然动植之咸安，莫知天地之何力。三宫交庆，群后骏奔。宝邻通四牡之欢，航海致重译之赆。洞庭九奏，始识咸池之音；灵岳三呼，共献后天之祝。

三朝遗老九门前，又见承平大有年。文母忧勤初化俗，曾孙仁孝已通天。史书元祐三千牍，乐奏坤成第一篇。欲采蟠桃归献寿，蓬莱清浅半桑田。①

王文诰“辑注”说：“致语、口号者，乃排场之始，叙此日之乐也。口号既毕，而后勾合曲。”则以上所引者，前为致语，后七言八句诗为口号。这里的致语、口号便是由“竹竿子”或“竹竿子”与“杖子头”分别宣说的。如果分说，那么前面一段由“竹竿子”宣诵，后面一段从“三朝遗老九门前”一句开始到最后，由“杖子头”宣说。

至于“勾合曲”等程序辞章，因该集为诗集，故不在正文之列，王文诰“辑注”将之过录在“案”中。现将“诰案”中的《坤成节集英殿宴教坊词致语口号》教坊勾合曲程序辞章引录于下：

秋风协应，生殿阁之微凉；广乐具陈，韵金丝而间作。欲观鸟兽之率舞，

---

① 〔清〕王文诰：《苏轼诗集》卷46，中华书局，第2494页。

愿闻笙磬之同音。上奉宸颜，教坊合曲。

勾小儿队：朱干玉戚，本以象功，白叟黄童，皆知颂圣。盍命髫髦之侣，来陈舞勺之仪。上侑皇欢，教坊小儿入队。

队名：愿同千岁乐，长奏太平谣。

问小儿队：镐京广燕，方云集于缙绅，沂水游童，忽凫趋于庭庑。虽云小技，必有可观。咫尺天颜，悉言汝志。

小儿致语：臣闻功存社稷，庆钟高密之门；泽及本枝，天胙太任之德。候西风之入律，蔼瑞气之盈庭。嘉与四方，同称万寿。恭惟皇帝陛下，文思稽古，浚哲在躬，日奉东朝之欢，率用家人之礼。以谓慈俭之化，无德而能名；保佑之功，如天之难报。惟流传于歌舞，庶仿佛其仪刑。臣等虽在弱龄，久陶孝治，敢率垂髫之侣，共陈振万之仪。不敢自专，伏取进止。

勾杂剧：鸾旗日转，雉扇云开。暂回缀兆之文，少进俳谐之技。来陈善戏，以佐欢声。上乐天颜，杂剧来欤！

放小儿队：青衿旅进，虽末技而毕陈；黄屋天临，知下情之无壅。既成文于缀兆，爰整袂以徘徊。再拜天阶，相将好去。

勾女童队：彤壶漏箭，随鸡唱以渐移；绛节彩髦，闻凤箫而自举。宜召散花之侣，来陈回雪之姿。上奉宸欢，两军女童入队。

队名：金风回翠袖，玉琯倚清歌。

问女童队：凤歌谐律，方资燕俎之欢；鹭羽分庭，忽集寿山之下。低鬟有待，振袂欲前。密迩天阶，悉陈来意。

女童致语：妾闻涂山启夏，来玉帛于万邦；挚仲兴周，祚本枝于百世。嘉辰共乐，壮观一新。恭惟皇帝陛下，舜孝自天，尧仁浃物。膺昊穹之成命，席累圣之诒谋。惟地势坤，永载无疆之德；以天下养，躬持胥乐之觞。六乐在庭，百工奏技。妾等亲逢盛旦，获望严宸，艺虽愧于惊鸿，心已先于仪凤。愿陈舞缀，上奉天颜。未敢自专，伏取进止。

勾杂剧：风清羽盖，日转槐庭。欲资载笑之欢，必有应谐之妙。暂回舞缀，少进诙辞。上悦天颜，杂剧来欤！

放女童队：八音间作，既成皦绎之文；万舞毕陈，曲尽回翔之态。望彤闱而却立，敛翠袂以言归。再拜天墀，相将好去。①

将以上两部分合起来，才是一部完整的“脚本”。文中“秋风”一段辞章，是竹竿子宣说的。勾、放、问等演出程序的执掌者，无疑也是竹竿子。则竹竿子是全部演出的总指挥，犹如今天所谓“主持人”。我们可以清晰地看到，整场演出以竹竿子致语、宣说口号为始，继之则勾“小儿队”，小儿队入场后，先报队舞之名，与竹竿子问答后，再演其队舞，名《愿同千岁乐，长奏太平谣》。这个名字大约不是正式的队舞名，而是把一个队舞名字化开了。小儿队舞演毕，勾杂剧入场。此时小儿队尚在场上。待杂剧演出完了，再放小儿队退场。

以上为第一段。第二段，勾女童队上场，程序同前。所演队舞所谓《金风回翠袖，玉琯倚清歌》者，或即《凤迎乐队》。因为女童致语有“凤歌谐律”“惟地势坤，永载无疆之德”等词句。又，集中王文诰“案”语曰：“《宋史》：圣节立名，自唐千秋节始，宋因之，太皇太后临朝，亦立节。《哲宗本纪》：诏以太皇太后生日七月十六日，为坤成节。”因为是给太皇太后做寿，所演当即《宋史·乐志》所载“女弟子队”中的《凤迎乐队》。“女童队”也就是“女弟子队”。

杂剧共演出两段，可惜文中没有给出剧名。杂剧可能视情势而另定，因为杂剧不同于队舞，队舞须与“坤成节”令相吻合，故须前定，而杂剧属于滑稽调侃剧目，不易于规定得过于严格，只要不“深作谐谑”即可。

这里所过录的文字与《东京梦华录》卷 9 所载宫廷供盏仪式第五、第七盏御酒所演出的程序大体一致。《东京梦华录》记述的程序比较详细，而不录其辞章；而《苏轼诗集》及“诰案”则致语、口号完备，竹竿子与队子之间的问答齐全，但程序记载较简略。若将二者结合起来考察，则可以得出宋宫御宴演出的完豹，队舞演出形式也在其中。下面过录的是从《东京梦华录》卷 9 所载宫廷供盏仪式第五、第七盏御酒中演出程序部分，其他解释性文字从略：

第五盏御酒：

参军色执竹竿子作语；

① 〔清〕王文诰：《苏轼诗集》卷 46，中华书局，第 2496 页。

[勾小儿队舞，擂鼓而进。

[乐部举乐，小儿舞步进前，直叩殿阶。

参军色作语问，

小儿班首入进致语。

[勾杂剧入场，一场两段。

[杂戏毕，

参军色作语，放小儿队。

[又群舞【应天长】曲子出场。

第七盏御酒：

参军色作语；

[勾女童队入场。

参军色作语问队，

杖子头者进口号。且舞且唱。

[乐部断送【采莲】讫曲终。复群舞唱中腔毕。

[勾杂戏入场。亦一场两段讫。

参军色作语，放女童队。

[又群唱曲子，舞步出场。①

虽然，孟元老在“舞步出场”四字后有“比之小儿，节次增多矣”的说法，但是两次供盏的程序大体上还是一致的。其一，杂剧夹杂在舞队中间演出。我们至少可以得出以下两点：在这种供盏仪式的演出中，舞队是主体，而杂剧是陪衬；舞队旨在歌功颂德，而杂剧是调色盘，滑稽调笑，供人主一乐。其二，都保留着执竹竿子的参军色，而参军色作为指挥，有勾、放、致语的任务。这时的参军色也就是竹竿子。

前文所谓《坤成节集英殿宴教坊词致语口号》《集英殿秋宴教坊词致语口号》《兴龙节集英殿宴教坊词致语口号》（元祐二年）、《兴龙节集英殿宴教坊词

---

① 〔宋〕孟元老：《东京梦华录》卷九《宰执亲王宗室百官入内上寿》，中国商业出版社 1982 年版，第 60—61 页。

致语口号》(元祐三年)、《紫宸殿正旦教坊词致语口号》《集英殿春宴教坊词致语口号》等，都是苏轼所撰用于宫廷宴飨礼仪的致语、口号以及勾队、放队之词，演出时，这些词语都由竹竿子承担。可见，即便是宴飨之仪，也有整饬的仪式程序；进而言之，程序不可大变，而上演的节目可作适当调整。引人注意的还有，杂剧已经被编入整个供盏程序之中。宋代所谓“杂剧”，包罗万象，而以滑稽逗乐为主要内容之一，酒为欢伯，除忧来乐，在飨燕之时，最是侑酒之良品。而宋杂剧也趁势走进了大雅之堂。

2. 参军色与“副净”“副末开场词”

前述所谓“参军色”的主要执掌一为勾舞队上场，一为在队舞演出之前，诵念致语、口号。作为礼仪与演出程序，开场的致语与口号必不可少，参军色是一个系列演出最先发声的脚色。有时，增加“杖子头”(一名“引人杖”)一色。演出时，参军色持竹竿子勾队，杖子头引领舞队上场。作为引领者，杖子头走在舞队前面。当竹竿子与杖子头并在的时候，参军色致语，杖子头负责宣诵口号。这是宋代宫廷宴飨礼仪中不可缺的规定程序。不过，也存在仅有参军色而没有杖子头的情形。

参军色在后来宋元戏曲中演变为副净，副净与副末组成一对儿，共同完成一段讽刺、滑稽、逗乐的小戏。元人刘唐卿《降桑椹蔡顺奉母》杂剧串演的《双斗医》院本，由“正净”饰演的太医与“净”扮演的糊涂虫共同完成一段妙趣横生的滑稽小戏，从而使相对沉闷的戏剧叙事陡然变得活泼起来，增强了可观性。这里的“净”色大约就是由参军色演变的“副净”。而在宋元南戏及明清传奇中，再次演变为“副末”，他的演出任务之一是开场，谓之“副末开场”。宋金元时代“九山书会”编撰的南曲戏文《张协状元》在开场四句题目诗之后，“末”上场念白【水调歌头】。此处的“末”，钱南扬先生有注释曰：“脚色名，在戏文中扮演次要的男子。末有正副，戏文无正末，杂剧中的正末，相当于戏文中的生。这里专指副末而言，本戏第五出：‘叫副末底过来！’(末出)可证。”[1] 这是一段比较冗长的开场，在正戏开展叙事之前，首先由副末长篇口

① 钱南扬：《永乐大典戏文三种校注》，中华书局1979年版，第5页。

宣故事的前事，明显带有说唱艺术的痕迹。而在此后的传奇作品中，副末开场逐渐精简，进入正戏的速度越来越快。

由副末饰演的这位“戏外人”的开场说唱，直接导源于前代队舞、队戏竹竿子的开场“致语”“口号”。前文所引苏轼《坤成节集英殿宴教坊词致语口号》中，从“臣闻视履考祥，既占怀月之梦”到“灵岳三呼，共献后天之祝”，是为致语。从“秋风协应，生殿阁之微凉”到“欲采蟠桃归献寿，蓬莱清浅半桑田”即为口号。在形式上，竹竿子的“致语”、“口号”与南曲戏文、明代传奇之“副末开场”几无分别。不同的是，前者所念诵的为歌功颂德、嵩呼祈福之词，后者则进入戏剧中去，所诵所念或为戏剧开篇之前已经发生过的故事，抑或以极简的文字，唱念全剧故事之大脉。可以说，“副末开场”是南戏与明清传奇继承模拟了前代宴飨献艺程序中“致语”“口号”小程序，经改造之后为戏剧演出所用的又一例证。

此外，笔者还有一个猜测，金元北曲杂剧的“题目正名”可能与宋代队戏“杖子头”（或“竹竿子”）宣诵的“口号”有渊源关系。这里，仍以前引苏轼《坤成节集英殿宴教坊词致语口号》为例探讨二者可能存在的关系。苏轼撰写的“口号”为：

三朝遗老九门前，又见承平大有年。文母忧勤初化俗，曾孙仁孝已通天。
史书元祐三千牍，乐奏坤成第一篇。欲采蟠桃归献寿，蓬莱清浅半桑田。

这是一首七言律诗。分析该诗，发现最后两句诗与前面六句的内容不同，前面纯属歌功颂德，而最后两句应该是报告演出的宗旨，甚至披露某些献演节目内容，如“蟠桃来献寿”，可能与人们熟悉的《蟠桃献寿》《蟠桃会》相关？

3. 演出道具“竹竿子”

前文之所谓“竹竿子”，讨论的是作为演出程序中重要的执事人，这里所论的是“竹竿子”其人所持演出道具竹竿子。不能过于小看竹竿子，这件演出道具既富于深远的文化内涵，也是绵延千古，当下尚存，更远播海外。古远的图腾崇拜以及附着在其上的神秘功能是它能够走进宫廷、深入民间各种演出场合的文化根源。①

起初，不过截取自然竹，简单修剪后而用之。进入宫廷之后，从前简陋的道具不可能与宫廷豪华的装饰、制作精当的乐器、服饰等相匹配，精致后的竹竿子样态有变，名称不改。由此可见，此物绝非凡物。它可以迎神而降，成为天神降临的梯子；也具有扫除各路妖魔鬼怪，清理演出场域的神奇功能。有此两大功能，“竹竿子”从自然之物，摇身一变为一种神器。于是，不但在中国，在日本、朝鲜半岛同样屡见不鲜。这种情况恰是中国古老、悠长的竹信仰、竹文化流布浸染的结果。竹文化信仰所派生的传说以及演艺层出不穷。深入到其他国度与民族的竹信仰与竹文化再以其本民族文化为基础，对外来文化加以改造后，其根基与信仰之核虽无大变，形态必然千差万别。竹竿子形态的种种不一，印证了上述推断。从目前所见出土文物来看，最早的“竹竿子”样貌可推河南邓县学庄出土的画像砖。该砖雕现藏中国历史博物馆，2001年曾与其他文物一起展出，让人们看到了“竹竿子”的真容。[图一（1）、（2）]

图一（1） 南朝砖雕 行进舞队

图一（2） 竹竿子

图一之（1）描绘了正在行进状态的舞队样貌。走在最前的，是一位巫师模样的人物，他右手持有一个类似南方举行傩礼仪式时巫师所用的牌带。对这个道具，本文不作讨论。第二人右手所持即为竹竿子，是一件经过重新制作并加以修饰的竹竿子。进入宋代以后，竹竿子的式样有所变化。山西高平二仙庙露

① 参见麻国钧《“行”与“停”的辩证——整个古典戏剧流变与形态论》，中国戏剧出版社2003年版，第224页。

台东侧左方，原来镶嵌有一块石雕，为阴线绘刻的《宋金队戏图》，图中行走在舞队前方的是竹竿子。这件石雕上所雕刻的竹竿子仅在竹竿上头扎着经过梳理的竹枝。从该石刻所在位置——民间神庙来看，竹竿子的制作没有多余的装饰，比较简单。[图二（1）、（2）]

图二（1） 宋金队戏图（寒声摹本）

图二（2） 竹竿子

韩国古籍《乐学轨范》卷八《唐乐呈才仪物图说》所绘竹竿子则复杂得多。（图三）

长期历史中，朝鲜半岛的宫廷礼仪一直模仿甚至照搬中国朝廷礼仪而略加调整，这一点从《乐学轨范》等古籍中得以清晰地体现；仅从竹竿子的样貌便可见一斑。相比之下，古代朝鲜宫廷礼仪所用竹竿子更加精致，也更加富于装饰性。这件竹竿子的图示，似乎可以弥补中国唐宋时期宫廷礼仪所用竹竿子样貌不明的缺憾。此外，与竹竿子经常合作完成“致语”“口号”礼仪、演出程序的“杖子头”是什么样子，几乎寻不到蛛丝马迹，我们也在《乐学轨范》中找到了图样。（图四）

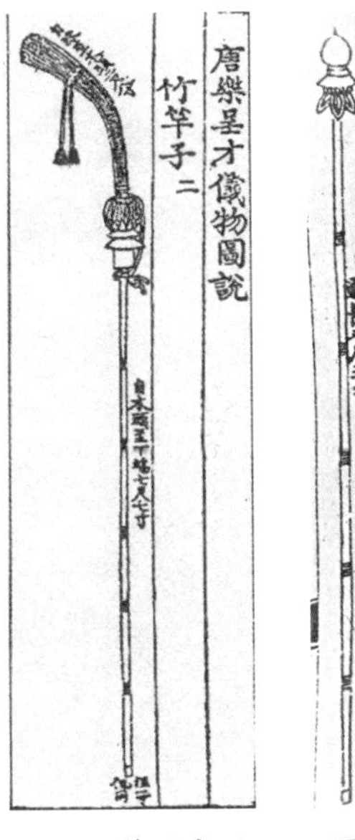

图三 韩国宫廷“唐乐呈才仪物”竹竿子

图四 引人仗

杖子头在《乐学轨范》中称为“引人仗”，名虽不同，其实一也。该书在图片左侧，有文字标注曰：“柄以竹为之，漆以朱。顶子以木为之，付贴金。”① 该书的文字注明：“柄以竹

① 北京舞蹈学院编：《中国古代舞蹈域外图书》贰《乐学轨范》卷八，文化艺术出版社 2013 年版，第 367—368 页。

图五　河北武安　固义村《打黄鬼》之队戏竹

为之，朱漆，以片藤缠结下端蜡染铁粧，雕木头冒于上端，又用细竹一百个，插于木头上，并朱漆，以红丝束之，每竹端一寸许，裹以金箔纸，贯水晶球。”[①]典型的宫造之物，就连细竹也涂以朱红之色。

元、明、清时代，竹竿子的名称易为“戏竹”，其样态仍然很简单，即便宫廷，也没有像《乐学轨范》所附图那样精致花哨，这种风格一直沿袭至今。山西、河北等乐户以及民间礼仪中使用的竹竿子就更加简单无华。河北武安固义《打黄鬼》大型祭礼中使用的竹竿子甚至缩短到约一尺八寸许。使用时，仅在竹竿子的前端系以红绸。竹竿子则沿用明、清旧称，曰“戏竹”。（图五）

山西潞城南贾村上党赛社大型祭礼至今保存完好。在全部礼仪、演出中，竹竿子依然不可或缺。走街时，持竹竿子者走在队舞前面，所以名之为“前行”。演出时，竹竿子率先登场念诵，称为“开”，实际上即所谓“开呵”，而简作“开”。可见，虽然名称有变，但是大体上依然保留古代既有的程序。（图六）

图六　山西上党赛社　队戏《八仙庆寿》

① 北京舞蹈学院编:《中国古代舞蹈域外图书》贰《乐学轨范》卷八，文化艺术出版社 2013 年版，第 367—368 页。

图七　山西上党赛社戏竹

图六右侧第一人即“前行”。很明显，这里的“前行”所持竹竿子又与河北固义《打黄鬼》中的“戏竹”不同，基本上保存了元、明、清“戏竹”的样貌。（图七）

行文至此，我们不得不回答一个问题：为什么竹竿子经历朝历代，无论是在朝廷，还是在民间，都恒久如磐石，屹立而不倒？简而言之，“竹竿子”既可以迎神而降，成为天神降临的梯子；也具有扫除各路妖魔鬼怪，清理演出场域的神奇功能。有此两大功能，“竹竿子”从自然之物，摇身一变而为一种神器。

被赋予深刻信仰文化内涵的“竹竿子”之所以千余年来未被抛弃，并非其场上指挥、把控作用不能或缺，而是根深蒂固的执念。即便这种信仰与执念早已化为潜意识，也未能阻止竹竿子的延续；甚至连潜意识都已经淡化的时候，依然习惯性地存在于某些乡里的礼仪与演出中。上党赛社迄今依然采用宋代宫廷的“供盏”名号以及礼仪程序，可以视为宋代宴飨礼仪的当代遗存。

不但在中国，在日本、朝鲜半岛同样屡见不鲜。这种情况恰是中国古老、悠长的竹信仰、竹文化流布浸染的结果。竹文化信仰所派生的传说以及演艺层出不穷。深入到其他国度与民族的竹信仰与竹文化再以其本民族文化为基础，对外来文化加以改造后，其根基与信仰之核虽无大变，形态必然千差万别。竹竿子形态的种种不一，印证了上述推断。

4.“队名牌”“旗牌”与“题目正名”

宋孟元老《东京梦华录》卷九《宰执亲王宗室百官入内上寿》一节，记述得相对详尽。其供盏仪式第五盏御酒提到“队名牌”，摘录其文如下：

第五盏御酒：

独弹琵琶。宰臣酒，独打方响。凡独奏乐，并乐人谢恩讫，上殿奏之。百官酒，乐部起《三台》，舞如前，毕。

参军色执竹竿子作语，勾小儿队舞。小儿各选十二三者二百余人，列四行，每行队头一名，四人簇拥……

排定，先有四人裹卷脚幞头、紫衫者，擎一彩殿子，内金贴字牌，擂鼓而进，谓之“队名”。上有一联，谓如“九韶祥彩凤，八佾舞青鸾”之句。乐部举乐，小儿舞步进前，直叩殿陛。①

……

“队名”牌，顾名思义应该是书写演出队舞或队戏名称的牌子，即所谓“字牌”。这种以文字方式告知观众的方法历代相续，迄今犹存，不同的是方式方法在变化。

宋代“队名”牌的样式无从知晓。不过，我们可以从朝鲜古籍中获知其大概的样貌。15 世纪朝鲜宫廷宴飨礼仪乐舞演出有一种道具叫“簇子”，簇子是一幅挂在方架上的幔帐，四周有华丽的装饰，在幔帐上书写着某一种乐舞或队舞的缘起。如《乐学轨范》卷八《唐乐呈才仪物图说》有“簇子图”并说明。云:“【梦金尺】【受宝箓】【觐天庭】【受明命】【荷皇恩】【贺圣明】【圣泽】等呈才各一。簇子用生绡，上下以红白绫连妆，边儿用紫绡，后背用红绡，轴用玉或华梨，乌梅竿以木为之，朱漆竿上有钩，簇上左右有环，环下有白绫、流苏，以绿绦缨挂于钩环外，两边又各有小环，垂色丝结子。”② 簇子上，书写全部“致语”和“金尺词”，其致语为:“梦金尺，受命之祥也。太祖在潜邸，梦见神人奉金尺，自天而来，若曰:‘庆侍中有清德，且耄矣，崔三司有直名然憨也。谓太祖资兼文武，有德有识，民望属焉。乃以金尺授之。’”③ 其金尺词曰:“惟皇鉴之孔命兮，吉梦协于金尺。清者耄兮，直其憨兮，有德焉是适帝。用度吾心兮，俾均齐于家国。贞哉厥符兮，受命之祥。传子及孙兮，弥于千亿。”致语由“奉金尺人”宣诵，而金尺词则由舞队齐唱。其致语及唱词无非歌功颂德，其内容为皇权神授之义。队舞【梦金尺】也在前引朝鲜世宗朝的献礼中演

① 邓之诚:《东京梦华录注》，中华书局 1982 年版，第 220—223 页。

② 北京舞蹈学院编:《中国古代舞蹈域外图书》贰《乐学轨范》卷八，文化艺术出版社 2013 年版，第 374—375 页。

③ 同上。

出，金尺是道具，由一位“奉金尺人”手持。（图八）

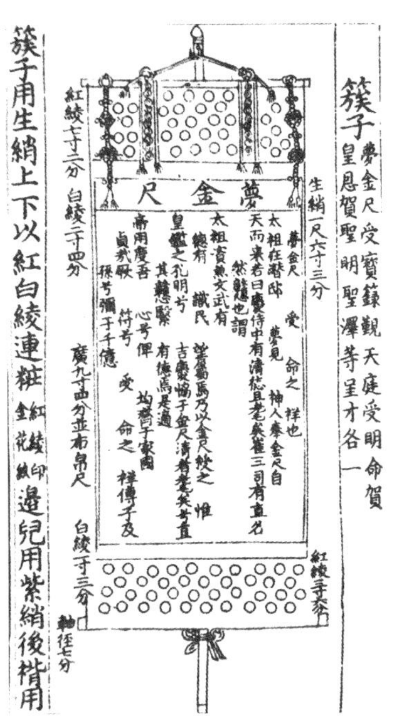

图八　簇子　朝鲜《乐学轨范》卷八《唐乐呈才仪物图说》

“簇子”与“队名牌”性质一样，样式是否袭用宋代，无从知晓。虽然如此，簇子依然可以参考而回望宋代前后宫廷宴飨礼仪“队名”牌的大概样貌。原因在于，古代朝鲜宫廷礼仪几乎完全袭用中国古代朝廷宴飨礼乐。

再看金、元北曲杂剧“题目正名”的体例：

灵春马适意误功名，韩楚兰守志待前程。

小秀才琴书青锁帏，诸宫调风月紫云亭。①

北曲杂剧的“题目正名”，照例置于全剧末尾。问题是，为什么在剧本完成全部叙事后，再一次复述剧中故事、主要情节呢？岂不怪哉。包括杂剧巨匠关、马、郑、白、王等巨擘，一般都遵循这一体例，那么其中必有原因而未加解释，因此有必要对这一奇怪的现象加以揣度。元人石君宝《紫云亭》杂剧、元刊本作：“灵春马适意误功名，韩楚兰守志待前程，小秀才琴书青锁帏，清宫调风月紫云亭。”前三句是“题目”，第四句是“正名”。前三句，用简捷的文字高度概括全剧的故事和主要人物所行主要事。将“题目正名”置于全剧之后的目的，旨在告知演出戏班，在出示“旗牌”的时候，书此七言绝句于其上，以招揽观众，现代用语即所谓“演出广告”。如若所言不错，便可以解释为什么有许多剧本没有“题目正名”这一现象了，那些剧作家把广告的事情丢给演出该剧的戏班自行处理，说白了，剧作家写出“题目正名”是代戏班所劳。

20世纪在民间发现的《迎神赛社礼节传簿四十曲宫调》轰动学界。该抄本所载，恰是宴飨礼仪民间化之后的真实样态。二十八宿值日举行的供盏仪式进

① 徐沁君：《新校元刊杂剧三十种》上册，中华书局1980年版，第355页。

行中，先要出牌。所谓“牌”，就是在乐台上，摆出绘有值日星宿的形象牌。现存本《周乐星图》也对二十八宿中每一宿的供盏程序、穿插演出节目都有详细的记载。这里选择“亢金龙”值日的供盏仪式如下：

亢金龙

宿豹头女面，披毛、黄衣、白履、绿裙，右手执曲尺子而立……①

乡下，每值庙会期间，必定人山人海，出牌以示礼仪或演出某些信息是必要的，因此在举行供盏仪式时，出二十八星宿之每个星宿的形象牌，使得礼仪参与者明了即将进行演出的节目与哪位星宿相关。更重要的目的，可能是告诉观众，接下来的演出是奉纳给哪位星宿的。

元代市井勾栏演出，在勾栏外挂“旗牌”。元代佚名《汉钟离度脱蓝采和》第一折，蓝采和吩咐王把色：“你把旗牌、帐额、神帧都与我挂了者。”可以为证。②

以上“队名牌”、“簇子”、“旗牌”等等，名虽不同，内容有异，实质是一样的，或者说是类似的，无非是招牌。古代商铺无不有招牌，商品不同，招牌也不同。当下戏曲演出往往使用电子字幕，打出剧名、文本作者、导演、主要演员、司鼓等等，其实是古代“队名牌”、“旗牌”的变形。变在形式，不变的是内容、目的与宗旨。

5. 宴飨礼仪的演出空间

中国古代宴飨礼仪的确提供了多种艺术品种赖以呈现的演出空间。但是，据此而提出中国古代戏曲演出场所的发展不是从祭台变为舞台，而是经由历史悠久的宴飨之乐所使用的空间所铸就，似有偏颇。自古以来，历朝历代所创造的演出艺术五花八门，与此同时，人们也为这些演出艺术提供了形态不一的展演空间。这些演出空间因某种因素的制约，呈现各自不同的形态。这些演出空间各有各的发端、演变轨迹，各有各的形态，不能归于一尊。从远古祭地的方

---

① 《中华戏曲》第3辑，山西人民出版社1987年版，第76页。

② 隋树森编：《元曲选外编》第三册，中华书局1959年版，第972页。

丘演变为露台，再发展为舞亭，又至神庙舞台，呈现一条清晰的发展过程。宴飨礼仪大都在厅堂举行，说它是后世室内剧场的早期形态未尝不可。但是宴飨礼仪与宴飨演出，也有堂上、堂下之别，并非全在室内。唐代的十部伎中，有立部、坐部之别，立于堂下的演出谓之“立部伎”，坐在堂上演出的名为“坐部伎”。分别坐部与立部的因素有二：其一是演奏者的水平；其二视其演出人数的多少，当然也有演出曲目的分别。可见，同为燕乐，也有演出空间的不同。

汉代的宴飨礼也有在室外举行的例证。（图九）

图九　宴飨　汉代画像石　山东济宁出土

上图分三层绘雕，中层与下层表现正在演出的各种百戏，如：击健鼓、弄丸、剑舞、倒立、舞蹈等，上层为宾客，宾客中间置一座椅，虚位以待主人登场。中间一层的上部，有凤凰等瑞鸟翔集，展现一幅欢乐热闹的宴飨气氛。如果说，各位宾客可能坐于堂，演出显然在堂下，堂上、堂下共同组成宴飨礼仪与百戏演出的场景。不但古代中国如是，日本、韩国的宴飨之礼，也有堂上、堂下共同组成宴飨礼仪空间的例证。

古代朝鲜全面移植中国古代朝廷各种礼仪，甚至包括仪式与演出的空间形态，这幅《奉寿堂进馔》图就是明显的例证（图十）。图中，文武百官簪花，分左右席坐在锦褥上，每人面前置小几一张，上置酒食。南侧为乐队所在之处，健鼓置于中，其后为乐队，以上各部共同构成一个“∪”形的观演空间。中间的演出场上，正在演出《采莲船》舞乐，30位舞者围绕彩船作行进式环舞。显然，这也是一种堂下演出的空间形态。全图则不存在堂上演出。迄今为止，韩国的各种祭礼期间演出的假面舞、假面戏等无不以广场为演出空间。广场上竖一面五色伞，与演出的广场共同构成一个天与地的微缩版空间。这种天、地微缩版的展演空间，也见于安徽池州傩礼、傩戏之中。池州傩礼、傩戏也由一柄五色伞拟代天穹，与演出方寸不大的一片空地共同构成一个小宇宙，则天神、地祇、人鬼以及世间各色人等，都可以来在这个空间之中，敷衍各种故事。（图十）

图十　朝鲜《奉寿堂进馔》（局部）

与其他祭祀礼仪相比，宴飨礼虽然显得欢乐恣肆，但是毕竟入于“礼”，某些基本的规矩与程序还须恪守。因此，既有程序的基本规定性，又不乏灵活性的宴飨之礼，必然给予古典戏剧与戏曲以诸多营养。各种礼仪的程序性特质，极大地影响了历朝历代戏剧、戏曲演出，使之借鉴这些大大小小的程序，经过加工、改造而形成各种演出程式。这里所探讨的不过一二而已。

二、“献”与“供盏”：戏曲文本结构与演出的线性结构之源

古代中国戏曲的文本构成是线性的。这种线性结构既有思维方式的隐形根源，也存在显性的规定性，在二者共同作用下形成。

中国先民何以形成了这种在一定程度上带有民族独特性的线性思维方式呢？我以为形成线性思维方式的根本原因，是中国人对时间的感悟，是在长期的农耕生产生活中，对大自然的细致观察。中国所处的地理位置，气候在四季中格外分明。这种现象很快就被人们发现了。人们观察到，春、夏、秋、冬四季像圆圈一样，周而复始，永无停歇，有条不紊。这既是一种时间的流程，也是一个巨大的线性运动。

中国是一个古老的农业国。中国先民为了农作物的生长，在对一年的观察中，根据经验的总结，将之划分为四季、二十四节气、七十二物候。几乎 5 天一候，15 天一个节气，多么细密。四季、节气、物候，像一个一个点一样，彼此相连，而形成一条线，构成一个圆圈，便是一年。人们所创造的七十二种物候，既以七十二种自然现象来应和，以便于人们通过对这些物候的观察来完成对节气的掌握，进而安排每个时期的生产生活。千百年来，人们就是按着这些物候、节气、季，来安排农业生产。除非有突变的天灾，不然几乎可以完全地顺应自然，掌握自然的大体规律，去争取丰收，以安定生活。中国古人几乎没有“人定胜天”的想法，他们一直在摸索着如何把握自然规律。线性思维方式就是在这种不断的摸索与实际观察中悟到的。换言之，大自然在中国这块大地上所显现的极为清晰的线性规律，是造就中国人线性思维的根本原因。

线性思维一旦形成，必然作用在人文领域的方方面面。祭礼仪式的“献”

礼以及在宴飨礼仪中易名为“供盏”的礼仪程序，无不以“盏”为特征。在祭神礼仪中，最多为九“盏”。盏中盛酒，数盏酒连成一线，在每两盏酒之间，穿插艺术演出，或乐器演奏，或歌或舞，或百戏，或杂剧。这些演出节目犹如一颗又一颗珍珠由一条线串起来，形成珠串。这条“珠串”就是宴飨礼仪奉纳演出的方式。

宋代用于宴飨的供盏礼仪，打破最多九献的传统，原因在于宋代的演出艺术更加发达，品种更加丰富多彩，可以穿插更多的节目以侑酒。这样一来整个宴飨仪式便成为多种演出艺术品种的大汇演。《宋史》卷142《乐志》17记载“春秋圣节三大宴”，其供盏仪式总计19盏。摘录其要如下：

第一：皇帝升坐，宰相进酒，庭中吹筚篥，以众乐和之。赐群臣酒，皆就坐。宰相饮，作【倾杯乐】，百官饮，作【三台】。

第二：皇帝再举酒，群臣立于席后，乐以歌起。

第三：皇帝举酒，如第二之制。以次进食。

第四：百戏皆作。

第五：皇帝举酒，如第二之制。

第六：乐工致词。继以诗一章，谓之“口号”。皆述德美及中外蹈咏之情。初致辞，群臣皆起，听辞毕，再拜。

第七：合奏大曲。

第八：皇帝举酒。殿上独弹琵琶。

第九：小儿队舞，亦致辞，以述德美。

第十：杂剧。罢，皇帝起，更衣。

第十一：皇帝再坐，举酒。殿上独吹笙。

第十二：蹴鞠。

第十三：皇帝举酒，殿上独弹筝。

第十四：女弟子队舞，亦致辞如小儿队。

第十五：杂剧。

第十六：皇帝举酒，如第二之制。

第十七：奏鼓吹曲，或用法曲，或用龟兹。

第十八：皇帝举酒，如第二之制。食罢。

第十九：用角觝。宴毕。[①]

这里，系在“盏”这条“线”上的“珠子”如吹筚篥、奏【倾杯乐】【三台】、百戏（多种）、合奏大曲、独弹琵琶、独吹笙、蹴鞠、独弹筝、队舞、杂剧、奏鼓吹曲等等，一齐或分别登场演艺，而以角觝压轴，总计13种以上节目。

当线性思维作用于戏曲艺术时，无论是文本还是场上演出，无不呈现线性特征。一般来说，北曲杂剧由“四折一楔子”构成全剧，四折的实质是四大套曲，每个套曲无不由一个宫调统领下的几支或十几支曲牌连缀而成，形成一个小型珠串，四大套曲的四个珠串再行连缀，形成一个大珠串，便是北曲杂剧的音乐结构，这个结构是线性的。换言之，北曲杂剧的结构是音乐结构，而不是严格意义下的戏剧结构。我们说北曲杂剧是线性结构，指的是其音乐结构。这是北曲杂剧最本质的特征，也是其区别于明清传奇的根本所在。

号称“戏祖”、“戏娘”的目连戏堪称戏曲线性结构具有代表性的例证。目连僧得知母亲在地狱受难，持佛祖赐予九环锡杖，叩开地狱大门，十殿寻母。刘青提脱离地狱，尔后升天，化为金毛狮子。这些情节形成一条线，是为戏剧故事之“主线”，这条主线是由目连的脚踪走出来的。在他遍游十殿，其所见所闻在这条线上，又勾挂出许多小“珠子”，即所谓“花目连”，诸如《思凡》、《下山》、《相调》、《偷鸡》、《男吊》、《女吊》、《闹龙船》等等，不一而足。这些花目连戏不仅数量大，而且大都可以独立成戏。其中既有与目连故事有所牵连者，也有与目连救母根本无涉者，那么为什么都可以穿插在目连救母这条主线上演出呢？原因在于目连僧进入地狱之后，亲眼见到十殿阎罗审判在阳间犯有各种罪行的鬼是如何在地狱受审并得到各种惩罚的，通过这一情节，作者把阳世与阴间联系起来，把人在阳世的善恶与阴间的奖惩对应起来，从而达到警示世人和“劝善”的目的。同时，也有一些小节目、小歌舞、杂耍等勾挂在“主线”之上，起到助兴之功效。需要明确的是，在这条主线前后的延长线上，也

① 《二十五史》第七册，上海古籍出版社、上海书店1986年版，第438页。

有一些“珠子”勾挂其上。

在以目连救母前后所形成的主线之外，还有一条线也不能无视。这条线可以称为“宗教祭礼仪式线”，姑且称之为“外线”。据老辈人讲，从前的目连戏演出，有时结合道教的“罗天大醮”共同完成，全部礼仪与演出总共七七四十九天。罗天大醮指道教的一种隆重的祭天神的仪式，主要科仪有焚香、开坛、请水、扬幡、宣榜、荡秽、请圣、摄召、顺星、上表、落幡、送圣等等。演出时，醮坛与戏台相对而建，目连戏演出是从属于仪礼程序的。这样的构成方式或许有对科仪程序助兴或补充的功效。一方面，宗教科仪相对冷清，有戏剧演出为之助兴，可以冲淡冷清程度，增加了观赏性；另一方面，依附在道教科仪之中，使得目连戏演出更加富于宗教色彩，从而凸显其教化功能。

四十九天的罗天大醮需要大量的戏曲演出与之配合，仅仅目连十殿寻母、救母这一情节不足以与道教礼仪相配合。于是，形成前目连、目连与后目连三大部分以及花目连共同构成的大型连台本戏。据说，前目连从《梁传》（三本）开始，演出傅罗卜祖上的故事；继之则《香山记》（6 本），敷衍观世音出世；又则“前目连”（8 本）、“后目连”（10 本）、《金牌记》（10 本）、《封神》（10 本）；加上“开台”“扫台”各一本，总计 49 本。这 49 本戏曲演出与罗天大醮之四十九天恰相配合。也就是说，49 本戏曲演出与罗天大醮仪轨双线并行，而全部目连戏本身也形成一条戏剧演出的珠串。

明清传奇动辄四五十出，同样以“线”穿“珠”的形式构成全剧。不同的是，“线”与“珠”已然被赋予另外的意义。传奇的结构既与北曲杂剧的音乐结构迥异，也和目连戏以一人之行走路线结构全篇不太一样。传奇已经用故事发展演变的“线”贯通全剧。就这个层面而言，传奇是更加成熟的戏曲艺术形态。

从另外一个角度来看，后期的折子戏之所以能够从全本传奇中抽离，略加整理而独立演出，根本原因在于，这些折子戏在传奇中原本具备相对的独立性，原本就是系在“线”上的一颗颗相对完整的“珠子”。

诚然，我们不能一言以蔽之曰，戏曲文本及演出的线性结构仅从宴飨礼仪的“献”与“供盏”直接继承，但是至少受其影响却是不争的事实。

再说一句题外而又题内的话，以结束本文。一个时期以来，戏曲编剧改弦更张，以“幕”构成文本，几乎看不到固有的戏曲文本形式，编剧家们在新编戏曲文本时，几乎抛弃了戏曲一向以来的线性结构方式，改为“块状”结构。一剧之本的外来结构方式，直接影响甚至制约场上呈现，使得数千年积累起来的艺术形态与艺术手段受到一定局限与束缚。喜耶？忧耶？

庚子荷月

于京城玉河畔　惜宝刀斋

目　录

绪　论

第一节　课题的提出与概念的界定

王国维在《宋元戏曲史》开篇即说：

凡一代有一代之文学：楚之骚、汉之赋，六代之骈语，唐之诗，宋之词，元之曲，皆所谓一代之文学，而后世莫能继焉者也。[①]

很明显，王国维在这里是把宋元戏曲（尤指元曲）当作文学来看待的。但王国维似乎也很矛盾，在《宋元戏曲史》诞生之前，他就先后写成了《曲录》六卷、《唐宋大曲考》一卷、《曲调源流表》一卷，试图从曲的角度把握中国古代戏剧的变迁轨迹。

之后的学者或从文学、或从音乐来探讨中国古代戏剧的起源、流变和形态特征，都取得了很高的成就，实现了学术观念的转换（从戏曲到戏剧）、研究重心的转移（从文本到场上）、研究方法的转变（从文献到田野、个案到综合）等。

时至今日，我对中国戏剧史的研究仍然颇多疑惑，比如："戏剧"与"戏曲"如何界定？戏剧是礼乐还是俗乐？如果是俗乐，为什么在许多祭祀礼仪活动中还有戏剧演出？如果是礼乐，为什么像秧歌、二人台这样的民间小戏又被拒之于祭祀演出之外？博大精深的礼乐文化与中国古代戏剧到底是怎样的关系？长期以来的困惑和思考，促使我选择"宴飨礼乐与古代戏剧"作为研究课题。

① 王国维：《宋元戏曲史》，上海古籍出版社1998年版，第1页。

宴飨礼乐是礼乐文化的重要组成部分，在中国古代社会中长期发挥着重要作用。它具有沟通雅与俗、娱神与娱人的功能。宴飨礼乐与戏剧的关系异常密切。一方面，宴飨礼乐文化的演进推动着戏剧的长远发展；另一方面，对宴飨礼乐的过分强调又在一定程度上影响和限制了戏剧的发展。因此，对宴飨礼乐与古代戏剧的关系进行探讨，在宴飨礼乐文化的观照下，对历史上戏剧发展流变的动态过程进行梳理，就显得非常重要和迫切。

礼乐有广义和狭义之分。广义的礼乐是礼和乐，以及它们所代表的文化，即礼乐文化。礼（禮），从示，从豊。“豊”是行礼之器，也兼表字音。意为举行仪礼，祭神求福。可见，礼的本义与事神有关。礼的内容主要包括两个层面：第一，涉及王朝的典章制度——礼典，人们的日常行为规范和法律措施——礼制和礼治，儒学的渗透并用以教化世人——礼教；第二，涉及祭祀所用器物——礼器或礼物，使用礼物的仪容动作——礼仪，由礼物和礼仪所传达的意义——礼义。鉴于本书的主旨是探讨礼乐与戏剧的关系，之后的论述中谈到礼，一般指礼仪、礼义和礼教。

关于“乐”的本义，众说纷纭，莫衷一是。但归纳起来，主要有三种说法：一种是音乐（yue）；一种是快乐（le）；另一种是树木，与宗教祭祀有关。合而言之，“乐”是一种在宗教祭祀场合下表达快乐的艺术形式，它可以是音乐、舞蹈和戏剧。乐的内涵亦很广泛，有雅乐、俗乐、礼乐、乐理、乐器、乐舞、乐制等。出于论述的需要，本书只关注礼乐、俗乐、乐舞，兼及乐制和雅乐，对乐理、乐器暂不涉及。

礼乐文化是指礼乐所蕴含的思想体系和意识形态，其内容构成传统中国思想的主流，影响涉及社会生活的各个方面。礼乐文化的概念非常宽泛：

> 抽象而言，上则表现为天道的变化，下则反映万事万物的发展规律，中则体现为人事变化的法则。具体而言，涵盖了社会的观念形态、风俗习惯、典章制度、名物器具以及个体的行为规范、道德教化等各个层面，几乎囊括了古代社会生活的一切领域，构成了中国古代文明的重要组成部分以及后世思想文化发展的母体。[1]

---

[1] 夏静：《礼乐文化与中国文论早期形态研究》“前言”，中华书局2007年版，第1页。

狭义的礼乐指礼仪所用之乐，即合礼之乐。它与“邪音”相对，《荀子·乐论》曰：“故礼乐废而邪音起者，危削侮辱之本也。故先王贵礼乐而贱邪音。”礼乐与雅乐不同，雅乐指“在中国传统礼制中主要用于国之大事祭礼——吉礼，具有强烈等级观念——只能对于高级别承祀对象、与礼制相须为用的乐舞，这种乐舞亦参与宫廷它种重要礼仪，具有国家象征意义——国乐之使用，代表着国家乐舞的最高使用形式”，因此，“礼乐应该涵盖了雅乐，而雅乐是礼乐的重要组成部分。”[①] 雅乐与俗乐相对。由此可见，礼乐与俗乐具有先天的包容性和互渗性。在本书中提到的礼乐（如果不作特别说明），一般指广义的礼乐。

宴飨，又作飨宴、飨燕。“飨”，乡人饮酒也，从食从乡，引申为宴请宾客和祭祀。“宴”，宴请、宴饮，作动词时与“燕”相通；“燕”在古代汉语中多假借为“安”，是安逸、安乐、享乐的意思。宴飨之礼属于五礼中的嘉礼，具体又包括飨礼、食礼和燕礼。飨礼主敬，气氛庄严，有乐、有舞，一般用于祭祀和天子在重要场合款待诸侯及外宾；燕礼主欢，重吃喝，气氛相对诙谐轻松，有乐，有舞，一般是晚上在寝宫内举行；食礼以饭为主，无饮、无献、无舞。本书着重介绍飨礼、燕礼及其所用之乐。

古代戏剧：关于“戏剧”，并没有一个统一的概念，我们这里取“演员扮演角色，当众表演情节、显示情境的艺术”之义。戏剧包容范围很广：从地域上来说，有中国戏剧和外国戏剧，其中中国戏剧又包括少数民族戏剧和汉族戏剧；从形态上来说，有歌剧、舞剧、话剧、滑稽剧、偶戏、祭祀戏剧、傩戏、戏曲等；从时间上来说，又有古代戏剧、现代戏剧和当代戏剧等。本书认为的戏剧是中国汉民族的、真人扮演的、以歌舞滑稽表演为主要特征的戏剧[②]，对其他戏剧形态暂不涉及。在行文的过程中偶尔提到，则另当别论。至于“古代”，本书按历史学界通常的划分，界定为1840年以前；对1840年以后的戏剧则不作为研究对象。

---

① 项阳：《礼乐、雅乐、鼓吹乐之辨析》，《中央音乐学院学报》2010年第1期。

② 特指主要流行于汉族地区的戏剧，其观众的主体也为汉族人民；以真人扮演，把其与“偶戏”相区分；以歌舞滑稽表演为主要特征，又使之同祭祀戏剧和傩戏相区别。

第二节 研究现状述要

中国传统的礼乐是一种以内在超越为特征的文化形态，体现了“礼”的重德精神和“乐”的艺术精神的统一。现有考古资料证明：周代之前，国家重视“乐”的功能。自周公制礼作乐，“礼”的地位被突出，“乐”只成为一系列礼仪程式中一个重要的组成部分；这种制度性创设为后世的历代统治者所继承，进而形成观念，影响着中国社会。因此，后世关于礼乐的研究也多集中于对“礼”的研究。

综观中国古代社会对“礼”的研究，基本上可以分为两类：礼典制定和古礼考辨。礼典又分官修和私撰。官修礼典如唐开元年间的《大唐开元礼》、宋嘉祐年间的《太常因革礼》、金章宗年间的《大金集礼》、明洪武年间的《明集礼》、清乾隆年间的《钦定大清通礼》等，它们对王朝的稳定和长远发展发挥了重要作用。私撰礼典如宋司马光《司马氏书仪》、朱熹《朱子家礼》、明王守仁《南赣乡约》、黄佐《泰泉乡礼》等，它们是“礼”的俗化表现，即俗礼或云礼俗。古礼考辨属于纯学术性的“礼”的研究，它们着眼于对“礼”的搜辑考订和训诂释义。孔子、孟子、荀子、墨子、老子、庄子、叔孙通、陆贾、贾谊、董仲舒、郑玄、孔颖达、贾公彦、朱熹、孙诒让、胡培翚、孙希旦等，都是在礼学研究上取得突出贡献的重要人物。对“乐”的研究，虽然在他们进行“礼”的研究的过程中偶有涉及，如孔子、荀子的乐教思想、庄子的“至乐”理论、墨子的“非乐”主张等；论其篇幅，却少得可怜。在中国漫长的古代社会中，对乐舞资料进行记载、流传至今的典籍只有历代《艺文志》《经籍志》《礼乐志》《乐志》以及《诗经》《楚辞》《乐府杂录》《乐书》《钦定四库全书荟要》《文苑英华》《燕行录》等少数几种，它们成为研究古代音乐的珍贵资料。关于“宴飨礼乐”的研究，就混杂在其中，很难彻底分清。一直到清代，诸锦《补飨礼》的诞生以及陈寿祺《左海经辨》、林昌彝《三礼通释》、秦蕙田《五礼通考》、黄以周《礼书通故》对“宴飨礼”的相关论述，才标志着“宴飨礼乐”的研究开始走向独立。

20世纪以来，受西学传统和出土文物的影响，学科分工渐趋细化，“宴飨礼乐”的研究主要在四个方面展开：第一，对宴飨乐舞的研究。出于打破“重礼轻乐”传统研究格局的目的，主张把“礼”和“乐”结合起来进行研究的，首推王国维。他的《观堂集林》在继承“重礼”研究传统的基础上，突出了对“乐”的审视。比如他在《释乐次》一文开篇即说：“凡乐，以金奏始，以金奏终。金奏者，所以迎送宾，亦以优天子、诸侯及宾客，以为行礼及步趋之节也。”① 这里，王国维把“金奏”看作乐之节、礼之序，突出了其在礼乐文化活动中的重要作用。之后《曲录》《唐宋大曲考》《曲调源流考》等书直接以流传在唐宋时期的“乐舞大曲”为研究对象，《戏曲考源》一书更是把中国戏曲的源头追溯到唐宋叙事乐舞。这就在一定程度上“接通”了古代乐舞和古代戏剧，把戏剧作为一个整体纳入礼乐文化的宏观视域下进行观照，突显了中国戏剧“乐”的本体特征。

继王国维之后，1917年，国立北京大学出版了何志浩的《中国舞蹈史》，其中列有“唐代燕乐中的舞蹈”“唐代宴乐中的外来舞蹈”“五代燕乐中的舞蹈”“两宋燕乐中的舞蹈”“元代燕乐中的舞蹈”“明代燕乐中的舞蹈”“清代宴飨乐中所用的舞蹈”等节②，作者通过广泛地搜求资料和细致的研究，探讨了唐以后（包括唐）各个朝代宫廷宴飨乐舞的来源、名称和演出形式等，具有重要的史料价值。1927年，《民铎杂志》第八卷第四号发表了朱谦之的《凌廷堪燕乐考原跋》③，文章高度肯定了凌廷堪《燕乐考原》的资料价值和历史意义。林谦三《隋唐燕乐调研究》④ 分九章集中讨论了隋唐燕乐调的来源、意义流变、名称、组成、后世变迁和影响等问题，是宴飨乐研究的断代史集大成著作，对戏剧研究影响深远。1941年，陈能群《论燕乐四声二十八调》⑤ 在《同声月刊》第

---

① 王国维：《观堂集林》（卷第二）“释乐次”，中华书局1959年版，第84页。

② 何志浩：《中国舞蹈史》，国立北京大学、中国民俗学会民俗丛书，第1—3页。

③ 朱谦之：《凌廷堪燕乐考原跋》，《民铎杂志》第八卷第四号。

④ ［日］林谦三著、郭沫若译：《隋唐燕乐调研究》，商务印书馆1936年版。

⑤ 陈能群：《论燕乐四声二十八调》，《同声月刊》第一卷第十一期。

一卷第十一期上发表，可以看作是林谦三“隋唐燕乐”研究的继续和发展。

进入20世纪80年代，伴随着国家改革开放政策的推行和学术研究环境、条件的日益改善，“宴飨乐”的研究呈现出繁荣的局面，产生了众多有价值的成果。如杨荫浏《中国古代音乐史稿》[①]（1981年）、万依、黄海涛《清代宫廷音乐》[②]（1985年）、陈田《明诗纪事》[③]（1993年）、万依《故宫辞典》[④]（1996年）、杨红《中国传统音乐引论》[⑤]（1999年）、《中国民族民间器乐曲集成·北京卷》[⑥]（2003年）、张承宗、孙立《中国古代音乐》[⑦]（2005年）、李希凡《中华艺术通史》[⑧]（2006年）、史仲文《中国艺术史·戏曲卷》[⑨]（2006年）、张树国《宗教伦理与中国上古祭歌形态研究》[⑩]（2007年）、汪涌豪、骆玉明《中国诗学》（第一卷）[⑪]（2008年）、季伟《汉代乐舞百戏概论》[⑫]（2009年）、秦序《六朝音乐文化研究》[⑬]（2009年）、袁家俊《中国音乐通史》[⑭]（2009年）、王福利《郊庙燕射歌辞研究》[⑮]（2009年）、瞿明安、秦莹《中国饮食娱乐史》[⑯]（2012年）、杨久盛《清代盛京宫廷乐舞研究》[⑰]（2013年）、解玉峰《诗词曲与音乐十讲》[⑱]（2013

---

① 杨荫浏:《中国古代音乐史稿》，人民音乐出版社1981年版。

② 万依、黄海涛:《清代宫廷音乐》，紫禁城出版社1985年版。

③ 陈田:《明诗纪事》，商务印书馆1993年版。

④ 万依:《故宫辞典》，上海文汇出版社1996年版。

⑤ 杨红:《中国传统音乐引论》，中国文联出版社1999年版。

⑥《中国民族民间器乐曲集成·北京卷》，北京ISBN中心2003年版。

⑦ 张承宗、孙立:《中国古代音乐》，科学技术出版社2005年版。

⑧ 李希凡:《中华艺术通史》，北京师范大学出版社2006年版。

⑨ 史仲文:《中国艺术史·戏曲卷》，河北人民出版社2006年版。

⑩ 张树国:《宗教伦理与中国上古祭歌形态研究》，人民出版社2007年版。

⑪ 汪涌豪、骆玉明:《中国诗学》（第一卷），东方出版中心2008年版。

⑫ 季伟:《汉代乐舞百戏概论》，中国文联出版社2009年版。

⑬ 秦序:《六朝音乐文化研究》，文化艺术出版社2009年版。

⑭ 袁家俊:《中国音乐通史》，贵州民族出版社2009年版。

⑮ 王福利:《郊庙燕射歌辞研究》，北京大学出版社2009年版。

⑯ 瞿明安、秦莹:《中国饮食娱乐史》，上海古籍出版社2012年版。

⑰ 杨久盛:《清代盛京宫廷乐舞研究》，春风文艺出版社2013年版。

⑱ 解玉峰:《诗词曲与音乐十讲》，南京大学出版社2013年版。

年）、王福利《六朝礼乐文化与礼乐歌辞研究》[①]（2015年）等。这些研究成果中，有的把“宴飨乐”作为一章，有的作为一节，有的甚至就是一个词条，但它们在“宴飨乐”研究的过程中都起到了重要的推动作用。

第二，对宴飨礼制、礼仪、礼器的研究。在宴飨礼制研究方面，陈戍国《中国礼制史》[②]最有代表性。全书分先秦、秦汉、魏晋南北朝、隋唐五代、宋辽金西夏、元明清六册，共计710万字，集中论述了中国礼制发展流变的历史，涉及礼的制度、礼的种类、礼的仪式、礼的器物、礼的俗化等。其中“燕享（宴飨）礼在春秋”“三国聘问盟会与宴飨之礼”“五代十国的朝会、宴飨、婚姻、宫室、服饰、乐舞及其他”“赵宋巡幸宴飨朝会及相关礼仪”等节，全面梳理了宴飨礼制在不同朝代的发展流变情况。在宴飨礼仪研究方面，许维遹《飨礼考》[③]可以说论述最详。该文对飨礼仪式的各个环节都进行了详细的考证，并对飨礼与祭礼、燕礼的关系做了分析，突出了飨礼的重要作用。钟敬文《中国礼仪全书》[④]分上、下两篇，条分缕析地梳理了中国古代和现代的各种礼仪，上自国之大礼——吉、嘉、宾、军、凶，小到民间的各种礼俗以及宗教礼仪等，尽数包揽。其中含有“宴飨礼”以及个人之间“酬酢宴饮之礼”的条目，是较早对宴飨礼仪进行记录和研究的。黄秋富《礼仪文化手鉴》[⑤]也有“宴飨礼”和“酬酢宴饮之礼”，可以看作是钟敬文“宴飨礼仪”研究的延续。周聪俊《飨礼考辨》[⑥]，结合金石铭文和传世文献，对宴飨礼仪进行了全方位的探讨，辨析了汉代以来的传统观点，论证充分，逻辑严密。在宴飨礼器研究方面，故宫博物院《流光溢彩——清宫御用金银器》[⑦]通过彩图的形式向人们展示了清宫宴飨所用的礼器和乐器，突出了宫廷宴飨礼乐的“礼之序”与“乐之和”的特点。吴

① 王福利：《六朝礼乐文化与礼乐歌辞研究》，凤凰出版社2015年版。

② 陈戍国：《中国礼制史》，湖南教育出版社1991年版。

③ 许维遹：《飨礼考》，《清华学报》1947年第14卷，第1期。

④ 钟敬文：《中国礼仪全书》，安徽科学技术出版社1995年版。

⑤ 黄秋富：《礼仪文化手鉴》，岳麓书社1998年版。

⑥ 周聪俊：《飨礼考辨》，中国台湾文史哲出版社2011年版。

⑦ 故宫博物院：《流光溢彩——清宫御用金银器》，辽宁人民出版社2012年版。

十洲《两周礼器制度研究》[1]之“宴飨礼器”与“宴飨乐器”两节，集中探讨了宴飨礼器和宴飨乐器的来源、作用和社会功能。

第三，对宴飨礼乐文物的考察。闪修山《南阳汉代画像石刻》[2]中有“舞乐宴飨”与“鼓舞宴飨”图，常任侠《中国美术全集·绘画编·画像石画像砖》[3]中有“舞乐宴飨画像”图，山西省考古研究所《北齐东安王娄睿墓》[4]有“娄睿夫妇宴飨”图，孙桂俭《汉画石语》[5]有“宴飨乐舞·对弈图”“西王母·宴飨图”“车马出行·宴飨图”，《河南古代壁画馆壁画品鉴》[6]有“驱傩宴飨图”，王绣、霍宏伟《洛阳两汉彩画》[7]有“七大傩宴飨图”，许进雄《文物小讲》[8]有“青铜执灯墓俑——夜间的宴飨图”。这些书中所提到的宴飨图，对于探讨当时的社会生活和宴飨礼乐活动具有重要的参考价值，但目前研究还不够充分，可研究空间巨大。

第四，对宴飨礼乐文化的研究。1919年，胡适《中国哲学史大纲》[9]出版。作者运用西学研究的方法，首次把礼乐文化纳入哲学的视域下进行观照，具有划时代的意义。李安宅在1930年出版的《〈仪礼〉与〈礼记〉社会学的研究》一书中认为：“中国的‘礼’字，好像包括‘民风’（folkways）、‘民仪’（mores）、‘制度’（institution）、‘仪式’和‘政令’等，所以在社会学的已在范畴里，‘礼’是没能相当名称的：大而等于‘文化’，小而不过是区区的‘礼节’。……包括物质与精神两方面。”[10] 1942年，朱光潜发表了《乐的精神与礼

① 吴十洲：《两周礼器制度研究》，商务印书馆2016年版。

② 闪修山：《南阳汉代画像石刻》，上海人民美术出版社1981年版。

③ 常任侠：《中国美术全集·绘画编·画像石画像砖》，上海人民美术出版社1988年版。

④ 山西省考古研究所：《北齐东安王娄睿墓》，文物出版社2006年版。

⑤ 孙桂俭：《汉画石语》，文物出版社2007年版。

⑥ 朱世伟：《河南古代壁画馆壁画品鉴》，中州古籍出版社2014年版。

⑦ 王绣、霍宏伟：《洛阳两汉彩画》，文物出版社2015年版。

⑧ 许进雄：《文物小讲》，中国人民大学出版社2008年版。

⑨ 胡适：《中国哲学史大纲》，上海古籍出版社1997年版。

⑩ 李安宅：《〈仪礼〉与〈礼记〉社会学的研究》，商务印书馆1931年版，第3—5页。

的精神——儒家思想系统的基础》[①]。二者站在西学的视野下，对中国传统的礼乐文化进行审视，凸显了礼乐文化与儒家思想系统的关系，肯定了礼乐文化在中国传统思想体系中的价值。在分别于1947年和1965年出版的邓子琴《中国礼俗学纲要》[②]和杨宽《古史新探》[③]中，都有对“乡饮酒礼”的研究，可以看作是“宴飨礼乐文化”研究的具体化；作者开始把关注的对象扩大到“宴飨礼乐”的俗化形态，被认为是相关研究新领域的开拓。

20世纪90年代以来，马东田《唐诗分类大辞典》[④]列有“礼部·宴飨”条；吕文郁《中华文化通志·春秋战国文化志》[⑤]《春秋战国文化史》[⑥]列有“宴飨”条；钱玉林、黄丽丽《中国传统文化辞典》[⑦]列有“宴飨”条；覃光广《文化学辞典》[⑧]列有“宴飨”条。游唤民《孔子思想及其现代意义》[⑨]对“宴飨礼乐制度”的探讨，突出了宴飨礼乐与儒家文化的血脉联系；宋镇豪《夏商社会生活史》[⑩]和《商代社会生活与礼俗》[⑪]均有“筵席宴飨”一节，全面分析了宴飨的礼规、仪式、对象和场所，深化了宴飨礼乐文化的研究；潘雁飞《多维文化视野下的中国文学》[⑫]“宴飨的文化意蕴”一节，从诗歌的原始使用义和发展使用义的相互关系入手，全面探讨了“宴飨诗”文化意蕴的丰富性和复杂性，并指出其原因。陈高华、徐吉军《中国风俗通史·夏商卷》[⑬]，杨善清、杜久明《中国殷墟：

---

① 朱光潜：《乐的精神与礼的精神——儒家思想系统的基础》，《思想与时代月刊》1942年第7期。

② 邓子琴：《中国礼俗学纲要》，中国文化社1947年版。

③ 杨宽：《古史新探》，中华书局1965年版。

④ 马东田：《唐诗分类大辞典》，四川辞书出版社1992年版。

⑤ 吕文郁：《中华文化通志·春秋战国文化志》，上海人民出版社1992年版。

⑥ 吕文郁：《春秋战国文化史》，东方出版社2007年版。

⑦ 钱玉林、黄丽丽：《中国传统文化辞典》，上海大学出版社2009年版。

⑧ 覃光广：《文化学辞典》，中央民族大学出版社1998年版。

⑨ 游唤民：《孔子思想及其现代意义》，岳麓书社1994年版。

⑩ 宋镇豪：《夏商社会生活史》，中国社会科学出版社1994年版。

⑪ 宋镇豪：《商代社会生活与礼俗》，中国社会科学出版社2010年版。

⑫ 潘雁飞：《多维文化视野下的中国文学》，湖南大学出版社2007年版。

⑬ 陈高华、徐吉军：《中国风俗通史·夏商卷》，上海文艺出版社2001年版。

去安阳认识商代文明》[①]、陈炎《中国风尚史》[②]、许明《华夏审美风尚史》[③]则主要从风俗、风尚的角度对“宴飨礼乐文化”进行探讨，可以看作是邓子琴、杨宽研究的进一步深化和拓展。

综上所述，目前“宴飨礼乐”的研究还不够充分。许多成果被包含在“礼乐文化”研究的大范围里，缺乏独立意识，像杨向奎《宗周社会与礼乐文明》[④]、沈文倬《宗周礼乐文明考论》[⑤]、姚小鸥《诗经三颂与先秦礼乐文化》[⑥]、杨华《先秦礼乐文化》[⑦]等；有的仅仅着眼于资料的整理、记录和公布，相关研究还没有展开，如前述钟敬文《中国礼仪全书》、闪修山《南阳汉代画像石刻》、马东田《唐诗分类大辞典》等。

对宴飨礼乐与古代戏剧关系的探讨，目前也有一些成果。任半塘《唐戏弄》[⑧]在谈到唐代演戏的场所时，提到室内剧场及其设备，就与当时贵族的宴飨文化发达有关。廖奔《中国古代剧场史》更是对汉唐宴飨演剧的场所进行了专门论述；可以看作是任半塘研究的一种深化。他的《中国戏曲发展史》《中国戏曲发展简史》都列有“宴飨乐舞”条，初步讨论了宴飨礼乐与乐舞戏剧的关系问题。[⑨]周侃《唐代中后期宫廷宴飨与乐舞百戏表演场所考察——以勤政楼、花萼楼、麟德殿、曲江为考察中心》[⑩]一文以具体的演出场所为例，对唐代中后期乐舞百戏的表演场所进行考察，凸显了这种观演格局形成的深层原因——宫廷

① 杨善清、杜久明：《中国殷墟：去安阳认识商代文明》，上海大学出版社2006年版。

② 陈炎：《中国风尚史》，山东友谊出版社2015年版。

③ 许明：《华夏审美风尚史》，北京师范大学出版社2016年版。

④ 杨向奎：《宗周社会与礼乐文明》，人民出版社1992年版。

⑤ 沈文倬：《宗周礼乐文明考论》，浙江大学出版社1999年版。

⑥ 姚小鸥：《诗经三颂与先秦礼乐文化》，北京广播学院出版社2000年版。

⑦ 杨华：《先秦礼乐文化》，湖北教育出版社1997年版。

⑧ 任半塘：《唐戏弄》，上海古籍出版社1984年版。

⑨ 廖奔：《中国古代剧场史》，中州古籍出版社1997年版；《中国戏曲发展史》，山西教育出版社2000年版；《中国戏曲发展简史》，山西教育出版社2005年版。

⑩ 周侃：《唐代中后期宫廷宴飨与乐舞百戏表演场所考察——以勤政楼、花萼楼、麟德殿、曲江为考察中心》，《中华戏曲》2008年第38辑。

宴飨礼乐文化的影响。元鹏飞、李宝宗《宋代戏剧形态发展的重大新物证——北宋宣和二年杂剧做场图探论》则通过对新出土的戏曲文物——北宋宣和二年杂剧做场图的考察、分析，得出“中国古代戏曲演出场所的发展不是从祭台变为舞台，而是经由历史悠久的宴飨之乐发展成熟后，再作为对神灵的祭献”[①]的结论。

麻国钧在2006年8月于山西长治举行的“赛社与乐户文化国际学术研讨会”上，提交了《供盏仪式考略》[②]一文。文章主要从“宫廷供盏仪式的流变”“供盏仪式演艺的东渐”和“供盏仪式与演出艺术”三个方面探讨了历代宫廷供盏仪式的发展演变及其与戏剧之关系。并且指出：伴随供盏仪式所行的“献”礼，既是一种开放的体系，可以不断地增加或减少，又是一条可以串联起无数演艺形式之瓜的藤。此类结构与连台本戏有些相似之处。这种论述对本书的研究很有启发意义。曹琳《献——在庙堂与草野间游弋》[③]在对“献”字作了一番文字学的考释之后，指出祭礼中的“献”的本义是“献酒”，进而探讨了献酒与南通童子、《礼节传簿》中的“调家龟”演出之间的关系，最后列举了献酒中的戏文抄本。黄婧《宋杂剧在两宋宫廷宴飨中的演进》[④]从对宋代宫廷宴飨活动的分类入手，指出正是这种宫廷不同的宴飨活动对杂剧演出的不同要求，促成了杂剧艺术由滑稽剧向以歌舞为主的正杂剧的转型，并最终形成了宋杂剧“一场四段”的演出体制。吴瑾《论宫廷宴飨文化对明代庆赏剧的影响》[⑤]突出了明代宫廷宴飨文化对庆赏剧的影响，从而形成庆赏剧的表演特点——情节的简单苍白、表演形式的多样化和气势的恢宏庞大；胡博《清代宴飨乐舞“庆隆

---

① 元鹏飞、李宝宗：《宋代戏剧形态发展的重大新物证——北宋宣和二年杂剧做场图探论》，《中华戏曲》2015年第51辑。

② 麻国钧：《供盏仪式考略》，《赛社与乐户论集》，中国戏剧出版社2006年版。

③ 曹琳：《献——在庙堂与草野间游弋》，《赛社与乐户论集》，中国戏剧出版社2006年版。

④ 黄婧：《宋杂剧在两宋宫廷宴飨中的演进》，《曲学》2015年第3卷。

⑤ 吴瑾：《论宫廷宴飨文化对明代庆赏剧的影响》，《传奇·传记文学选刊》2011年第5期。

舞”形态初探》[1]一文通过对文献资料的梳理，初步探讨了宴飨乐舞“庆隆舞”的基本形态。

李真瑜《明代宫廷戏剧史》[2]从文化学的角度入手，探讨了明代宫廷戏剧的双重属性和功能，即礼仪性和娱乐性。礼仪性是宫廷戏剧的本质特征，这种戏剧无论内容还是形式都具有极强的程式性，凸显出礼乐文化的内涵；宫廷戏剧中还有主要服务于娱乐需要的戏剧，这部分戏剧虽然广义上也属于宫廷礼乐文化的一部分，但它并不依附于礼仪活动而存在，具有一定的独立性。这种探讨虽然针对的是明代宫廷戏剧，却具有相当的普遍性。

直接对礼乐文化与戏剧的关系进行考察的，李舜华很有代表性。她的《礼乐与明前中期演剧》[3]分上下两编：上编用八章加一楔子的篇幅全面梳理了明前中期演剧制度、演剧环境和剧本创作的变迁，并且指出这种变迁背后的深层原因，即统治者的礼乐制作和士大夫的礼乐自任精神。下编五章集中讨论了礼乐文化影响下明代戏剧史上的一些具体问题，比如“旦色的发展演变等”。之后作者笔耕不辍，在此领域继续掘进，发表了一系列单篇论文。如《教坊宴乐环境影响下的明前中期演剧》[4]，探讨了明前中期教坊宴乐环境对演剧形式、演出内容和剧曲创作的深刻影响，正是这种影响，促进了杂剧形式的变化，传奇的兴起。《明初教坊制度考略》[5]《明代南教坊制度考》[6]两篇论文集中探讨了明代教坊职能的兴衰更替，这种现象凸显出雅俗乐此消彼长、演剧制度不断变迁的现实，其根源则是统治者对礼乐制作的诉求。作者研究的着眼点是明代，对其他王朝的演剧情况则不予涉猎。

从制度层面试图接通礼乐与演剧的，项阳先生值得关注。《山西乐户研究》[7]从源流演变、生存方式、社会地位、组织结构、信仰崇拜等方面对历史

---

① 胡博：《清代宴飨乐舞“庆隆舞”形态初探》，《北京舞蹈学院学报》2015年第5期。

② 李真瑜：《明代宫廷戏剧史》，北京紫禁城出版社2010年版。

③ 李舜华：《礼乐与明前中期演剧》，上海古籍出版社2006年版。

④ 李舜华：《教坊宴乐环境影响下的明前中期演剧》，《戏剧艺术》2004年第3期。

⑤ 李舜华：《明初教坊制度考略》，《文化遗产》2014年第4期。

⑥ 李舜华：《明代南教坊制度考》，《文化遗产》2017年第5期。

⑦ 项阳：《山西乐户研究》，文物出版社2001年版。

上的贱民——山西乐户进行考察，探讨乐籍制度演变的规律，进而指出这种演变对戏剧的发生、发展具有重要意义。其论文《词牌、曲牌与文人、乐人之关系》[①]对词——曲子——曲子词——诸宫调——戏曲——声乐曲、器乐曲的流变演进予以梳理，讨论了这种演进对于中国戏曲的发生学意义。《雍、乾禁乐籍与女伶：中国戏曲发展的分水岭》[②]从“乐籍存续期的戏曲样态”和“乐籍解体后的戏曲样态”两个方面探讨了乐籍与戏曲的关系问题，进而得出“雍、乾禁乐籍与女伶成为中国戏曲发展分水岭”的结论。《从官养到民养，腔种间的博弈》[③]论述了乐籍制度解体后，戏曲艺人和戏曲本身生存状况和生态环境的变迁；正是这种变迁促成了戏曲腔种间的竞争，“花雅之争”就是在此背景下发生的。《从〈朝天子〉管窥礼乐传统的一致性存在》[④]则是作者以具体曲牌【朝天子】为例，对历史与当下音乐存在状况及其原因的一种理性思考。值得注意的是：项阳是以一个音乐学家的身份、从国家礼乐制度的层面对中国戏剧史上的一些问题予以关注的，他所提供的研究视角具有重要的方法论意义。

关注的，黎国韬不容忽视。他所著《古代乐官与古代戏剧》[⑤]分上、下两篇进行论述：上篇“古代乐官概论”从乐官制度和乐官功能两方面考述了古代乐官的历史样态；下篇“乐官与中国古代戏剧”以六章的篇幅主要从五个方面进行研究。第三章、第四章讨论历史上戏神的种种说法以及戏剧的起源与形成；第五章、第六章探讨乐官与戏剧脚色、竹竿子的关系；第七章、第八章研究戏剧音乐及相关问题。《先秦至两宋乐官制度研究》[⑥]对历史上乐官制度的发展变迁进行总体观照，研究的时间范围截止于两宋时期；两宋之后，乐官制度基本上保持了稳定的状态。之后，2011 年、2014 年相继出版的《古剧考

---

① 项阳：《词牌、曲牌与文人、乐人之关系》，《文艺研究》2012 年第 1 期。

② 项阳：《雍、乾禁乐籍与女伶：中国戏曲发展的分水岭》，《戏曲艺术》2013 年第 1 期。

③ 项阳：《从官养到民养，腔种间的博弈》，《戏曲艺术》2012 年第 1 期。

④ 项阳：《从〈朝天子〉管窥礼乐传统的一致性存在》，《中国音乐》2008 年第 1 期。

⑤ 黎国韬：《古代乐官与古代戏剧》，广东高等教育出版社 2004 年版。

⑥ 黎国韬：《先秦至两宋乐官制度研究》，广东人民出版社 2009 年版。

原》[1]《古剧续考》[2]，其研究对象虽为宋元以前的古剧，但关注视角仍以乐官为主，可以说是前述研究的一种继续和深化。论文《乐官与古代戏剧晚熟问题简论》[3]从乐官的角度对古代戏剧的晚熟问题进行探讨，并且指出了造成这种现状的深层原因——秦汉以后乐官素质的直线下降，乐舞传承的秘密性和模糊性，乐官制度本身成熟较晚。《历代宦者演戏述略》[4]对中国历史上宦者演戏现象进行扫描，归纳出汉、唐、宋、明、清是宦者演戏比较盛行的时代；在此，宦者多为另类乐官。《东汉禁中大傩仪执事官考》通过对周、汉两朝有关大傩仪资料的梳理，认为“东汉禁中大傩仪的主要执事者多为黄门宦官”[5]，与周代大傩仪中的方相氏、百隶在身份等级上已有明显差异；此一转变意味着娱乐性的增加，傩戏的出现。这种研究对于探究中国古代戏剧的产生、发展具有重要意义。

除此之外，叶舒宪《诗经的文化阐释》[6]从文化人类学的视角对古代思维、宗教、艺术的发生进行哲学审思，把戏剧起源的探索追溯到先秦的巫术和礼乐。车师文明《20世纪戏曲文物的发现与曲学研究》第七章“戏曲观念的更新”把古代戏曲观念放在中国传统社会的“礼乐文化”中进行观照，并且指出“充分强调戏曲的社会伦理价值，以礼乐制度规范、阐释戏曲活动尤其是赛社演剧活动，是中国古代戏曲观念史上的主流意识形态。”[7]张影《历代教坊与演剧》[8]分七章探讨了教坊在唐、宋、辽金元、明、清各朝代的变迁及其与演剧之关系。这些研究极大地补充和丰富了礼乐与戏剧（戏曲）关系的探讨。

清宫演剧资料的发现与整理极大地推动了清代戏剧的研究，涌现出一些

---

① 黎国韬:《古剧考原》，中山大学出版社2011年版。

② 黎国韬:《古剧续考》，中山大学出版社2014年版。

③ 黎国韬:《乐官与古代戏剧晚熟问题简论》，《艺苑》2012年第3期。

④ 黎国韬:《历代宦者演戏述略》，《艺苑》2011年第1期。

⑤ 黎国韬:《东汉禁中大傩仪执事官考》，《民族艺术》2010年第3期。

⑥ 叶舒宪:《诗经的文化阐释》，湖北人民出版社1994年版。

⑦ 车文明:《20世纪戏曲文物的发现与曲学研究》，文化艺术出版社2001年版，第116页。

⑧ 张影:《历代教坊与演剧》，齐鲁书社2007年版。

较有影响的论文。2001年，幺书仪《晚清宫廷演剧的变革》[①]在《文学遗产》第5期上发表。论文全面梳理了清代乾隆以后宫廷演剧机构、演出人数、演出场次、演出内容、演出剧种等方面的变化，并试图探索这种变化背后的根源。虽没有明确提到礼乐制度和礼乐文化，但于字里行间渗透的已很明显。此后，曾凡安《礼乐文化与晚清宫廷演剧的变革》，可以看作是对幺书仪研究的进一步深化。论文一改前文对这种变化的简单罗列和梳理，集中探讨了变化背后的深层原因，即宫廷礼乐制度，并且指出："在清代，包括民间戏曲在内的清宫演剧主要是一种用之于朝廷仪典的宴飨用乐，或者说是一种从属于五礼的宫廷宴乐。这种乐是一种广义的'乐'，即三代以来融诗、乐、舞于一体的礼乐之乐。"[②]这样一来，戏曲就成为礼乐的内在组成部分。礼乐制度的变迁必然引发宫廷演剧的变革，为花部戏曲进入宫廷提供了可能。《试论清宫演剧的礼乐性质》从三个方面具体论述了"清宫演剧"与"礼乐"之关系：第一，从统治者对清宫演剧的定位和剧本制作来看，清宫演剧体现了"乐为礼设"的初衷；第二，就演出仪程中雅俗相杂、戏礼相用的特点而言，清宫戏曲实为清代礼乐的重要组成部分；第三，以清代君臣对戏曲的理解和感受论，清宫演剧也具有古典雅正与乐和人情的礼乐特性。[③]这一研究基本上厘清了清宫戏剧的礼乐性质。《礼乐视野下的清代地方官府演剧初探》[④]一文则把研究的视角直接下探到"地方官府演剧"，并从演剧类型与演剧功能诸方面论述了官府演剧的礼乐性质。这种研究指出了宫廷与官府、京城与地方礼仪用乐的上下相通性，进一步印证了清代宫廷、官府演剧的礼乐性质。

黄敏学《清代宫廷音乐管理体制的时代特征及其近代转型》[⑤]从乐部的设立、乐籍的废除以及从南府到昇平署的转型这三个方面探讨了清代宫廷音乐管

---

① 幺书仪：《晚清宫廷演剧的变革》，《文学遗产》2001年第5期。

② 曾凡安：《礼乐文化与晚清宫廷演剧的变革》，《文学遗产》2009年第3期。

③ 曾凡安：《试论清宫演剧的礼乐性质》，《浙江学刊》2009年第2期。

④ 曾凡安：《礼乐视野下的清代地方官府演剧初探》，《浙江学刊》2010年第3期。

⑤ 黄敏学：《清代宫廷音乐管理体制的时代特征及其近代转型》，《江淮论坛》2011年第6期。

理体制的变革及其意义。刘薇《从娱乐到礼乐：顺治朝演剧政策研究》通过对清顺治朝演剧功能从娱乐到礼乐的转变，探讨了演剧政策的调整和变迁。这种调整和变迁的背后实际上体现的是“满汉礼乐文化的竞争，由满族风俗占上风的情况转为以儒法立国、尊崇汉人礼乐制度的过程。”①

清代中后期，宴飨演剧的增多引发了一种新的戏剧形态，即“宴戏”。《故宫所藏昇平署剧本目录》与《故宫珍本丛刊》都有记录。这方面的成果不多，目前只有湖南科技大学杨小英的一篇硕士论文，相关研究有待进一步展开。

综合以上分析可以看出，目前关于“宴飨礼乐与古代戏剧”关系的探讨成果已经不少。相关研究人员都在自己的领域里付出了艰辛的努力，作出了艰难的探索，其精神和成绩值得肯定。有的研究成果很有启发性，对本书的研究具有重大的意义和价值。其不足之处也是明显的。

第一，对“宴飨礼乐与古代戏剧”的关系缺乏深入自觉的整体观照。许多研究者限于专业视域和专注范围，往往只在自己的研究领域里深耕细挖，形成各自为阵的局面，缺乏有效的沟通。大部分成果侧重共时性的把握，而少见历时性的梳理，对“宴飨礼乐”影响下“古代戏剧”发展的现实状况鲜有整体观照。

第二，目前有关“礼乐与戏剧”关系的研究成果不少，但从“宴飨礼乐”的角度审视和研究“古代戏剧”的则不多。“礼乐”本身就是一个比较宽泛的概念，它同戏剧的关系更是千丝万缕、错综复杂。从“礼”的角度来讲，涉及戏剧的仪式、功能和作用；从“乐”的角度来讲，又包括戏剧的表演、演员、歌唱、形式以及演剧制度等；至于“礼乐文化”，则涉猎更广，举凡戏剧观念、演剧形态、创作内容以及中国戏剧在历史上何以表现为如此样态，等等，可能都与“礼乐文化”有着这样那样的联系。基于此，许多研究者在谈到“礼乐与戏剧”的关系时，往往各持一端、各执一词，很难达到彼此的交流与会通。

第三，关于“宴飨礼乐与古代戏剧”关系的探讨目前尚处于较浅层次。从前面“研究现状述要”可知，目前这一问题的研究尚处于资料整理、个案分析、简单介绍的层面，内容、理念、思路往往大同小异，缺乏新观念的输入、新方

① 刘薇：《从娱乐到礼乐：顺治朝演剧政策研究》，《戏剧艺术》2017年第1期。

法的运用。

这就说明：当下这一问题尚没有引起学界的普遍重视，仍然有许多值得研究和探索之处。

第三节　研究思路与研究方法

“宴飨礼乐与古代戏剧”的关系相对复杂，可以有多种阐释方法，比如“古代戏剧中的宴飨礼乐”“宴飨礼乐与古代戏剧的相互作用”等。作为“戏剧与影视学”的博士，我选择“宴飨礼乐对古代戏剧的影响”这一方法；即在“宴飨礼乐”的观照下，对“古代戏剧”发展史上的一些现象和问题进行重新审视和研究，以此得出新的尽可能贴近事实的结论。这里，“宴飨礼乐”是观照视角，“古代戏剧”才是我们研究的中心。

鉴于目前“宴飨礼乐”的研究尚处于起步阶段、缺少整体梳理的事实，本书前三章“宴飨礼乐制度述略”“宴飨礼仪及其用乐考”“宴飨礼乐的类型、特征与功能”首先对宴飨礼乐进行立体观照，并着重考察其仪式和用乐。

第四、五、六、七章综合探讨了“古代戏剧”发展的四个历史阶段，即“汉唐时期”“宋金时期”“元明清前期”和“清中后期”。当然，“古代戏剧”的发展历史非常漫长而且复杂，在一部专著中要讲清楚几乎不可能。对此，本书不追求平铺直叙式地述说中国古代戏剧史，而是坚持“重点问题重点论述”的策略，比如“汉唐时期的伎艺化戏剧表演”“宋金时期戏剧的转型”“元明清时期的私人宴会演剧”“清中后期戏剧艺术的回归”等，对其他问题则可能较简或者一笔带过。

在中国古代社会中，戏剧基本上是作为宴飨用乐而存在的，宴飨用乐就是“中国戏剧形态发展的产床。”[①] 因此，宴飨礼乐对戏剧发展往往具有重大的决定

---

① 元鹏飞、李宝宗：《宋代戏剧形态发展的重大新物证——北宋宣和二年杂剧做场图探论》，《中华戏曲》2015 年第 51 辑。

和影响作用。汉唐时期，宴飨用乐兼容并包，形态多样。但究其来源，基本上可以归纳为三种，即祭祀乐舞、世俗娱乐乐舞和外来乐舞。这构成了中国古代戏剧的三种形态，即仪式性戏剧、娱乐性戏剧和外来戏剧。本书第四章举《东海黄公》《踏摇娘》和《钵头》的例子对这三种戏剧形态分别予以探讨，并指出其特征。

宋金时期，中国古代社会进入转型阶段，思想控制加强。宴飨礼乐承担起了宣传和传播“儒家礼乐文化”的重任，叙事性的文学、艺术彰显，戏剧的思想性和文学性得到重视和加强。第五章集中探讨宋金时期戏剧转型的过程、原因及其对后世戏剧的影响。

元明清时期，戏剧的创作和演出呈现出繁荣的局面，这已成学界共识。因此，第六章试图从宴飨礼乐的角度探究戏剧繁荣背后的深层原因，这里既有宫廷宴飨演剧的推动，又有民间私宴演剧的助力。

清代中后期，古代戏剧整体上向伎艺性表演回归，剧坛上发生了一系列重要的戏剧现象，比如“花雅之争”“折子戏演出的繁荣”和“地方戏的勃兴”等。第七章着重从宫廷宴飨演剧制度演进的角度，尝试探讨这些戏剧现象发生的内在理路和外部动因。

本书涉及和运用到的具体研究方法主要如下。

其一，“宏观研究”与“微观研究”相结合。“宏观研究”是一种全面把握和整体研究，是“从大的角度，亦即从相对的整体意义上，去考察历史的内在联系，寻觅寓于历史事实之中、隐于历史现象背后的更深一层的历史的本质。”①“微观研究”是对具体事物、事件和现象的研究，关注的是“个别的、具体的事实，一个或几个事实，或地方性事件。……它可能对整个背景提供某种补充的说明。”②“宏观研究”与“微观研究”是两种不同的研究方法，二者相互区分又相互补充、相辅相成。“宏观研究”可以揭示事物的内在联系和本质规律，从相对整体或全局上认识局部或细部。“微观研究”可以“使具体的个别的

① 丁伟志:《对历史的宏观思考》，河北教育出版社 2001 年版，第 2 页。

② 陈启能:《略论微观史学》，《史学理论研究》2002 年第 1 期。

事件更具真实性，进而使整体或全局建立在可靠的基础上”[①]，弥补宏观研究的不足和缺陷。

在研究过程中，对“宴飨礼乐”影响下“古代戏剧”发展的全貌及其规律的把握，往往用“宏观研究”，对其中“具体戏剧现象”的阐释则用“微观研究”，二者统一于“宴飨礼乐与古代戏剧”关系的整个研究实践。

其二，“多学科研究”与“跨学科研究”相融会。“单学科研究”“多学科研究”与“跨学科研究”是科学研究的不同方法，代表了科学研究发展的三个历史阶段。“单学科研究”谋求明确的学科边界、独特的研究对象和方法、特定的学科概念和范畴，并力图建构一个逻辑严密的学科体系，以此作为学科身份标识。“多学科研究”是指在把握特定研究对象的基础上，以相关学科的研究范式为方法和工具，来观察现象、分析并解决问题。“多学科研究”把研究“视角”看得至关重要。正如美国哲学家尤瓦娜·林肯·伊冈·古巴所言，“视角是一个更有用的概念，它意味着远远地观察一个特别的焦点，我们从哪里看影响着我们看到什么。”[②]“跨学科研究”则意味着“学科间互相借换、合作解决问题、保持独立分隔学科之间的沟通桥梁、发展在不同学科之间运作的综合理论、在各分隔的学科之间共同交叠的范围中开发新的领域等一系列活动。”[③]它是一种“真正打破学科界限的整合研究”[④]，是一个研究者运用多学科的知识和方法、从不同角度对同一个问题所作的研究。

就本书来说，由于古代戏剧在历史上不同时期的具体艺术呈现形式不同，及其综合性艺术本色，其本身就具有多科性特征。加之从“宴飨礼乐”的视角进行观照，则其所涉猎的学科至少应该包括戏剧学、音乐学、美术学、文物学、文献学、哲学、历史学、文化学、人类学、民俗学等。因此，在研究过程中应

---

① 金福来、裴云涌：《论研究历史的科学方法—— 宏观与微观的研究方法》，《内蒙古民族大学学报》2008 年第 1 期。

② ［美］尤瓦娜·林肯·伊冈·古巴：《自然主义研究——21 世纪社会科学研究范式》，科学技术文献出版社 2004 年版，第 34 页。

③ 金吾伦：《跨学科研究引论》，中央编译出版社 1997 年版，第 30 页。

④ 汤晓蒙、刘晖：《从“多学科”研究走向“跨学科”研究》，《教育研究》2014 年第 12 期。

该坚持“多学科研究”与“跨学科研究”相融会，坚持“具体问题具体分析”的原则。

其三，历史与逻辑相统一。“历史与逻辑相统一”的原则是马克思主义唯物史观在科学研究方法论上的体现。马克思说：“历史的全部运动，既是它的现实的产生活动……同时，对它的思维着的意识来说，又是它的被理解和被认识到的生成运动。”① 恩格斯也说：“历史从哪里开始，思想进程也应当从哪里开始；而思想进程的进一步发展不过是历史过程在抽象的、理论上前后一贯的形式上的反映。这种反映是经过修正的，然而是按照现实的历史过程本身的规律修正的。”② 因此，在科学研究中，要坚持马克思主义的唯物史观；在方法论上，就要坚持“历史与逻辑相统一”的原则。具体到本书的研究，我们要做到以下几点。

首先，从“历史的维度”去思考问题，阐释戏剧史上的各种现象。“历史的维度”是进行史学研究的基本方法。英国历史学家爱德华·霍列特·卡尔主张：“在史学家创造历史史学之前，历史事实对于任何人而言都是不存在的。”③ 法国社会学家、哲学家雷蒙·阿隆则进一步阐释了两种历史，“一种是我们生活于其中的历史，另一种是我们思索的历史。”④ 在此意义上，我们认为：任何戏剧现象、问题都不是凭空产生的，而是有其特定的生态环境和生成语境，“是一个与现实具有共生关系的共时性结构和家族谱系”⑤。因此，进行戏剧史研究，必须将具体的戏剧现象、问题放在具体的历史环境和历史语境中去思考、去理解，而不能站在今人的立场、运用今人的观念来审视和阐释过去发生的事。对史料的搜集、整理和运用，也必须结合文物和考古资料，以事实说话；在弄清楚事实真相后，方可作出价值判断。

---

① 《马克思恩格斯全集》（第三卷），人民出版社 2002 年版，第 297 页。

② 《马克思恩格斯全集》（第二卷），人民出版社 2002 年版，第 122 页。

③ ［英］爱德华·霍列特·卡尔著、陈桓译：《历史是什么》，商务印书馆 1981 年版，第 18 页。

④ ［法］雷蒙·阿隆著、董子云译：《历史意识的维度》，华东师范大学出版社 2016 年版，第 26—43 页。

⑤ 王苏生：《古代学人戏曲观的生成与演进》，山西师范大学 2014 年博士学位论文。

其次，运用“逻辑的方法”去理解、推理和分析问题。进行戏剧史研究，尤其是“宴飨礼乐与古代戏剧”的关系研究，不能仅仅着眼于个别现象、问题的解读和阐释，也不能就个别现象、单一材料作出推理和分析，从而得出结论。而应该从宏观上进行整体分析，通过对现有文献资料的分析鉴别、去伪存真、梳理归纳，最好能结合一定的文物和考古资料，运用“二重证据法”，经过严密的推理论证，才能得出结论。特别是对于一些重大理论问题的分析和提出，更是如此。

当然，最好是能把“历史的维度”和“逻辑的方法”统一起来。站在历史的维度，把研究的现象、问题进行还原，放在当时的语境下予以阐释，做到所论必有事实根据；运用逻辑的方法，把一系列具体的历史现象、问题进行分析、归纳、推理、总结，从而得出科学、合理的结论。

第一章

宴飨礼乐制度述略

第一节　礼乐的起源

就“礼”与“乐”的起源来说，它们从来不是孤立的，而是彼此关联在一起的，统一于中国上古的祭祀活动之中，是原始巫祭活动中同时进行的两个侧面：歌舞娱神和供物奉神[①]，即所谓“钟鸣”和“鼎食”，前者是“乐”，后者就是“礼”。在社会发展过程中，“礼”和“乐”是自为地统一在祭祀活动之中的，祭祀活动是礼乐文化生成、发展的土壤。因此，要溯源礼乐，就得从祭祀活动谈起。

《说文解字》曰，“祭，祭祀也。从示，以手持肉。”[②]《康熙大字典》解释，“祭”的意义有二：一是“祭祀也，以手持肉”，“祀”有献祭鬼神之意，故“祭”是以手持肉来献祭鬼神；二是指祭者与鬼神相接，即由活人向已死的鬼神作宗教仪式的献礼。看来祭祀活动从一开始就是与“礼”联系在一起的，“礼”表现为祭祀的仪式。

《说文解字》对礼的解释是，“礼，履也。所以事神致福也。”[③]段玉裁注，“履，足所依也。引申之：凡所依，皆曰履。此假借之法。屦，履也。礼，履

① 杨华：《先秦礼乐文化》，湖北教育出版社 1997 年版，第 11 页。

② 〔汉〕许慎：《说文解字》，中华书局 1963 年版，第 8 页。

③ 同上书，第 7 页。

也。履同而义不同。礼有五经，莫重于祭。故礼字从示。”[①] 可见，礼的本义与事神有关。凡所依皆曰履，屦（履）者足所依，礼者人所依。原始氏族成员在祭祀祖先神灵时，必陈饮食供神灵享用。这种陈供开始比较粗糙，后来为了表示虔诚，饮食越来越丰盛，方式越来越讲究，并且规格和仪式逐渐固定下来，久而久之形成了大家共同遵守的准则，这便是礼。[②]

甲骨文、金文中又有“豐”字，王国维《观堂集林·释礼》说：“豐”的上部“象二玉在器之形，古者行礼以玉。”[③]“豐”的下部“豆”，郭沫若释为鼓，认为“乃鼓之初文”[④]。王、郭二人的观点得到学界的普遍认同。因此，从古文字字形的角度来讲，“豐字原先确系从豆从玨无疑。”[⑤] 实为会意字。

“豐”从鼓从玨，说明鼓和玨这两种器物在行礼过程中的作用。鼓是人类最早使用的乐器之一，人们能够通过击鼓传达出各种情感，表达不同的思想。《礼记·礼运》记载：“夫礼之初，始诸饮食，其燔黍捭豚，污尊而抔饮，蒉桴而土鼓，犹若可以致其敬于鬼神。”[⑥]《周礼·鼓人》之职是“教为鼓，而辨其声用，以雷鼓鼓神祀，以灵鼓鼓社祭，以路鼓鼓鬼享。”[⑦] 人们通过日常生活中的饮食和乐器来表达对鬼神的崇敬之情，这正是“礼”的原始本义。由此看来，礼从一开始就是与乐联系在一起的，它与祭祀相伴而生。现有考古资料证明，大约在新石器时代的中后期，玉器的使用就变得多了起来。在红山文化、良渚文化、石家河文化和山东龙山文化遗址上，都曾经出土了大量玉器。许多专家认为这些玉器已经具有了祭祀用具的意义。

到了阶级社会，礼的用途多了起来，其功能和意义也随之扩大。《荀子·礼论》云：“凡礼：事生，饰欢也；送死，饰哀也；祭祀，饰敬也；师旅，饰威

---

① 〔汉〕许慎撰、〔清〕段玉裁注：《说文解字注》，上海古籍出版社 1988 年版，第 2 页。

② 赵沛霖：《诗经研究反思》，天津教育出版社 1989 年版，第 65 页。

③ 王国维：《观堂集林》，中华书局 1959 年版，第 291 页。

④ 郭沫若：《卜辞通纂》，科学出版社 1983 年版，第 321—322 页。

⑤ 林沄：《释豊豐》，《古文字研究》第十二辑。

⑥ 〔清〕阮元：《十三经注疏》，中华书局 2009 年版，第 3065 页。

⑦ 同上书，第 1552 页。

也。是百王之所同，古今之所一也。”杨倞注，“不可太质，故为之饰。”《礼记·曾子问》云：“君子礼以饰情。”孔颖达疏，“凡行吉凶之礼，必使外内相副，用外之物以饰内情。”孙希旦《礼记集解》云：“饰犹表也，有是情而后以礼表之，故曰礼以饰情。”今人陈戍国先生认为：“礼应该包括三部分内容，即礼物、礼仪和礼意。”① 礼物，即体现差别的器物，与今人用于馈赠的礼物不同；礼仪，即使用着礼物的仪容动作；礼意是由礼物和礼仪所表达的意思。②

关于“乐”的起源，一般有三种说法。一种是音乐。许慎《说文解字》谓：“乐（樂），五声八音总名。象鼓鼙；木，簴也。”朱骏声解释说，“这是以‘樂’字的基本取象为乐器鼓，从而会意为音乐。”③ 殷墟卜辞出土后，罗振玉首先根据甲骨文中最早出现的“樂”字两“幺”之间并不从“白”的事实，考证“樂”的字形构成是“樂，从丝附木上，琴瑟之象也。”④ 之后，学者们对金文“樂”字中间的后出之“白”进行了不同的解释。罗振玉认为是调弦之器，郭沫若等认为是“人的拇指”⑤，日本学者白川静则认为是“乐器中的铃，丝为悬挂在两侧的线状装饰”⑥。

一种是快乐（le）。冯洁轩认为，“乐是至为欢快、以娱乐为主的，……乐在商代是一种大型的风俗性乐舞”，“‘樂’字从木幺声，像先民们围绕着树木载歌载舞，同时发出‘吆—吆—’的欢呼声。”⑦ 修海林先生则以为，甲骨文中的

---

① 陈戍国：《中国礼制史·先秦卷》，湖南教育出版社 1991 年版，第 7 页。

② 关于礼物、礼意，杨伯峻先生的说法，见《春秋左传注》（桓公二年）。《黄侃论学杂著·礼学略说》（中华书局 1964 年版）有礼意、礼具、礼文之说，亦可参。又，章权才《礼的起源和本质》（《学术月刊》1963 年第 8 期）云：“礼是礼义与礼仪的统一体。”也可备一说。

③ 朱骏声：《说文通训定声》，中华书局 1984 年版，第 341 页。

④ 罗振玉：《增订殷墟书契考释》（中册），中华书局 2006 年版，第 40 页。

⑤ 周法高主编：《金文诂林》（第六卷），香港中文大学出版社 1975 年版，第 3772—3773 页。

⑥ ［日］白川静：《文字讲话》“第十三讲 歌谣与舞乐”，东京平川社 2003 年版，第 139 页。

⑦ 冯洁轩：《“乐”字析疑》，《音乐研究》1986 年第 1 期。

“樂”字，上半为谷穗状，下半为禾类植物茎干状。[①]所谓“丝”，即为成熟谷穗的象形。因此，“樂”字表达的是“先民们对耕种、收获的不易自然而然产生出来的一种喜悦心情。”[②]

另一种是树木，与宗教信仰有关。徐中舒认为，“从木从乐之栎，与乐实为一字。”[③]日本学者水上静夫与加藤常贤也解释说，乐的“契文为从丝从木之会意字也，金文则加上白字声符，……栎字又或地区之木之名也，用为音乐之意者乃借用也。”[④]陈双新认为：远古时期，先民们把栎树看作神树、社树，经常于其下举行载歌载舞的祭祀活动，与部族集体合欢，“由于地点固定，久而久之，人们提起此地就想起那些欢快娱乐之事，并径直用其地名表达那种美好的感受”，而“专门的音乐当由其中进一步分化而来。”[⑤]由此看来，“乐”即社祭之欢乐，由快乐之“乐”进而发展出音乐之“乐”。[⑥]

以上观点虽然各有侧重，但它们所表达的宗旨其实是一样的，那就是：“乐”与音乐有关，与快乐有关，与祭祀有关。杨荫浏先生认为：音乐是由全体社会成员共同创作，并为全体社会成员服务的。它与宗教及巫术有着密切的关系。[⑦]

音乐实践的出现非常久远。在文字产生之前，人类的音乐文化现象往往用图像来表达，如云南沧源崖画中的“乐舞”图像[⑧]（见图1—1）、青海大通县出土的舞蹈纹彩陶盆[⑨]。相关出土文物及其研究证明：河南舞阳县贾湖新石器时

---

① 修海林:《古乐的沉浮》，山东文艺出版社1989年版，第139页。

② 修海林:《“樂”之初义及其历史沿革》,《人民音乐》1986年第3期。

③ 徐中舒主编:《甲骨文字典》，四川辞书出版社1988年版，第651页。

④ 周法高:《金文诂林补》，中国台湾“中央研究院”历史语言研究所1981年版，第1604—1605页。

⑤ 陈双新:《释“乐”》,《河北大学学报》2000年第1期。

⑥ 周武彦:《“乐”义三辨》,《音乐艺术》1988年第3期。

⑦ 杨荫浏:《中国古代音乐史稿》，人民音乐出版社1981年版，第2页。

⑧ 云南省历史研究所:《云南沧源崖画》,《文物》1966年第2期；汪宁生:《云南沧源崖画的发现与研究》，文物出版社1985年版。

⑨ 青海省文物管理处:《青海大通县上孙家寨出土的舞蹈纹彩陶盆》,《文物》1978年第3期；金维诺:《舞蹈纹彩陶盆与原始乐舞》,《文物》1978年第3期。

图 1—1　云南沧源崖画乐舞图像

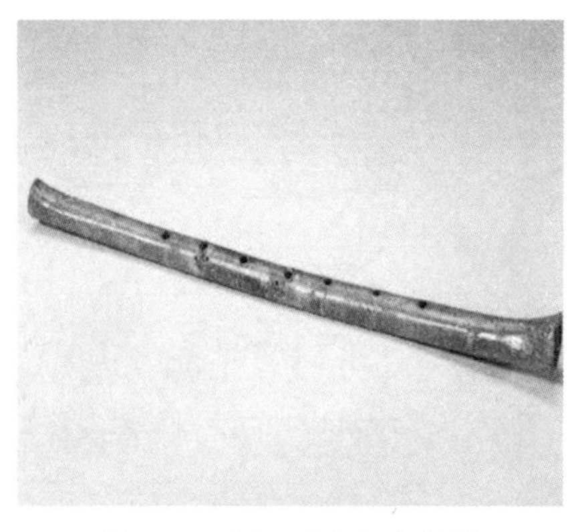
图 1—2　河南舞阳贾湖骨笛

代遗址中已有距今八千多年的骨笛①（见图 1—2），浙江余姚河姆渡地区和陕西省西安地区亦发现有距今六千年和五千年的音乐文化遗存②。

有意思的是："礼"的出现与"乐"的兴起几乎发生在同一个时期，即新石器时代中后期。而这一时期也正是祭祀活动趋向繁荣的时期。这一事实更加证明了礼乐文化与祭祀活动的关系。文字产生之后，在甲骨卜辞和早期文献中，亦有很多这方面的记录。这些记录集中体现在自然崇拜、图腾崇拜和生殖崇拜等现象中。

我国远古的祭祀活动，一般可以分为泛神祭祀、图腾祭祀和祖先祭祀三种形式，它们分别代表了上古时期社会发展的三个阶段。泛神祭祀是最原始的祭祀活动，这一时期人们开始有了神灵（主要是自然神）崇拜的意识，像日神崇拜、月神崇拜等，后世的"泛神论"思想从这里肇始。图腾祭祀大约盛行于新石器时代中后期，人们有了群体的概念，部落形成；不同的部落或部落联盟有着不同的信仰和追求，形成不同的图腾。祖先祭祀产生于阶级社会，这一时期国家出现了；掌握了国家政权的统治者，就会运用手中的权力把自己的家族之祖先上升为全国人之祖先、全民族之祖先而加以祭祀。历史上的夏、商、周就处于这一时期。

---

① 河南省文物研究所：《河南舞阳贾湖新石器时代遗址第二次至第六次发掘简报》，《文物》1989 年第 1 期；黄翔鹏：《舞阳贾湖骨笛测音研究》，《文物》1989 年第 1 期。

② 浙江省文物管理委员会、浙江省博物馆：《河姆渡遗址第一次发掘报告》，《考古学报》1978 年第 1 期；西安半坡博物馆：《西安半坡》，文物出版社 1982 年版。

据说夏禹就是一个热衷于祭祀活动的人，他“伤先人父鲧功之不成受诛，乃劳身焦思，居外十三年，过家门不敢入。薄衣食，致孝于鬼神。”① 继位后曾“封泰山，禅会稽”②，又“东巡，登衡山，血白马以祭”③。后来道教中的“禹步”传说即为禹之所创。

有商一代，神权弥漫，巫风盛行，祭祀活动也达到了异常繁荣的程度。占卜祭祀的内容大到立国、战争，小到求雨、生育、成人，可以说是无孔不入。尤其对祖先，商人一年四季轮番祭祀，形成所谓“周祭制度”。甲骨文中所反映的祭祀方法和名称有禘、尝、燎、沉、俎、宾、袷、飨、岁、燕、告等，不下几十种。商人的祭祀活动之多由此可见一斑。

宗周时期，虽然天道观念有所变化，祭祀也开始由重神向重人过渡，但它仍然是国家社会、政治生活中的主要内容，所谓“国之大事，在祀与戎”④。周人还创造了“昭穆制度”，即按辈次的奇偶数左右排列其祭祀顺序，并且分春礿、夏禘、秋尝、冬烝四时定期举行祭祀活动。因此，经常讲的“制礼作乐”，目的就是把祭祀活动制度化，也就是礼乐文化的制度化。“制礼作乐”可以理解为一个过程。据杨华考证，这一过程开始于周公，到穆王时期才最终完成。⑤ 穆王之后，象征国家政权的“鼎”的形制趋向固定，且出现了鼎的组合，如长安普渡村墓室的三具鼎、宝鸡临福堡 F1 号墓出土的三具鼎、河南陕县上村岭 1706 号墓的五具鼎、虢国太子墓的七具鼎和湖北随州城郊曾侯乙墓的九具鼎等；礼乐制度也趋向定型，形成了包括吉、嘉、宾、军、凶五礼在内的“经礼三百、曲礼三千”⑥。

---

① 〔汉〕司马迁:《史记·夏本纪》，中华书局 1997 年版，第 6 页。

② 〔周〕管仲:《管子》卷十六“封禅”，上海中华书局据吴郡赵氏本校刊，第 138 页。

③ 〔汉〕范晔著、张觉校注:《吴越春秋校注》，岳麓书社 2006 年版，第 158 页。

④ 《左传·成公十三年》，〔清〕阮元:《十三经注疏》，中华书局 2009 年版，第 4149 页。

⑤ 杨华:《先秦礼乐文化》，湖北教育出版社 1997 年版，第 64 页。

⑥ 《礼记·礼器》:“礼有大有小，有显有微。大者不可损，小者不可益；显者不可掩，微者不可大也。故经礼三百，曲礼三千，其致一也。”

第二节 宴飨的发生与先秦宴飨礼乐制度的建立

宴飨的发生与人类的起源同步，而有关宴飨礼乐的出现应该是在人类进入文明时代以后的事了。《史记·五帝本纪》曰，“轩辕之时，神农氏世衰。诸侯相侵伐，暴虐百姓。而神农氏弗能征。于是轩辕乃习用干戈，以征不享（飨）。诸侯咸来宾从。”① 这是文献所见最早的“飨礼”记载了，但这里的“飨礼”还不是后世所谓的“飨礼”，应该作“朝拜”或“朝觐”解。在神农氏统治的末世，由于王室的衰落，诸侯不来朝拜，而神农氏也没有办法（弗能征）。这时候，军事实力强大的轩辕氏就负责征讨不来朝拜的诸侯，于是“诸侯咸来宾从”。但宾从的是谁，文献中没有记载。最初可能是神农氏，后来恐怕就成轩辕氏了。这就意味着神农氏的衰落，轩辕氏的崛起。轩辕氏即黄帝部落，到黄帝去世的时候，史书有载：“帝王之崩，皆曰陟。《书》称新陟王谓新崩也。帝以土得王，应地裂而崩。葬，群臣有左辙者，感思帝德，取衣冠几杖而庙飨之，诸侯大夫岁时朝焉。”② 此处的“飨”应是祭祀的意思。黄帝去世了，大臣左辙感其恩德，就把他的衣冠几杖取来盛放在宗庙里，进行祭祀。后世的“飨礼”（王款待诸侯之礼）多在宗庙举行，应该从这里肇始；兼有祭拜祖先的成分在内。据《尚书·舜典》：

二十有八载，帝乃殂落。百姓如丧考妣，三载，四海遏密八音。月正元日，舜格于文祖，询于四岳，辟四门，明四目，达四聪。“咨，十有二牧。”曰：“食哉惟时！柔远能迩；惇德允元，而难任人，蛮夷遂服。”③

---

① 〔汉〕司马迁：《史记·五帝本纪》，中华书局1997年版，第1页。

② 〔南北朝〕沈约注：《竹书纪年注》（卷上），上海中华书局据平津馆本校刊，第1页。

③ 《尚书·舜典》，〔清〕阮元：《十三经注疏》，中华书局2009年版，第272—273页。

吕振羽认为此文记载了舜的就职大典。他是如此论述的:“舜的就职,在一个吉日良辰,在全体酋长的隆重集会下举行(咨,十有二牧)”,“在就职大典中,还举行了宗教式的仪式(格于文祖),礼成,然后举行宴会(食哉)。”“这和易洛魁联合酋长就职的仪式、手续,基本上是相似的。”① 舜在就职大典结束之后,举行了盛大的宴会,宴飨包括十二牧在内的四方宾客。这时的宴飨活动亦已经与礼乐文化相结合,具备了一定的礼仪程序和严格的等级区分。

到了夏代,宴飨礼仪有了进一步的发展。史书记载,夏的第一代国君启在登基的时候,也曾宴飨群臣:“(夏启)元年癸亥,帝即位于夏邑(今河南登封附近),大飨诸侯于钧台。诸侯从帝归于冀都(今河北境内),大飨诸侯于璿台。”②

“钧台”“璿台”据说是可以与神沟通的地方,想来应该有相当的高度并且装饰非常之华美了。启在这样的地方宴飨群臣,其神圣性、政治性不言而喻。这时的宴飨礼仪在功能上已经与后世非常接近了;至于宴飨是否用乐,限于资料,我们不能妄下断语。但从前面所论礼乐与祭祀活动相伴而生的事实来看,宴飨礼仪中,也应该是用乐的。当然这一时期的宴飨礼乐还是原始的、粗糙的,尚处于萌芽阶段。正如陈戍国所总结的:

有虞以前多种礼处于萌芽时期,还有好些礼连萌芽也谈不上。有些礼到有虞略有发展,有些甚至稍具规模,但仍有一些尚处于萌芽的前夜。到夏代,礼的门类多已具备,当然也还只是初始阶段。……所以,论有虞以前的礼,只能是模糊的、隐隐约约的;论虞礼则只能是粗线条的,有些礼连粗线条都难以钩出;对夏礼的勾勒则稍微清晰起来,也有知其实行过而言其仪节竟毫无把握的礼典。但是无论如何,大而言之,后世吉凶宾军嘉五大类礼典,皆起源于先殷之古代社会。③

① 吕振羽:《史前期中国社会研究》,生活·读书·新知三联书店 1961 年版,第 94 页。

②〔南北朝〕沈约注:《竹书纪年注》(卷上),中华书局据平津馆本校刊,第 4 页。

③ 陈戍国:《先秦礼制史》,湖南教育出版社 1991 年版,第 104—105 页。

殷商时期，见于文献记载的“宴飨”资料非常稀少。《竹书纪年》里有这么两条：

（太甲）十年，大飨于太庙，初祀方明。[①]

（太戊）二十六年，西戎来宾，王使王孟聘西戎。[②]

但这里第一条“大飨于太庙，初祀方明”里的“飨”应该还是“祭祀”的意思，与前述“左辙飨皇帝”一脉相承。第二条“王使王孟聘西戎”里的“聘”应作“招待”解，但究竟用什么样的礼仪和方式招待便不得而知了。另外在甲骨文中，也有关于“宴飨礼”的记载：

庚申卜，古贞王使人于夷，若。王占曰：即若。二告。贞勿使人于夷，不若。二告。贞乎壶飨入人。[③]

……其来，王自飨。[④]

这些资料仅能够说明殷商时期存在宴飨活动，至于宴飨活动的细节，要搞清楚却颇有难度。所幸的是从出土文物中，我们大略可以窥知一二。如：湖北黄陂盘龙城李家嘴村二号墓，曾出土的随葬品有铜器、玉器、木器、陶器等；铜器 63 件，其中包括礼器和兵器；礼器计有觚 1、斝 3、爵 4、鼎 4、鬲 1、甗 1、簋 1、圈足盘 1、小盘 5、罍 1、盉 1。在河南安阳小屯村代号 YM232 的墓中，则出土有铜觚 2、铜斝 2、铜爵 2、铜鼎 1、铜罍 2、铜盘 1。而在商代后期的王陵墓葬中，还出土有随葬的礼乐器以及陪葬的乐人等[⑤]，如湖南宁乡出土的象纹铜铙（见图 1—3）。

墓葬是人世生活的反映，古人希望他们的祖先死后在另一个世界也能过上

---

① 〔南北朝〕沈约注：《竹书纪年注》（卷上），上海中华书局据平津馆本校刊，第 12 页。

② 同上书，第 13 页。

③ 郭沫若：《甲骨文合集》，中华书局 1982 年版，第 376 页。

④ 同上书，第 5240 页。

⑤ 张之恒、周裕兴：《夏商周考古》，南京大学出版社 1995 年版，第 99—123 页。

人间幸福的生活。因此，一般的随葬器物可以分为两类：一类是死者生前所从事的职业所必须；另一类是死者生前的日常生活所必须。其中，最常见的、古人可能认为也是最重要的，就是象征死者生前身份的宴飨礼乐器。从上述三个墓葬出土的礼乐器来看，商人的宴飨礼乐活动表现出如下特点：商人贵族们很崇尚宴飨活动；伴随着生产力的发展，青铜冶炼技术的进步，青铜制成的宴飨礼乐器已经大量出现；商人嗜酒好食，因此在宴飨活动中酒的饮用很普遍，并且已经形成一定的饮食礼仪，周以后的馈食礼实滥觞于商；商人的宴飨活动中，已经有乐的存在，而且等级差异明显。

图 1—3　湖南宁乡出土的商代象纹铜铙

周朝初年，天下刚定。周人在牧野一个早晨就把号称“大邑商”的商王朝给灭掉了。[①]但这并不能表明周王朝已经是一个可以“纲纪四方”的强大国家了，其生产水平及政治、文化上的影响还很有限。因此，周初的制度多借鉴殷商；关于宴飨活动的资料也不多。《竹书纪年》载，“（周武王）十二年辛卯夏四月，王归于丰，飨于太庙，命监殷，遂狩于管，作《大武》乐。”[②]

根据董作宾先生的推算：（公元前）1121 年为武王元年；十二年，即 1110 年。[③]但《竹书纪年》又讲，“同年，周师大败商军于牧野，商朝灭亡”；这与董氏所认为的“牧野之战发生在 1111 年”相矛盾。翻阅史料可知：周文王 1122 年病逝，同年武王即位；翌年，开始用武王年号。大概《竹书纪年》是从武王即位之年算起，如此解释，方与董氏之说相合。

---

① 参见《尚书·牧誓》及《史记·周本纪》。1976 年在陕西临潼出土的《利簋》上有铭文，“武王征商，唯甲子朔，岁贞，昏，夙又（有）商。”证明了文献的可信。

② 〔南北朝〕沈约注：《竹书纪年注》（卷下），上海中华书局据平津馆本校刊，第 1 页。

③ 董作宾：《西周年历谱》，《董作宾先生全集》（甲编），中国台湾艺文印书馆 1977 年版，第 265—268 页；《武王伐纣年月日今考》，1951（民国四十年）十二月《中国“国立”台湾大学文史哲学报》第 3 期。

武王在牧野之战对商取得决定性胜利归来后，即于太庙举行大飨之礼，宴请各路诸侯，同时也告慰周朝的先祖们。由此可见这次飨礼一定是非常隆重的，但其具体的礼仪程式应多借鉴于商，并已开始把《大武》之乐运用于宴飨活动。

之后，历经成、康、昭、穆几代国王上百年的努力，周公“制礼作乐”的过程才告完成，宴飨礼乐的制度最终被确立下来。这时见于记载的宴飨活动便多了起来。如：

隹三月初吉丁亥，穆王在下淢立。穆王飨豊，即刑白大祝射。（长甶盉）

隹六月既升霜，穆王才奔京，乎渔于大地。王乡酉。（遹殼）

隹正月既生霜，丁酉，王才周康寷，乡豊。师遽蔑历双。（师遽彝）

隹十又五年三月既霸，丁亥，王才归辰宫。大阜氏友守。王飨豊。（大鼎）

长甶盉、遹殼铭文直言穆王，可以肯定为穆王时器。师遽彝、大鼎，郭沫若《大系》考证为懿王时器。不管是穆王时器还是懿王时器，它们显系都出现在穆王之世甚至以后；由此可以断定西周的宴飨活动自穆王时期开始变得频繁起来，宴飨礼乐作为一种制度也由此形成。这一时期见于史书的宴飨活动很多：

《左传·庄公十八年》：虢公、晋侯朝王，王飨礼，命之宥。

《左传·成公三年》：齐侯朝于晋，……晋侯享齐侯。

《左传·僖公三十年》：冬，王使周公阅来聘，飨有昌蜀、白、黑、形盐。辞曰：“国君，文足昭也，武可畏也。则有备物之飨以象其德。荐五味，羞嘉谷，盐虎形，以献其功。吾何以堪之？”

从以上几条资料可以看出：这一时期的宴飨活动严格遵守着礼乐原则，即王飨诸侯、王飨卿大夫、诸侯飨诸侯、诸侯飨卿大夫等，大夫之下无飨礼。到了春秋、战国时期，随着周王室的衰弱和地方诸侯的崛起，这一原则很快被打破，“礼崩乐坏”的时期出现了。“卿、大夫的筑城破坏了西周以来‘国不堪贰’的制度，从而作为规定尊卑等级的礼制逐渐为新型的刑制所代替。”[①] 与此同时，王权的旁落却促进了文化的下移。

① 侯外庐：《中国哲学简史》，中国青年出版社1963年版，第34页。

综观这一时期的宴飨礼乐，表现出鲜明的时代特征：一是僭越现象时有发生。如《左传》，“（庄公）二十一年，郑伯享王于阙西辟，乐备。……郑伯之享王也，王以后之鞶鉴予之。”[①]郑伯以主人——大夫的身份飨周天子，很明显违背了“大夫之下无飨礼”的规制；“（僖公）十二年冬，齐侯使管夷吾平戎于王，……王以上卿之礼飨管仲。”[②]管仲是齐桓公之臣，属于下卿；周王用上卿之礼飨之，实为违反礼制。二是飨礼与燕礼的界限逐渐模糊，表现出合二为一的趋势。飨礼与燕礼本是两种不同的礼的形式，二者在举行时间、地点、仪式、功能、用乐上都有着显著的不同。飨礼主敬，在宗庙举行，与祭礼相接近；燕礼主欢，在寝宫举行。但在西周以后，伴随着“礼崩乐坏”的发生，它们之间的区分开始变得模糊起来。如《仪礼·公食大夫之礼》，“使大夫戒，各以其爵。……设洗如飨。”郑玄注曰，“必如飨者，先飨后食，如其近者也。飨礼亡，燕礼则设洗于阼阶东南。”[③]三是文化的下移导致宴飨礼乐渗入民间。

西周创立的礼乐文化体系，是建立在秩序与平稳的理想社会基础之上的。[④]在这种社会里，宴飨礼乐承载着重要的政治教化功能，富有更多的仪式性、功利性和理性色彩。当这种社会制度日益式微并走向土崩瓦解，宴飨礼乐所固有的仪式性、政教性和神秘性变得淡漠，却多了几分艺术性、审美性和娱乐性。这样，伴随着该时期对礼的淡化和追求享乐的社会风气，宴飨礼乐日益进入普通百姓的生活当中，实现了从“娱神”

图 1—4　浙江绍兴 306 号战国墓铜屋和乐舞俑

① 〔清〕阮元:《十三经注疏》，中华书局 2009 年版，第 3850—3851 页。

② 〔清〕阮元:《十三经注疏》，中华书局 2009 年版，第 3912 页。

③ 《仪礼》卷九，四部丛刊景明徐氏翻宋刻本，第 95 页。

④ 冯双白、茅慧主编:《中国舞蹈史及作品鉴赏》，高等教育出版社 2010 年版，第 22 页。

向“娱人”的转变。出土文物反映了这一历史趋势。如山西长治分水岭战国墓群出土礼器 67 件，乐器 25 件[①]；绍兴 306 号战国墓出土的铜屋和乐舞俑[②]等（图 1—4）。

第三节　两汉至隋唐宴飨礼乐制度的变迁

在战国末期“群雄割据”的状态中，秦横扫天下，完成国家统一后进行了大规模的国家建设。其中也包括礼乐制度，“至秦有天下，悉内六国礼乐，采择其善，虽不合圣制，其尊君抑臣，朝廷济济，依古以来。”[③]但由于存在时间较短，并没有形成完备的礼乐制度。因此，汉代的礼乐制度基本上是在春秋战国时代的废墟上建立起来的。其历时之长，行进之艰难，可以想见。

西汉立国之初，刘邦令叔孙通主持建立新的礼乐制度，其中也包括宴飨礼乐制度。

汉七年，长乐宫成，诸侯群臣朝十月。仪：先平明，谒者治礼，引以次入殿门，廷中陈车骑戍卒卫官，设兵，张旗志。传曰“趋”。殿下郎中侠陛，陛数百人。功臣、列侯、诸将军、军吏以次陈西方，东向；文官、丞相以下陈东方，西向。大行设九宾，胪句传。于是皇帝辇出房，百官执戟传警，引诸侯、王以下至吏六百石以次奉贺。自诸侯、王以下莫不震恐肃敬。至礼毕，尽伏，置法酒。诸侍坐殿上皆伏抑首，以尊卑起上寿。觞九行，谒者言罢酒。御史执法举不如仪者辄引去。竟朝置酒，无敢喧哗失礼者。[④]

---

① 山西文物管委会、山西考古研究所：《山西长治分水岭战国墓第二次发掘》，《考古》1964 年第 3 期。

② 浙江文物管委会、浙江考古研究所：《绍兴 306 号战国墓发掘简报》，《文物》1984 年第 1 期。

③〔汉〕司马迁：《史记》，中华书局 1997 年版，第 1159 页。

④〔汉〕班固：《汉书·叔孙通传》，中华书局 1997 年版，第 2127—2128 页。

按：汉七年十月，长乐宫新成；适逢岁首，于是举行朝岁之礼。[1]这场大典参加人数众多，“皇帝、功臣、列侯、诸将军、军吏、文官、丞相”等都位列其中；从官阶上来划分，则公、侯、伯、子、男、孤、卿、大夫、士，一应俱全，所谓“九宾”。场面宏大，仪式隆重，从时间、地点、参加人员，走路、列队、站姿、朝向、拜贺、饮酒等都有一定之规，凸显了宴飨活动的礼仪性；“觞九行，谒者言‘罢酒’”，这应是先秦九献之礼的遗留；只不过此时的九献之礼已经由先秦的“重神事”转向了“重人事”并取得了良好的效果，“竟朝置酒，无敢喧哗失礼者。”这套宴飨制度让高祖大为赞赏，“吾乃今日知为皇帝之贵也。”并拜叔孙通为奉常，赐金五百斤。此后世大朝贺宴会之礼所由起；[2]岁首大宴之始，亦宫室落成设宴之始。[3]这种宴会制度强调尊卑次序，使宴会氛围变得严肃；此后，百官上朝宴饮一般使用此种制度。

汉朝初年，国库空虚，财政紧张；一般宴会活动相对简单，宴飨的次数也较少。到了汉武帝以后，随着国力的强大，宴飨活动空前多了起来，宴飨乐舞也呈现出异彩纷呈的场面，有史记载：

（1）柏梁台，武帝元鼎二年春起。此台在长安城中北阙内，……帝尝置酒其上，诏群臣和诗，能七言诗者乃得上。(《三辅黄图校注》)

（2）成帝即位，尊劾奏丞相匡衡。……又正月，行幸曲台，临飨罢卫士，衡与中二千石大鸿胪赏等会坐殿门下，衡南向，赏等西向。衡更为赏布东向席，起立延赏坐，私语如食顷。衡知行临，百官共职，万众会聚，而设不正之席，使下坐上，相比为小惠于公门之下，动不中礼，乱朝廷爵秩之位。(《汉书·王尊传》)

（3）季冬，飨遣故卫士仪：百官会，位定，谒者持节引故卫士入自端门。卫司马执幡钲护行。行定，侍御史持节慰劳，以诏恩问所疾苦，受其章奏所欲言。毕飨，赐作乐，观以角抵。乐阕罢遣，劝以农商。(《后汉书·礼仪志》)

---

① 颜师古注：汉时尚以十月为正月，故史家追书十月。

② 〔明〕邱濬：《大学衍义补》（上）卷四十五，京华出版社 1999 年版，第 396 页。

③ 〔清〕秦蕙田：《五礼通考》（第五册）“飨燕礼”卷一百六十，台北圣环图书有限公司 1994 年版，第 1 页。

（4）百官贺正月，二千石以上上殿称万岁，举觞御坐前。司空奉羹，大司农奉饭，奏食举之乐。百官受赐宴飨，大作乐。其每朔，唯十月旦从故事者，高祖定秦之月，元年岁首也。（《后汉书·礼仪志》）

（5）安帝永初三年十二月，诏岁终飨遣卫士，勿设戏作乐，减逐疫侲子之半。（《资治通鉴》）

（6）延熹元年夏五月乙酉，大会公卿以下，赏赐各有差。（《后汉书》）

从中可以看出：这里有大宴，如上述第（3）条“百官朝会”、第（4）条“元旦朝会”；有节宴，如第（4）、（5）两条；有曲宴，如第（1）、（2）、（6）条。后世王朝的三种宴会形式已经初具雏形。所用宴飨乐舞则有大乐、戏乐、角抵等。

魏晋时期，宴飨礼乐多因袭汉制，没有太多创新。“魏武都邺，正会文昌殿，用汉仪，又设百花灯。后魏文修洛阳宫室，权都许昌，宫殿狭小，元日于城南立毡殿，青帷以为门，设乐飨会。后还洛阳，依汉旧事。”① 晋武帝虽更定元会仪，然其礼仪皆“考夏后之遗训，综殷周之典艺，采秦汉之旧仪，定元正之嘉会。”② 由于战乱频仍，国库亏空，这一时期宴飨活动明显减少，见于记载的只有不多一些，如：

（曹髦）甘露元年二月丙辰，帝宴群臣于太极东堂。与侍中荀顗、尚书崔赞、袁亮、钟毓，给事中、中书令虞松等并讲述礼典，遂言帝王优劣之差。（《魏氏春秋》）

先主初入蜀，于涪大会，置酒作乐。（《册府元龟》）

晋武帝更定元会仪：夜漏未尽七刻，谓之晨贺。昼漏上三刻，更出，百官奉寿酒谓之昼会。冬至日，受方国及百僚称贺。因小会，其仪亚于献岁之旦。（《晋书·礼志》）

而且皇帝出于种种考虑，时有“罢宴”的事情发生，如（晋明帝）太宁元

① 〔梁〕萧子显：《南齐书》，中华书局1997年版，第148页。

② 〔唐〕房玄龄：《晋书》，中华书局1997年版，第649页。

年三月戊寅朔，改元，临轩，停飨宴之礼，悬而不乐。……二年春正月丁丑，帝临朝，停飨宴之礼，悬而不乐。①

公元 386 年，拓跋氏首领拓跋珪建立北魏；公元 439 年，拓跋焘统一北方，与江南的宋、齐、梁、陈形成南北对峙的局面，史称南北朝时期。这一时期由于战乱相对较少，人民生活稳定，宴飨活动又多了起来：

> 建元元年秋九月戊申，车驾幸宣武堂，宴会，诏诸王公以下赋诗。二年春三月己亥，车驾幸乐游苑，宴会，王公以下赋诗。（《南齐书·高帝本纪》）
>
> 永明二年八月丙午，车驾幸旧宫，小会，设金石乐，在位者赋诗。四年闰正月甲寅，以藉田礼毕，车驾幸阅武堂，劳酒，小会，诏赐王公以下在位者帛有差。五年三月戊子，车驾幸芳林园，禊宴。九月己丑，诏曰："九日，出商飚馆，登高，宴群臣。"辛卯，车驾幸商飚馆。（《南齐书·武帝本纪》）
>
> 大同十年春三月庚戌，幸回宾亭，宴帝乡故老及所经近县奉迎候者少长数千人，各赉钱二千。太清元年五月丁酉，舆驾幸德阳堂，宴群臣，设丝竹乐。（《梁书》）
>
> 永定二年冬十二月丙寅，高祖于太极殿东堂宴群臣，设金石之乐，以路寝告成也。（《陈书·高祖本纪》）
>
> 太建四年冬十二月壬寅，甘露降乐游苑。甲辰，舆驾幸乐游苑，采甘露，宴群臣。七年闰九月，甘露频降乐游苑。丁未，舆驾幸乐游苑，采甘露，宴群臣，诏于苑龙舟山立甘露亭。（《陈书·宣帝本纪》）

北方的拓跋氏北魏王朝是中国第一个由少数民族统一中原地区的封建王朝。为了维护并巩固其统治，北魏王朝自建立之初就注意吸收汉族文化，推行了一系列汉化政策，包括礼乐制度。拓跋氏善于运用宴飨礼乐为其政治统治服务，他们学习先秦礼乐，充分发挥宴飨活动的作用，把宴飨礼乐渗透到国家社会生活的各个方面。北魏王朝的宴飨活动往往以皇帝赐宴的形式出现，按照赐宴的对象、目的、规模和方式，张鹤泉先生把这种宴会分为赐皇室宗亲宴、赐庆功

① 〔唐〕房玄龄：《晋书》，中华书局 1997 年版，第 159—160 页。

宴、赐群臣宴、赐高年老者宴、赐酺宴、赐外国国主与使臣宴六种。[①]从现有资料来看，这种划分是很有道理的，而且基本上没有超出“周礼”的范围。北魏皇帝通过赐宴活动，达到和睦宗族、和谐君臣、通好友邦、与民同乐、推行其施政纲领的目的。如：“永兴四年夏四月乙未，宴群臣于西宫，使各献直言”[②]；“真君以来，岁贡名马。献文时，使莫弗纥何辰来献，得班飨于诸国之末”[③]；“令天下大酺五日”[④]；“宴群臣及国老、庶老于华林园”[⑤]。这种宴飨制度的推行，充分体现出北魏统治者对先秦宴飨礼乐的高度认同和自觉回归，南北朝之后便开启了隋唐宴飨礼乐发展的新时代。

隋朝建立，结束了魏晋南北朝长期混乱的局面，国家得以休养生息。此时的宴飨活动以简约为主。“开皇三年三月庚申，宴百僚，班赐各有差。十二年十一月辛亥，有事于南郊；壬子，宴百僚，班赐各有差。”[⑥]同时，隋文帝还下令禁止散乐百戏、郑卫淫声。开皇元年四月，下令太常散乐放为百姓，并禁止杂乐百戏；开皇九年十二月，下诏罢除太常寺中由乐府管理的郑、卫淫声，鱼龙百戏。隋炀帝即位，沉湎于声色，社会追求享乐之风骤起。这种风气极大地刺激了宴飨礼乐的短暂繁荣。与文帝不同的是，隋炀帝十分重视散乐、百戏，数次在出巡途中以及国内宴请蕃国使节的场合上演百戏：

（隋炀帝）大业二年，突厥染干来朝，炀帝欲誇之，总追四方散乐，大集东都。……染干大骇之。……百戏之盛，振古无比。自是每年以为常焉。（《隋书·音乐志》）

大业三年秋七月甲寅，上于郡城东御大帐，其下备仪卫，建旌旗，宴启民及其部落三千五百人，奏百戏之乐。赐启民及其部落各有差。（《隋书·炀帝纪》）

---

① 张鹤泉：《北魏皇帝赐宴考略》，《史学集刊》2011 年第 1 期。

② 〔北齐〕魏收：《魏书》，中华书局 1997 年版，第 51 页。

③ 〔唐〕李延寿：《北史》，中华书局 1997 年版，第 3127 页。

④ 〔北齐〕魏收：《魏书》，中华书局 1997 年版，第 85 页。

⑤ 同上书，第 179 页。

⑥ 〔唐〕魏征：《隋书·高祖本纪》，中华书局 1997 年版，第 19、37 页。

（大业三年）冬，帝至东都，矩以蛮夷朝贡者多，讽帝令都下大戏。征四方奇技异艺，陈于端门街，衣锦绮、珥金翠者，以十万数。又敕百官及民士女列坐棚阁而纵观焉。皆被服鲜丽，终月乃罢。（《隋书·裴矩传》）

由此可见当时宴飨活动规模之大：参加人数众多，“四方奇技异艺”者以十万数；伎艺种类繁多，“总追四方散乐，大集东都”，“自海内凡有奇伎，无不总萃”；持续时间之长，“每岁正月至十五日”，“自是每年以为常焉”；而且花费巨大，“其营费钜亿万”。[1]百戏之盛，亘古无比。这种大规模的宴飨活动，加速了隋王朝的灭亡，却促进了乐舞、百戏艺术的交流和发展。

到了唐代，雄厚的经济实力、强大的综合国力以及开放包容的文化态度，使得唐朝在众多方面都走向了历史的巅峰，文化艺术当然也不例外。唐朝兼容各个地区、各种形式的文化、艺术，尤其是西域各民族的音乐、舞蹈、杂伎等大量传入中原，为宫廷宴飨乐舞的发展注入了前所未有的生机与活力；而集教化与娱乐于一体的宫廷宴飨活动也为乐舞艺术的发展提供了良好的社会条件和生存土壤。

综观唐代的宴飨活动，以开元为界，可以分为前后两期。前期强调政治功能，重视教化和礼仪，以宴飨群臣为主，宴飨的时间和地点均不太固定，乐舞形式相对较为简单。几乎可以说无时不能宴、无处不能宴。在这样的时间、地点进行演出，表演内容多为常规节目或临时筹措，没有经过排练，形式相对简单；许多地方没有专门的演出场所，且相对比较狭小，不利于大型乐舞、百戏节目的展开；表演的节目也以九部乐为主，贞观元年（627）才增加了《秦王破阵之曲》，三年始有歌《太平》、舞《狮子》，上元元年（674）又增加《六合还淳之舞》；只有永徽三年（652）的一次宴会有倡优百戏演出，那应是一次广场式演出，较少受空间环境的限制。

但这样的宴飨活动却发挥着巨大的政治功能。从宴飨的对象来看，基本上以群臣、百官为主，宗室、蕃客、老人为辅。这样的记载，并不能说明唐代前期的政策重臣子而轻宗室、蕃客和老人，而是基于一个事实——伴随着封建统

① 〔唐〕魏征:《隋书·音乐志》，中华书局 1997 年版，第 381 页。

治的加强和唐王朝开放包容的政策，许多宗室和蕃客都可以纳入臣子的范畴，所谓“率土之滨，莫非王臣”。翻开《旧唐书》《新唐书》《册府元龟》《唐会要》等典籍，宗室、蕃客，甚至外国人，在唐朝做官的记载比比皆是。因此，这里的群臣、百官经常就包括宗室和蕃客；至于宴飨老人，则是宴飨礼乐与敬老礼的一种结合。唐前期，皇帝赐宴活动多种多样，举凡加冕、册封、庆功、祝寿、纳妃、病愈、行幸、宫殿落成、皇子诞生等，都有赐宴，随意性很大。一句话，凡有吉庆之事，必有演出。这种传统，一直影响到后来。

后期强调娱乐功能，重视乐舞的艺术性，宴飨的时间和地点相对固定，乐舞形式趋于繁复和美观。据周侃考证：这一时期形成的主要演出场所有勤政楼、花萼楼、麟德殿、曲江。[①] 除此之外，还有跃龙殿，天宝十三载三月丙午，御跃龙殿门，张乐，宴群臣，……，极欢而罢。[②] 宣政殿，乾元二年九月丙寅，帝降诞日，宴百官于宣政殿前，赐绢三千匹。延英殿，宝应元年八月丁巳，宴宰臣及师保常侍给舍中丞六、尚书左右丞、侍郎、诸司长官等于延英殿，赐物有差；永泰元年正月辛亥，宴宰臣及两省五品以上、御史台五品以上、尚书省四品以上等官及诸司长官于延英殿。

这一时期形成的宴飨时间节点主要有元旦、冬至、正月望日、晦日、上巳、寒食、重阳、诞圣等。这方面的资料很多，如：

开元十七年秋八月癸亥，上以降诞日，讌百僚于花萼楼下。百僚表请以每年八月五日为千秋节，王公已下献镜及承露囊，天下诸州咸令讌乐，休暇三日，仍编为令，从之。

天宝四载二月，敕令月十四、十五、十六日，宜令中书、门下及两省供奉官诸司：文官，四品以上；郎官，御史、节度、采访使等并于花萼楼下宴。五载正月，敕令月十四、十五、十六日，宜令中书门下及两省供奉官：文官四品以上、武官三品以上正员，并御史中丞、嗣王、郡王、郎官、御史、节度使，

① 周侃：《唐代中后期宫廷宴飨与乐舞、百戏表演场所考察》，《中华戏曲》2008年第38辑。

② 王定保：《唐摭言》，上海古籍出版社1978年版，第228页。

并于花萼楼下参宴，不须入朝。

当然也有一些没有形成固定节日的临时宴飨活动，如永泰五年六月辛丑，宴宰臣、节度使、六尚书、御史大夫、京兆尹于内殿；[①] 贞元十三年春二月丁巳，赐宰臣、两省供奉官，宴于曲江亭；[②] 太和九年冬十月壬午，赐群臣宴于曲江亭。[③] 出于自然、人为等原因，有时还要"罢宴"，贞元十五年春二月，罢中和节宴会，年凶故也。癸卯，罢三月群臣宴赏，岁饥也。[④] 总之，唐时的宴飨活动，以时间、节点为标准，大致可以分为三类，即朝会宴飨、节日宴飨和临时宴飨。正如秦蕙田所指出的：

唐时宴飨群臣见于《旧唐书》及《册府元龟》者多矣。元旦、冬至朝会，大宴也；正月望日及晦日（德宗改于二月朔，名中和节）、上巳、寒食、重阳及诞圣节，俱有赐宴，节宴也；若无事而宴宰臣及三品、四品、五品以上，不为定期，即宋之曲宴也。[⑤]

这一时期用于宴飨的乐舞，不仅形式复杂，规模宏大，而且种类繁多。皇帝在重大节庆接见群臣及外国蕃客时举行的宴飨活动一般是宫廷最盛大的典礼性宴会活动，代表着国家的实力和最高水平，追求场面的宏大和形式的完美。因此，其演奏的乐器和表演的节目、服装、人数都有着严格的规定性。高祖登极之后，享宴因隋旧制，用九部之乐，其后分为立、坐二部。[⑥]《唐六典》记载，"凡大燕会则设十部伎于庭，以备华夷。"[⑦] 乐舞则有雅乐、礼乐、燕乐、外来乐等，还包括各种杂伎、幻术。

---

① 〔宋〕王钦若：《册府元龟》卷一十一，明刻初印本，第 1329 页。

② 〔后晋〕刘昫：《旧唐书》，中华书局 1997 年版，第 385 页。

③ 同上书，第 561 页。

④ 同上书，第 389—390 页。

⑤ 〔清〕秦蕙田：《五礼通考》（第五册）"飨燕礼"卷一百六十，台北圣环图书有限公司 1994 年版，第 15—16 页。

⑥ 〔后晋〕刘昫：《旧唐书》，中华书局 1997 年版，第 1059 页。

⑦ 〔唐〕李林甫撰、陈仲夫点校：《唐六典》，中华书局 1992 年版，第 404 页。

第四节　宋元明清宴飨礼乐制度的成熟和完善

宋朝建立，从根本上结束了五代十国的混乱局面，大一统的封建王朝重新建立；虽然这种统一只具有相对意义。宋代是中国古代历史上经济、教育、科技、文化高度繁荣的时代。建国初期，统治者吸取前朝的经验教训，大力发展文化、教育以重建道德体制，于是在全社会掀起了一股复古主义思潮。这一思潮不仅表现在思想文化上，而且渗透到社会生活的方方面面。宴飨礼乐当然也不例外。宋代的宴飨礼乐突出了其仪式性和等级性，而不注重对“乐”的审视和关注；突出了“礼”性，“乐”只降到为“礼”服务的层次。这种“礼”与“乐”的关系是对先秦宴飨礼乐的一种有效传承和接衍，它影响了封建社会后期的总体礼乐格局。

宋制：尝以春秋之季仲及圣节、郊祀、藉田礼毕，巡幸还京，凡国有大庆，皆大宴。遇大灾、大札则罢。天圣后，大宴率于集英殿、次宴紫宸殿、小宴垂拱殿。若特旨，则不拘常制。凡大宴，有司预于殿廷设山楼排场，为群仙队仗、六番进贡、九龙五凤之状，司天鸡唱楼于其侧。殿上陈锦绣帷帘，垂香毬，设银香兽前槛内藉以文茵，设玉茶床、酒器于殿东北楹间，群臣盏斝于殿下幕屋。设宰相、使相……军厢指挥使坐于殿上；文武四品以上，知杂御史、郎中、郎将、禁军都虞侯坐于朵殿；自余升朝官、诸军副都头以上、诸番进奉使、诸道进奉军将，以上分于两庑。宰臣、使相坐以秀墩（曲宴行幸用杌子）；参知政事以下用二蒲墩，加罽毯（曲宴，枢密使、副并同）；军都指挥使以上用一蒲墩。自朵殿而下皆绯绿毡条席。殿上器用金，余以银。其日，枢密使以下先起居讫，当侍立者升殿。宰相率百官入，宣徽、閤门通唱。致辞讫，宰相升殿进酒，各就坐，酒九行。每上举酒，群臣立侍，次宰相、次百官举酒；或传旨命釂，即搢笏起饮，再拜（曲宴多令不拜）。或上寿朝会，止令满酌，不劝。中饮更衣，赐花有差。宴讫，蹈舞拜谢而退。①

从中可以看出宋代的宴飨活动有大宴、中宴、小宴，另外再加曲宴。宴飨活动的规模不同，所在地点则不同，“大宴率于集英殿、次宴紫宸殿、小宴垂拱殿。”与此相应，参加人员、档次、陈列、仪节自然就会不同。即使是同一次宴飨，参加人员因地位不同，享受待遇也有区别。从位置上来说：“宰相、使相、枢密使、知枢密院、参知政事、枢密副使、同知枢密院、宣徽使、三师、三公、仆射、尚书丞郎、学士、直学士、御史大夫、中丞、三司使、给、谏、舍人、节度使、两使留后、观察、团练使、待制、宗室、遥郡团练使、刺史、上将军、统军、军厢指挥使”坐于殿上；“文武四品以上，知杂御史、郎中、郎将、禁军都虞侯”坐于朵殿；“自余升朝官、诸军副都头以上、诸番进奉使、诸道进奉军将”则分坐于两庑。从坐具来看：宰臣、使相坐以秀墩；参知政事以下坐二蒲墩，加罽毯；军都指挥使以上则只能坐一蒲墩。从所用器皿来看，坐殿上者用金器，其余则用银器。就连所赐的花都有区别，“中饮更衣，赐花有差。”陈戍国就此认为，此仪为宋之前古礼所无。②可见，宋代宴飨礼仪之等级性。大宴如此，中宴、小宴和曲宴亦有种种区别。

《宋大诏令集》卷一百四十五载有景德二年（公元1005年）九月《戒约朝会端肃诏》。诏云：“朝会陈仪，衣冠就列，将以训上下、彰文物，宜慎等威，用符纪律。况屡颁于条令，宜自顾于典刑。稍历岁时，渐成懈慢。特申明制，以儆具僚。自今宴会，宜令御史台预定位次，各令端肃，不得喧哗。违者，殿上委大夫、中丞，朵殿委知杂御史、侍御史，廊下委左右巡史，察视弹奏；内职殿直以上赴起居、入殿廷行私礼者，委閤门弹奏；其军员，令殿前侍卫司各差都校一人提辖，但亏失礼容，即送所属勘断讫奏。仍令閤门、宣徽使互相察举，敢蔽匿者纠之。”③陈戍国以为：宴会预定位次乃景德二年（公元1005年）

---

①〔元〕脱脱：《宋史》，中华书局1997年版，第2683—2684页。

② 陈戍国：《中国礼制史》（宋辽金夏卷），湖南教育出版社2001年版，第196页。

③〔元〕脱脱：《宋史》，中华书局1997年版，第2685—2686页。

以后之事，而不是“天圣后”之事。[①] 但据“屡颁于条令”的记载，似乎可以推知，宴会预定位次的时间应该在景德之前。

熙宁二年（公元 1069 年）正月，又下令裁定集英殿宴入殿人数：

中书二十二人，枢密院三十人，宣徽院八人，亲王八人，昭德军节度使、兼侍中曹佾三人，皇亲使相三人，皇亲正刺史以上至节度使并驸马都尉各一人，翰林司一百七十八人，御厨六百人，仪鸾司一百五十人，祗候库二十人，内衣物库七人，新衣库七人，内弓箭库三人，钤辖教坊所三人，钟鼓楼一十六人，御药院八人，内物料库九人，法酒库一十六人，内酒坊八人，入内内侍省前后行、亲事官共五人，皇城司职员手分二人，御史台知班一十一人，新洒扫亲从官人员已下一百人，两廊觇步亲从官四十二人，提举司勾押官手分三人，提举火烛巡检人员十人，快行亲从官十一人，支散两省花后苑造作所工匠等四人，客省承授行首八人，四方馆职掌二人，閤门承授行首已下一十八人。[②]

这是适应北宋中期经济、社会的发展，官员及相关人员职数的增加所颁发的诏书，是宴飨礼仪的进一步发展。它从人数上保证了宴飨礼乐活动的正常进行，并对宴飨礼仪加以规范。是岁十一月，以皇子生，宴集英殿。经过长期努力，宋代宴飨礼仪制度在北宋中期趋于定型，在宋徽宗时期达到成熟和完善。这些礼仪制度主要包括以下几个方面。

第一，等级森严的座次排列。宋代宫廷宴饮中，根据与宴者的不同身份和地位，其座次有着严格的规定。与宴者必须对号入座，否则要受到严惩。一般而言，御座居于宴殿的正中靠北位置，坐北朝南，高高在上，是宴会中级别最高的席位。御座之东稍北设御酒、酒尊和酒器；御座之西稍北设玉茶床，摆放果品和食物。御座左右及侧殿和两廊设官员席位，级别从高到低分为三类，即正殿席、侧殿席和两廊席。席位不同，坐具、陈设、装饰等都有明显的区别。同一等级的席位上，一般为文官在东、武官在西。

---

① 陈戍国：《中国礼制史》（宋辽金夏卷），湖南教育出版社 2001 年版，第 196—197 页。

② 〔元〕脱脱：《宋史》，中华书局 1997 年版，第 2686—2687 页。

与宴人员中，如有外国使臣，一般在东、西侧殿。大辽舍利、西夏等从人及诸蕃国首领，则分别入两廊之席。只有辽国使臣（包括副使）可以入正殿席，位在御座西第三排。[①]突显大辽国的强大实力及其与宋王朝的密切关系。

第二，秩序谨严的宴饮仪式。赵宋王朝宴饮活动繁多，诸如春秋大宴、圣节宴、小宴、曲宴以及赐酺等。宴会种类不同，所用的具体仪式也不同。这里以最具特色的春秋大宴为例来说明。其仪式基本上可以分为以下三步。

一是宴会的准备工作。御史台拟定预宴人员名单，并绘出座次图，报皇帝御批。得到准许后，要通知与宴官员。如果不能参加，要提前上报，经核实方可准假。大宴的侍从、洒扫、乐工等服务人员也要事先核定人数，记录姓名，以确保宴会的安全和顺利进行。宴会前一天，宫中服务人员要提前布置会场、洒扫庭院、准备宴会所用一切器具、酒水、果品等。宴会当日，有官员按照已经准备好的名单，严格核实与宴者和服务人员的身份。文武官员到场，各以班次站在大殿前的平地上，静候皇帝。皇帝入席，官员就位。入席之前，皇帝一般要到宴殿的后殿稍事休息。这时，司礼、侍奉官员要率先起居[②]，恭请皇帝上殿。

二是正式宴会礼仪。准备工作就绪后，鸣鞭，皇帝入场，就位。殿中监引六尚局行起居礼[③]，各就位；左右军巡使行起居礼[④]，侍立就位；钟鼓院官员起居、就位[⑤]；巡防节级起居、就位。自此，服务人员全部到位。

---

① 〔宋〕郑居中:《政和五礼新仪》卷 199“集英殿春秋大宴仪 · 陈设”，钦定四库全书本，商务印书馆 1934 年版，第 850 页。

② 起居，即常起居，朝班之一。宰相、枢密使以下近上主要职事官及武班，日赴内殿朝见皇帝。常起居官向皇帝行两拜之礼。龚延明:《宋代官制辞典》，中华书局 1997 年版，第 617 页。

③ 殿中监，即殿中省监。宋前期阶官名，崇宁二年（公元 1103 年）建殿中省后，掌皇帝衣食住行等生活起居及医药侍奉之政令，总治一省之事。下设尚食、尚药、尚衣、尚舍、尚乘、尚辇六局，简称“六尚局”。

④ 左右军巡使，差遣官名，掌左右军巡院刑狱公事，隶属开封府。

⑤ 钟鼓院，掌文德殿钟鼓院击钟鼓以报更、报点、报时，昼日进时辰牌。下设节级三人、直官三人、鸡唱三人、学生三十六人。

与宴官员就位。閤门官从东上，赞引百官向北大起居。[1] 班首出列，向前跪拜致辞，得到皇帝回答后复位，百官拜谢；閤门官赞引就坐，百官再拜。通事舍人引领席位在正殿之官员上殿至正席前，相向立；朵殿、两廊官立于席后。教坊使以下通班大起居，看盏人入谢，升殿。内侍进玉茶床。殿侍酹酒[2]，宴会正式开始。

首先，班首向皇帝奉酒。閤门官东上至御座前，躬奏班首姓名。进酒舍人引导殿上官员横行北向，拜谢。班首稍向前，由閤门官引导至御座前，东北向，插笏于腰间。殿中监授盘盏、少监注酒，班首西向奉酒至御座前，躬进；然后稍退，虚跪，站立；将盘盏交给殿中监，重新执笏；由东上閤门官和舍人引退，复位。百官再拜。

其次，皇帝饮酒，班首接盏。班首稍前，百官席前相向立。閤门官接引班首至御座前，东北向。插笏腰间，殿中监授其盘。班首接盘并捧至御座前，西向候立。乐作，皇帝饮酒。舍人分引殿上臣僚横行北向。閤门官引班首接盏，稍退，虚跪，站立；交盘盏与殿中监，重新执笏，复位。百官再拜。閤门官向群臣赐酒，群臣拜谢；赞各就坐，群臣转而立于席后；再赞就坐，落座。

再次，君臣宴饮。酒初行，百官搢笏受酒，乐作。皇帝再举酒，百官俱立席后，乐作，饮讫，舍人赞引就坐。如此者三。尚食局奉食，百官进食。皇帝四举酒，乐工上前致辞，百官立于席后，致辞毕，乐停；百官再拜。皇帝五举酒，乐工殿上奏乐，庭下舞队前致辞；又奏乐，舞队出。第五盏酒后，是休息时间，又称“中饮更衣”[3]。此时，乐舞人员退出殿外，撤玉茶床，并按等级赐花。再坐时，閤门官“催班”，督促相关人员抓紧时间落座。百官戴花入座，内侍手持“班齐”牙牌，恭请皇帝。如此再饮酒四盏，其间都伴有乐舞表演。

---

① 宋代设閤门司，在紫宸殿前南廊，掌供奉乘舆、朝会、游幸、大宴，及赞引亲王、宰相、百官、蕃客朝见辞谢，纠弹失仪。置有使、副使、通事舍人。此处閤门官即指此。〔清〕徐松辑，刘琳、刁忠民、舒大刚校点：《宋会要辑稿》“职官”，上海古籍出版社2014年版，第3884页。大起居，朝班之一种。凡在京文武厘务官、不厘务官，每五日赴内殿朝见皇帝一次，称“五日起居”或“百官大起居”。百官向皇帝行七拜之礼。

② 酹酒，以酒浇地，表示祭祀。

③〔元〕脱脱：《宋史》，中华书局1997年版，第2684页。

宋代宴饮一般按饮酒的盏数进行，形成所谓“盏制”，国之大宴通常为九盏。每次饮酒、进食，都有严格的先后顺序，先皇帝，次宰相，再百官递饮，“如此按官职大小依次饮酒，而不是全体大臣一起举杯。”① 宋代的宴饮仪式秩序之严，由此可见一斑。

三是宴会结束。内侍撤掉玉茶床，閤门官引领百官走下台阶，舞蹈拜谢。皇帝离座，鸣鞭。百官按从小到大的顺序依次出场。宴会到此结束。

第三，杂而不乱的宴饮“盏制”。宋代统治者上承周礼，奉行“乐以侑食，不可废也”② 的传统，在宫廷宴飨中坚持用乐；国之大灾、大丧和皇帝特旨除外。因此，宋代宫廷宴饮通常有宴乐表演；宴乐表演是宫廷宴饮的一个重要组成部分。宫廷宴饮一般用教坊乐，“比之太常雅乐，教坊乐显得轻松、欢快、随和，通过故事贯串，寓有谏诤、鉴戒之意。”③ 因此，宋代形成定制，“凡祭祀、大朝会则用太常雅乐，岁时宴飨则用教坊诸部乐。”④ 教坊分四部，即法曲、龟兹、鼓笛、方响，后又增一贴部。所奏凡 18 调、40 大曲。

宫廷宴乐表演服从并服务于宴饮礼仪。因此，伴随着宴饮活动的仪式化，宴乐表演也形成了一定的程式和相对固定的表演体制。宋代宫廷宴饮以皇帝御酒一盏为一个单元来组织各项礼仪活动，皇帝（皇太后）举酒、饮酒——宰臣举酒、饮酒——百官举酒、饮酒为“一盏”。⑤ 在这段时间内，安排各种乐舞表演，形成“分盏奉乐”的表演体制。每一盏都有大体固定的乐舞节目。北宋时期，宴会一般有三盏、五盏、七盏、九盏等情况，以九盏最为常见。以饮酒的“盏数”串联起名目繁多的乐舞节目，显得节奏紧凑、杂而不乱。

第四，形式多样的簪花制度。宋代宫廷宴飨时，以皇帝的名义赐群臣花，并簪戴于头上，以示荣宠的制度，称为“御宴簪花”。这些为皇帝所赐的花称

① 余和祥：《皇室礼仪》，华中理工大学出版社 1994 年版，第 123 页。

② 〔宋〕李焘：《续资治通鉴长编》卷七十九，中华书局 1985 年版，第 1804 页。

③ 龚延明：《宋代官制辞典》，中华书局 1997 年版，第 279 页。

④ 〔元〕脱脱：《宋史》卷一四二“乐十七·教坊”，中华书局 1997 年版，第 3347 页。

⑤ 韩启超：《宋代宫廷燕乐盏制探微》，《交响》（西安音乐学院学报）2007 年第 1 期。

图 1—5
丁都赛杂剧簪花砖雕

“御花”或“宫花”，一般插在幞头之上，故又叫“簪带”。[①] 影响所及，至于民间。出土文物证明了这一点，如著名的丁都赛杂剧簪花砖雕（图 1—5）。

宋代宴飨簪花制度形成于宋真宗朝[②]，在徽宗朝得到了进一步发展、完善。赐花发生在宴会休息时间，通常介于第五盏酒与第六盏酒之间；赐花范围涉及参加宴会的所有人，身份不同，所赐花自各不同；亲王、宰臣由内侍簪花，其他人则自己簪花；簪花后要向皇帝行跪拜礼，以表谢意。

宴会所簪花，不同时期也有不同的规定。北宋宫廷宴会的“御花”用假花，质地和工艺都非常讲究。《铁围山丛谈》记载：

> 国朝燕集，赐臣僚花有三品。生辰大燕，遇大辽人使在庭，则内用绢帛花，盖示之以礼俭，且祖宗旧程也。春秋二燕，则用罗帛花，为甚美丽。至凡大礼后恭谢，上元节游春，或幸金明池，……则用滴粉缕金花。……又赐臣僚燕花，率从班品高下莫不多寡有数，至滴粉缕金花为最，则倍于常所颁，此盛朝之故事云。[③]

从资料可以看出：当时的“御花”有三种，即绢帛花、罗帛花、滴粉缕金花。其中，绢帛花最差，用于宴会，以示节俭；罗帛花甚美，折射出当时的奢侈风气；滴粉缕金花最贵，凸显与宴人员的高贵身份。宫廷宴会有时也用真花，以洛阳所产的姚黄和魏紫为极品。元丰中，神宗幸金明池，洛阳进姚黄一朵，“遂却宫花不御，乃独簪姚黄以归。”南宋时期，“御花”亦分三品：大罗花、栾

① 〔元〕脱脱：《宋史》，中华书局 1997 年版，第 3569 页。

② 杨倩丽、郭齐：《论宋代御宴簪花及其礼仪价值》，《江西社会科学》2015 年第 12 期。

③ 〔宋〕蔡絛著，冯惠民点校：《铁围山丛谈》，中华书局 1983 年版，第 18 页。

枝、大绢花。“罗花以赐百官；栾枝，卿监以上有之；绢花以赐将校以下。”[①] 赐花亦有多少之分，初为“通籍者人赐花两枝，正郎三枝”；熙宁后改作“皆给四花，郎官六枝”。[②] 所谓通籍者，即通过科考入籍宫门者；这里泛指初做官的。正郎，即郎中，包括六部二十四司郎中；元丰三年改制后，称朝请、朝散、朝奉大夫，又名“寄禄官”。[③] 用今天的话来讲，就是进入国家正式编制，享受国家俸禄的人。由此可见，宋代宴飨簪花礼仪也是非常讲究的。

除此之外，尚有失礼弹劾制度、免赴宴制度、请假制度、罢宴制度等，正是这些名目繁多的礼仪制度保障了宋代宫廷宴飨活动的正常秩序和顺利进行。

不仅如此，宋代统治者还注重加强对宴飨活动的思想引导，将传统儒家礼乐文化植入宴飨礼乐之中，突出其政教功能。有资料为证：

宴飨之设，所以训恭俭，示慈惠也。

古之飨宴者，所以省祸福而观威仪也。故宴以礼成，宾以贤序，《风》《雅》之作，兹为盛焉。

广宴之设，以均饫赐，得齿高会，宜乎尽礼。

朝会陈仪，衣冠就列，将以训上下、彰文物，宜慎等威，用符纪律。

伏见大宴，宗室先退，允为得礼。尚有文武臣僚、父子、兄弟者，皆预再坐，欲望自今内宴，百官有父子、兄弟、叔侄同赴，再坐时卑者先退。

元祐二年九月，经筵讲论语《彻》章，赐宰臣、执政、经筵官宴于东宫，帝亲书唐人诗，分赐之。

由上可见，宋代统治者举行宴飨活动的目的就是“训恭俭，示慈惠”“省祸福，观威仪”“训上下，彰文物”“亲父兄，序人伦”等，其政治教化的色彩异常明显。正如清人凌廷堪所说，宋代宴飨“非专为饮食，而为行礼”，是一种典

---

① 〔元〕脱脱：《宋史》，中华书局 1997 年版，第 3570 页。

② 〔宋〕王得臣撰，俞宗宪点校：《麈史》，上海古籍出版社 2007 年版，第 1323 页。

③ 龚延明：《宋代官制辞典》，中华书局 1997 年版，第 572 页。

型的“礼酌”活动。[①] 这种“重礼轻乐”的传统，深深影响了后世的中国社会，一直到清末。在这段长达将近一千年的时间内，宴飨礼乐虽间有些许调整（比如金、元、清时期少数民族乐舞艺术的增加，明代对宴飨礼的强调等），但整体礼乐格局没有发生大的变化。

① 〔清〕凌廷堪:《礼经释例》，商务印书馆 1936 年版，第 75 页。

第二章

宴飨礼仪及其用乐考

第一节　宴飨礼仪考释

中国古代的宴飨礼仪以周代最有代表性、影响也最大，因此本节的考述就以“周代宴飨礼仪”为参照而展开。

礼乐先于礼书而存在，这是肯定的。关于周代礼乐，西周直接留下来的材料并不多。现行的“三礼”（《周礼》《仪礼》《礼记》）并不是周公所作。《周礼》《仪礼》只能是根据西周流行的典章制度将其系统化、理想化整理而成之书，成书时代不会早于战国[①]，而《礼记》则是汉代学者辑录的战国时期的作品。但“三礼”中却保存了大量周代礼乐的材料，因此研究周代礼乐，还是要从“三礼”以及《左传》《国语》《诗经》等文献入手。

宴飨之礼包括宴礼和飨礼。古代王室款待宾客，因招待对象不同而用不同等级的礼仪。天子款待诸侯用飨礼，款待诸侯之卿用宴礼。关于飨礼与宴（燕）礼的区别，清人褚寅亮已经作了归纳[②]，但其具体差异仍有待进一步考证和辨

① 杨向奎:《宗周社会与礼乐文明》，人民出版社 1992 年版，第 291 页。

② 〔清〕褚寅亮:《仪礼管见》“待宾之礼有三：飨也，食也，燕也。飨重于食，食重于燕。飨主于敬，燕主于欢，而食以明养贤之礼。飨则体荐而不食，爵盈而不饮，设几而不倚，致肃静也。食以饭为主，虽设酒浆，以漱不以饮，故无献仪；燕以饮为主，有折俎而无饭，行一献之礼，脱屦升座以尽欢。此三者之别也。飨食于庙，燕则于寝，其处亦不同矣。”

明。以下主要从仪式、参加者和用乐三个方面进行探讨。

一、飨礼

一般认为，飨礼起源于乡饮酒礼。[①]刘师培先生坚持这种观点，他说："盖以飨与乡饮，其献数虽有多寡不同，至于献、酬、酢及奏乐，其礼仪节次，大概相符"；"飨礼，舍天子飨诸侯别用房烝外，均设折俎，与乡饮同，其有宾有介亦同"；"是飨礼均以立成，其彻俎而后则行燕礼，……此义既明，则知古人饮酒礼惟有二端：一为乡饮酒礼，一为燕礼。乡饮礼之末亦同燕礼"。由此可知，"凡饮酒之礼，备有宾、介，兼备献、酬、酢三节，献由主人躬亲，且其礼惟行于昼者，皆飨礼本于乡饮礼者也。"[②]杨宽说得更直接：就其历史发展过程来看，飨礼确是起源于乡饮酒礼，并有所发展；就其内容来看，确实有许多基本相同之处，飨礼实际上是一种高级的乡饮酒礼。[③]飨礼的仪式大致可以分为迎宾、戒宾，献宾、酬宾，送宾三个阶段。

1. 迎宾、戒宾

《仪礼·聘礼》郑注，"飨谓享，大牢以饮宾。"《周礼·大行人》郑注，"飨，设盛礼以饮宾。"《诗经·小雅·彤弓》郑笺，"大饮宾曰飨。"由以上所引文献可以看出：飨礼是为招待宾客而设，故有迎宾之礼。《周礼·夏官·齐仆》：掌驭金路以宾。朝觐、宗遇、飨食，皆乘金路，其法仪各以其等为车送逆之节。郑注云："节，谓王乘车迎宾客及送相去远近之数——上公九十步，侯伯七十步，子男五十步。"如果所迎之宾超过两人，则有宾、介之分，主宾为"宾"，

---

① 关于飨礼与乡饮酒礼的关系，学界通常有三种说法。第一种说法认为飨礼与乡饮酒礼不同，飨礼的"飨"是采用其引申义；第二种说法认为飨礼即乡饮酒礼，两者没有区别；第三种说法认为飨礼起源于乡饮酒礼，其礼节基本相同。本书认可第三种说法。

② 刘师培：《礼经旧说》（卷四），第4—6页。《刘申叔先生遗书》，中华民国二十三年（1934年）宁武南氏校印。

③ 杨宽：《古史新探》，上海人民出版社2016年版，第300页。

次宾曰“介”。如《左传·襄公二十七年》，“宋人享赵文子，叔向为介。”在迎宾的过程中，还伴有音乐：

《周礼·春官·乐师》：教乐仪，行以《肆夏》，趋以《采荠》，车亦如之。

《周礼·春官·大司乐》：王出入，则令奏《王夏》；尸出入，则令奏《肆夏》；牲出入，则令奏《昭夏》。……大飨不入牲，其他皆如祭祀。

《礼记·仲尼燕居》：两君相见，揖让而入门，入门而悬兴。

《礼记·郊特牲》：宾入大门而奏《肆夏》，示易以敬也。

《国语·鲁语》：金奏《肆夏》(《繁》《遏》《渠》)，天子所以享元侯。

《左传·襄公四年》：三夏，天子所以享元侯也;《文王》，两君相见之乐也。

戒宾：戒，告知；戒宾即主人告知宾客，引申为主人就相关事宜与宾客进行沟通。如《左传·昭公元年》:“夏四月，赵孟、叔孙豹、曹大夫入于郑，郑伯兼享之。子皮戒赵孟，礼终，赵孟赋《瓠叶》。子皮遂戒穆叔（叔孙豹），且告之。穆叔曰:‘赵孟欲一献，子其从之！’……乃用一献，赵孟为客，礼终乃宴。”这里，因为赵孟为客（即宾），所以子皮首先戒赵孟；在此过程中，伴有一定的礼仪程序。之后，“子皮遂戒穆叔”，并且把赵孟的意思转告给他。作为“介”的穆叔只好听从赵孟，“子其从之”；于是飨礼就按赵孟，用了一献之礼。《瓠叶》是一首在宴请宾客时双方表达自谦之意的诗，赵孟用在这里可见是非常得体的。如果是国君主持飨礼，一般不亲自戒宾，而是让卿或大夫代替。

飨礼中还设有“相”，帮助主人主持礼仪，协助宾介应付场面等。如《左传·宣公十六年》，“冬，晋侯使士会平王室，定王享之，原襄公相礼。”《左传·成公十二年》，“晋郤至如楚聘，且莅盟。楚子享之，子反相。”《国语·晋语四》，“秦伯享公子，……子余相。”另外，如果宾客众多，场面够大，飨礼还设有“执政”，专门负责招呼客人和礼仪程序。如《左传·昭公十六年》，“二月，晋韩起聘于郑，郑伯享之。……孔张后至，立于客间。执政御之，适客后。又御之，适悬间。客从而笑之。”杜注云：执政，掌位列者。御，止也。《周礼·秋官》有“司仪”，掌九仪之宾客傧相之礼，以诏仪容、辞令、揖让之节。应该与之有关。

当然，若以本国卿、大夫为宾，则迎宾、戒宾之礼可以省略，而代之以

“庭燎”。《左传·襄公三十一年》，“诸侯宾至，甸设庭燎”，《礼记·郊特牲》，“庭燎之百，由齐桓公始也。”郑注：庭燎，替天子也。贾公彦疏，“烛在地曰燎，谓若天子。庭燎之百者，谓于庭中设火以照燎来朝之臣夜入者，因名火为庭燎也；礼天子百燎，上公五十，侯伯子男三十。”又有“鸡人”负责提醒百官，《周礼·春官·鸡人》，“大祭祀，夜呼旦以叫百官。凡国之大宾客，亦如之。”

2. 献宾、酬宾

飨礼献宾仪式中有“烝”。杀牲载于俎，曰烝。烝，升也，谓升之于俎也。[①]祭天用整个牲体，称全烝；天子招待诸侯的飨礼用半个牲体，称体荐，亦称房烝；燕礼则以切开之肉，带骨置于俎上，称为折俎，也称殽（肴）烝。全烝、体荐都不煮熟，不能食用，在礼仪中仅表示隆重。折俎则可以食用。在周代，天子飨诸侯、诸侯飨大夫、大夫燕士，其规格都有严格的规定性和等级性，根据其“爵”命来配享物品。如：

《左传·宣公十六年》：王飨有体荐，燕有折俎。公当享，卿当燕。王室之礼也。

《左传·襄公二十七年》：宋人享赵文子，叔向为介，司马置折俎，礼也。

《国语·周语》：王公立饫，则有房烝；亲戚宴飨，则有殽烝。

“饫”，即飨礼，泛指陈设的食物。飨礼陈设的食物除体荐（房烝）外，还包括腥鱼、腶脩（经过捶治而加姜桂的干肉）、昌歜、黑白、形盐等，可以说是应有尽有，非常丰盛。正如《国语·周语》所记述的：“择其柔嘉，选其馨香，洁其酒醴，品其百笾，修其簠簋，奉其牺象（牺尊、象尊），出其樽彝，陈其鼎俎，净其巾幂，敬其祓除。”

飨礼之献宾之前，有“祼”。这是一种最隆重的献礼的序幕，只有在飨礼和祭礼中才有。[②]“祼”，或作“果”，是指用郁鬯酒（用郁金草和黑黍酿成的

① 杨伯峻：《春秋左传注》，中华书局1981年版，第769页。

② 杨宽：《古史新探》，上海人民出版社2016年版，第302页。

酒）来灌地，让宾客闻到气味。《礼记·郊特牲》，“诸侯为宾，灌用郁鬯，灌用臭也。”孔颖达疏曰，“灌，犹献也，谓诸侯来朝，在庙中行三享。竟，然后天子以郁鬯酒灌之也。故《周礼·大行人》云：‘上公之礼，庙中将币，三享。王礼，再祼而酢；侯伯，一灌而酢；子男，一灌不酢。’灌用臭也者，此亦明贵气之神。”由此看来，飨礼兼有祀神的意义。这应该是前述左辙祭祀黄帝思想的遗留。这种思想一直影响到后世的中国社会。

《周礼·春官·大宗伯》，“大宾客，则摄而载果。”《周礼·春官·郁人》，“掌祼器。凡祭祀、宾客之祼事，和郁鬯以实彝而陈之。凡祼玉，濯之陈之，以赞祼事。诏祼将之仪与其节，凡祼事，沃盥。”《左传·襄公九年》记季武子，“君冠，必以祼享之礼行之，金石之乐节之。”按:《左传》常以“享”假作“飨”。因此，这里的“祼享”即“祼飨”，是指具有“祼”的仪式的飨礼，相当于士冠礼中的“醴”或“醮”，并不是灌地降神的意思。《周礼·典瑞》，“祼圭有瓒，以肆先王，以祼宾客。”郑注，“爵行曰祼。”贾疏，“以祼宾客，则《大行人》云上公再祼，侯伯一祼之等是也。云爵行曰祼者，此《周礼》祼皆据祭而言，至于生人，饮酒亦曰祼。”王国维《再与林博士论洛诰书》一文在对林浩卿博士的“祼”之三义进行充分的分析论证之后[①]，指出“故祼之义，自当取祼尸之说，而不当取灌地之说。”[②]王氏此说，可以说是“祼”为祀神之义的拓展，由祀神（祼神）到祼尸，最后到祼宾，是祼礼乃至飨礼发展的内在轨迹。

“祼”之形式有三：上公二祼一酢，侯伯一祼一酢，子男一祼不酢。对此，秦蕙田认为：

《周礼·大行人》所称：“上公再祼而酢，侯伯一祼而酢，子男一祼不酢。”谓朝觐之日，三享既毕，王乃以郁鬯之酒礼宾也。其礼：上公，则大宗伯代王酌，圭瓒授宾，王拜送爵，小宰赞之，是为一祼；大宗伯又代后酌，璋瓒授宾，后拜送爵，内宰赞之，是为再祼；宾乃酌，玉爵以酢，大宰赞，王受之，是为

① 以“祼”字之义谓灌地降神，为第一义；歆神，为第二义；用于宾客，为第三义。周初多用第二义；周中世以后，多用第一义。

② 王国维:《观堂集林》，中华书局1959年版，第49页。

再祼而酢。若侯伯、子男，则有王祼无后祼，故云一祼；但侯伯有祼有酢，子男有祼不酢，其爵愈卑，不敢与王为礼也。觐礼不及礼宾之节，其当在肉袒请事之后欤；觐享与大飨皆在庙，以神明临之，故献必先祼。《周礼·内宰》疏云："后之祼者，飨燕亦与焉是也。"飨礼之祼，经无明文。以礼宾之节推之：上公九献，则王一献，后亚献，皆祼；侯伯七献，子男五献，则惟王祼而已。王祼用圭瓒，惟上公及诸侯之赐圭瓒者耳；其余皆以璋瓒祼也。《记》云："献之属，莫重于祼。"大飨者，宾客之大礼。其十二献、九献、七献与事神同；亦必有祼，明矣。①

和乡饮酒礼一样，飨礼的每次献宾，都有"献"宾之礼。"献"是主宾相互敬酒的仪式，又分"献""酢""酬"三个环节。"献"是主人向宾客敬酒；"酢"是宾客到主人面前还敬；"酬"是主人先自己饮酒，然后再劝宾客饮酒。献、酢、酬一套完整的环节，称为一献之礼。这是献宾最基本的礼仪单位，也是规格最低的献礼。如《诗经·小雅·彤弓》：

彤弓弨兮，受言藏之；我有嘉宾，中心贶之；钟鼓既设，一朝飨之。
彤弓弨兮，受言载之；我有嘉宾，中心喜之；钟鼓既设，一朝右之。
彤弓弨兮，受言櫜之；我有嘉宾，中心好之；钟鼓既设，一朝酬之。

诗篇首章"飨之"，次章"右之"，末章"酬之"，孙诒让认为，"此右即《左传》之宥，亦即《国语》之胙宥"，"即报饮之酢也"。"首章飨之，即献；次章右之，即酢；合三章云酬之，正是献、酢、酬之礼。"之所以名"右"或"宥""侑"，实有避嫌之意；正如王国维所说："此不云酢而云侑者，以诸侯之于天子，不敢居主宾献酢之名，故虽酢天子而其辞若曰侑之云尔。且侑者有配偶之义，侑之为言友也。"②

不同等级的贵族，行献礼的数目也不同。上公行九献礼，侯伯七献，子男

① 〔清〕秦蕙田：《五礼通考》（第五册）"飨燕礼"卷一百五十六，中国台湾圣环图书有限公司 1994 年版，第 10—11 页。

② 王国维：《观堂集林》，中华书局 1959 年版，第 1131 页。

五献。如:《左传·僖公二十二年》,“丁丑，楚子入享于郑，九献，庭实旅百，加笾豆六品。”《国语·晋语》,“(晋文公)遂如楚，楚成王以周礼享之，九献，庭实旅百。”詹鄞鑫曾经对先秦的“九献之礼”进行总结，麻国钧先生进一步作了如下归纳。

一献:

在“预备礼”“入场礼”之后，有“降神礼”，一献安排在降神礼的程序中。这里，有降神乐舞。王取郁鬯授尸，尸接酒，先浇地，再自己代表神押(呷)一口，将酒供于供桌上。

二献:

王后取郁鬯授尸，仪如前，谓之二献。又叫“亚献”。

二献完毕，演奏降神乐舞，唱《九德》之歌，舞《大韶》，九遍，表示先祖都已经到场。

三献:

降神之后，进入正式祭礼，名曰“正祭”。要杀牲荐血腥，然后行朝践之献。王从东阶而上，用玉爵酌酒，依次献尸，是为“三献”。

四献:

王后从西阶上，用瑶爵酌醴，随王依次献尸。

五献、六献:

五献在“馈献礼”程序中。在这一程序中，包括“荐熟”“馈食”“馈献”三事。献在“馈食”之后，祝官以盛满酒的斝爵交尸主，尸接过酒，将其大半浇在代表神灵的菁茅上，叫“缩酒”。再押(呷)一口酒后，将斝爵置几上。是为敬神。

王与后在乐声中，先后向尸献酒，尸接酒，依法浇在菁茅上，押(呷)酒、奠酒。王献为五献，后献为六献。

馈献毕，尸食所陈之熟馔，奏乐。

七献、八献、九献:

古代贵族饮食完毕，用酒漱口，然后将酒喝下。尸食毕，王、后、宾长(天子祭礼，有诸侯以宾客身份参加，从中推举的代表叫“宾长”)先后酌酒，依次献尸，供尸漱口。王献酒为七献，后献酒为八献，宾长献酒为九献。

以上三献毕，尸接过祝官替尸酌取的清酒，分别酬王、后及宾长，叫“酢”。

并代表神向他们致祝福词。

九献后，在接下来的“加爵礼”中，还有以下程序。

九献毕，王帅群臣持干戚，舞《大武》，兼舞“六代之舞”。

毕，太子、三公之长一人、六卿之长一人，依次向尸献酒，尸如前向三人酬酒。叫做“加爵”，亦三献。则合得十二献。但仍旧称为“九献”。①

献礼之后，还有“酬宾”之礼。“酬”，又解作酢、侑（宥）。《尔雅·释诂》谓：“酬、酢、侑，报也。”在飨礼中，周天子为表达对诸侯的重视和亲近之意，经常赏赐一些东西，包括礼器、酒器、乐器、兵器等。这种行为统称“侑币”。如：《左传·僖公二十八年》，“王命尹氏及王子虎、内史叔兴父，策命晋侯为侯伯，赐之大辂之服、戎辂之服，彤弓一，彤矢百，玈弓矢千，秬鬯一卣，虎贲三百人。”《左传·庄公二十一年》，“虢公为王宫于玤，王与之酒泉。郑伯之享王也，王以后之鞶鉴予之，虢公请器，王予之爵。”《左传·庄公十八年》，“十八年春，虢公、晋侯朝王，王飨醴，命之宥，皆赐玉五瑴，马三匹。”以上引文均说明天子飨诸侯时会有赏赐，杨宽认为：“所有这些赏赐，都属于酬币性质。”②既为“酬币”，则凡“酬”必有“币”；飨礼九献，就有九次酬币。《左传·昭公元年》记载：“（秦）后子享晋侯，造舟于河，十里舍车，自雍及绛，归取酬币，终事八反。”杜预注曰：“备九献之义，始礼自赍其一，故续送其八酬酒币。”又《礼记·礼器》篇有“琥璜爵”，郑玄注：琥璜爵者，天子酬诸侯，诸侯相酬，以此玉将币也。孔颖达疏：天子飨诸侯，或诸侯自相飨，行礼至酬酒时，则有币将送；酬爵又有琥璜之玉将币，故云琥璜爵也。崔氏云：“诸侯贵者以琥，贱者以璜，则公侯用琥，伯子男用璜也。”秦蕙田谓：“是天子飨诸侯、

① 詹鄞鑫：《神灵与祭祀——中国传统宗教综论》，江苏古籍出版社 1992 年版，第 302—307 页；麻国钧：《供盏仪式考略》，《赛社与乐户论集》，中国戏剧出版社 2006 年版，第 3—4 页。

② 杨宽：《古史新探》，上海人民出版社 2016 年版，第 306 页。

诸侯相飨，酬币用玉也；诸侯食大夫、大夫相食，以皮帛束锦，则侑币故有差矣。酬币亦谓之侑，侑币不谓之酬，故《春秋传》享醴皆曰宥，以侑者劝酬之通名也。”[①] 秦氏之言甚是，他不仅道出了酬宾的等级差异，而且指明了酬宾的最初本质。

3. 送宾

送宾，是飨礼的最后一个环节。《周礼·春官·内宗》曰，“掌宗庙之祭祀，荐加豆笾，及以乐彻，则佐传豆笾。宾客之飨食，亦如之。”郑注：佐传，佐外宗。贾疏：外宗，佐王后笾玉、豆笾；飨食宾客，俱在庙。飨食讫，彻器与祭祀同。《周礼·春官·乐师》，“及彻，帅学士而歌彻。”郑注：学士，国子也。谓将彻之时，自有乐；故帅学士而歌彻。元谓彻者，歌《雍》，在周颂《臣工之什》。《礼记·仲尼燕居》，“行中规，旋中矩，和鸾中《采齐》，客出以《雍》，彻以《振羽》，是故君子无物而不在礼矣。”郑注:《雍》《振羽》，皆乐章也。孔疏：客出以《雍》者。《雍》诗，乐章名也；言客出之时，歌《雍》以送之。彻以《振羽》者,《振羽》，即《振鹭》诗，亦乐章名也。言礼毕，通彻器之时，歌《振鹭》也。从以上所引材料可以得知：送宾时有乐，由学士歌《雍》；彻俎时，亦有乐，歌《振鹭》。考之《诗经》,《雍》是一首在祭祀现场所诵唱的歌，用在这里表达的是主宾之间的和谐关系;《振鹭》是一首天子宴飨来京助祭诸侯的乐歌，表达的是天子对诸侯优雅风姿和热情工作的赞美。

二、燕（宴）礼

燕礼属于嘉礼，是贵族们社交活动的重要礼仪，在当时社会中发挥着举足轻重的作用。《周礼·大宗伯》：以飨燕之礼，亲四方之宾客。《仪礼·燕礼》郑玄目录云，“诸侯无事，若卿、大夫有勤劳之功，与群臣燕饮以乐之。”由此看来，燕礼有两种社会功能：一是亲宾客；二是娱乐。通常情况下，二者皆有。

---

① 〔清〕秦蕙田:《五礼通考》(第五册)“飨燕礼”卷一百五十六，中国台湾圣环图书有限公司 1994 年版，第 15 页。

贾公彦对郑玄《三礼目录》作疏曰："燕有四等：诸侯无事而燕，一也；卿、大夫有王事之劳，二也；卿、大夫有聘而来还，与之燕，三也；四方聘客与之燕，四也。"《左传》记载这方面的资料很多，如：

《左传·文公十三年》：郑伯与公宴于棐。（棐，在今天河南新郑市东北）

《左传·成公二年》：王与巩伯宴。（巩伯，即巩朔，晋景公使臣）

《左传·昭公十二年》：晋侯以齐侯宴。

《左传·昭公十五年》：晋荀跞如周，葬穆后，籍谈为介。既葬，除丧，以文伯宴，樽以鲁壶。

从以上资料可以看出：燕礼主要用于天子与诸侯、诸侯与诸侯、诸侯与大夫、大夫与大夫等上层贵族，是上层贵族之间用以增进友谊、联络感情的一项重要的礼仪活动。查阅史籍，我们发现：《仪礼·燕礼》主要记载王燕礼的仪式和内容;《礼记·燕义》着重阐述燕礼的意义。对于燕礼的一般程式和具体细节则缺乏描述。因此，我们只好借助《诗经》等其他文献对燕礼作进一步的考察。燕礼仪式通常可以分为四个环节。

1. 谋宾

作为燕礼之前的准备阶段，主要包括：（1）戒宾。宴前，小臣邀请与宴群臣。《仪礼·燕礼》，"小臣戒与者。"郑注，"小臣，相君燕饮之法；戒与者，谓留群臣也。君以燕礼劳使臣，若臣有功，故与群臣乐之。小臣则警戒告语焉。"贾疏云，"令戒可与之人，使依期而至。"《诗经·小雅·伐木》"以速诸父""以速诸舅"，说的就是戒宾的事情，意思是催促父亲、舅舅等赶紧来赴宴。《钦定义疏·夏官》，"小臣，爵上士；则诸侯之小臣，其中下士。与所燕，如本国臣子，则戒于朝；若异国聘客，则当别戒于馆。"

（2）膳宰备酒食。《仪礼·燕礼》，"膳宰具官馔于寝东。"郑注：膳宰，天子曰膳夫。掌君饮食、膳羞者也。具官馔，具其官之所馔，谓酒也，牲也，脯醢也。《钦定义疏》，"凡飨食，在庙皆陈鼎于门外；此燕在寝，故具馔于寝东。"今按：寝，即"路寝"也。"路寝"之名始见于《诗·鲁颂·閟宫》："路寝孔硕。"《毛传》："路寝，正寝也。"《礼记·玉藻》说祭祀："君日出而视之，退适路寝以清听政。”可见路寝是帝王正殿之所在。意指古代天子、诸侯的正厅。之所以在路寝举行，是因为燕礼重在吃喝，这里气氛相对宽松。

（3）乐人悬挂钟磬等乐器。郑玄曰：国君无故不撤悬；悬钟磬者，为燕，新之。

（4）司宫设席，置放酒器。司宫，即掌管宫中事务的人。《左传·襄公九年》记载，宋发生火灾时，执政者令“司宫、巷伯儆宫。”杨伯峻《春秋左传注》曰，“司宫即《周礼》之内小臣，为宫内奄人之长。……若清代之总管太监。”《周礼·天官冢宰》又有“宫人”，掌王之六寝之修。为其井堰，除去不蠲，去其恶臭。共王之沐浴。凡寝中之事，扫除、执烛、共炉炭，凡劳事。四方之舍事亦如之。如此，则司宫应该介于宫人与内小臣之间，兼有二者之职事。与杨氏所言清代之总管太监还有一定距离。看来周代对官员所掌事务的划分并不十分清晰，尚处于摸索中。燕礼上，有司们在设席、摆器物之前，通常会进行扫除，以表示对宾客的敬重。《仪礼·有司》开篇即有“有司彻，扫堂。司宫摄酒”的表述。《诗经》“宴饮诗”之“肆筵设席”（《行苇》），“於粲洒扫，陈馈八簋”（《伐木》）等诗句所描绘的情景与上述礼仪正好相合。打扫干净路寝，设置好席位，准备旨酒美食，于是请客人来享用。所谓：“我有旨酒，以燕乐嘉宾之心。”（《鹿鸣》）

2. 迎宾

洒扫、席位、美食旨酒一切准备妥当后，“射人告具”，君升堂就席。这时，“小臣纳卿、大夫，卿、大夫皆入门右，北面东上。士立于西方，东面北上。祝史立于门东，北面东上。小臣师一人在东堂下，南面。士旅食者立于门西，东上。”郑玄曰：纳者，以公命引而入也。自士以下从而入，即位耳。师长也，小臣之长一人，犹天子大仆正，君之服位者也。凡入门而右由闑东左则由闑西。这时，“公降立于阼阶之东南，南乡尔卿，卿西面北上；尔大夫，大夫皆少进。”尔，近、移也。揖而移之、近之。公站在阼阶东南方向，向前来参加宴会的卿和大夫频频作揖以示友好，卿依次就席；这时大夫只能少进，等待卿全部入席后，才能跟着就席，以示礼貌。体现了燕礼严格的等级性。射人请宾，也就是向君请示命谁为宾。宾是按燕礼的需要临时设定的。一般情况下，与本国的卿、大夫举行燕礼，就命大夫为宾；与异国使臣宴饮，则用使臣的介作宾。纳宾、命宾之时，主宾间要反复谦让，极尽虔恭之意。《诗经·小雅·宾之初筵》曰：“宾之初筵，左右秩秩”“宾之初筵，温闻其恭。”郑笺：“主人敬其事而众宾肃慎。”可见，迎宾进门、入席时，堂上主敬宾恭、秩序井然的样子。

3. 献宾

燕礼之“献宾”，与飨礼大体相似，也以“献”为基本单位展开，“献、酢、酬”构成一献之礼。燕礼通常只有“一献”，由“主人”主持。但“主人”并不是王或卿、大夫本人，而是由“宰夫”担任，代替王或卿、大夫行礼。宴饮诗再现了“献礼”的场景：“君子有酒，酌言献之；……君子有酒，酌言酢之；……君子有酒，酌言酬之。”（《瓠叶》）；“或献或酢，洗爵奠斝。醓醢以荐，或燔或炙。嘉殽脾臄，或歌或咢。”（《行苇》）；“为宾为客，献酬交错。礼仪卒度，笑语卒获。”（《楚茨》）等。

“一献”之后是“旅酬”，即众人依次接受酬酒。在旅酬的过程中，君举酬酒凡三：一为宾，二为卿，三为大夫。首先是君为宾酬，“宾以旅酬于西阶上”，郑注：旅，序也。以次序劝卿、大夫饮酒。旅酬时，伴有乐歌。先工歌《鹿鸣》《四牡》《皇皇者华》，工即乐工，四人二瑟，由小臣纳入。纳，即引导。《仪礼·燕礼》记载，“小臣左何（荷）瑟，面鼓，执越，内弦，右手相。入，升自西阶，北面东上坐。小臣坐授瑟，乃降。”从这则材料可知：这里的乐工应为瞽，即盲人。《周礼·春官宗伯》有“瞽矇”，“掌播鼗、柷、敔、埙、箫、管、弦、歌。讽诵诗，世奠系，鼓琴瑟。”他们在行走时往往用杖击打地面，以此来判断路况。出土文物也证实了这一点，如华夏文化艺术博物馆所藏汉代百戏陶楼上持相顿地击节之乐俑（图2—1）。

图2—1　汉代百戏陶楼上持相顿地击节乐俑

歌卒，笙入，立于悬中，奏《南陔》

《白华》《华黍》。此后是间歌，即堂上弹瑟而歌与堂下笙乐交替进行。堂上歌《鱼丽》，堂下笙《由庚》；歌《南有嘉鱼》，笙《崇丘》；歌《南山有台》，笙《由仪》。然后唱乡乐：周南——《关雎》《葛覃》《卷耳》和召南——《鹊巢》《采蘩》《采蘋》。这些歌都唱完后，“六师告于乐正曰：正歌备。”总之，燕礼在旅酬时，开始歌唱奏乐。在音乐声中，先前的礼让恭谨一变而为轻松自由。此时，人们便有说有笑了，“燕笑语兮，是以有誉处兮。”(《蓼萧》)《礼记·中庸》曰，“旅酬下为上，所以逮贱。”凌廷堪解释：“凡旅酬，皆以尊酬卑。”[①] 以上材料说明：旅酬确为地位高者向地位低者行的礼节，象征着国君对臣民的恩惠和关爱。

旅酬结束，射人请立司正。“公许，射人遂为司正。”郑玄曰：君许其请，因命用为司正。君三举爵，乐备作矣。将留宾饮酒，更立司正以监之，察仪法也。至此，宾、卿、大夫皆脱屦，升就席。“皆坐燕尽欢之事，故立司正以监礼。”[②] 然后司正“升东楹之东受命；西阶上北面命卿、大夫，君曰：‘以我安。’卿、大夫皆对曰：‘诺，敢不安。’”此为安宾之礼。“升自西阶东楹之东，请彻俎。降，公许。告于宾，宾北面取俎以出。膳宰彻公俎，降自阼阶以东。”这是彻俎。

在安宾、彻俎之后，即行无算爵、无算乐。这时，宾主与客人连续不断地举爵饮酒，行酒无数，醉而后止，叫作“无算爵”；乐工不停地奏乐或歌唱，不计其数，尽欢而罢，叫作“无算乐”。郑玄注《乡饮酒礼》云：“算，数也；宾主燕饮，爵行无数，醉而止也。”“燕乐亦无数，或间或合，尽欢而止也。”[③] 杨宽认为无算爵、无算乐是同时进行的。[④] 伴随着音乐声，应该有人跳舞。如：“其未醉止，威仪反反。曰既醉止，威仪幡幡。舍其坐迁，屡舞仙仙。其未醉止，威仪抑抑。曰既醉止，威仪怭怭。是曰既醉，不知其秩。”(《宾之初筵》)这里“反反”“抑抑”是谨慎凝重的样子；“幡幡”“怭怭”是轻浮放浪的样子；

① 〔清〕凌廷堪：《礼经释例》，《丛书集成初编》，中华书局1985年版，第89页。

② 杨天宇：《仪礼译注》，上海古籍出版社2004年版，第7页。

③ 〔清〕阮元：《十三经注疏》，中华书局2009年版，第989页。

④ 杨宽：《西周史》，上海人民出版社1999年版，第744页。

四个词都是描述其相貌。“仙仙”，同跹跹，舞姿飞扬，描写了宾客从最初的谨慎持重到微醉时的“舍其坐迁，屡舞仙仙”到大醉后的“不知其秩”，表达了诗人对屡舞失态行为的批判。正如袁梅所指出的：古人饮酒，酒酣必起舞以属一人，所以极欢心、致诚意也；……然舞，可也；屡舞则不可。[①]“有酒湑我，无酒酤我。坎坎鼓我，蹲蹲舞我。”(《伐木》）魏源《正小雅文武诗发微》注曰：“湑我酤我为无算爵，鼓我舞我为无算乐。友之云乎！岂曰臣之云乎？”[②]如此看来，宾主舞蹈的同时有音乐伴奏，“鼓我舞我”；而且这时候饮酒活动还在进行，“湑我酤我”。诗中的描述证实了杨宽先生的判断。

4. 送宾

典礼结束，主人送宾出门，音乐奏《陔夏》。《陔夏》在古代属金奏，即打击乐。奏《陔夏》有“酒后观德”的意思。孔子曰：吾观于乡，而知王道之易易也。[③]第二天，宾前来向主人行拜谢之礼。整个燕礼仪式才算告终。

飨礼和燕礼既有联系又有区别。关于这一点，许维遹在《飨礼考》中作了归纳：

（1）飨在庙，燕在寝；（2）先飨，后燕；（3）飨在昼，燕在夜；（4）飨立，燕坐；（5）飨不脱屦，燕则脱屦；（6）妇人入飨，不入燕；（7）飨不饮食，燕则饮食；（8）飨后不射，燕后则射；（9）飨赋诗或不赋诗，燕则赋诗。[④]

笔者在此仅就许维遹的观点进行补充说明：第一，这里只有（2）谈到飨与燕的联系，其他几点都谈飨与燕的区别。关于联系，飨后一般有燕，正如许维遹所说，“先飨后燕”。但许维遹没有注意到的是，其实燕礼也是一项独立且重要的礼仪；在先秦时期的好多活动（比如祭祀、朝觐、郊射、庆赏）之后都

---

① 袁梅：《诗经译注》，齐鲁书社 1985 年版，第 664 页。

② 陈子展：《诗三百解题》，复旦大学出版社 2001 年版，第 619 页。

③〔清〕孙希旦撰，沈啸寰、王星贤点校：《礼记集解》，中华书局 1989 年版，第 1429 页。

④ 许维遹：《飨礼考》，《清华学报》1947 年第 14 卷，第 1 期。

有燕礼，并不为飨礼所独有。第二，许维遹所谓（1）（3）（4）（7）（9）大体成立，但（5）（6）（8）则未免太过绝对。（5）飨不脱屦是肯定的，但燕也不一定全脱屦。在举行献礼和旅酬的过程中就不脱屦，只有在行“无算爵、无算乐”，主宾都准备开怀畅饮的时候，才脱屦。（6）妇人入飨，可以肯定。如《淮南子·泛论训》高诱注：“古者大飨饮酒，君执爵，夫人执豆”；从前面麻国钧先生所归纳的飨礼九献仪式中也可看出有王后参加。但曾经发生过变故，《礼记·坊记》记载：礼，非祭，男女不交爵，以此坊民。阳侯犹杀缪侯而窃其夫人，故大飨废夫人之礼。后来应该又有所恢复，毕竟在行飨礼的过程中，妇女的角色不可或缺，否则献礼的仪式就难以完成。至于燕礼，当然有禁止男女同燕的，如《国语·鲁语下》：“公父文伯之母，季康子之从祖叔母也。祭悼子，康子与焉。胙，不受；彻俎，不宴；宗不具，不绎；绎不尽饫，则退。仲尼闻之，以为别于男女之礼矣。”

但也有妇女参加的，如：

《管子·中匡》：公与管仲父而将饮之……管仲至，公执爵，夫人执尊，觞三行。

《晏子春秋·内篇谏上》：景公饮酒酲，三日而后发……晏子曰，“古之饮酒也……男女群乐者，周觞五献，过之者诛。”

《韩诗外传七》：楚庄王赐其群臣酒，日暮酒酣，殿上灭烛，有牵王后衣者，后扢冠缨而绝之。

对于这种现象，如何解释？窃以为：上古之时，本是没有男女之禁的，“古者大飨饮酒，君执爵，夫人执豆。”既为饮酒，则必有燕礼在其中。到了周代，特别是周公“制礼作乐”到穆王时期，伴随着礼乐文化的制度化，男女之禁变得严苛起来；“阳侯犹杀缪侯，而窃其夫人”的事件可能就是其导火索。春秋战国时期，王室渐趋衰落，各诸侯国兴起，礼乐的执行也变得复杂起来。以周之王室自居的鲁国恪守礼制传统，如前述季康子所为；而其他国家受礼制的掣肘较少。

（8）飨后不射，燕后则射。此说法太绝对。飨礼、燕礼、射礼本是三种各自不同且相互独立的礼。飨礼主敬，燕礼主欢，“射礼则具有军事教练的性质和选拔人才的目的。”[①] 飨礼之后一般都有燕礼，主宾双方在正式觐见、朝见之后举行燕礼，其乐融融，藉以拉近彼此的关系；换句话说，燕礼是飨礼的一个必不可少的组成部分。但燕礼亦有其独立性，它并不完全从属于飨礼。而飨礼、燕礼与射礼的关系则较疏远，它们没有必然的联系。飨礼一般不射，燕礼则可射可不射。

综上所述，先秦时期“飨礼”和“燕礼”同时存在，且都很重要——“飨以训恭俭，燕以示慈惠。”（《左传·成公十二年》），“以飨燕（宴）之礼，亲四方之宾客。”（《周礼·春官·大宗伯》）飨礼与燕礼联系紧密，飨礼之后一般都举行燕礼。但三代之后，情况发生了变化，人们开始重燕（宴）轻飨，以至于后世礼书多无“飨礼”。这种传统一直延续到清末。正如秦蕙田所指出的：

三代以后，封建废，而飨燕之礼亦亡。惟天子宴群臣之礼累代相承，不废。犹有《鹿鸣》《天保》之遗意焉！汉魏有元正朝会，晋有冬至小会，唐以后乃有圣节朝会，皆于称贺之后，备设筵宴，谓之大宴。其立春、上元、寒食、上巳、四月八日、重五、七夕、中秋、重九诸节，亦有赐宴。而或宴或否，代各不同。其天子特宴宰辅、侍从、诸臣无常期，谓之曲宴。至如国有大庆及大礼告成、宫室落成之类，亦多设宴。虽未必尽合于古礼，而可以通上下之情、示慈惠之意，亦太平盛事也。至于宴蕃国主及使臣则入宾礼，凯旋、劳军、阅武、飨射则入军礼，巡幸、宴犒、外官见辞、幸勋戚第之类皆不常有，且非宴飨之正，故不及云。[②]

但飨礼的仪式在宴（燕）礼中得以保存和发展，后世戏剧对此多有所借鉴。

---

① 杨宽：《古史新探》，上海人民出版社 2016 年版，第 315、335 页。

② 〔清〕秦蕙田：《五礼通考》（第五册）“飨燕礼”卷一百六十，中国台湾圣环图书有限公司 1994 年版，第 1 页。

第二节　宴飨用乐考释

关于宴飨用乐，传统研究者多从雅乐、俗乐、雅舞、杂舞的划分进行开掘。这种研究方式虽普遍得到认可，但也存在着分类不明、指代不清的问题。杜鹃在其博士论文《汉代乐舞研究》中，从功能的角度，将汉代乐舞分为宗庙乐、郊祀乐、其他祭祀用乐、宫廷燕乐、礼仪用乐五大类[①]，为我们的论述提供了启示。但杜鹃的结论同样有其不足，礼仪用乐应该包括祭祀礼仪用乐和宴飨礼仪用乐等，宗庙乐、郊祀乐、其他祭祀用乐也应该相应包括宗庙礼仪用乐、郊祀礼仪用乐、其他祭祀礼仪用乐。笔者认为，若从音乐本身的功能来划分，宫廷用乐一般可以分为礼仪用乐和娱乐用乐两种；若从礼的角度来划分，宫廷音乐则能分为吉礼用乐、嘉礼用乐、宾礼用乐、军礼用乐和凶礼用乐。很明显，宴飨礼乐是宫廷用乐的重要组成部分，应该包括宴飨礼仪用乐和宴飨娱乐用乐。鉴于宴飨活动经常与祭祀、朝会、庆贺、接见外国使臣等结合起来进行的事实，我们在谈到宴飨用乐时，很难将其与这些活动截然分开。其中最典型的就是朝会宴飨。

以元旦朝会为例，宴飨礼仪用乐包括朝会开始、结束之乐和朝会食举乐。朝会开始时，要敲钟；“夜漏未尽七刻，钟鸣，受贺。”表示朝会开始。古代皇室、权贵及豪门贵族吃饭时，要奏乐击钟；用鼎盛着各种珍贵食品，列鼎而食。所谓“钟鸣鼎食”。张衡《西京赋》记载：“击钟鼎食，连骑相过。”[②]朝会结束时，黄门吹三通，百官离开，“小黄门吹三通，谒者引公卿群臣以次拜，微行出，罢。”后世民间戏曲开演时，要打“三通锣鼓”，应该与此有关。

食举乐是朝会用乐中比较重要的一种，在天子举食环节使用，以达到顺四

① 杜鹃：《汉代乐舞研究》，吉林大学2006年度博士学位论文，第1页。

② 陈宏天、赵福海、陈复兴：《昭明文选译注》，吉林文史出版社1988年版，第98页。

时、养神明、求福报的目的。“天子食饮，必须顺四时五味，而有食举之乐。所以顺天地，养神明，求福应也。”食举乐由来已久，且一开始就是用钟鼓伴奏的。《礼记·王制》载，“天子食，举以乐。”《周礼·春官·大司乐》：“王大食，三宥，皆令奏钟鼓。”对于食举所用乐曲，班固《东都赋》言：“春王三朝，会同汉京。……尔乃食举雍徹，太师奏乐，陈金石，布丝竹，钟鼓铿锵，管弦晔煜。”①由此看出，朝会食举用乐有“雍徹”；“雍”即诗名，“徹”通彻，谓食讫歌《雍》诗以彻也。②

宴飨娱乐用乐，即“燕乐”。“燕乐”的定义，许多学者都曾作出过解释。如：音乐史家杨荫浏认为“统治阶级在宴会中间应用的一切音乐，都叫燕乐或宴乐。”③林谦三则主张：“燕乐是宴飨时所用的音乐。”④日本学者岸边成雄坚持“燕乐是宴飨雅乐”⑤，具有俗乐的内容和雅乐的形式。还有一些学者认为“燕乐是一切俗乐的代名词”⑥；“燕乐是雅乐以外全部俗乐的总称”⑦。这里，杨荫浏、林谦三是从“燕乐”的内涵上来说的；邱琼荪、王小盾则是从“燕乐”的外延上来说的。岸边成雄试图折中这两种观点，有其可取之处；但对雅乐与俗乐的划分，岸边成雄则又存在概念错乱的问题。因此，对于“燕乐”的概念，有必要重新进行申辩。

“燕乐”有广义、狭义之分。广义的燕乐，即宴飨娱乐用乐，指汉民族除雅乐之外的其他音乐与外来音乐的总称；沈括《梦溪笔谈》载，“先王之乐为雅

---

① 张启成：《汉赋今译》，贵州人民出版社2001年版，第53页。

② 《雍》乃《诗经·周颂》中的一首诗，其辞曰：“有来雍雍，至止肃肃。相维辟公，天子穆穆。於荐广牡，相予肆祀。假哉皇考，绥予孝子。宣哲维人，文武维后。燕及皇天，克昌厥后。绥我眉寿，介以繁祉。既右烈考，亦右文母。”主要强调人际关系中的“对等原则”，用以和谐君臣、和睦宗室、通好友邦。

③ 杨荫浏：《中国古代音乐史稿》，人民音乐出版社2004年版，第213页。

④ ［日］林谦三著、郭沫若译：《隋唐燕乐调研究》，《燕乐三书》，黑龙江人民出版社1986年版，第123页。

⑤ ［日］岸边成雄著，梁在平、黄志炯译：《唐代音乐史的研究》，中国台湾中华书局1973年版，第13页。

⑥ 邱琼荪：《燕乐探微》，《燕乐三书》，黑龙江人民出版社1986年版，第265页。

⑦ 王小盾：《隋唐五代燕乐杂言歌辞研究》，中华书局1996年版，第15页。

乐，前世新声为清乐，合胡部为燕乐。”[①] 狭义的燕乐则专指唐十部乐的第一部，即张文收所作的燕乐。本书采用广义的“燕乐”。这是最庞大、最丰富、内容最多样的宴飨用乐。从形态来说，它应该包括音乐、舞蹈、说唱、杂伎、百戏、戏剧等；从渊源来说，它包括宫廷礼乐[②]、地方乐舞、民间俗乐和外来乐舞等。它的目的只为“娱乐”，因此凡是可以“娱乐”的东西在“燕乐”中几乎是无所不有。当然在具体施于宴飨活动时，也要根据宴飨活动的目的、意义、参加对象等有所选择。

“燕乐”概念的外延，不同朝代则有所不同。《仪礼·燕礼》载，“若与四方之宾燕，……有房中之乐。”[③]《周礼·春官·磬师》有“教缦乐、燕乐之钟磬。”[④] 孙诒让《周礼正义》认为，“燕乐用二《南》，即乡乐，亦即房中之乐。盖乡人用之谓之乡乐；后、夫人用之谓之房中之乐；王之燕居用之谓之燕乐，名异而实同。”[⑤] 可见，“燕乐”与乡乐、房中之乐同，俱在《诗经》之《周南》《召南》中。又《周礼·春官·钟师》云，“凡祭祀、飨食，奏燕乐。”[⑥] 贾公彦疏曰，“飨食，谓与诸侯飨食之礼，在庙，与祭祀同乐，故连言之。”[⑦] 由此可知，周代“燕乐”同时用于祭祀与宴飨。根据以上资料推测：“燕乐”非雅乐，用于祭祀鬼神、飨食诸侯、宴请宾客，主要包括乡乐、房中乐等。《周礼·春官·旄人》又有“掌教舞散乐、舞夷乐。凡四方之以舞仕者属焉。凡祭祀、宾客，舞其燕乐。”贾逵曰：“谓作燕乐时，使四方舞士舞之以夷乐。”夷乐即外族乐，所以燕

---

① 沈括著、胡道静校注：《梦溪笔谈校证》，上海古典文学出版社1957年版，第232页。

② 这里的宫廷礼乐，指宫廷用乐中除雅乐之外的其他礼乐。项阳在其《礼乐、雅乐、鼓吹乐之辨析》中指出：所谓礼乐，是在国家规定的礼制范围内、在一定等级礼制仪式中与礼相须为用的乐。礼乐应该涵盖了雅乐，而雅乐是礼乐的重要组成部分。《中央音乐学院学报》2010年第1期。

③ 杨天宇：《仪礼译注》，上海古籍出版社2004年版，第165页。

④ 吕友仁：《周礼译注》，中州古籍出版社2004年版，第304页。

⑤ 〔清〕孙诒让：《周礼正义》卷四十六，中华民国二十年湖北篷湖精舍递刻本，第1515页。

⑥ 吕友仁：《周礼译注》，中州古籍出版社2004年版，第304页。

⑦ 〔唐〕贾公彦：《周礼注疏》，《十三经注疏》，中华书局2009年版，第1729页。

乐中杂用外族乐之声歌与舞蹈，乃“古已有之”之事。这是燕乐的特色和性质；从此外族音乐遂成为燕乐的主要内容。[①]到了汉代，散乐百戏亦入燕乐；张衡《西京赋》、曹植《宴乐篇》所记为我们提供了例证。总之，“燕乐”应该包括乡乐、房中乐、外来乐、杂乐百戏及宫廷中原有的雅乐之外的其他礼乐形式等。这是一种很开放的体系，它与雅乐、礼乐、俗乐、地方乐、外来乐等都有着非常紧密的联系。

汉代没有“燕乐”这一专称，朝会宴飨所用乐曲，经常被冠以其他名目。如前述《后汉书·礼仪志》“元旦朝会”之“百官受赐宴飨，大作乐”；《晋书·乐志》：“其有黄门之乐者，则所谓‘宴乐群臣，蹲蹲舞我’者也。”[②]《南齐书·乐志》：“角抵、象形、杂伎，历代相承有也。其增损缘起，事不可详。大略汉世张衡《西京赋》是其始也，魏世则事见陈思王乐府《宴乐篇》，晋世则见傅玄《元正篇》《朝会赋》。”[③]此时，“燕乐”多用黄门鼓吹伴奏，“黄门鼓吹，天子所以宴乐群臣。”[④]而且经常上演散乐百戏。

“燕乐”在唐代变得更为丰富多彩，且艺术上精进很大。此时的宴飨活动分为典礼性宴飨（如朝会宴飨）和娱乐性宴飨（如私人宴会）。朝会宴飨注重仪式性，私人宴会则注重娱乐性。而且私人宴会较之朝会宴飨更普遍、更频繁。饮酒、唱歌、赏乐、观舞等是重要的社交娱乐活动，成为一时风尚。这极大地推动了“燕乐”的发展。当时宴飨活动中的表演名目繁杂，歌舞、戏剧、散乐、百戏等应有尽有。

宋代以后，受宴飨之礼仪式化、政教化的影响，宴飨用乐方面表现出两个鲜明的趋势和特征：一是传统伎艺类表演艺术持续发展并逐渐走向衰落、流入民间；二是儒家礼乐文化的植入，导致叙事文学、艺术的长足发展和繁荣。

综观中国古代社会的宴飨用乐，其主要形态如下。

第一，乐舞类。乐舞形态很多，历代用于宴飨的也不尽相同，此处主要论

① 邱琼荪：《燕乐探微》，《燕乐三书》，黑龙江人民出版社 1986 年版，第 262 页。

② 〔唐〕房玄龄：《晋书》，中华书局 1997 年版，第 676 页。

③ 〔梁〕萧子显：《南齐书》，中华书局 1997 年版，第 195 页。

④ 〔宋〕范晔：《后汉书》，中华书局 1997 年版，第 3132 页。

述相和歌、大曲、法曲、鞞舞、巾舞、铎舞、盘舞、拂舞、长袖舞、队舞、庆隆舞等几种。

相和歌:“并汉世街陌讴谣之词。”① 最初以民歌的形式存在，只有清唱，即所谓“徒歌”②。进一步加入“帮腔”，称为“但歌”,《晋书・乐志》“但歌四曲，出自汉世。无弦节，作伎最先唱，一人唱，三人和。”③ 由此可见，“帮腔”在汉世即已出现，后世戏剧中的“帮腔”当由此发展而来。后来用管弦乐器伴奏，一面打着节拍，一面歌唱，“丝竹更相和，执节者歌”，才成为名副其实的相和歌。④ 相和歌的成熟形态是一种歌舞大曲，它可以用同一个曲调反复咏唱，并且形成了解、艳、趋、乱的结构模式。当然，并不是每一大曲都是解、艳、趋、乱四者皆备；但解、艳置前或置中，趋放后的结构已经大体固定。这种结构模式为后来的唐宋大曲所继承，对金元杂剧的结构体制启示颇多。《宋书・乐志》载有相和大曲十六首:《东门》《西山》《罗敷》《西门》《默默》《园桃》《白鹄》《碣石》《何尝》《置酒》《为乐》《夏门》《王者布大化》《洛阳行》《白头吟》《明月》，并记歌辞。⑤ 从中可以看出，此时的相和大曲已经具备了很强的叙事因素。

到了唐代，大曲的结构更趋复杂，叙事功能更强。杨荫浏《中国古代音乐史稿》把大曲的结构分为三部分，兹引如下。

（一）散序——节奏自由，器乐独奏、轮奏或合奏。

散板的散序若干遍，每遍是一个曲调；

靸——过渡到慢板的乐段。

（二）中序、拍序或歌头——节奏固定，慢板；歌唱为主，器乐伴奏；舞或不舞不一定，拍遍若干遍，慢板。

攧（正攧）——节奏过渡到略快。

---

①〔唐〕吴兢:《乐府古题要解》,《历代诗话续编》，中华书局 1983 年版，第 33 页。

②《尔雅》载“徒歌谓之谣”;《晋书・乐志》在“汉世街陌讴谣”及江南《吴歌》等之后，归纳曰:“凡此诸曲，始皆徒歌。”

③〔唐〕房玄龄:《晋书》，中华书局 1997 年版，第 716 页。

④ 杨荫浏:《中国古代音乐史稿》，人民音乐出版社 2004 年版，第 114 页。

⑤〔梁〕沈约:《宋书》，中华书局 1997 年版，第 616—623 页。

（三）破或舞遍——节奏几次改编，由散板入节奏，逐渐加快，以至极快；舞蹈为主；器乐伴奏，歌或不歌不一定。

入破——散板；

虚催——由散板入节奏，亦称破第二；

衮遍——较快的乐段；

实催、催拍、促拍或簇拍——节奏过渡到更快；

衮遍——极快的乐段；

歇拍——节奏慢下来；

煞衮——结束。①

唐代是大曲艺术发展的鼎盛时期，唐大曲不仅数量多、来源广，而且艺术水平高。除少量以前的清乐旧曲外，唐大曲主要来自当代新声：一是在清乐的基础上，吸收西域音乐和外国音乐的滋养而产生的“杂用胡夷里巷之曲”；二是少数民族音乐或外国音乐传入内地后，汲取清乐的营养而形成的大曲。根据应用场合与来源的不同，大曲分为雅乐大曲、燕乐大曲和道调法曲三大类。燕乐大曲数量最多，保留至今的有46首，主要包括《破阵乐》《回波乐》《龟兹乐》《醉浑脱》《春莺转》《绿腰》《凉州》《玉树后庭花》等。②

宋代大曲在唐大曲基础上通过“摘遍”而来，因此其形式短小精炼、重点突出，表演精湛。大曲一般有歌，有舞，有器乐伴奏，再加故事内容，已经是一种非常成熟的叙事性乐舞。如《薄媚·西子词》内容叙述西施故事，形式从“拍遍第八”到“第七煞衮”，共十段，集中叙述了越王由臣事吴王到胜利返国的全过程，表现了勾践在这一过程中的痛苦挣扎和悲愤心情。宋代大曲名目繁多，《宋史·乐志》记载当时教坊表演的有18调、40大曲；周密《武林旧事》“官本杂剧段数”则载有大曲名103个。关于大曲的结构和表演程式，史浩《鄮峰真隐漫录》有全套《柘枝舞》。杨荫浏对此分析之后认为：此歌舞节目包含三

① 杨荫浏：《中国古代音乐史稿》，人民音乐出版社2004年版，第221页。

②〔唐〕崔令钦著、任半塘笺订：《教坊记笺订》，中华书局1962年版，第153—165页。

个演出段落：致语、勾队、问答，歌舞（演出的主体），遣队或放队；已有比较明确的角色分工：参军——负责说明演出内容、领导舞队并与“花心”进行问答、亦称“竹竿子”，歌舞队，后行（伴奏乐队）。[①] 此种大曲，遍数既多，虽便于叙事，然其动作皆有定则，欲以完全演一故事，固非易易。[②] 因此把它们看作叙事性歌舞，似乎更合适；然而这些皆有定则的动作为后来戏剧的程式化表演准备了条件。另外，北宋时期还有一种与大曲相区分的“曲破”，但到南宋已经与大曲相混杂；这里便不再单独说明。

法曲：是指大曲中其曲调和所用乐器都比较接近汉族的清乐系统、比较优雅的一部分，故也有“清乐大曲”之称。代表性曲子主要有《赤白桃李花》《霓裳羽衣舞》等。“法曲”原名法乐，因用于佛教法会而得名；隋始名法曲；至唐又掺杂道曲而发展到极盛阶段，表现出明显的世俗化趋向。“玄宗既知音律，又酷爱法曲，选坐部伎子弟三百，教于梨园。”[③] 遂有“梨园法曲”之称，为皇室所独有，代表了当时皇室伎艺的最高水平。若在宴飨中施于臣子，则往往冠以“赐、宠、优”等字眼，以示恩宠。《旧唐书·文宗本纪》载：“大和八年九月壬寅，翰林院宴李仲言，赐法曲弟子二十人奏乐以宠之。”[④]《新唐书·李训传》：“大和八年十月，（训）迁《周易》博士兼翰林侍讲学士。入院，诏法曲弟子二十人侑宴，示优宠。”[⑤]

鞞舞：亦作“鼙舞”，因执鞞鼓而舞，故名。汉以前流行于民间，汉代之后施于宴飨。其舞曲有《关东有贤女》《章和二年中》《乐良久》《四方皇》《殿前生桂树》五篇。汉末大乱，艺人失散，曹操从关西召来老艺人李坚；曹植作新歌辞《圣皇》《灵芝》《大魏》《精微》《孟冬》五篇，以歌颂曹操。晋泰始中又制新辞，表演者从 16 人增加到 64 人。祭祀、宴飨均用之。此舞精妙高超，乃宫室之珍宝，延及宋、齐、梁、陈，直到隋唐，都在宫中上演。

---

① 杨荫浏：《中国古代音乐史稿》，人民音乐出版社 1981 年版，第 335—337 页。

② 王国维：《宋元戏曲史》，上海古籍出版社 1998 年版，第 39—40 页。

③ 〔宋〕欧阳修、宋祁：《新唐书》，中华书局 1997 年版，第 475 页。

④ 〔后晋〕刘昫：《旧唐书》，中华书局 1997 年版，第 556 页。

⑤ 〔宋〕欧阳修、宋祁：《新唐书》，中华书局 1997 年版，第 5310 页。

巾舞：得名于舞人的舞具——巾。它的出现可能与周代的“鼗舞”有关，“鼗舞”是手持五彩缯而舞。汉代祭祀后稷的灵星舞还用这种五彩缯作舞具。巾舞在汉代称为《公莫》，这是因为歌辞首句有“公莫”二字。它流行的地区很广，时间很长，是汉代著名的杂舞。汉画像石中，多有反映巾舞场面的。从画面上看，舞人所持的双巾有的等长，有的长短不一，舞姿热烈奔放。有乐队伴奏，以鼓为主，并有拊掌而歌者。这说明巾舞是有歌词可供演唱，而且比较注重节奏的舞蹈。巾舞在后来的发展过程中，还附会了一个动人的历史传说。相传鸿门宴上项庄舞剑，项伯以袖隔之，使他不能伤害高祖，还对项庄说“公莫”。(古人相呼曰“公”，意即“公莫害汉王也”)。盖像项伯衣袖之遗式。[①] 以后把模拟项伯舞袖的姿态叫“公莫舞”，晋刘宋以后称“巾舞”。

铎舞：因舞者持铎舞蹈而得名，主要用于宴飨。《乐府诗集》所载古铎舞歌诗《圣人制礼乐》，辞、调夹杂，不可理解。晋傅玄《铎舞歌・云门篇》云：“振铎鸣金，延《大武》。……身不虚动，手不徒举，应节合度，周其叙。”[②]《乐记》宾牟贾解说《大武》：“夹振之而驷（四）伐”，郑玄注：“夹振之者，王与大将夹舞者，振铎以为节也。……每奏四伐，一击一刺为一伐。”隋代将《铎舞》与《鞞舞》等合称“四舞”，但舞者已不执铎。

槃舞：又称“盘鼓舞”“七盘舞”。舞时，舞者将盘、鼓覆置于地上。盘、鼓数目不等，按舞者伎艺高低而定。舞者有男有女，在盘、鼓上高纵轻蹑，浮腾累跪，踏舞出有节奏的音响。汉画像砖石上有十分丰富的《盘鼓舞》形象，或飞舞长袖，或踩鼓下腰，或按鼓倒立，或身俯鼓面，手、膝、足皆触及鼓面拍击，或单腿立鼓上，或正从鼓上纵身跳下。舞姿各异，优美矫健。盘鼓舞将舞蹈与杂技巧妙结合，体现了一种传统舞蹈的特殊风格。此舞传至后世，表演形式有所变化。

拂舞：指持拂而舞。拂的特点是有柄可持，一端系以尘尾或麻绳、旄尾等物，并以所系物名之。过去一直将汉画像石中这种柄上系巾的舞称为巾舞，萧亢达则认为这种棍上系巾的舞具已属于拂类，亦称“巾拂”，或以其质料称之

---

① 〔梁〕沈约:《宋书》，中华书局 1997 年版，第 551 页。

② 彭黎明、彭勃:《全乐府》“第一册”，上海交通大学出版社 2011 年版，第 300 页。

为“绢拂”，因此此舞应为拂舞。[①]迄今拂舞歌辞仍有存留。《宋书·乐志》中保存了5篇，是史上最早的拂舞歌辞。每篇所作时间有早有晚，内容略有差异，长短也不相同，虽然同用《拂舞（歌）行》调，但每篇所配曲调旋律未必相同，从而舞姿也会有所差别。四川扬子山发现的汉画像砖上画有一个梳双髻的细腰舞女，舞双巾，巾端系于短木棍上，人持木棍舞巾，旁有击鼓和吹排箫的乐人伴奏，另有人在跳丸、弄剑。山东滕县大郭村画像石刻有一个大建鼓，在建鼓顶盖上有一个男舞人单足而立，手持短拂而舞。从上述画像石看，舞人所持木棍上系的巾有长有短。长拂一般由女性所执，左手上举，右手平置腹前，四首顾盼，长拂飘飘，细腰袅袅，绰约风姿。短拂由男性所持，姿态雄健豪放，极富阳刚之气。拂舞的伴奏乐队比较简单，可以用建鼓或排箫。

长袖舞：以舞长袖为特征，舞人无所持，以手袖为威仪，凭借长袖交横飞舞的千姿百态来表达各种复杂的思想感情。长袖舞在秦代以前已经存在，曾是战国时楚国宫廷的风尚，汉人继承楚人艺术，长袖舞更为盛行。舞女多是长袖细腰，有的腰身蜷曲，能使背后蜷成环状。汉人傅毅在《舞赋》中形容长袖细腰的舞女为体如游龙，袖如素虞；戚夫人的翘袖折腰之舞正是这种舞姿的体现。迄今所获的汉代舞蹈资料说明“长袖舞”实际包括了许多不同的舞蹈，许多种舞蹈都以舞袖为特征。舞人有男有女，有单人独舞、双人对舞和多人群舞，以单人独舞为主。

队舞：主要出现在宋代以后。宋代队舞在唐、五代大曲的基础上发展而来，是一种配有歌唱、对话的表演艺术形式。队舞一般分为“小儿队”和“女弟子队”；每队又分成10个小队；每个小队的服饰、化妆、所执器械、舞具都不一样。队舞的组成有严格的分工：每个队有一名指挥人员，手拿竹竿，称“竹竿子”，负责指挥音乐伴奏、协调舞蹈动作并与“引舞”对话；五名演员处于舞队的核心位置，负责引舞，称为“花心”；其他演员顺着“竹竿子”的指挥，在“引舞”的引领下跳舞，并不断变换着队形；为其伴奏的乐队称“后行”，这是相对于歌舞队的“前行”而言的。当这种队舞增加叙事成分、角色变得明确，就会演变为戏剧。如《剑舞》就表演了“鸿门宴”和“公孙大娘舞剑事”，杨荫

① 萧亢达：《汉代乐舞百戏艺术研究》，文物出版社1991年版，第209页。

浏先生就此认为：我国的歌舞剧，在宋代已经形成了独立的体系。[①]

庆隆舞：是清王朝举行宴飨活动时所表演的一种“队舞”形式。它起源于满族的民间乐舞“莽式舞”，杨宾《柳边纪略》有载“满洲有大宴会，主家男女更迭起舞，大率举一袖于额，反一袖于背，盘旋作势，曰莽势。”[②]“莽势”即“莽式”，它的表演形式是“两人相对而舞，旁人拍手而歌。”[③]清王朝肇兴朔漠，其宴飨多用本俗。因此，当清朝代明而兴、入主中原后，“莽式舞”就成了宫廷宴飨乐舞之一。“莽式舞”纳入宫廷后，按照礼乐文化的要求，进行了多次改革。“按制：元会，乐作于殿上，名曰‘莽式’。所陈皆昭代故事，率以满洲旧臣充其选，有旌旄、弓矢、跃马、莅阵之容，有屈伸、进返、俯仰、疾徐之节。”[④]此时的“莽式舞”已经成为大清王朝宫廷宴飨所用之武舞。乾隆八年（公元1743年），始定筵宴乐舞名色，队舞总名为“庆隆舞”。自此，“庆隆舞”作为宫廷宴飨乐舞，取得了压倒性优势，广泛应用于宫廷宴飨和祭祀活动。“庆隆舞”是一种集诗、乐、舞于一体的大型叙事性歌舞。其所叙之事除昭代故事外，大抵为歌颂清王室受命于天、创业维艰和开疆拓土之功劳，为大清王朝的长治久安寻找思想上的合理性与合法性。从《清文献通考》“乐部”所载《筵宴庆隆舞乐章》，可以看出当时统治者的这种追求。

第二，说唱类。说唱艺术历史悠久，它起源于先秦的“俳优”，与宴飨礼乐关系密切。“俳优侏儒，固人主之所与燕焉。”[⑤]许慎《说文解字》“俳，戏也，从人非声；优，饶也，从人尤声。一曰倡也。”[⑥]段玉裁注：“以其戏言之，谓之俳；以其音乐言之，谓之倡；亦谓之优。其实一物也。”[⑦]但这里的“俳优”表演只有说，没有唱，主要用于讽谏帝王、调笑逗乐。说与唱的结合始于俳优、

① 杨荫浏：《中国古代音乐史稿》，人民音乐出版社1981年版，第342页。

② 杨宾：《柳边纪略》，辽沈书社1984年版，第257页。

③〔清〕史梦兰：《止园笔谈》卷五，清光绪四年刻本，第77页。

④〔清〕李祖陶辑：《国朝文録》“张文贞公文録卷二”，道光十九年瑞州府凤仪书院刻本，第361页。

⑤〔春秋战国〕韩非：《韩非子》卷第十六，四部丛刊景清景宋钞校本，第124页。

⑥〔汉〕许慎撰，〔宋〕徐铉校订：《说文解字》，中华书局1963年版，第165—166页。

⑦〔清〕段玉裁：《说文解字注》，上海古籍出版社1988年版，第380页。

倡优的经常一起演出。《汉书·贾邹枚路传》载，“(武帝)上得大喜，召入见待诏，皋(枚皋，枚乘之子。)因赋殿中。诏使赋平乐馆，善之。拜为郎，使匈奴。皋不通经术，谈笑类俳倡。”① 这是资料所见最早“俳倡”连用的，指的是两种伎艺人。东汉时期则有“击鼓歌吹作俳倡”② 的记载，此时的俳倡应该就是一种说唱艺术了。它的表演形式是：击鼓、歌吹，作滑稽表演。汉唐时期，说唱艺术兴盛，出土文物反映了这一情况。如四川绵阳河边乡东汉墓说唱陶俑③、西安西郊出土的红陶说唱俑等④。

到了宋代，“说唱”是指一种表演艺术形式，具有“主艺不主文”的特点。说唱艺术种类繁多，伎艺高超。主要包括以下几种。

鼓子词：是北宋中期兴起的一种说唱艺术，因在表演时用鼓伴奏而得名。现存最早的鼓子词作品是欧阳修的《十二月鼓子词》，用【渔家傲】曲牌的反复十二次来演唱。从其内容来看，主要描写一年十二个月的景色。除此之外，还有侯寘《金陵府会鼓子词》，描写金陵府会的繁华盛况，分别用【点绛唇】和【新荷叶】两个曲牌演唱；吕滨老《圣节鼓子词》描写天基圣节的节日景象。此时的鼓子词尚处于抒情状物阶段，主要用于私家宅邸的小型宴会。到赵令畤《崔莺莺商调蝶恋花》开始叙事，主要用于勾栏瓦舍演出。这是鼓子词发展的两个阶段，体现出宋代文艺由抒情向叙事发展的规律。因此，鼓子词是处于由词向曲、由抒情向叙事过渡的中间环节。当诸宫调这一大型叙事艺术兴起并走向繁盛后，鼓子词的衰落就成了一种必然趋势。但它并没有消失，依然在乡村或城市一些小范围宴飨活动中继续存在。后来明清时期的弹词、鼓词、鼓书等说唱艺术都曾受它影响。

鼓子词与道情的关系非常密切，具有浓郁的道教情怀。⑤ 淳熙十一年(公

① 〔汉〕班固：《汉书》卷五十一，中华书局1997年版，第790页。

② 〔南北朝〕徐陵辑、〔清〕吴兆宜注：《玉台新咏笺注》卷四，清乾隆三十九年刻本，第105页。

③ 何志国：《四川绵阳河边东汉崖墓》，《文物》1987年第3期。

④ 黄桂珍：《唐代说唱俑》，《文博》1991年第1期。

⑤ 张泽洪：《宋代鼓子词与道情关系刍论》，《新国学》第七卷。

元 1184 年）六月初一日，车驾幸飞来峰，看放水莲时，荷花盛开。后苑小厮儿三十人打息气唱道情。太上云："此是张抡所馔鼓子词。"[①] 于是便有"道情鼓子词"的称谓，简称"道情"。武艺民《中国道情艺术概论》记载"晋北道情词曲大调一览表"[②]，从中可以看出道情鼓子词的表情功能。以【西江月】为例，其中就有【平西江月】（表正常情绪）、【苦西江月】（表悲苦情绪）、【抢西江月】（表喜悦情绪）、【紧西江月】（表暴怒情绪）等。道情艺术形成后，继承鼓子词的优良传统，开创了一种独特的音乐体制——板式变化体，对后世的戏曲发展产生了深远影响。[③]

诸宫调：最初是一个"音乐单位"，发源于宋代宫廷宴飨礼乐。《续资治通鉴长编》载：

（真宗）景德三年（公元 1006 年）八月甲戌，上御崇政殿，张宫悬，阅试李宗谔等新习雅乐，召宰相、亲王临观。……旧制，巢笙每变宫之际，必换义管，然难于遽易。乐工单仲辛改为一定之制，不复旋易，与诸宫调皆协。上甚悦，赐宗谔等器币有差。自是，乐府制度顿有伦理矣。上以两署见用乐词非雅，乃分命两制别为之。[④]

《玉海》"音乐"条、《宋通鉴长编纪事本末》所记与此基本相同，可见事件的真实性。"诸宫调"之名称始见于此，但此时的"诸宫调"只是一个音乐名词，即多种宫调的意思。经乐工单仲辛改制的巢、笙可以连奏各种宫调，不用换管。这就为用诸宫调演奏长篇故事提供了音乐乐器上的可能。皇上对此感到非常高兴，于是命令用诸宫调改造两署乐词，进一步为诸宫调的长远发展设下了制度上的保障。

政和间，诏以大晟雅乐施于宴飨，御殿按试。补徵、角二调，播之教坊，颁之天下。然当时乐府奏言："乐之诸宫调多不正，皆俚俗所传。及命刘炳辑

① 〔宋〕周密：《武林旧事》"后武林旧事卷二"，民国景明宝颜堂秘笈本，第 81 页。

② 武艺民：《中国道情艺术概论》，山西古籍出版社 1997 年版，第 286—289 页。

③ 参见拙作：《梆子腔的起源、流布及其与道情之关系》，《文化遗产》2017 年第 5 期。

④ 〔宋〕李焘：《续资治通鉴长编》卷六十三，清文渊阁四库全书本，第 722 页。

《燕乐新书》，亦惟以八十四调为宗。非复雅音，而曲燕昵狎至有援君臣之相说之乐，以藉口者。”[①]

由此可知，从前宴飨用乐多俚俗，经刘炳改造后雅化了不少，但与雅乐还有相当大的距离；只不过用雅乐的外衣对俗乐加以包装，以悦君臣、以藉口者。宫廷宴乐的雅化加快了诸宫调的传播速度，扩展了传播范围。

作为一种说唱艺术形式，诸宫调兴起于北宋中期，最早对其记录的是孟元老。他在《东京梦华录》“京瓦伎艺条”里有“孔三传，《耍秀才诸宫调》”[②]的记载。孟元老，即赵子湏，是宋太祖次子赵德昭的五世长孙；他生活于北宋哲宗元年（公元 1085 年）至南宋绍兴二十年（公元 1150 年）之间，对当时的皇家礼仪和市井生活非常熟悉。[③]崇宁二年（公元 1103 年），孟元老九岁，随父亲赵令铄第一次进京。此时距单仲辛改制的 1006 年已经过了 97 年，“诸宫调”从一个音乐单位，吸收各种故事，转化成说唱艺术；进而传播于民间，在勾栏瓦舍演出是完全有可能的。

诸宫调起于宫廷，在民间说唱艺术的滋养下发展壮大；历经宋、金、元，到元代中期，在与杂剧艺术的竞争中走向衰落。在此期间，产生了大量的优秀艺人，如孔三传、熊保保、高郎妇、黄淑乡、王双莲、袁本道、赵贞卿、杨玉娥、秦玉莲、秦小莲、洪惠英等；创作出许多作品，如《诸宫调霸王》《诸宫调卦册儿》《天宝遗事诸宫调》《西厢记诸宫调》《刘知远诸宫调》等。作家和作品的大量出现标志着诸宫调艺术的繁荣。

说话：作为一种艺术，起源很早。《孟子集疏》载，“但见他说得好，故取之曰似恁说话人也。”“说话人”的名称由此而来，至于所说内容，限于资料，无从得知。但“说话人”既为众所知，在当时必有一定之影响。宋代，说话艺术繁兴，见于记载的资料很多：

---

① 〔元〕马端临：《文献通考》卷一百四十六“乐考”，清浙江书局本，第 2626 页。

② 〔宋〕孟元老：《东京梦华录》，清文渊阁四库全书本，第 16 页。

③ 伊永文：《孟元老考》，《南开学报》2011 年第 3 期。

伏羲易，自是伏羲说话；文王易，自是文王说话。[①]

党（彦进）在许昌，有说话客。请见，问："说何事？"曰："说韩信。"杖之，左右问其故。曰："对我说韩信，对韩信亦说我矣。即公不闻洗耳而已。"[②]

张四郎一世只在北瓦占一座勾栏说话，不曾去别瓦作场，人叫做小张四郎勾栏。[③]

甚至，连把自己的身世、经历当作说话人的"故事"资源，都成为当时人的一种追求。陈亮《龙川集》记载，"当一切付之能者。暇时，策杖访长者于武夷之山，尽布心腹以求是。正留与千百年间做个说话，亦庶几不枉此一生一死（世）矣。"[④]按其内容，说话大体可以分为四类：小说，又名"银字儿"[⑤]，讲述烟粉、灵怪、传奇、公案、朴刀、杆棒之事；说经，包括谈经（演说佛书）、说参请（讲述参禅悟道之事）、说诨经（诙谐地讲说宗教佛经故事）；讲史，讲说历史故事；商谜，猜谜语。[⑥]

说话所用之脚本，即"话本"。据谭正璧考证，现在尚留存宋元话本108种——《推车鬼》《灰骨匣》《呼猿洞》《闹宝录》《燕子楼》《贺小师》《杨舜俞》《青脚狼》《错还魂》《侧金盏》《刁六十》《斗车兵》《钱塘佳梦》《锦庄春游》《柳参军》《牛渚亭》，属"烟粉"；《杨元子》《汀州记》《崔智韬》《李达道》《红蜘蛛》《铁瓮儿》《水月仙》《大槐王》《妮子记》《铁车记》《葫芦儿》《人虎传》《太平钱》《芭蕉扇》《八怪国》《无鬼论》，属"灵怪"；《莺莺传》《爱爱词》《张康题壁》《钱榆骂海》《鸳鸯灯》《夜游湖》《紫香囊》《徐都尉》《惠娘魄偶》《王魁负心》《桃叶渡》《牡丹记》《花萼楼》《章台柳》《卓文君》《李亚仙》《崔护

① 〔宋〕胡方平：《易学启蒙通释》卷上，清通志堂经解本，第24页。

② 〔宋〕黄庭坚：《三谷别集》卷十三，清文渊阁四库全书本，第112页。

③ 〔宋〕西湖老人：《西湖繁盛录》，明永乐大典本，第9页。

④ 〔宋〕陈亮：《龙川集》卷二十，清宗廷辅校刻本，第166页。

⑤ 银字儿，即哀艳腔调的代称。李啸仓：《宋元伎艺杂考》，中国戏剧出版社2015年版，第103页。

⑥ 孙楷第：《宋朝说话人的家数问题》把"说话"分为小说，说经，讲史书，合生、商谜四种，与此颇类。《俗讲、说话与白话小说》，作家出版社1956年版，第20—21页。

觅水》《唐辅采莲》，属“传奇”；《石头孙立》《姜女寻夫》《忧小十》《驴垛儿》《大烧灯》《商氏儿》《三现身》《火杴笼》《八角井》《药巴子》《独行虎》《铁秤槌》《河沙院》《戴嗣宗》《大朝国寺》《圣手二郎》，属“公案”；《大虎头》《李从吉》《杨令公》《十条龙》《青兽面》《李铁铃》《陶铁僧》《赖五郎》《圣人虎》《王沙马海》《燕四马八》，属“朴刀”；《花和尚》《武行者》《飞龙记》《梅大郎》《斗刀楼》《拦路虎》《高拔打》《徐京落章》《五郎为僧》《王温上边》《狄昭认父》，属“杆棒”；《种叟神记》《月井文》《金光洞》《竹叶舟》《黄粮梦》《粉合儿》《马谏议》《许岩》《四仙斗圣》《谢溏落梅》，属“神仙”；《西山》《聂隐娘》《村邻亲》《严师道》《千圣姑》《皮篋袋》《骊山老母》《贝州王则》《红线盗印》《丑女报恩》，属“妖术”。[①] 这里，前六种与《东京梦华录》《西湖老人繁胜录》《都城纪胜》《梦粱录》《武林旧事》所记大体相同；后两种为《舌耕叙引》所独有。《醉翁谈录》所载“小说名目”基本相类。这些话本、故事成为后世戏剧、小说创作题材的主要源泉。

第三，百戏、散乐类。百戏：其名称始于汉代，在秦、西汉时亦名“角抵”。大规模演出，见于资料记载的当以秦为最早。“是时二世在甘泉，方作角抵优俳之观。”[②] 角抵有广狭义之分。狭义的角抵，是指人们以力量或技艺相较量。广义的角抵，则包罗甚广。百戏广泛流行于民间，与俳优歌舞杂奏、民间俗乐合称为“散乐”。“散乐者，历代有之，非部伍之声，俳优歌舞杂奏。……如是杂变，总名百戏。”[③] 据萧亢达的统计，两汉百戏一般可以分为杂技、幻术、角抵（狭义）、驯兽、象人、滑稽戏、傀儡戏七种；其中杂技又包括倒立、柔术、逆行连倒、跳丸跳剑、耍镡、乌获扛鼎与舞轮、旋盘、都卢寻橦、走索、冲狭燕濯等。[④]

“散乐”一词始出周代。《周礼·春官·旄人》曰：“旄人，掌教舞散乐，舞夷乐；凡四方之以舞仕者属焉”。郑玄注“散乐，野人为乐之善者，若今黄门

① 谭正璧著，谭寻补正：《话本与古剧》，上海古籍出版社2012年版，第17—43页。

② 〔汉〕司马迁：《史记》，中华书局1997年版，第2559页。

③ 〔后晋〕刘昫：《旧唐书》，中华书局1997年版，第1072—1073页。

④ 萧亢达：《汉代乐舞百戏艺术研究》，文物出版社1991年版，第269—355页。

倡矣；自有舞。”由此可见，周代的散乐即俗乐，内容追求积极向上；由于没有礼乐文化的承载，艺术性比较强；亦有舞。郑玄系汉人，其所谓“今之黄门倡”，即汉代黄门倡；也就是说，散乐发展到汉代，则有黄门倡；黄门倡亦属散乐。这种非官员之乐的黄门倡乐，实际上就是周、秦时期在宫廷中流行的娱乐性极强的倡优、侏儒之伎。[①]“及优、侏儒犹杂子女，不知父子，乐终不可以语。”[②]“俳优侏儒，狄鞮之倡，所以娱耳目乐心意者，丽靡烂漫于前，靡曼美色于后。”[③]这种倡优、侏儒之伎片面地追求感官娱乐，而不注重君臣、父子、男女等级之序，为士大夫所不齿。因此，“散乐”从一开始就注定了其在传统礼乐社会中的卑微地位。这种现象延及之后两千多年的中国社会。

周、秦的“散乐”除侏儒、俳优之外，还有比力、竞技等表演，广义上涵盖了今天体育、杂技的一部分。其中最重要的就是“角抵”，即“今相扑也”[④]。这是一种观赏性、娱乐性极强的表演形式，很受民众欢迎。“角抵”在汉代已经成熟，甚至出现了叙事性的角抵戏《东海黄公》。隋唐之际，“散乐”的概念被沿用，但其内容已经大大扩充，百戏融入散乐之中。“大抵散乐杂戏多幻术，皆出西域，始于善幻人入中国。汉安帝时，天竺献伎，能自断手足，刳剔肠胃，自是历代有之。”[⑤]唐代“散乐”的内容非常丰富，以类型分，主要包括俳优、傀儡、杂技、幻术（魔术）、歌舞、说唱、戏剧、竞技与体育等。

很明显，戏剧属于宴飨用乐。作为“宴飨用乐”之一种，中国古代戏剧从一开始就与宴飨活动紧密联系在一起。宴飨礼乐的发展道路和时代特征某种程度上决定和影响着古代戏剧的生成、发展路径，而“宴飨用乐则成为中国戏剧形态发展的产床”[⑥]，宴飨用乐的多样性导致了中国古代戏剧的丰富性和复杂性。

---

① 赵维平：《中国历史上的散乐与百戏》，《中央音乐学院学报》2006年第1期。

② 《礼记·乐记》，上海古籍出版社1987年版，第216页。

③ 〔汉〕班固：《汉书》，中华书局1997年版，第2569页。

④ 〔宋〕高承：《事物纪原》，武汉大学出版社1997年版，第40—41页。

⑤ 〔唐〕杜佑：《通典》卷一四六“散乐”条，清武英殿刻本，第1508页。

⑥ 元鹏飞、李宝宗：《宋代戏剧形态发展的重大新物证——北宋宣和二年杂剧做场图探论》，《中华戏曲》2015年第51辑。

第三章

宴飨礼乐的类型、特征与功能

第一节　宴飨礼乐的类型

宴飨活动种类繁多，按其私密程度和参加人数的寡多可以分为私人宴飨、官府宴飨、宫廷宴飨和大众宴飨四种，由此形成了不同的宴飨礼乐。

私人宴飨，私密性最强。由于参加人数少，这种宴飨活动往往重“宴”轻“飨”，重“乐”轻“礼”，突出审美性和娱乐性，因此又经常被冠以“宴”“宴会”的称谓，如清宴、游宴等。《汉书·诸葛丰传》载，“今陛下天覆地载，物无不容，……恩深德厚，臣丰顿首幸甚。臣窃不胜愤懑，愿赐清宴，唯陛下裁幸。”[①] 这里的“清宴”又写作“清燕”“清讌”“清晏”，是清闲、雅静之宴会的意思。“清宴”的发生往往意味着太平盛世的出现，诸葛丰用在这里充分表达了其对汉室朝廷的歌颂和赞美。《通典》又载，“及武帝游宴后庭，始用宦者主中书，以司马迁为之。”[②] 伴随着宴飨活动的增多，还产生出一种专门的宴飨用乐，称“宴乐”或“宴戏”。《春秋公羊传注疏》：“宴乐者，乐欲安，乐而好内矣。”[③] 至于“宴戏”一词，在文献中出现甚早，《汉书》“卷二十二”载：“神来宴娭，

---

① 〔汉〕班固：《汉书》卷七十七，中华书局 1997 年版，第 1175 页。

② 〔唐〕杜佑：《通典》卷二十二“职官四”，清武英殿刻本，第 239 页。

③ 《春秋公羊传注疏》，〔清〕阮元：《十三经注疏》，中华书局 2009 年版，第 130 页。

庶几是听。”颜师古注曰：“娭，戏也。言庶几神来宴戏，听此乐也。”[①]当然，这里的“宴戏”作游宴、戏乐讲，还不是一种音乐形态。一直到清代，“宴戏”才真正作为一种戏曲或音乐走进宴飨活动中，《国朝宫史》有：“承应宴戏毕，各退。所司进，撤御宴。”[②]私人宴飨是所有宴飨活动中存在最多的一种，它发生的频繁与否往往成为反映当时社会生活的晴雨表。当社会政治稳定、经济文化繁荣、人民安居乐业时，宴飨活动也相对较多；并由此刺激了宴飨用乐的繁荣，如汉代后期百戏的盛行、明清时期家乐的勃兴等。

官府宴飨和宫廷宴飨，二者一脉相承。宫廷是最高级别的官府，官府是宫廷的下设和派出机构。宫廷宴飨按其规模的大小和参加人数的多少又可分为大宴、中宴、小宴等。

大宴一般包括朝会大宴、郊祀庆成宴和三大节宴。[③]中宴规格略低于大宴，其仪制基本相同，“凡中宴礼仪同大宴，但进酒七爵。”[④]主要有后宫寿诞宴和四夷贡使上下马宴等。小宴则比较随意，其过程和仪式也没有明文规定。另外，明代还有常宴，即常设宴飨，通常包括祭祀宴、节庆宴、朝觐巡狩宴以及赐宗室、文武百官宴等；其礼仪与中宴同，百官一跪三叩头，进酒或三爵或五爵而止。大宴、中宴、常宴属于常例宴飨；小宴属于特例宴飨。如遇日食、灾荒、战乱等情况取消宴飨，则会通过赐节钞、领宴、折宴等手段给予臣下以补偿。在所有的宴会中，大宴规模最大，参加人数最多，也最能体现宫廷宴飨礼乐的特点。如洪武二十六年（公元 1393 年）裁定的大宴礼仪：

是日，尚宝司设御座于奉天殿；锦衣卫设黄麾于殿外之东西；金吾等卫设护卫官二十四员于殿东西；教坊司设九奏乐歌于殿内，设大乐于殿外，立三舞

---

① 〔汉〕班固:《汉书》卷二十二，中华书局 1997 年版，第 222 页。

② 《国朝宫史》卷七“典礼三”，清文渊阁四库全书本，第 82 页。

③ 不同朝代对大宴的界定各不相同。明代以前，大宴一般指朝会大宴和三大节宴；明代以后，朝会大宴为郊祀庆成宴所代替。至于三大节，亦有所区别。唐代，主要包括元旦、冬至和千秋节；明代，则指元旦、冬至、万寿圣节。

④ 〔明〕申时行、赵用贤:《明会典》卷七十二“礼部三十”，《续修四库全书》，上海古籍出版社 2013 年版，第 328 页。

杂队于殿下；光禄寺官设酒亭于御座下之西、膳亭于御座下之东，珍羞醯醢亭于酒膳亭之东西，设御筵于御座之东西，设群臣四品以上位于殿内之东西，设群臣酒尊、食桌于殿外，设五品以下位桌于东西两廊。司壶、尚食各供乃事，引礼引群臣殿外东西相向立。

仪礼司跪奏请升座。驾兴，大乐作；升座，鸣鞭，乐止。鸣赞引文武官四品以上由东西门入，殿中衡班，北向立。五品以下官立于殿外丹樨，北向立。乐作，赞四拜，乐止。光禄司官进御筵，大乐作；捧案至御前，乐止。进花，乐作；进讫，乐止。光禄司官开爵注酒，捧诣御前。……鸣赞唱《彻》案，序班撤群臣桌讫，光禄司官即撤御案。赞宴成，群臣皆出席，北向立；序班即撤群臣座。殿外官皆诣丹樨，北向立。赞鞠躬，乐作；赞四拜，兴，平身，乐止。群臣分东西立。仪礼司跪奏礼毕。驾兴，大乐作；鸣鞭，百官以次出。①

明初天地分祀，冬至祀天，夏至祀地。洪武十年（公元1377年），始定合祀之制；嘉靖九年（公元1530年），复改分祀；隆庆初年一度行合祀之礼，但很快又恢复分祀。②郊祀之后第二天晚上，大宴群臣。由于参加人数众多，大宴一般在奉天殿举行。筵宴之前，礼部要开具预宴官员名单、画位次送呈皇帝御览；待批复后，悬于长安门公示；然后由光禄寺按鸿胪寺所开具的名单、班次制作贴注，以官品次序贴于筵席之上。③是日，殿上陈设井然有序，官员座次秩序谨严。公侯、驸马、伯、文职四品以上及学士、武职都指挥使以上，升殿东西侍坐；学士坐于文职四品官之上，翰林院左右春坊。经筵官、六科都给事中、左右给事中，尚宝司卿、少卿、司丞，通政司参议，大理寺寺丞，国子监司业，翰林院带俸参议，太常寺寺丞，鸿胪寺少卿、寺丞，顺天府治中钦天监监正、监副，太医院院使、院判，神乐观提点，道录司知观等官，中左门序坐；

① 〔明〕申时行、赵用贤：《明会典》卷七十二“礼部三十”，《续修四库全书》，上海古籍出版社2013年版，第325—327页。《明太祖实录》卷二二八“洪武二十六年六月‘壬寅’条”，第3335—3338页；与（明）俞汝楫：《礼部志稿》卷二十一“仪制司执掌”，“影印文渊阁四库全书·史部·职官类”597册，第365—367页，所记基本相同。

② 〔明〕沈德符：《万历野获编补遗》卷二“内阁”，中华书局1959年版，第835页。

③ 《明武宗实录》卷一四五，中国台湾“中央研究院”1962年版，第2838页。

皇亲都指挥、同知、佥事，达官都指挥、同知，佥事署都指挥、佥事，皇亲正副千户、百户所镇抚、兵马副指挥、外国副使、野人、女真都指挥等官，中右门序坐。翰林院修撰等官、六科给事中、监察御史、中书舍人、陪祀郎中、员外郎、五府经历、都察院经历、都事照磨检校、司务、翰林院带俸官、太常寺典簿、博士等官、牺牲所千百户、詹事府主簿、通事舍人、鸿胪寺署丞、主簿序班、钦天监五官等官、太医院御医、达官指挥使、同知、佥事、正千户、副千户、百户所镇抚、外国四夷人等丹墀东序坐；指挥使、指挥同知、陪祀指挥同知、佥事、外国四夷人等丹墀西序坐。①

大宴程式性、仪式性极强。从皇帝的升座、降座，官员的进入、退出，都有专人引导、专曲伴奏。官员退场时，允许带走席中所剩食物，称为“怀归”。这项政策起于唐宣宗，其中规定“今后大宴文武官，给食两份，一与父母，别给果子与男女。所食余者听以帕子‘怀归’。”② 到明代，这项制度仍然存在，只是打包工作交由预宴官所携带的侍从执行（侍从不能超过两人），打包只能在宴会宣布结束后进行，否则会受到纠仪监察御史等官的纠劾。③“宴之日，纠仪御史四人。二人立于殿东西，二人立于丹墀。锦衣卫、鸿胪寺礼科，亦各委官纠举。”④ 明代宴飨礼仪的执行之严，可见一斑。

明代宴飨活动尚有“赐钞”的说法，“宴赐以钞，谓之节钞。大宴之外，如遇太后圣诞、太子千秋，寿面；及立春日，春饼；元宵，团子；四月初八日（佛诞日），用不落荚；端午，凉糕、粽子；重阳，糕；腊八日，面。”⑤

清代，宫廷宴飨还发展出一种新的形式，就是“千叟宴”。它由宴飨礼与

---

① 〔明〕申时行、赵用贤:《明会典》卷七十二“礼部三十”，《续修四库全书》，上海古籍出版社2013年版，第329—330页。

② 〔明〕陆深:《金台纪闻》，丛书集成初编本，商务印书馆1936年版，第8页。

③ 〔明〕俞汝楫:《礼部志稿》卷九十三“给赐备考”，“影印文渊阁四库全书·史部·职官类”598册，第694—695页;《明孝宗实录》卷一百五十八“弘治十三年正月庚申条”，第2838页。

④ 〔明〕申时行、赵用贤:《明会典》卷七十二“礼部三十”，《续修四库全书》，上海古籍出版社2013年版，第330页。

⑤ 〔清〕孙承泽著、王剑英点校:《春明梦余录》，北京古籍出版社1992年版，第114页。

敬老礼结合而形成。《清史稿·圣祖本纪》记载康熙五十二年（公元1713年）“千叟宴”：三月壬寅，召直省官员士庶年六十五以上者，赐宴于畅春园。皇子视食，宗室子执爵授饮。扶掖八十以上老人至前，亲视饮酒，谕之曰：“古来以养老尊贤为先，使人人知孝知弟（悌），则风俗厚矣。尔耆老当以此意告之乡里。……”是日，九十以上者三十三人，八十以上者五百三十八人，各赐白金。[①]康熙六十一年（公元1722年），正式将这种宴会命名为“千叟宴”。后来乾隆五十年（公元1785年）、嘉庆元年（公元1796年），都分别举办过此种宴会。“千叟宴”的举办，标示着清朝政府“尊老敬贤”之礼的加强。

宴飨用乐，历代文献多有记载。比如《诗经·小雅》，据傅斯年考证：其中载有宴飨诗10首，分别是“《鹿鸣》《彤弓》《常棣》《頍弁》《伐木》《鱼丽》《南有嘉鱼》《南山有台》《湛露》《瓠叶》。”[②]这些诗歌在后代的宫廷、官府宴飨活动中被反复运用，历久弥新。

大众宴飨，参加者以普通民众为主，一般在广场等开阔地举行。在中国古代社会，大众宴飨有一个特别的名称：“酺”。“酺”，又称“酺会”“大酺”，是在一定节日内举行的宴饮娱乐活动。举行“大酺”活动时，乐舞、百戏表演规模宏大，形式多样；一般持续三到五日，有时甚至长达一个月；人们可以充分放松，尽情欢娱。因此，“酺”一度成为乐舞、百戏表演的代名词。

关于“酺”的起源，可以追溯到上古三代。《周礼·族师》载：“酺者，为人物灾害之神也。故书酺或为步。……此世所云蝝螟之酺与人鬼之步欤，盖亦为坛位如雩祭云。族长无饮酒之礼，因祭酺而与其民以长幼相献酬焉。”[③]如此，则“祭酺”与“乡饮酒礼”相结合，时在周代，始于族师之创造。周代又有“国醵”，《礼记》卷七载：“合钱饮酒为醵，旅酬相酌似之也。王居明堂之礼，仲秋乃命国醵。”[④]发展到后来，二者逐渐合而为一。赵武灵王灭中山，大酺五日；或其始也。“醵者，会饮酒；酺者，王德布也。或云出钱为醵，出食为

① 〔清〕赵尔巽：《清史稿》，中华书局1997年版，第284页。

② 傅斯年：《诗经讲义稿》，中国人民大学出版社2004年版，第42页。

③ 〔清〕阮元：《十三经注疏》，中华书局2009年版，第1548页。

④ 《礼记》卷七，四部丛刊景宋本，第143页。

酺。赵武灵王灭中山，酺五日。盖起于周而战国因之。”[①] 总之，“赐酺”的仪式由“祭酺”发展而来。正如秦蕙田所总结的：

酺者，为人物灾害之神。族长无饮酒之礼，因祭酺而与其民以长幼相献酬。岂非即酺饮之礼乎？……春秋祭酺，盖亦祭社毕而民得相与饮酒，因以书其行也。据此，则祭酺即赐酺之始无疑。故秦汉以来都行之，但相沿而转失其实，或不必祭酺而直赐之。[②]

赐酺活动在秦汉时期得到进一步发展，史载西汉文帝时期“赐酺”10次；东汉以后，“赐酺”活动相对减少，魏晋以后则几乎无记载。究其原因，《玉海》说得明确，“酺饮起自秦，秦法三人以上会饮则罚金，故因事赐酺吏民会饮，过则禁之。”[③] 唐宋时期，赐酺活动达到高峰。不仅次数多，据统计唐代62次、宋代24次；而且“赐酺”礼仪也趋向成熟。《旧唐书·音乐志》记载了玄宗时期的一次大酺活动：

玄宗在位多年，善音乐，若讌设酺会，即御勤政楼。先一日，金吾引驾仗北衙四军甲士，未明陈仗，卫尉张设，光禄造食。候明，百僚朝，侍中进中严外办，中官素扇，天子开帘受朝，礼毕，又素扇垂帘，百僚常参供奉官、贵戚、二王后、诸蕃酋长，谢食就坐。太常大鼓，藻绘如锦，乐工齐击，声震城阙。太常卿引雅乐，每色数十人，自南鱼贯而进，列于楼下。鼓笛鸡娄，充庭考击。太常乐立部伎、坐部伎依点鼓舞，间以胡夷之伎。日旰，即内闲厩引蹀马三十匹，为《倾杯》乐曲，奋首鼓尾，纵横应节。又施三层板床，乘马而上，抃转如飞。又令宫女数百人自帷出击雷鼓，为《破阵乐》《太平乐》《上元乐》，虽太常积习，皆不如其妙也。若《圣寿乐》，则回身换衣，作字如画。又五坊使引大象入场，或拜或舞，动容鼓振，中于音律，竟日而退。[④]

---

① 〔清〕惠士奇：《礼说》卷三，清文渊阁四库全书本，第54页。

② 〔清〕秦蕙田：《五礼通考》（第五册）“飨燕礼”卷一百六十，中国台湾圣环图书有限公司1994年版，第33—34页。

③ 〔宋〕王应麟：《玉海》卷七十三“礼仪”，清光绪九年浙江书局刊本，第1428页。

④ 〔后晋〕刘昫：《旧唐书》，中华书局1997年版，第1051页。

《明皇杂录》的记载与此相仿：

唐玄宗在东洛，大酺于五凤楼下，命三百里县守、刺史率其声乐来赴阙者，或谓令较胜负而赏罚焉。时河内郡守令乐工数百人于车上，皆衣以锦绣，伏厢之牛蒙以虎皮，及为犀象形状，观者骇目。时元鲁山遣乐工数十人联袂歌《于蔿》，《于蔿》，鲁山文也。明皇闻而异之，征其词，乃叹曰："贤人之言也。"其后，上谓宰臣曰："河内之人其在涂炭乎？"促命征还，而授以散秩。每赐宴设酺会，则上御勤政楼，金吾及四军兵士未明陈仗，盛列旗帜，皆帔黄金甲，衣短后绣袍。太常陈乐，卫尉张幕后，诸蕃酋长就食，府县教坊大阵、山车、旱船、寻橦、走索、丸剑、角抵、戏马、斗鸡。又令宫女数百，饰以珠翠，衣以锦绣，自帷中出，击雷鼓为《破阵乐》《太平乐》《上元乐》。又引大象、犀牛入场，或拜舞，动中音律。①

两则资料相对比，可以看出：《旧唐书》的表述重在"酺会"的礼仪和程式。先期一日，做好准备工作，金吾引北衙四军甲士，未明陈仗，卫尉张设，光禄造食。第二天早上，要先举行朝会，百官向皇帝行礼毕，"酺会"才开始。唐代的酺会由太常寺主持，雅乐每色 10 人、坐部伎、立部伎参加。勤政楼，全称"勤政务本楼"，为兴庆宫殿楼，是玄宗朝举行宴饮活动、观看乐舞百戏演出的主要场所。《明皇杂录》的记述则重在"酺会"的演出节目。唐代"酺会"的演出形式还有马术、百戏、武舞、字舞、动物表演等。

"酺会"活动在凸显大唐盛世、营造安定祥和的社会氛围方面发挥了重要作用，但用之不当，也会招来不必要的麻烦。《资治通鉴》记载：

初，上皇每酺宴，先设太常雅乐坐部、立部，继以鼓吹、胡乐、教坊、府县散乐、杂戏，又以山车、陆船载乐往来，又出宫人舞《霓裳羽衣》；又教舞马百匹，衔杯上寿；又引犀、象入场，或拜或舞。安禄山见而悦之。既克长安，命搜捕乐工，运载乐器、舞衣，驱舞马、犀、象，皆诣洛阳。②

---

① 〔唐〕郑处诲：《明皇杂录》卷下，中华书局 1994 年版，第 26 页。

② 〔宋〕司马光：《资治通鉴》卷二百一十八，中华书局 1956 年版，第 9184 页。

当然，我们不能据此就说“赐酺”导致了安禄山叛乱，但这样的狂欢活动在“京都”等人口密集的城市举办，如不善加引导，的确会产生不良的社会效果。也许正是出于这样的考虑，“赐酺”活动在宋代以后走入低迷。

第二节 宴飨礼乐的特征

宴飨礼乐作为五礼中嘉礼的一种，整体上呈现出三大特征，即仪式性、混杂性、和谐性。

首先，仪式性。沈文倬在谈到“礼乐”的本质时说：

> 用礼来表现奴隶主贵族的等级身份，就各种礼典的内容来说，不外有两个方面：其一，礼家称之为“名物度数”，就是将等级差别见之于举行礼典时所使用的宫室、衣物、器皿及其装饰上，从其大小、多寡、高下、华素上显示其尊卑贵贱。我们把这种体现差别的器物称之为“礼物”。其二，礼家称之为“揖让周旋”，就是将等级差别见之于参加者按其爵位在礼典进行中使用着礼物的仪容动作上，从他们所应遵守的进退、登降、坐兴、俯仰上显示其尊卑贵贱。我们把这些称之为“礼仪”。①

由此可见，“仪式性”是礼乐的本质属性。《毛诗》有“仪式刑文王之典，日靖四方。伊嘏文王，既佑飨之。”孔颖达疏：“仪者，威仪；式者，法式；故以仪式为则象。谓则象法行，文王之常道也。以此能治四方，所以蒙佑不宜，为谋之故。”② 这里，“仪式为则象”实际上道出了“仪式”的两方面内涵，即“则”和“象”。

“则”，法也，又释为“威”“威仪”。“敬慎威仪，维民之则”③，谦虚恭敬的

---

① 沈文倬：《宗周礼乐文明考论》，浙江大学出版社 1999 年版，第 5 页。

② 《毛诗注疏》，〔清〕阮元《十三经注疏》，中华书局 2009 年版，第 1155 页。

③ 〔元〕朱公迁：《诗经疏义》卷九，清文渊阁四库全书本，第 200 页。

威仪，是人民效法的准则。君子“不重不威”①，“有威而可畏谓之威，有仪而可象谓之仪。”②“威，则也”③、法也，“威仪可法则。”④孔安国谓：“有威可畏，有仪可象，然后足以率人。”⑤

“象”，容也，泛指各种事件、行为、形象、器物等。具体而言，包括三个方面：一是俯仰、动作、行立之事，如行步之仪、“容貌、言语、瞻视之仪”⑥、笑之仪、哭之仪等；二是仪物、仪饰，即仪式所用器物等，如舞者所执羽、巾等舞具；三是仪节，亦称仪数、仪注，“所谓威仪三千是也”⑦。

“则”与“象”是统一的。正如赵汝梅在《周易辑闻》中谈到“鹭羽可为舞饰”时所指出：

> 羽，舞绥旌翿之饰也。义各有取其有序仪表也，亦饰也。鸿飞冥冥，去而忘返，将安所栖止哉！……进退有节，力佚而羽整，无折翅、垂翼之患，取以充饰，可为文物之仪。斯其所以为吉欤。经曰：容止可观，进退可度，是以其民则而象之，仪之谓也。⑧

正因为鹭鸶的羽毛非常好看，具备了华丽的外表“容”，又飞行有度，适可而止，拥有了节的意义“则”，所以才被取来作为“舞绥旌翿之饰”。人们以此为舞具，来增强舞容，节制舞的进展程度。“则”与“象”在此得到了完美的统一。

“仪式”与“礼”结合形成“礼仪”，与“乐”结合则形成“乐仪”。“礼是仪之心，仪是礼之貌。本其心，谓之礼；察其貌，谓之仪。行礼必为仪，为仪

---

①〔明〕胡绍曾：《诗经胡传》卷九，明崇祯胡氏春煦堂刻本，第 291 页。

②〔明〕顾梦麟：《诗经说约》卷二十三，明崇祯织廉居刻本，第 572 页。

③〔晋〕郭璞：《尔雅》卷上，四部丛刊景宋本，第 9 页。

④〔清〕邵晋涵：《尔雅正义》卷三，清乾隆刻本，第 108 页。

⑤〔汉〕孔安国注：《尚书》卷十一，四部丛刊景宋本，第 124 页。

⑥〔清〕徐乾学：《读礼通考》卷五十四，清文渊阁四库全书本，第 1028 页。

⑦ 栗建伟：《周代乐仪研究》，华中师范大学 2014 年博士学位论文。

⑧〔宋〕赵汝梅：《周易辑闻》卷五，清文渊阁四库全书本，第 188 页。

末是礼。”[①]“礼者，体也，履也。统之于心曰体，践而行之曰履……体为礼，履为仪，是其所以礼、仪别也。”[②]礼的本质是“中正无邪”，“升降上下，周旋裼袭”[③]，乃文也。在这里，礼是质，仪是文。

与“礼”相伴随，行礼所用之“乐”都有仪式规定，即所谓“乐仪”。《金史》卷二十八“奏乐如仪”、《乐书》卷一百五十五“奏曲如仪”，《三国志》卷四魏书四“乐舞八佾，钟虡宫悬，……如旧仪。”[④]《宋史·乐志》载，“其堂上钟磬、庭中歌工，与筝、筑之器，从旧仪便。”[⑤]

《明史·乐志》，“歌工、乐工进退，皆如前仪。”[⑥]《清史稿》，“次队继进如前仪。”[⑦]“乐仪”即礼仪中的用乐仪式，指乐舞参与者的礼仪存在状态（仪容），该状态具有必须遵循的准则、标准，具有礼的功能（仪则）。“乐仪”有二义：一为“乐之仪”，二为“以乐节仪”。[⑧]正如王国维所说，“凡乐，以金奏始，以金奏终。金奏者，所以迎送宾，亦以优天子、诸侯及宾客，以为行礼及步趋之节也。”[⑨]王氏强调的就是“以乐节仪”。

仪式性既为礼乐之本质属性，则宴飨礼乐也必具有之。金泽说：“仪式把集体的心凝聚在一起，其功能就是创造、保持、再创造群体中的某些精神状态。由此看来，仪式就成为一种手段，控制者凭借这一手段来定期地重新肯定自身，从而使社会群体在利益上、传统上、行动上达到新的统一。”[⑩]也就是说，举行仪式的目的就是“统一”，宴飨礼乐的仪式性特征决定了其在整体步调上的协调一致。

---

① 《春秋左传正义》，〔清〕阮元《十三经注疏》，中华书局2009年版，第1115页。

② 〔清〕阮元:《十三经注疏》，中华书局2009年版，第1115—1116页。

③ 〔汉〕司马迁:《史记》，中华书局1997年版，第283页。

④ 〔晋〕陈寿:《三国志》卷四“魏书四”，中华书局1997年版，第99页。

⑤ 〔元〕脱脱:《宋史·乐志》，中华书局1997年版，第1337页。

⑥ 〔清〕万斯同:《明史·乐志》，清钞本，第771页。

⑦ 赵尔巽:《清史稿·乐八》，中华书局1997年版，第1599页。

⑧ 栗建伟:《周代乐仪研究》，华中师范大学2014年博士学位论文。

⑨ 王国维:《观堂集林》（卷第二）“释乐次”，中华书局1959年版，第84页。

⑩ 金泽:《宗教人类学导论》，宗教文化出版社2001年，第86页。

其次，混杂性。这可以从以下两个方面来理解。一是参加人数众多。大宴，上自最高的统治者皇帝，中及宰相、皇室、百官，下讫乐舞、歌工、普通服务人员，都要参加。如果是大酺活动，还有部分民众参与。接见外宾，尚有外国使臣在内。到了元代，又增加了僧道代表。以前述宋熙宁二年裁定的大宴人数为例，参加者竟达 1324 人之多，涉及的机构和人员有中书省、枢密院、宣徽院、亲王、昭德军节度使兼侍中曹佾、皇亲使相、皇亲正刺史以上至节度使并驸马都尉、翰林司、御厨、仪鸾司、祗候库、内衣物库、新衣库、内弓箭库、钤辖教坊所、钟鼓楼、御药院、内物料库、法酒库、内酒坊、入内内侍省前后行亲事官、皇城司职员手分、御史台知班、新洒扫亲从官、两廊觑步亲从官、提举司勾押官、提举火烛巡检人员、快行亲从官、支散两省花后苑造作所工匠、客省承授行首、四方馆职掌、閤门承授行首等。二是上演的乐舞艺术种类繁多。不仅有宫廷雅乐（如《大武》等）、礼乐（如《破阵乐》《太平乐》《上元乐》等），还有各种俗乐、散乐、百戏、杂剧、舞蹈以及外来乐等。据萧亢达统计，光汉代的百戏就有“倒立、柔术、逆行联倒、跳丸、跳剑、耍鐔、乌获扛鼎、舞轮、旋盘、都卢寻橦、高絙、冲狭燕濯、幻术、角抵、斗兽、象人、俳优、傀儡等。”[①]《唐会要》“散乐”条记载：

散乐，历代有之，其名不一，非部伍之声，俳优歌舞杂奏，总谓之百戏。跳铃、掷剑、透梯、戏绳、缘竿等，弄枕珠、大面、钵头、傀儡子及幻伎、激水化鱼龙、秦王卷衣、伏鼠、夏育扛鼎、巨象行乳、神龟负岳、桂树、白雪、画地成川之类。[②]

宋元时期，宴飨用乐的种类有增无减。据谭正璧考证，现在留存的宋元话本就有 108 种（见前）[③]。到了清代，则有庆隆舞、世德舞和德胜舞等队舞形式，作为宴飨娱乐的主要上演节目。除此之外，还有四裔乐舞，主要包括蒙古乐、回部乐、金川乐、缅甸乐、瓦尔喀部乐、高丽俳乐、廓尔喀乐、安南国乐八部。

---

① 萧亢达：《汉代乐舞百戏艺术研究》，文物出版社 1991 年版，第 269—355 页。

② 〔宋〕王溥：《唐会要》卷三十三，清武英殿聚珍版丛书本，第 392 页。

③ 谭正璧著，谭寻补正：《话本与古剧》，上海古籍出版社 2012 年版，第 17—43 页。

当然，以上所列举的这些乐舞、百戏形态并不是在每一次宴飨活动中都要上演，有的甚至基本没有上演过，如明清时期的部分案头剧等。但既然不止一次地见诸于正史、文献，可以判断其中大部分在宴飨活动中有演出经历。中国古代宴飨用乐的“杂”之特征由此可见。

再次，和谐性。和谐性是中国古代音乐的根本属性，“礼乐”（狭义）也不例外。《吕氏春秋》“正德以出乐，和乐以成顺”①，《汉书·礼乐志》“礼节民心，乐和民声”②，《尚书注疏》“圣王先成于人，然后致力于神。言人悦其化，神歆其祀。礼备乐和，所以祖考来至，明矣。祖考来至明，乐之和谐也。”③这里把祖考来的原因，归之于“乐之和谐。”《乐书》载，“大司乐以六乐和邦国、谐万民，则礼以和为用、乐以和为体，其情同故也。”④一句话，施行“礼乐”的最终目的就是“和”，和邦国、和万民、和友邦、和神灵、与自然和、与天地和。《皇清文类》载：“礼备乐和，风移若捩，凌殷铄周，曾不芥蒂。固已膺皇矣之眷顾，奠万年之统系，扬配天之宏庥，荐告功德之显懿者矣。”⑤很明显，这里已把“礼备乐和”看作皇帝执政的重大功绩。惟其如此，方能得到皇天的眷顾，奠定万世之基业。

影响所及，宴飨礼乐也以“和”为追求目标。宴飨乐章往往被冠以“和”“平”“安”等字眼，如《清通典》记载：

朝会宴飨乐：皇帝元旦，中和乐，《元平》《和平》；皇帝冬至，中和乐，《遂平》《允平》；皇帝万寿，中和乐，《乾平》《泰平》；皇帝常朝，中和乐，《隆平》《显平》；皇帝上元，中和乐，《恬平》《昇平》；皇帝普宴、宗室赐宴、千叟（宴），中和乐，《隆平》《庆平》；皇帝莅辟雍殿讲学，中和乐，《盛平》《道平》。⑥

---

① 〔秦〕吕不韦撰、〔汉〕高诱注：《吕氏春秋》第六卷，四部丛刊景明刊本，第42页。

② 〔汉〕班固：《汉书》中华书局1997年版，第213页。

③ 《尚书注疏》，〔清〕阮元《十三经注疏》，中华书局2009年版，第123页。

④ 〔宋〕陈旸：《乐书》卷十二“礼记训义”，清文渊阁四库全书本，第47页。

⑤ 〔清〕张廷玉：《皇清文类》卷四十二，清文渊阁四库全书本，第652页。

⑥ 《清通典》，清文渊阁四库全书本，第680页。

而那些破坏"和谐"氛围的人物会受到严惩，事物则被拒于宴飨礼乐之外。《新唐书·礼乐志》载："天竺伎能自断手足、刺肠胃，高宗恶其惊俗，诏不令入中国。"[①] 宋《戒约朝会端肃诏》云：

自今宴会，宜令御史台预定位次，各令端肃，不得喧哗。违者，殿上委大夫、中丞，朵殿委知杂御史、侍御史，廊下委左右巡史，察视弹奏；内职殿直以上赴起居、入殿廷行私礼者，委閤门弹奏；其军员，令殿前侍卫司各差都校一人提辖，但亏失礼容，即送所属勘断讫奏。仍令閤门、宣徽使互相察举，敢蔽匿者纠之。[②]

"和"者，正也，而"正"的标准就是"雅"。因此，后世的一些私人宴会经常被称作"雅集"，而那些宴会场所也相应被冠以"雅集堂""雅集室"等名称。文人诗作中对此多有记载，如《雅集堂》中"过马传名事莫详，我严宾集在更张。不资金石升堂乐，务接芝兰入室香。农获大丰歌滞穗，讼销群枉阒甘棠。时开雅席延诸彦（颜），病守心闲兴亦长。"[③]《雅集图》中"翠雀翩翩野鹤孤，玉京人物会仙图。后来且莫轻题品，席上挥毫有大苏。"[④]《和天台雅集韵》中"年来观道礼三宾，清梦神游法界频。今识仙源浑不远，传将铁笔尽钩银。"[⑤] 宴飨所用之乐，也不时地被统治者以此标准加以校正。《文献通考》记载：

政和间，诏以大晟雅乐施于宴飨，御殿按试。补徵、角二调，播之教坊，颁之天下。然当时乐府奏言："乐之诸宫调多不正，皆俚俗所传。及命刘炳辑《燕乐新书》，亦惟以八十四调为宗。非复雅音，而曲燕昵狎至有援君臣之相说之乐，以籍口者。"[⑥]

① 〔宋〕欧阳修：《新唐书·礼乐志》，中华书局1997年版，第206页。

② 〔元〕脱脱：《宋史》，中华书局1997年版，第2685—2686页。

③ 〔宋〕韩琦：《安阳集》，卷十四，明正德九年张士隆刻本，第65页。

④ 〔金〕元好问：《中州集》戊集第五，四部丛刊景元刊本，第142页。

⑤ 徐世昌：《晚晴簃诗汇》卷一百九十九，民国退耕堂刻本，第4799页。

⑥ 〔元〕马端临：《文献通考》卷一百四十六"乐考"，清浙江书局本，第2626页。

虽然这次校乐工作的目的是悦君臣、藉口者，但客观上却促进了宫廷宴飨用乐的雅化，宴飨礼乐“和谐性”的追求从中可以体现出来。

综合上述，“仪式性”是宴飨礼乐的本质属性，“混杂性”是宴飨礼乐的形态特征。二者既对立又统一，“仪式性”保证了宴飨礼乐在整体上的统一性，“混杂性”则使宴飨礼乐成为中国古代乐舞、百戏等艺术形态的混容器。各种艺术形式可以在这里实现充分的交流、融合，并相互吸收、借鉴，对戏剧艺术的发展和提高发挥了重要促进作用。它们的统一集中体现了宴飨礼乐的“和”之特点。在这里，“和”不仅是宴飨礼乐的追求目标，而且也是中国哲学的核心范畴，“和而不同”正是中国文化的特点。中国古代戏剧从一开始就在这样的社会环境和生态环境中孕育、产生、发展、成长。这种现象在很大程度上铸就了古代戏剧的独特品格。

第三节　宴飨礼乐的功能

英国人类学家拉德克利夫·布朗曾说：功能是指局部活动对整体活动所作的贡献。这种局部活动是整体活动的一个组成部分。一个具体社会习俗的功能，是指它在整个社会体系运转时对整个社会生活所作的贡献。[①] 从这个概念出发，我们把宴飨礼乐的功能分为娱乐功能、交流沟通功能、宣示功能、移风易俗功能。

第一，娱乐功能。娱乐功能与“乐”的起源有关。修海林认为：

> 乐是对耕种、收获的不易自然而然产生出来的一种喜悦心情，……这仅仅是因为能够解决温饱而得到的一种快感。……当人们已经基本解决了温饱问题之后，人们的情感便不是仅靠温饱的快感所能满足的了。生命力在自己的内在

---

① ［英］拉德克利夫·布朗：《原始社会的结构与功能》，中央民族大学出版社 1999 年版，第 203 页。

需要，尤其是精神需要的推动下，开始把这种情感体验的获得转向生活的更多方便，而其中最主要的一块领地就是艺术。而古乐舞作为综合艺术形式，则代表了当时最高的艺术成就。①

于是，“乐”很自然地就成了乐舞艺术的代名词。在后世的演变中，虽然“乐”之初义有所变迁、转化，但其娱乐功能得以保留和延续。“夫乐者，乐（le）也，人情之所必不免也。”②“乐者乐也者，谓所名乐者，是人之所欢乐也。”③也就是说，乐之所以被称作乐，是因为所谓的“乐”，是能给人带来快乐的。《礼记》有，“子贡观于蜡，孔子曰：‘赐也，乐乎？’对曰：‘一国之人皆若狂。’”④这是蜡祭给人带来的快乐。

《盐铁论·散不足》载：“贫者鸡豕五芳，卫保散腊，倾盖社场。”⑤王利器注曰：“贫穷之家不能如富裕之户，或析名山大川，杀牛屠羊，鼓瑟吹笙，而只能伏腊置酒作乐于社场。”⑥“社”为祭祀社神之所，“王为群姓立社，曰大社；王自立为社，曰王社；诸侯为百姓立社，曰侯社；大夫之下成群立社，曰置社。”⑦“大夫之下”，谓下至庶人也。百姓在此社场饮酒作乐，条件自然非常简陋，只能“扣盆拊瓴，相和而歌，自以为乐矣。”⑧这是社祭给人带来的快乐。

《乐府杂录》载，“一日，赐大酺于勤政楼，观者数千万众，喧哗聚语，莫得闻鱼龙百戏之音。”⑨数千万众在勤政楼下观酺的原因，可能只有一种解释，那就是快乐使然。此为“大酺”给人带来的快乐。

当然，礼乐亦有娱神的功能。上述蜡祭、社祭本为娱神、兼及娱人。王国

---

① 修海林：《“樂”之初义及其历史沿革》，《人民音乐》1986年第3期。

② 〔春秋战国〕荀况：《荀子》卷十四，清抱经堂丛书本，第149页。

③ 《礼记疏》，《十三经注疏》，中华书局2009年版，第942页。

④ 《礼记》卷十二，四部丛刊景宋本，第249页。

⑤ 〔汉〕桓宽：《盐铁论》卷第六，四部丛刊景明嘉靖本，第46页。

⑥ 王利器：《盐铁论校注》，中华书局1992年版，第382页。

⑦ 《礼记》卷十四，四部丛刊景宋本，第267页。

⑧ 〔汉〕刘安撰、许慎注：《淮南鸿烈解》卷七，四部丛刊景钞北宋本，第83页。

⑨ 〔唐〕段安节：《乐府杂录》，清守山阁丛书本，第4页。

维《释乐次》:“金奏既阕，献酬之礼毕，则工升歌者，所以乐宾。”[①] 当用于祭礼时，就成了乐尸（神灵），尸亦宾也。此处，礼乐的娱乐功能在娱人和娱神两方面取得了同一性。这也就是宴飨礼乐与祭祀礼乐在中国古代社会长期保持相通的缘故。

第二，交流沟通功能。这是在娱乐功能基础上的拓展和延伸。既然宴飨礼乐可以用来娱乐，那就不能永远为个人所独享。当其为两个人以上或群体拥有时，宴飨礼乐的交流沟通功能就体现出来了。《毛诗》卷十三载，“诸父兄弟，备言宴私。”郑笺：祭祀毕，归宾客之俎，同姓则留与之燕，所以尊宾客、亲骨肉也。[②] “燕（宴）私者，何也？祭已而与族人饮也。宗子燕族人于堂，宗妇燕族人于房，序之以昭穆。不醉而出，是不亲也。”[③] “忠厚亲而甚，敬忠而不倦”，如此则兄弟之道备矣。《诗经·小雅》有《常棣》，毛亨谓，“《常棣》，燕兄弟也。”[④] 这是周公面对管蔡叛乱的现实所作，其目的就是要劝谏兄弟和睦、父子相亲；此诗在死丧祸乱与安宁和平两种不同环境下，以朋友、妻子与兄弟的关系进行对比，认为“凡今之人，莫如兄弟”，特别突出兄弟的重要性。[⑤] 这些诗歌在宗族的宴飨活动上演，以此来交流感情，和睦宗亲。

《麦方鼎》记载:“惟十又一月，刑侯延献于麦，麦赐赤金用作鼎，用从刑侯征事，用飨多诸友。”[⑥] 刑侯到了麦，麦用赤金（黄铜）制成鼎，一方面用以从刑侯出征事，另一方面也用来宴飨朋友。《先兽鼎》有“先兽作朕考宝尊鼎，兽其万年用宝，用朝夕飨厥多朋友”。[⑦] 此处“友”“朋友”，作何解释？郑玄曰，“同师曰朋，同志曰友”[⑧]，这是除宗室、婚姻之外的其他友人，也是我们要交好和依靠的对象。怎么交好？《诗经·小雅·伐木》为我们提供了答

① 王国维:《释乐次》,《观堂集林》，中华书局1959年版，第104页。

② 〔汉〕毛亨撰、郑玄笺:《毛诗》卷十三,四部丛刊景宋本，第157页。

③ 〔汉〕伏胜:《尚书大传》卷四,四部丛刊景清刻左海文集本，第57页。

④ 〔汉〕毛亨撰、郑玄笺:《毛诗》卷九,四部丛刊景宋本，第104页。

⑤ 李志刚:《周代宴飨礼的功能》,《古代文明》2012年第4期。

⑥ 中国社科院考古所:《殷周金文集成》2706，第五册，第111页。

⑦ 中国社科院考古所:《殷周金文集成》2655，第五册，第75页。

⑧ 《周礼疏》,《十三经注疏》，中华书局2009年版，第236页。

案，诗歌以鸟鸣与伐木的声音比兴，突出了朋友关系的重要性，“既有肥羜，以速诸父”“笾豆有践，兄弟无远”。《诗序》曰：“《伐木》，燕朋友故旧也。自天子至于庶人，未有不须友以成者。亲亲以睦友贤，不弃不遗故旧，则民德归厚矣！”① 一句话道出了宴飨礼乐在亲朋敬友方面所发挥的作用。

除了宗室、朋友之外，宴飨礼乐的交流沟通功能还表现在君臣之间、官民之间、中外之间等。这方面的资料很多，兹举数例：

（曹髦）甘露元年二月丙辰，帝宴群臣于太极东堂。与侍中荀顗、尚书崔赞、袁亮、钟毓，给事中、中书令虞松等并讲述礼典，遂言帝王优劣之差。②

武德六年春三月乙未，幸昆明池，宴百官。夏四月己未，旧宅改为通义宫，曲赦京城系囚，于是置酒高会，赐从官帛各有差。③

顺治元年，定鼎燕京，设筵宴——设宝座皇极门正中，帝升座，赐百官坐，赐茶、进酒，俱一跪一叩。④

这些宴飨活动极大地促进了皇帝、百官、臣民、外使之间的交流和沟通，在古代的政治生活、社会生活中发挥了重要作用。

第三，宣示功能。这是由其娱乐功能和交流沟通功能引申出来的。《说文解字》：“宣，天子宣室也。”⑤ 徐锴释曰：“宣字，从回，风回转，所以宣阴阳也。”⑥ “盖谓大室，如璧大谓之瑄也。《贾谊传》：‘孝文受厘坐宣室。’苏林曰：‘宣室，未央前正室也。’天子宣室，盖礼家相传古语，引申为布也，明也，遍也，通也，缓也，散也。”⑦ 也就是说，“宣”本义为天子宣室，因其具有宣阴阳之功效，引申为散布、传播。“示”者，垂示也。“天垂象，见吉凶，所以示人

① 〔周〕卜商撰、〔宋〕朱熹辨说：《诗序》卷下，明津逮秘书本，第 22 页。

② 〔晋〕陈寿：《三国志》“魏书四”，中华书局 1997 年版，第 87 页。

③ 〔五代〕刘昫：《旧唐书》卷一“本纪第一”，中华书局 1997 年版，第 7 页。

④ 〔清〕赵尔巽：《清史稿》，中华书局 1997 年版，第 2627 页。

⑤ 〔汉〕许慎：《说文解字》，清文渊阁四库全书本，第 106 页。

⑥ 〔五代〕徐锴：《说文解字系传》通释卷二十六，四部丛刊景述古堂景宋钞本，第 327 页。

⑦ 〔清〕段玉裁：《说文解字注》，清嘉庆二十年经韵楼刻本，第 573 页。

也。”[①]《玉篇》:“示者，语也，以事告人曰示。”[②]《礼记》有:“国奢则示之以俭，国俭则示之以礼。”[③]合而言之，“宣示”乃显示、展示、宣布的意思，经常用于团体对外宣传、展示自己的形象。因此，宴飨礼乐的宣示功能主要体现在大型的群体性宴飨活动中，尤以国家层面的朝会宴飨、赐酺活动为代表。班固《汉书》载:

圣王之自为动静，周旋奉天，承亲临朝，享臣物有，节文以章人伦。盖钦翼祗栗，事天之容也；温恭敬逊，承亲之礼也；正躬严恪，临众之仪也；嘉惠和悦，飨下之颜也。举措动作，物尊其仪；故形为仁义，动为法则。孔子曰:“德义可尊，容止可观，进退可度，以临其民。是以其民畏而爱之，则而象之。”[④]

民之所以会“畏而爱之，则而象之”，正是君主（圣王）举止行为的宣示作用使然，所谓“举措动作，物尊其仪”“形为仁义，动为法则”。及于宴飨，何尝不是如此。《通典》卷一百四十六记载:

（炀帝）大业二年，突厥染干来朝，炀帝欲誇之，总追四方散乐，大集东都。于华林苑积翠池侧，帝令宫女观之，有舍利、绳柱等，如汉故事；又为夏育扛鼎，取车轮、石臼、大盆器等，各于掌上而跳弄之，并二人戴杆其上舞，忽然腾透而换易，千变万化，旷古莫俦。染干大骇之。……大列炬火，光烛天地，百戏之盛，振古无比。自是每年以为常焉。[⑤]

隋炀帝大业二年（606），“总追四方散乐，大集东都”，“百戏表演，亘古无比”。其目的本为与百姓一起宴乐，以此炫耀太平盛世。但客观上却起到了军事震慑作用，以致让“染干大骇之”。以后每年正月十五万国来朝的日子，就要

① 〔汉〕许慎:《说文解字》，清文渊阁四库全书本，第1页。

② 〔宋〕陈彭年:《重修玉篇》，清文渊阁四库全书本，第2页。

③ 《礼记》卷三，四部丛刊景宋本，第53页。

④ 〔汉〕班固:《汉书》卷八十一，中华书局1997年版，第1217页。

⑤ 〔唐〕魏征:《隋书》，中华书局1997年版，第195页。

举行这样的“酺会”，其宣示作用不言而喻。《左传属事》载：“古之为飨食也，以观威仪，省祸福也。”[①]“飨以训共（恭）俭，宴以示慈惠。共俭以行礼，而慈惠以布政。政以礼成，民是以息。百官承事，朝而不夕，此公侯之所以扞城其民也。”[②]“扞城”，保护。通过宴飨之礼，与邻国通好，甲兵不兴，人民得以安息，百官按时理政，此公侯之所以扞城其民也。《说文解字注》在谈到“酺”的字义时，解释道，“酺，王德布，大饮酒也。”[③]《毛诗注疏》曰：“祭酺，亦嘱民读法，因祭而聚族民，明其必为行礼，不可徒然。又以族无饮酒之礼，故知因祭酺必合钱饮酒与其民，长幼相酬酢也。”[④]此处虽言祭酺，但与赐酺活动一脉相承，后世乡村的“酺会”当从中发展而来。在这样的“酺会”活动中，一方面合钱与民饮酒，藉以明长幼之序；另一方面，“嘱民读法”，以此对民众实施社会教育。戏剧兴起以后，多承担社会教育的功能。

第四，移风易俗功能。“宴飨之设，所以训恭俭，示慈惠也。”[⑤]所谓“训恭俭”，主要通过一系列礼的程序来实现。这里不仅与宴者座次的排列、所用器皿、坐具等有着严格的等级秩序，如前述宋之大宴仪；而且包括乐器的使用、舞队的规模、所用的乐曲亦具区别。“凡乐器，天子宫悬，诸侯轩悬，大夫判悬，士特悬”[⑥]；舞队，“天子八佾，诸公六佾，诸侯四佾”[⑦]；至于所用乐曲，代有不同。以周为例，则天子《清庙》《文王》，诸侯《鹿鸣》，大夫《四牡》《皇皇者华》；王国维《观堂集林》“释乐次”对此考证甚详，不赘。

所谓“示慈惠”，不仅指给与参加者以各种物质馈赠，“宴赐以钞，谓之节钞。大宴之外，如遇太后圣诞、太子千秋，寿面；及立春日，春饼；元宵，团子；四月初八日（佛诞日），用不落荚；端午，凉糕、粽子；重阳，糕；腊八

① 〔明〕傅逊：《左传属事》，清文渊阁四库全书本，第258页。

② 〔清〕阮元：《十三经注疏》，中华书局2009年版，第4147—4148页。

③ 〔清〕段玉裁：《说文解字注》，清嘉庆二十年经韵楼刻本，第1284页。

④ 《毛诗注疏》，《十三经注疏》，中华书局2009年版，第1209页。

⑤ 〔元〕脱脱：《宋史》，中华书局1997年版，第2683—2684页。

⑥ 〔唐〕杜佑：《通典》卷八十三，清武英殿刻本，第905页。

⑦ 〔汉〕班固：《白虎通德论》卷二，四部丛刊景元大德覆宋监本，第10页。

日，面。”[①]而且还要在精神上加以关怀和爱护，使他们的心灵得到安慰，从而全身心地投入自己的工作。为此，主人要精心准备，“择其柔嘉，选其馨香，洁其酒醴，品其百笾，修其簠簋，奉其牺象，谨其祓除，于是乎体解折节而共饮食之。又为折俎加豆，是以惠丰而德洽”，以致“民之见者以为尽心也，莫不加爱焉。故莫善于宴。”[②]不仅如此，他们还用音乐陶冶和感化与宴者。在整个宴飨礼仪进行的过程中，从迎宾、戒宾，到献宾、酬宾，再到最后的送宾，始终伴以音乐。这种“物质和精神上的倾其所有和无微不至的关怀，表达朝廷至诚恻旦之意，向宾客传递天子对于他们友善和美好的情愫，这对于亲善和凝聚分封在四边的各级贵族，构建和维护和谐融洽的统治秩序，有着潜移默化的作用。”[③]

到了清代，宫廷宴飨中更增加了“千叟宴”。这实际上是宴飨礼乐与“敬老礼”的一种结合。清朝统治者非常重视以“孝”为特征的儒家传统道德，建国初期就采取了一系列措施以彰孝道。顺治、康熙朝两次命人撰述《孝经衍义》，并且经常把《孝经》内容作为科考的试题。“儒童入学考试，初用《四书》文、《孝经》论各一，……雍正初，科试加经文，冬月晷短，书一经一寻定科试，四书经文外增策论题，仍用《孝经》。”[④]康熙九年（公元1670年）颁布的《圣谕十六条》，其中第一条就是“敦孝悌以重人伦”。在中国传统社会中，“老人不仅代表着生命力的旺盛，也象征着国家的长盛不衰，更蕴含着子女的孝敬、家庭的和睦”[⑤]；基于此，“千叟宴”的举办，在深化和推广孝道的同时，对于缓和阶级矛盾、昭显朝廷盛德、构建和谐的社会秩序亦发挥着重要作用。正如《清史稿·圣祖本纪》所说：“古来以养老尊贤为先，使人人知孝知弟（悌），则风俗厚矣。”[⑥]

---

① 〔清〕孙承泽著、王剑英点校：《春明梦余录》，古籍出版社1992年版，第114页。

② 〔宋〕卫湜：《礼记集说》卷三十五，清通志堂经解本，第576页。

③ 景红艳：《论周代天子大飨礼及其历史功能》，《孔子研究》2013年第1期。

④ 赵尔巽：《清史稿·选举制》，中华书局1997年版，第1661页。

⑤ 张留见：《清代尊老敬老问题探究》，《郑州大学学报》2013年第3期。

⑥ 赵尔巽：《清史稿·圣祖本纪》，中华书局1997年版，第162页。

德国艺术社会学家格罗塞在《艺术的起源》一书中认为："艺术不是无谓的游戏，而是一种不可缺少的社会职能，也就是生存竞争中最有效力的武器之一。"[①]把这几句话套用在"宴飨礼乐"功能的分析上，恰如其分。一方面，宴飨礼乐有娱乐功能，人们在其中可以得到精美的饮食、感官的愉悦、精神的陶冶；另一方面，宴飨礼乐又有交流沟通功能，人们借此可以和睦宗亲、和谐友人，在此基础上，才引申出宣示功能和移风易俗功能。及于国家层面，由于不同朝代、不同时期关注的侧重点不同，宴飨礼乐呈现出不同的特点和风格。这种特点和风格深刻地影响了中国古代戏剧的发展进程。

分析宴飨礼乐的类型、特征与功能，对戏剧史的研究帮助较大。宴飨礼乐的类型可能涉及戏剧的起源和形态，如先秦的"献仪"与仪式戏剧；宴飨礼乐的特征与戏剧"杂而不乱"的形态一脉相承，如"目连戏"以及后世的"连台本戏""宫廷大戏"等；而宴飨礼乐的功能也刺激和推动了中国古代戏剧的长远发展。

---

① ［德］格罗塞：《艺术的起源》，商务印书馆1984年版，第240页。

第四章

汉唐宴飨戏剧的形态和特征

第一节　宴飨礼乐与戏剧的发生逻辑

乐舞艺术的起源，可以追溯到遥远古代。在浙江河姆渡文化遗址，曾出土有大量的骨哨和陶埙；在仰韶文化、龙山文化遗址中，也有埙的发现，同时出土的还有陶鼓和牛角号；在河南舞阳贾湖史前聚落遗址中，出土二十多支骨笛。据碳 14 测定，贾湖骨笛能够演奏六至七个音阶，是目前为止世界音乐史上最古老的乐器。[①] 这就说明，在距今约七八千年的新石器时代早期，先民们在歌舞时已经不仅有了鼓、磬、钟等多种多样的打击乐器伴奏，而且也有了埙、笛、管等可以奏出不同音调的旋律乐器，当时的音乐舞蹈水平已经相当先进。[②]

到了氏族部落时期，伴随着礼乐活动的增多，乐舞艺术得到了长足的发展。礼乐活动的最初的主要形式是祭礼，乐舞艺术遂与祭祀相联系，形成所谓"祭祀乐舞"。内蒙古阴山岩画中留下了这种乐舞的形象资料。舞者多成群出现，形成二人舞、三人舞或多人舞；从画面上看，他们姿态优美，步调一致，应该是在特定乐器的伴奏下而舞。青海省大通县出土的彩陶盆画面中的五人舞蹈形象和同德县巴沟乡宗日村出土的彩陶盆画面中的十三人舞蹈形象，可以说是这种"祭祀乐舞"发展的继续和深化。以同德巴沟乡宗日彩陶盆（图 4—1）为例，

① 姜永兴：《中国古代音乐图像》，中央音乐学院出版社 2012 年版，第 3 页。

② 孙景琛：《乐舞文化和舞蹈史学》，《文艺研究》1999 年第 5 期。

图 4—1　青海省同德巴沟乡宗日彩陶盆

画面中十三人双腿并拢，携手站成一排，似正踏着节拍而舞；舞者的动作、姿态完全一致；腰下画成圆球形，应为短裙，圆球的形状、大小也几乎完全相同，说明服饰是经过统一的。因此，这种舞蹈体现的应该是原始部落的集体祭祀乐舞，与后世的队舞在表演形式上颇多相似之处。

这种祭祀乐舞在氏族社会后期发生了分化：一部分演化成仪式舞蹈，服务于各种礼乐活动；另一部分则流入民间，成为群众性节日舞蹈。与此同时，伴随着宫廷宴飨活动的增多，女乐开始兴起并得到了快速的发展。史载：夏桀之时，女乐三万人；[①] 虽显夸张，但当时宴飨乐舞的繁盛可见一斑。商朝末年，宴飨乐舞得到了空前发展；《史记·殷本纪》载，“（纣王）使师涓作新淫声，北里之舞，靡靡之乐。……大冣乐戏于沙丘，以酒为池，悬肉为林，使男女倮，相逐其间，为长夜之饮。”[②] 到了春秋战国时期，这种趋势更为明显。与之相适应，舞者也由“巫觋”转变为“倡优”。倡优的表演，加剧了祭祀乐舞（即巫舞）的衰落，促进了乐舞戏剧的空前发展。正如《中国近代戏曲史》所言：

> 倡优的表演并不是在“死的神”——即自然——面前作祭祀用的；却是供“活的神”——即支配阶级——的享乐用的。这就是由巫转入倡优的顺序。取媚于“死的神”，到底不如取媚于“活的神”来的有效，所以巫舞一天一天的衰落，而倡优便一天一天的旺盛起来了。……倡优的歌舞，可以说即是中国戏剧的滥觞。在中国由“巫”之舞转到“倡优”之舞，由倡优之舞转为各种的戏剧，其间系随着生活的变迁和时代的需要，不断地进化、变更。[③]

因此，一些专家把中国乐舞戏剧的发生序列概括为原始歌舞——祭祀乐舞——倡优歌舞——戏剧。这种观点注意到了从乐舞到戏剧历时性的演化关系，

① 戴望:《管子校正》,《诸子集成》（五），中华书局 1954 年版，第 389 页。

② 〔汉〕司马迁:《史记·殷本纪》，中华书局 1997 年版，第 11 页。

③ 郑震编译:《中国近代戏曲史》，中国台湾北新书局 1933 年版，第 3 页。

自有其道理在，并且在很长时间内占据学界主流；但与此同时，它却忽视了乐舞与戏剧之间一种共时性的存在关系。

由于历史的惯性和现实的需要，人类社会在发展、演进的过程中经常会有文化遗留，上一阶段的东西很可能遗留到下一阶段。比如原始氏族社会的血缘管理制度，就在后世的中国社会中得以保留。恩格斯在《家庭、私有制和国家的起源》中指出：在由原始氏族社会进入到文明国家社会的过程中，社会组织必然发生两个根本性的变化——一是凌驾于全体社会成员之上的国家公共权力机构的出现，二是管理方法由氏族血缘管理变为国家地缘管理。① 值得注意的是，恩格斯是在对西方古代社会进行分析的基础上得出上述结论的，当这一结论被运用于研究中国古代社会时，情况就会有所不同。正如一些研究者所指出的：

> 中国从五帝时代的文明起源到虞夏商周四代的早期文明发展，虽然也出现了凌驾于全体社会成员之上的国家公共权力机构，出现了阶层的分化；然而，原始氏族社会的血缘管理制度却依然保留下来了，而没有被地缘管理所取代。②

正是氏族社会的血缘管理制度被保存，才使上古时期的许多乐舞形态得以延续；先秦《颂》诗繁盛就是这一现象的显著表现。清华简《周公之琴舞》记载了当时乐舞的叙事结构：

元启曰 + 乱曰——第一絉（成）
再启曰 + 乱曰——第二絉（成）
三启曰 + 乱曰——第三絉（成）
四启曰 + 乱曰——第四絉（成）
五启曰 + 乱曰——第五絉（成）
六启曰 + 乱曰——第六絉（成）
七启曰 + 乱曰——第七絉（成）

---

① 恩格斯：《家庭、私有制和国家的起源》，人民出版社 1999 年版，第 112—123 页。

② 江林昌：《清华简与先秦诗乐舞传统》，《文艺研究》2013 年第 8 期。

八启曰＋乱曰——第八絉（成）

九启曰＋乱曰——第九絉（成）

启者，始也；乱者，终也。它们都是乐舞术语，用在段落（絉）的开始和结尾，标示一个完整的乐舞演出结构。从中可以看出，这种乐舞段落结构已经非常成熟和完整。《周公之琴舞》亦即《周公之颂诗》，[①] 这是一种诗、乐、舞一体的大型叙事乐舞，具有极强的叙事性。絉，即“成”，是中国上古时代象乐艺术的独特结构，[②] 与唐宋俗乐大曲在意义和结构功能上基本相同。因此，王国维说，“大曲各叠名之曰遍。遍者，变也。……或云变，或云遍，知此两字因音同而互用也。大曲皆舞曲，乐变而舞亦变，故以遍名各叠，非偶然也。”[③] 无独有偶，作为周朝国乐而存在的《大武》亦具备这样的叙事结构，而且较之《周公之琴舞》在表演形式和叙事结构上更完善、更宏大。

柏互玖《先秦礼乐大曲〈大武〉研究》一文在对《大武》的音乐体制、乐章歌辞、表演形态进行分析研究后指出：

《大武》已不仅仅是多段体的音乐形式，它已初步具有三部性的结构规则，结构段落有相对明确的音乐性格，音乐发展显现了情绪与速度的变化。这与大曲在音乐结构体制层面的核心特征——多段（遍）体的音乐体制、三部性的结构规则、音乐段落间的结构序列、结构段落间的音乐性格具有相通性。这些均表明《大武》在音乐结构上已具有大曲的体制和形态特征。……《大武》六个乐章的歌辞由采诗入乐连缀成篇，与后世魏晋俗乐大曲和唐俗乐大曲曲辞多为宰割文辞、采名人诗句入乐亦有相通之处。……《大武》的音乐以五声为主，伴奏乐器为雅乐所用的金、石、土、革、丝、木、匏、竹八类乐器，乐器的编排组合遵循宫悬之制；《大武》为天子之舞，八佾舞之，所用舞具为朱干玉戚。……可以想见，《大武》的音乐是金石丝竹俱作，铿锵顿挫；《大武》的舞

① 李守奎：《清华简〈周公之琴舞〉与周颂》，《文物》2012年第8期。

② 傅道彬：《诗可以观：礼乐文化与周代诗学精神》，中华书局2010年版，第87页。

③ 王国维：《唐宋大曲考》，俞为民、孙蓉蓉：《历代曲话汇编·近代篇》（第二集），黄山书社2008年版，第702页。

容是强健飒爽，美轮美奂。①

这种音乐体制、叙事结构和表演形态在后世的祭祀、宴飨乐舞中得以保存，并不断走入民间，与民间乐舞戏剧形成一种双向互动的关系。因此，有人认为这种“西周时带宗教仪典色彩的雅乐，不但是歌舞剧，亦是早期的一种戏剧模拟，因为它符合了戏剧的基本要求：演员扮演角色，象征某种意义，所欠者只对白而已。此等舞者的职务，和早期巫觋相似，但较巫觋的戏剧模仿更为进步，为复杂舞台表演优伶之前驱。”②这基本上道出了先秦祭祀、宴飨乐舞与戏剧的关系，值得肯定；但这种雅乐不是一种“戏剧模拟”，不是“戏剧”。

笔者认为，二者之间有一个重要的区别，这种“戏剧模拟”是以歌舞表演为主，叙事只作为歌舞表演的背景而存在，观众观看这种表演的目的主要是欣赏优美的舞姿、动听的音乐，因此把它称为“叙事乐舞”似乎更为合理；“戏剧”则不同，它以表演故事内容为主，舞蹈、歌唱只是表演故事的手段而已，观众观看的日的也主要是了解故事情节，把握其中所蕴含的文化内涵。从形式上看，区分二者的唯一标志就是角色是否具有“唯一性”。“叙事乐舞”同一角色多人担当，表演上追求服饰的统一、动作的协调一致，突出艺术性；“戏剧”同一角色只能一人担当，突出叙事性和文化性。当然，二者亦有紧密的联系——它们都有人物扮演，都是诗、乐、舞一体的综合性表演；在适当的条件下，很容易相互转化。因此，歌舞也就成为中国戏剧的主要特色。正如王国维给“戏剧”下的定义：“戏曲者，谓以歌舞演故事也。”③张庚、郭汉城认为，“中国戏曲的起源，可以上溯到原始时代的歌舞。”④陆润棠说得更明确：中国戏剧之起源，始于宗教祭祀之巫觋，发展为宫廷之“雅乐”——古典乐舞，以及春

① 柏互玖：《先秦礼乐大曲〈大武〉研究》，《温州大学学报》（社会科学版）2013年第5期。

② 陆润棠：《中西戏剧的起源比较》，李肖冰等：《中国戏剧起源》，知识出版社1999年版，第82—83页。

③ 王国维：《戏曲考源》，清宣统晨风阁从书本，第1页。

④ 张庚、郭汉城：《中国戏曲通史》，中国戏剧出版社1992年版，第3页。

秋末年流行民间之乐舞——“新声”。[①]

需要指出的是，由于历史遗留的存在，宗教祭祀乐舞得以保存，并与原始的血缘管理制度（后演化为家族制度）相结合而在后世的中国社会中得到了长远发展，逐渐演化为相对固定的乐舞仪式，即祭祀仪式；古典乐舞受到国家政权和宫廷礼乐的支配而能够永续发展；乐舞新声出于人们的审美娱乐需要则可以保持长久繁荣。三者长期共存，互相渗透影响，在适当的条件、适宜的社会和生态环境下都有可能向戏剧发展过渡。从现实的情况来看，古典乐舞由于其特殊的功能和生存环境——作为宫廷雅乐存在，而逐步走向雅化，与戏剧慢慢拉开了距离，但它对戏剧形成影响，为戏剧的产生、发展提供借鉴却是完全可能的。祭祀乐舞、乐舞新声则与戏剧保持了长久、密切的联系，成为中国戏剧形成发展的两条线索，产生了两种戏剧形态，即仪式性戏剧和娱乐性戏剧。这两种戏剧形态始终徘徊在宫廷与民间、城市与乡村之间，受不同外在因素与艺术因子的影响和诱发，而形成形态多样的戏剧形式。比如仪式性戏剧用于宗教祭祀活动则形成宗教祭祀戏剧，用于驱鬼逐疫则形成傩戏；娱乐性戏剧按其构成的主要元素则可以分为歌舞戏、滑稽戏、木偶戏等。两者在戏剧观念、演出环境与习俗等诸多方面都存在着不同。[②]仪式性戏剧既是仪式，又是戏剧；娱乐性戏剧则既是歌舞（广义的乐），又是戏剧。仪式、歌舞向戏剧的转化能否发生、什么时候发生，则依赖于客观社会环境和民众审美需要的变化。正如汪晓云所说：

> 与任何艺术的发生一样，戏剧艺术的发生不是美学问题，而是社会学、历史学乃至人类学问题。在戏剧史的写作中，处理戏剧发生问题必须涉及戏剧发生的社会历史背景，走出戏剧自身，走向社会历史。[③]

如前所述，宴飨仪式是孕育中国古代乐舞、戏剧的母体；举凡歌舞、说唱、

---

① 陆润棠：《中西戏剧的起源比较》，李肖冰等《中国戏剧起源》，知识出版社 1999 年版，第 83 页。

② 王兆乾：《仪式性戏剧与观赏性戏剧》，《戏史辨》第 2 辑。

③ 汪晓云：《重构戏剧史：从戏剧发生开始》，《文艺研究》2006 年第 9 期。

杂技、幻术、百戏等乐舞伎艺都能够囊括其中。同时，宴飨仪式本身也可以被看作是一部戏剧；当然仪式并非戏剧，但是随着客观社会环境的变化（比如王朝的更迭、政治的变乱等），仪式向戏剧的转化就变得极有可能且非常自然。历史进入春秋战国时期，当强大的周王朝变得四分五裂，礼乐制度趋于解体；但宴飨活动和礼乐文化却没有随之消失，而是逐步下移，进入普通士人的生活当中。这时，失去了制度约束和限制的宴飨礼乐发生了本质性的变化，较少注重礼的仪式而片面追求乐的娱乐功能。王朝的不幸却成为艺术的大幸。这种追求却促进了宴飨乐舞戏剧的空前发展。

第二节 汉唐戏剧之形态

汉唐时期的戏剧形态，研究者寥寥。任半塘《唐戏弄》列举的戏剧类名有歌舞戏、大面、钵头、弄婆罗门、拍弹、参军戏、傀儡戏、猴戏、科白戏等。①黎国韬《汉唐时期的戏剧》一文将此时期的戏剧归纳为傩戏、傀儡戏、参军戏、假面戏、目连戏、入华胡戏等。②两种说法相比较，傀儡戏、参军戏为二者所共有，不赘。黎氏所谓“假面戏”大抵包括任氏的大面、钵头、弄婆罗门、猴戏；“入华胡戏”则又有钵头、弄婆罗门；至于歌舞戏、拍弹、科白戏是就其主要表演伎艺而言。很明显，任氏的分类有逻辑不清之弊病；倒是黎氏的分类更科学一点，但其中亦缺少了歌舞戏、科白戏两个重要类型。近来，中国传媒大学博士王克家《汉代戏剧研究》又把对汉唐戏剧形态的研究向前推进了一步，本书无意对“汉唐戏剧形态”作全面深刻的分析研究，只是从宴飨礼乐的视角出发，对其稍作探析。在此基础上，本书把“汉唐戏剧形态”简单地划分为仪式性戏剧、娱乐性戏剧和外来戏剧三种，并各举一例予以阐释。

---

① 任半塘:《唐戏弄》，上海古籍出版社1984年版，第232—762页。

② 黎国韬:《汉唐时期的戏剧》,《中国社会科学报》2016年7月5日。

一、仪式性戏剧

"仪式性戏剧"是指从仪式中演化而来的戏剧，其中《东海黄公》最有代表性。关于《东海黄公》的故事，最早可以上溯到张衡《西京赋》的记载。其文曰："东海黄公，赤刀粤祝，冀厌白虎，卒不能救。挟邪作蛊，于是不售。"①案李善注，"售，犹行也。谓怀挟不正道者，于是时不得行也。"②《西京杂记》对其所记甚详：

东海人黄公，少时为术，能制蛇御虎。佩赤金刀，以绛缯束发，立兴云雾，坐成山河。及衰老，气力羸备，饮酒过度，不能复行其术。秦末，有白虎见于东海，黄公乃以赤刀往厌之。术既不行，遂为虎所杀。三辅人俗用以为戏，汉帝亦取以为角抵之戏。③

刘文峰在对《东海黄公》进行研究后，指出："河南南阳汉画像石中，恰有反映东海黄公故事的石刻：年轻时的东海黄公手持兵器，将猛虎打得狼狈逃窜；老虎张牙舞爪，扑向年迈的黄公，黄公匆忙招架，处境极险，大有为虎所伤之势。画面所反映的，竟然与《西京杂记》完全一致。"④可见，文献的可信性。任二北先生认为：秦汉的白戏角抵是一种戏象，它已具备了化妆、服饰、道具、姿态、动作、故事人物、布景、灯光、效果和歌、辞、乐等十二项内容，在整体规模上已与戏剧非常相近了。⑤赵兴勤进一步指出，"《东海黄公》已具备早期戏剧的雏形，因为此戏本身具有一定的故事情节，有人物扮演，亦有言语（咒语）、道具（赤刀），并有与故事相应的服饰（以绛缯束发，近于方士打扮），故此戏最值得珍视。"⑥

① 〔南北朝〕萧统：《文选》，胡刻本，第 49 页。

② 〔南北朝〕萧统、〔唐〕李善等注：《六臣注文选》，四部丛刊景宋本，第 67 页。

③ 〔晋〕葛洪：《西京杂记》，中华书局 1985 年版，第 16 页。

④ 刘文峰：《从南阳石刻画像看汉代的乐舞百戏》，《河南戏剧》1983 年第 4 期。

⑤ 任二北：《戏曲、戏弄与戏象》，《戏剧论丛》1957 年第 1 辑。

⑥ 赵兴勤：《中国早期戏曲生成史论》，北京大学出版社 2015 年版，第 60 页。

显然，这里赵兴勤已经把《东海黄公》视为戏剧。这部戏剧当年流行于关中一带，三辅人俗用以为戏。“三辅”，即治理京畿地区的三个官员，概其所辖地区，此处泛指关中一带。武帝时期，出于宴飨礼乐的需要，《东海黄公》进入宫廷。至于《东海黄公》的起源，后世的一则资料或许能给我们以启示：

安期生得道于之罘之山，持赤刀以役虎，左右指使进退如役小儿。东海黄公见而慕之，谓其神灵之在刀焉。窃而佩之，行，遇虎于路，出刀以格之。弗胜，为虎所食。《郁离子》曰：“今之若是者，众矣。蔡人渔于淮得符文之玉，自以为天授之命，乃往入大泽集众以图大事；事不成而赤其族，亦此类也。”①

此则资料记载在《诚意伯文集》里，为明代刘基所撰。明代距汉代有一千多年时间，所记不会太确，但刘基系当世大儒，应该是有所本的。史载：安期生，亦名安期、安其生，琅琊阜乡人。师从河上公，学黄、老道学。以采药救人为生，人称千岁翁。相传秦始皇巡游全国到山东地界，听说有千岁翁，能采长生不老之药。于是召之，赐以金玺，命其下海采药供他服用。安期生深知世上并无此药，只好委婉地说，“你再过一千年后来找我吧！”辞别始皇之后，怕被问罪，只好到海岛上隐居了。安期生隐居的地方，就是今天舟山群岛中的马秦、桃花、普陀山等处。相传有一次，他在桃花岛上饮酒作画，把墨水洒在石头上，石上顿时显现出桃花状的花纹。这座岛屿因此被命名为桃花岛。

传说终究是传说，可信度不高。但秦始皇巡游山东之事，却是事实。《东海黄公》的故事很可能在这个时候被秦始皇及其随从带入宫廷，然后再流入民间。出于宴飨活动的需要，在关中一带广为流传。若真如此，则新的问题又产生了。这里的东海黄公只作为被讥讽的对象而存在，与《西京赋》及《西京杂记》所记的后半部分相合；至于前半部分“少时为术，能制蛇御虎。佩赤金刀，以绛缯束发，立兴云雾，坐成山河”，则没有。如何解释？

兹认为，这里还暗含着另外一个神话原型，那就是“黄帝祭祀”。有关“黄帝祭祀”，《史记·封禅书》载：“秦宣公作密畤于渭南，祭青帝；秦灵公作吴阳

① 〔明〕刘基：《诚意伯文集》，四部丛刊景明本，第70页。

上畤，祭黄帝；作下畤，亦祠黄帝。”[①] 可见秦王朝对“黄帝祭祀”的重视。此时的黄帝是以天神的身份出现，时为公元前422年。此后两百多年间，秦国国王先后设置七畤，祭祀白、青、黄、炎四帝。“凡此诸帝，皆秦之上帝也。”[②]《国语韦氏解》载:“有虞氏禘黄帝而祖颛顼，郊尧而宗舜；夏后氏禘黄帝而祖颛顼，郊鲧而宗禹；商人禘舜而祖契，郊冥而宗汤；周人禘喾而郊稷，祖文王而宗武王。”[③] 这是随着各地域人群的竞争与融合，华夏各国族源传说逐渐串联混杂，而形成的一套树状的祖先源流体系；其结果是将尧舜禹三代的祖源归结于黄帝。[④] 此时，黄帝俨然成为中华民族的创立者和始祖。

在创世神话里，往往一个氏族或部落的首领身体健康象征这个氏族、部落的繁荣昌盛；而首领的身体羸弱、疾病则象征氏族、部落的没落和衰亡。在西方，有一个“寻找圣杯”的传说。据说一国之主渔王的健康与否，关系着国土的肥沃与荒芜。某次，渔王受伤，生命垂危。肥沃的土地顷刻间变成了万物不生的荒原。要医治渔王，必须找到圣杯。圣杯象征起死回生的神力。这时候，一个英俊的少年骑士，历尽艰险，最后跨过“凶险之堂”，战胜女巫的各种诱惑，找回圣杯，使渔王康复，“荒原”变成了绿洲。

而在中国的神话里，氏族、部落的首领身体健康与否不仅与这个氏族、部落的繁荣和衰落息息相关，而且还与道德的昌明与否紧密联系。这种原始思维通过“互渗定律”在后世的中国社会长期存在并广泛流传。因此，“黄帝祭祀”就这样被保存下来。当大一统的王朝建立起来并得到较好的发展时，黄帝就会身体健康、精力充沛，有一种气吞山河的气势；当王朝处于没落并最终走向分裂、战乱时，黄帝就会变得羸弱无力。由此可以看出:“黄帝祭祀”的神话原型正好与《东海黄公》的叙事相契合。当秦始皇东巡归来，把“东海黄公”的故事带入宫廷，进而施于宴飨活动时，二者进行了有机的融合，互相吸收借鉴。秦末，伴随着秦王朝的土崩瓦解，“黄帝祭祀”的活动与“东海黄公”的故事一

---

① 〔汉〕司马迁:《史记·封禅书》，中华书局1997年版，第99页。

② 顾颉刚:《史林杂识初编》，中华书局1963年版，第177页。

③ 〔三国〕韦昭注:《国语韦氏解》，士礼居丛书景宋本，第54页。

④ 王旭瑞:《历史之为记忆：黄帝祭祀的流变》，《社会科学评论》2007年第2期。

起流入民间，经过较长时间的发展、演化、融合，终于合二为一，形成后来的《东海黄公》。这是《东海黄公》故事的来源。

图 4—2 《东海黄公》演出

《东海黄公》“人虎相斗”的表演（图 4—2），则来源于先秦宫廷的“斗兽”。三代之时，宫廷中有“囿人”。《周礼》云，“囿人，掌囿游之兽禁。”郑玄注曰：“囿游，囿人离宫小苑，观处也；养兽以宴乐。视之禁者，其藩卫也。”[①]显然，养兽是为了宴飨所用。到了汉代，这种“斗兽表演”依然存在于宫廷。《汉书》卷九十七记载了一次斗兽表演，“冯昭仪，平帝祖母也。元帝即位二年，以选入宫。……后为婕妤，与傅昭仪等争宠。建昭中，上幸虎圈斗兽，后宫皆坐。熊佚出圈，攀槛欲上殿。左右贵人、傅昭仪等皆惊走。冯婕妤直前当熊而立，左右格杀熊。上问人情惊惧，何故前当熊。婕妤对曰，‘猛兽得人而止，妾恐熊至御座，故以身当之。’”[②]这种“斗兽表演”后来演化为“角抵戏”，有人虎相斗、人熊相斗等，以人虎相斗为多。汉代墓葬壁画和画像石，反映了这一点。

综上所述，《东海黄公》起源于秦代宫廷的“黄帝祭祀”活动。在发展演变的过程中，又与西传的“东海黄公”故事相融合，吸收汉代角抵戏（即斗兽表演）的技艺，逐步形成一种故事表演。它已经有了简单的情节、两个角色（黄公与虎），具备了早期戏剧的形式和特征。因此，我们完全有理由相信《东海黄公》就是一部戏剧，是由“祭祀乐舞”直接转变为戏剧的一个典型例子。

二、娱乐性戏剧

“娱乐性戏剧”是指孕育于宴飨礼乐，藉以欣赏、娱乐的戏剧，其主要形态

---

① 〔汉〕郑玄注：《周礼》，四部丛刊明翻宋岳氏本，第 83 页。

② 〔汉〕班固：《汉书》，中华书局 1997 年版，第 1519 页。

是歌舞戏、参军戏。《踏摇娘》即是最典型的例子。

《踏摇娘》一剧，历来研究者较多。王国维《宋元戏曲史》开其先河，但只视为歌舞，“顾其事至简，与其谓之戏，不若谓之舞之为当也。”与此同时，他又指出了这种歌舞与后世戏剧之关系，“然后世戏剧之源，实自此始。”① 周贻白继承了王说，《中国戏剧史长编》认为：此类歌舞的形式，虽已接近于戏剧的表演，但其偏重歌舞仍极显明，且照演出情形而论，似皆单人的歌舞。② 比较而言，刘大杰的认识更进一步；《中国文学发展史》在谈到《踏摇娘》时，有如下结论：“其中故事与动作，虽非常简陋，但在心理的构成上，与人事的表演上，同后世的戏剧已是很接近的了。”③ 刘大杰是从文学角度对《踏摇娘》进行观照，重点在人物与故事；至于演出情形，则没有说明。

率先把《踏摇娘》断为戏剧者，当推任半塘先生。他的《唐戏弄》在对《踏摇娘》进行分析研究后，总结道：

唐戏《踏摇娘》，乃承北齐之旧本，为河北之地方戏，以地方故事、地方乐舞构成之，并无源于外国戏剧之迹象。入唐，说白、表演俱备，与歌舞同一，配合剧情，已具后世戏剧之规制。始为旦、末二色，一幕两场之简短悲剧，主题明朗、意义正确。后乃增多丑角一场，反觉蛇足。因其歌舞咸具特殊之风格，故此剧当时流行甚广，社会各阶层皆能赏之。演员之中，男女角、甚至非优伶，皆有。其由演员以外之人，构成在旁齐声和唱之制，传至今日，于地方戏内，犹保存不衰。④

这里，任先生总结了三个方面的问题：一是《踏摇娘》一剧的起源。他认为《踏摇娘》系来自河北之地方戏，始于北齐；驳斥了“外来说”。二是对《踏摇娘》的戏剧特征进行探索。指出其已有故事，主题明确；有歌、有舞、有白，

---

① 王国维：《宋元戏曲史》，上海古籍出版社 1998 年版，第 6—7 页。

② 周贻白：《中国戏剧史长编》，世纪出版集团、上海书店出版社 2004 年版，第 38 页。

③ 刘大杰：《中国文学发展史》，百花文艺出版社 2007 年版，第 409 页。

④ 任半塘：《唐戏弄》，上海古籍出版社 1984 年版，第 528 页。

且融合为一体，共同服务于叙事；旦、末、丑皆备，与后世的“三小戏”颇为类似。三是论及《踏摇娘》的流传和对后世戏剧的影响。之后，有关《踏摇娘》的研究，多在此基础上展开。如康保成《〈踏摇娘〉考源》对其起源的追溯；姚小鸥、孟祥笑《唐墓壁画演剧图与〈踏摇娘〉的戏剧表演艺术》《图像史学与〈唐墓壁画演剧图〉研究的若干问题》、刘希里《唐代歌舞戏考略》对其戏剧表演艺术的论述；韩丽萍《戏曲初始形态形成及其意义》对《踏摇娘》作为戏剧初始形态的意义进行探微等。这些研究成果均取得了很高的成就，值得肯定。但与此同时，有关《踏摇娘》在中国戏剧史上的价值和意义的探讨则稍显薄弱，这里仅略作申述。

第一，《踏摇娘》已是诗、乐、舞一体，共同为叙述一个故事服务的戏剧艺术；但有故事，而无情节，体现出极强的民间性和自为性。这里需要区分的是故事与情节。按叙事学的理论：故事是指所叙述的内容，它由事件组成，一个事件就是一个叙述单位；而情节是按照因果逻辑组织起来的一系列事件。英国文艺批评家福斯特曾对故事与情节作了这样的区分：“国王死了，不久王后也死了。”是故事；“国王死了，不久王后也因悲伤死去。”是情节。[①] 用这样一种理论对《踏摇娘》进行观照，就会发现其故事非常简单。对此，任半塘先生总结道：此剧演北齐时河内地方，有苏姓夫妇。夫貌寝，齁鼻；实不仕，而慕虚荣，常自号“郎中”。不治生产，嗜饮，酗暴；每醉归，辄殴其妻，以为笑乐。妻美而贤，因典质衣物，供给其夫，常遭人轻侮。积苦既久，于邻里前诉之；因善歌，遂自歌为怨苦之词，声容兼至，闻者感动。[②] 姚小鸥则概括为“醉酒男子殴打美貌的妻子。”[③] 然则任半塘的总结实为对《教坊记》《通典》《乐府杂录》《刘宾客嘉话录》《旧唐书·音乐志》等书有关记载的提炼。姚小鸥的概括较为准确，但在其前冠以“情节”二字，实是混淆了“故事”与“情节”这两个概念。因此，我们应该说：《踏摇娘》的故事是醉酒男子殴打美貌的妻子。这样的

① ［英］福斯特：《小说面面观》，花城出版社1984年版，第75页。

② 任半塘：《唐戏弄》，上海古籍出版社1984年版，第498页。

③ 姚小鸥、孟祥笑：《唐墓壁画演剧图与〈踏摇娘〉的戏剧表演艺术》，《文艺研究》2016年第1期。

故事由于缺乏文人的参与，而长期得不到丰富和发展。这是造成“中国戏曲晚出”（按：“戏曲”不同于“戏剧”，后详）的一个重要原因。“诗、乐、舞一体，而演一个故事”的特征也铸就了后世中国戏剧的综合性品格。

第二，从表演上来说，《踏摇娘》唱、念、做、舞俱全，已具后世戏曲之规制。首先，说“唱”。崔令钦《教坊记》有“徐步入场，行歌。”“每一叠，旁人齐声和之云：‘踏谣，和来！踏谣娘苦，和来！’”可知这里的“唱”至少可以分为两种：“行歌”和“伴唱”。所谓“行歌”，许多人就字面意思理解为“且步且歌”，实则不然。它有更深层的文化意蕴，《子华子》记载，“郁摇而行歌，促弦而急弹，所以写尤（忧）也。”①《国语韦氏解》，“行歌，曰谣。”② 白居易《游蓝田山卜居》有“脱置腰下组，摆落心中尘。行歌望山去，意似归乡人。”③ 之句。由此看来，“行歌”也称“谣”，难怪崔令钦竟称为《踏谣娘》。或许从前《踏摇娘》的表演主要集中于妇人的“行歌”一段，殴斗过程比较简短，致有此名。“行歌”本来就有悲苦、凄凉之意，主要用来表达“忧愁”的心绪，用在这里，再恰切不过。然后辅以“促而急”的乐器伴奏，把主人公此时此刻的心境表达得淋漓尽致。“伴唱”起源很早，杨荫浏《中国古代音乐史稿》在谈到《相和歌》的表演形式时，说“《相和歌》的原始表演形式，只是清唱，所谓徒歌；进一步是清唱而加帮腔，叫做但歌。”④《通典》载：“但歌”四曲，出自汉代，无弦节，作伎最先，一人唱，三人和。⑤“但歌”这种演唱方式在隋唐时期得到了快速发展，记载得很多。如李白《胡无人》：“但歌大风云飞扬，安用猛士兮守四方。”⑥ 李商隐《井泥四十韻》：“浮云不相顾，廖泬谁为梯。悒怏夜参半，但歌井中泥。”⑦ 这就说明当时《踏摇娘》的“唱”已经高度成熟，不仅可以准确表达人物此时此刻的心理情绪，而且在演唱技巧上也实现了多样化。

---

① 〔春秋战国〕程本：《子华子》（卷下），明刻本，第 16 页。

② 〔三国〕韦昭：《国语韦氏解》卷八，士礼居丛书景宋本，第 95 页。

③ 〔唐〕白居易：《白氏长庆集》，四部丛刊景日本翻宋大字本，第 52 页。

④ 杨荫浏：《中国古代音乐史稿》，人民音乐出版社 1981 年版，第 114 页。

⑤ 〔唐〕杜佑：《通典》，清武英殿刻本，第 1495 页。

⑥ 〔唐〕李白：《李太白集》，宋刻本，第 20 页。

⑦ 〔唐〕李商隐：《李义山诗集》，四部丛刊景明嘉靖本，第 4 页。

其次，说“舞”。《踏摇娘》一剧的“舞”集中表现在“踏”和“摇”这两个舞蹈动作上。其名称“踏摇娘”由此而来，足见舞蹈在其中的重要性。因此，“自《通典》起，以后之称此剧者，都不遵崔记，而用‘踏摇’。”[①]关于“踏”和“摇”，姚小鸥、孟祥笑两先生认为它们是“以形体演述‘悲怨之声’的系列舞蹈动作，”以“蹩躠为姿”为特征，“是一种高度戏剧化的表演动作”，具有极高的审美价值。[②]所言甚是。

再次，说“念和做”。任半塘先生认为：崔记曰“作殴斗之状”，曰“调弄又加典库”，皆非舞蹈所能表达，其有科泛之动作无疑；曰“衔怨”，曰“称冤”，曰“笑乐”，皆未必限在歌辞歌声之中，同时必有面容、手势、身段等之表情。[③]但如何“殴斗”，如何“调弄”，任先生不能详。从“以为笑乐”的目的来看，此处的“殴斗”应为系列仪式化、滑稽化之舞蹈动作。

至于“调弄”，则与“典库”有关。所谓“典库”，即掌管仓廪府库之事，属于导官。《唐六典》记载：晋导官令置主簿、录事、酒吏、鼓吏等，北齐导官有御细部、麴麫部、典库部等仓督，隋导官署有御细、仓督、麴麫等仓督，导官署令掌供御导择米麦之事。[④]“调”，《说文解字》：“调，和也。从言周声，徒辽切。”[⑤]“弄”，任半塘认为，戏曲科白之中，对人作讽刺、调笑，甚至窘辱，曰“弄”。[⑥]简言之，“调弄”有“戏弄、调和”的意思。“弄”表动作；“调”表功能，调和演出氛围、调和人物关系。《史记·天官书》曰：“箕，为敖客，曰口舌。”《索隐》注：“敖，调弄也。箕，以簸扬。调弄为象诗。讳云：箕为天口，主出气，是箕有舌，象谗言。”[⑦]因此，《踏摇娘》剧中的“典库调弄女子”，

---

① 任半塘：《唐戏弄》，上海古籍出版社 1984 年版，第 513 页。

② 姚小鸥、孟祥笑：《唐墓壁画演剧图与〈踏摇娘〉的戏剧表演艺术》，《文艺研究》2016 年第 1 期。

③ 任半塘：《唐戏弄》，上海古籍出版社 1984 年版，第 506 页。

④〔唐〕李林甫：《唐六典》卷十九，明刻本，第 182 页。

⑤〔汉〕许慎：《说文解字》，中华书局 1963 年版，第 53 页。

⑥ 任半塘：《唐戏弄》，上海古籍出版社 1984 年版，第 8 页。

⑦〔唐〕韩愈撰、〔清〕方世举笺注：《韩昌黎诗集编年笺注》，清乾隆卢见曾雅语堂刻本，第 168 页。

有戏谑之处，目的在增加喜剧色彩，增强观演效果；在结构上起着调和戏剧氛围的作用，凸显了中国戏剧"和谐"的审美旨归。这种悲喜交错的戏剧氛围与"和谐"的审美旨归影响了后世的中国戏剧创作。"又加典库""孩童的介入演出"扩大了戏剧的表现范围，使其表演可能会发生质的变化。这或许就是崔令钦所谓"全失旧旨"的关键所在。

总之，《踏摇娘》是音乐、歌唱、舞蹈、表演、说白、舞美皆备，以演一故事的所谓"全能剧"。[①] 它在艺术上已经高度成熟，唐代乐舞、戏剧艺术的发达可见一斑。胡应麟《庄岳委谈》曰："唐世所谓优伶杂剧，装服节套，观《苏中郎》《踏摇娘》二事可见。"[②] 可谓一语中的。

三、外来戏剧

"外来戏剧"是指从外民族或外国传入的戏剧，《钵头》非常典型。《钵头》，又作《拨头》，其产生历来有两种说法。王国维持"音译说"，他在《宋元戏曲史》中论及"上古至五代之戏剧"时如是说：

盖魏齐周三朝，皆以外族入主中国，其与西域诸国，交通频繁，龟兹、天竺、康国、安国等乐，皆于此时入中国；而龟兹乐则自隋唐以来，相承用之，以迄于今。此时外国戏剧，当与之俱入中国，如《旧唐书·音乐志》所载《拨头》一戏，其最著之例也。案《兰陵王》《踏摇娘》二舞，《旧志》列之歌舞戏中，其间尚有《拨头》一戏。《志》云："《拨头》者，出西域，胡人为猛兽所噬，其子求兽杀之，为此舞以象之也。"《乐府杂录》谓之"钵头"，此语之为外国语之译音，故不待言；且于国名、地名、人名三者中，必居其一焉。[③]

后世学者多有从此说者，如许之衡、刘大白等。率先对王说进行驳斥的是

---

① 任半塘：《唐戏弄》，上海古籍出版社 1984 年版，第 497 页。

② 〔明〕胡应麟：《少室山房笔丛》"辛部庄岳委谈（下）"，明万历刻本，第 224 页。

③ 王国维：《宋元戏曲史》，上海古籍出版社 1998 年版，第 7 页。

任半塘先生，他说："按以《钵头》系于拔豆国，只有二字之音近而已，别无丝毫关系可援；非若音乐之来自龟兹、旋腾（二舞法）之来自康石（二国名）确凿具体者可比也。"① 然任先生似乎也不能断定，不得已陷入云雾之中。王宁《唐戏"钵头"别解》、韩文慧《钵头小考》均承王说，并进一步把《钵头》的起源上溯到古代印度和西域，赋予其具体含义。如王宁在引用方龄贵《古典戏曲外来语考释辞典》对"钵头"的解释后，指出："钵头"是西域和我国北方许多少数民族语言之中都存在的一个词语，蒙古语原作"把都"（即今天的巴特尔），有时也写作"把都儿""巴都儿"，是勇士、健儿、英雄的含义。②

周贻白先生则认为《钵头》与《东海黄公》的故事有关。《中国戏剧史长编》在谈到"钵头"时，这样叙说：

> 故事发生的主因，在于"昔有人父为虎所伤"这情节，似乎和汉代角抵戏的"东海黄公"为一个故事的两个段节。"东海黄公"结尾是人虎相斗，而人被虎噬。……"钵头"也许仍为角抵戏，其终场则亦为人虎相斗，不过相反地虎为人杀。固然，"钵头"中为虎所噬者不见得即为"东海黄公"，但以两个故事的情节一相比证，其间未始没有演变的痕迹。③

赵兴勤承续了周贻白先生的说法，并对其进行扩展：东海黄公，年轻时能以术制虎，年迈后却为虎所伤。其子上山寻父，作"遭丧之状"。情节的发展顺理成章，并无丝毫牵强。……东海黄公既影响深远，广为人知，传播者在故事原型的基础上又有所生发、联想，创造出"寻父"之"子"这一角色，使原有情节有所发展，则是十分可能之事，与《踏摇娘》增出"典库"之思路同出一辙。④

二说孰是孰非？许多论者往往各持己见，莫衷一是。笔者以为，这一分歧

① 任半塘：《唐戏弄》，上海古籍出版社 1984 年版，第 296—297 页。

② 王宁：《唐戏"钵头"别解》，《民族艺术》2008 年第 4 期。

③ 周贻白：《中国戏剧史长编》，世纪出版集团、上海书店出版社 2004 年版，第 36—37 页。

④ 赵兴勤：《中国早期戏曲生成史论》，北京大学出版社 2015 年版，第 117 页。

恰恰道出了“钵头”的实质。王说旨在追索“钵头”一名的来历，周说则重在“钵头”故事的演变。二者一从形式，一从内容考察了“钵头”的来龙去脉。在《钵头》的研究史上，具有重要作用。但囿于条件和资料所限，二说对《钵头》的探讨所论未详，尚有补充之必要。

对“钵头”的探讨，需从语源学上去梳理。“钵”亦写作“盋”，为器皿。《说文解字》曰：“盋，器盂属，从皿犮声，或从金从本，北末切。”①《说文新附考》解释说：按钵起释氏所用，“盋”字《玉篇》尚无；《广韵》亦不列，正文十三末云“钵，亦作盋，知更晚出。”② 由此可见，“钵”起源于佛教，系佛教所用之器皿，有“钵盂”“衣钵”之称谓。“头”，古写作“頭”，首也，从页豆声。《礼记疏》曰：“頭，首也。不净不可与人，故自执之而以上头授人，所以为敬也。”③“钵头”一词最早出现于佛经。据佛经记载，古印度有“钵头摩花”，如《摩柯僧祇律》：“钵头摩花，茎分陀、利，花茎触彼身，作是言。”④ 所谓“钵头摩花”，亦作“特摩花”“波头摩花”或“般头摩花”，汉语译为红莲花、赤莲花，是印度人认为水生植物中最高贵的花；被佛经誉为七宝之一。佛教又把它和佛、菩萨顶上之高髻联系起来，《佛说观无量寿佛经》云：“次观大势至菩萨，此菩萨身量大小亦如观世音。……顶上肉髻如一钵头摩花，于肉髻上，有一宝瓶，盛诸光明，普现佛事。余诸身相，如观世音等，无有异。”⑤ 由此，“钵头”也可以指代头上之肉髻。而此肉髻，不特为大势至菩萨所独有，盖即佛和菩萨所共有者，乃佛三十二相之一，是身份尊贵的象征。“世尊顶上乌瑟腻沙，高显周圆，犹如天盖。”⑥ 这里的“乌瑟腻沙”指肉髻，“世尊”即如来，意思是如来头上的肉髻特别大，像天盖一样盖住头顶。佛教起自印度，因此说“钵头”来源于印度亦不无道理。

---

① 〔汉〕许慎：《说文解字》，中华书局1963年版，第104页。

② 〔清〕郑珍：《说文新附考》，清光绪五年姚氏刻咫进斋丛书本，第26页。

③ 〔汉〕郑玄注、〔唐〕孔颖达疏：《礼记疏》，清嘉庆二十年南昌府学重刊宋本十三经注疏，第61页。

④ 〔晋〕佛陀跋陀罗、法显译：《摩柯僧祇律》，大正新修大藏经本，第285页。

⑤ 〔南北朝〕畺良耶舍译：《佛说观无量寿佛经》，大正新修大藏经本，第7页。

⑥ 〔唐〕释澄观：《华严大疏钞》卷八十八，大正新修大藏经本，第1213页。

当然，“钵头”的起源，还有一个动听的传说。据记载：古印度有一个国王名“拔豆”，他治下的国家“拔豆国”常年遭受恶龙侵袭。人民伤亡惨重，怨声载道。拔豆王手下有一位将军叫阿休印，他武艺高强，能力敌群雄，因此，就被派去斩杀恶龙，为民除害。临行前，国王赐给他一匹白马。阿休印不负众望，克服重重困难，经过一番恶斗，终于将恶龙斩杀。由于白马在此过程中立下赫赫战功，因此被赐名“拔豆”。该传说记载在印度古圣歌《梨俱吠陀》中，名《拔头舞赞歌》。按:《梨俱吠陀》乃大型叙事史诗，主要叙述雅利安民族的起源，则《拔头舞赞歌》是“一个战歌，一个战斗的舞蹈，一个雅利安族对土著人民进行侵略扩张的历史记录。”①当地的土著，即那伽族（Naga），也就是蛇族，因此《拔头舞》表现为阿休印跨上神白马，与毒蛇战斗，最终马踏死蛇的故事。日本所藏《信西古乐图》保存有《拔头》《还城》二舞图。前者舞人一手触地，披发覆面，执短棒（桴）；后者一名《见蛇乐》，其舞人以木制的蟠蛇，置于舞台中央，作为答舞而存在。此说或许受王国维“钵头起于拔豆国”之影响，也未可知。

“钵头”流传到西域，其装饰发生了巨大变化。由于“钵头”象征高贵，一些士人、贵族纷纷仿效。但普通人非佛非菩萨，没有现成的肉髻，只好以帽或头饰代之。唐代慧琳《一切经音义》记载了这一事实，其“苏莫遮冒”条云：

下毛报反，《说文》云：小儿及蛮夷头衣也。……苏莫遮，西戎胡语也，正云飒莫遮。此戏本出西龟兹国，至今由（犹）有此曲，此国浑托、大面、拨头之类也。或作兽面，或象鬼神，假作种种面具形状，或以泥水霑洒行人，或持绢索搭钩，捉人为戏。每年七月初，公行此戏，七日乃停。土俗相传云：常以此法攘厌驱赶罗刹恶鬼食啗人民之灾也。”②

这则资料至少说明两个问题。其一，“钵头”（或作拨头）系小儿和蛮夷头衣之一种。既为头衣，则不仅仅为帽子，可能亦包括头上的各种装饰，诸如面

① 常任侠:《北朝的拔头舞探源》,《南亚研究》1979年第1期。

② 〔唐〕慧琳:《一切经音义》卷四十一，中国台湾大同书局1985年版（册二），第868页。

具、大头套等。唐代张祜《容儿钵头诗》:“争走金车叱鞅牛，笑声惟是说千秋。两边角子羊门里，犹学容儿弄钵头。”[①]杜甫诗《锦树行》有“生男堕地要膂力，一生富贵倾家国。莫愁父母少黄金，天下风尘儿亦得。”之句，赵云注曰:“生男有膂力之故，可以用武致功，取富贵，倾动家国;与美人容儿一顾倾人城，再顾倾人国之倾不同。”[②]可见，容儿，系唐时一美女，以表演“钵头”见长，以至于在千秋圣节，犹有人模仿容儿弄“钵头”。这里的“弄”当作表演讲。至于表演的内容，资料所限，无从得知。王宁据唐代诸文献有弄孔子、弄婆罗门、弄假官、弄假妇人等记载，推断此处的“弄”为戏弄，“钵头”应是具有某种特殊地位和特殊身份的“圣贤类”人物;并进而指出:容儿演出的“弄钵头”，和“钵头剧”有着本质区别。[③]任半塘则认为:“钵头之名，断与大面同，亦为种类名，并非剧名。”[④]所言甚是。

其二，“钵头”演出有驱傩之功效。西域人“常以此法攘厌驱赶罗刹恶鬼食啗人民之灾。”按:罗刹恶鬼，常与夜叉连在一起，民间传说主要以人为食物。《玉川子诗集注》在“罗刹”条曰:“此鬼食人，非遇黑风，事同飘坠。”[⑤]既为驱鬼，必有演出，演出的节目就是包括《钵头》在内的各种乐舞、戏剧。这种演出通常在每年七月初举行，七日而罢，对后世中国戏剧演出习俗的形成，或许有其影响。《东京梦华录》记载:“构肆乐人，自过七夕，便搬《目连救母》杂剧，直至十五日止，观者增倍。”[⑥]当这种演出传到中国的时候，情况有所变化。中国人认为:人为阳、鬼为阴，阴气重的时候，往往是妖魔鬼怪最为活跃的时候。冬季是令人恐惧的季节，要举行“大傩”以驱鬼。同样，岁首也是可怕的;要举行各种活动来逐疫。元宵节由此而来。元者，始也;宵者，夜也。合起来就是“最初的夜晚”。同时，“元宵”还是立春之后的第一个“月圆之夜”，对古

① 《全唐诗》卷511，中华书局1960年版，册五十，第5847页。

② 〔唐〕杜甫撰、〔宋〕郭知达注:《九家集注杜诗》，清文渊阁四库全书本，第300页。

③ 王宁:《唐戏“钵头”别解》，《民族艺术》2008年第4期。

④ 任半塘:《唐戏弄》，上海古籍出版社1984年版，第291页。

⑤ 〔唐〕卢仝撰、〔清〕孙之騄注:《玉川子诗集注》，清刻晴川八识本，第81页。

⑥ 〔宋〕孟元老等:《东京梦华录》(外四种)，中华书局1962年版，第49页。

人来说，意味着新岁的开始。[①] 在这样一个节日，演出“钵头”以驱鬼便由此变得合情合理。后世正月十五的“大头和尚”“大头娃娃”表演或从此出。

《钵头》作为戏剧而存在，最早见于唐杜佑《通典》，其文曰：“拨头出西域，胡人为猛兽所噬，其子求兽杀之，为此舞以象也。”[②] 按：杜佑，生活于唐代中期，官至宰相，著名的政治家、史学家，京兆万年（今陕西西安附近）人。应该对当时的宫廷演出非常熟悉，所记非虚。该剧敷演一个“为父报仇杀虎”的故事，突出的是“孝与勇”的主题。“杀虎”的母题，资料记载的很多。

《论衡》：“变复之家，谓虎食人者，功曹为奸所致也。其意以为：功曹，众吏之率；虎，亦诸禽之雄也。功曹为奸，采渔于吏，故虎食人以象其意。夫虎食人，人亦有杀虎。谓虎食人，功曹受取于吏；如人食虎，吏受于功曹也。”[③]

由此可见，“虎与人”的关系问题很早就进入文人视野，而且与当时的社会生活相联系。究其原因，《论衡》说得很明白：功曹，众吏之长；虎，诸禽之雄。虎食人，功曹取于吏；人食虎，吏取于功曹。后来，随着社会生活的日益丰富，“虎与人”的关系也逐渐变得复杂。虎几成为危害人类的力量的代名词，并慢慢演变出“白虎”的概念。《庾子山集注》记载：“秦昭襄王时，有一白虎常从群虎数游秦蜀巴汉之境，伤害千余人；昭王乃重募国中有能杀虎者，赏邑万家、金百镒。时有巴郡阆中夷人，能做白竹之弩，射杀白虎；昭王嘉之，乃刻石盟号为‘板楯蛮’。”[④] 到了魏晋南北朝时期，终于有一则“人虎相斗”的故事见于文学作品。《世说新语》言：

---

① 萧放：《岁时——传统中国民众的时间生活》，中华书局 2002 年版，第 115—116 页。

② 〔唐〕杜佑：《通典》卷一百四十六“散乐”条，浙江古籍出版社 2000 年版，第 764 页。

③ 〔汉〕王充：《论衡》卷第十六，四部丛刊景通津草堂本，第 154 页。

④ 〔南北朝〕庾信撰、〔清〕倪璠注：《庾子山集注》卷十四，清文渊阁四库全书本，第 545 页。

周处年少时，凶强侠气，为乡里所患。又义兴水中有蛟、山中有白额虎，并皆暴犯百姓，义兴人谓为三横，而处尤剧。……处即刺杀虎，又入水击蛟，……三日三夜，乡里皆谓已死，更相庆。竟杀蛟而出，闻里人相庆，始知为人情所患，有自改意。……处遂改励，终为忠臣孝子。①

这里突出的是周处的“勇与忠孝”，与《钵头》剧的主题一脉相承。由此也可以看出当时文学创作的一种倾向。我们可以试推之：《钵头》剧可能就产生于这一时期。此时统治者多胡人，《钵头》剧在宫廷宴飨时演出，主人公用胡人，突出其“孝与勇”，颇能讨得统治阶级的欢心。这也是《钵头》剧能够长期存在并盛演不衰的力量所在。

陈旸《乐书》载：“歌舞戏有《代面》《拨头》《踏摇娘》《窟儡子》等戏。明皇以其非正声，置教坊于禁中以处之；然置教坊以处杂戏可也，必于禁中者，岂古人所谓放郑声、远佞人之意耶！”② 这则材料说明：《钵头》剧在明皇前已存在，且很可能施于一些正式场合，比如祭祀、宴飨等；到明皇时，始觉其终非正声，遂放之于教坊以处之。但正如陈旸所分析的，置教坊以处杂戏可也；必于禁中者，就有点放郑声、远佞人的意思了。所谓“郑声”，颜师古注《汉书》曰，“郑国有溱洧之水，男女亟于其间聚会，故俗乱而乐淫。”③ 因此，后世多称淫荡、不雅正的音乐为“郑声”。那么，这样一个“杀虎报仇”、以“孝与勇”为主题的《钵头》剧怎么就成“郑声”了呢？显然不是。要理解这个问题，恐怕就要涉及中唐时期的社会追求了。

众所周知，唐朝建立后，佛道大兴。但统治阶级“一方面由于佛教已成为一种传统社会势力不得不加以尊重和利用，另一方面又高抬道教以抑制佛教，而其所真正注意的却是儒学。”④ 李世民就曾说：“朕今所好者，惟在尧舜之道，

① 〔南北朝〕刘义庆撰、刘孝标注：《世说新语》，四部丛刊景明袁氏嘉趣堂本，第145页。

② 〔宋〕陈旸：《乐书》卷一百八十七，清文渊阁四库全书本，第504页。

③ 〔汉〕班固：《汉书》，中华书局1997年版，第146页。

④ 侯外庐：《中国哲学简史》，中国青年出版社1963年版，第215页。

周孔之教。”终唐一世，这种对儒学的崇尚成为统治者的一贯追求。而作为宫廷宴飨礼乐而存在的《钵头》剧当然首先是为统治者服务的，这就要求其尽可能满足统治者的需要。初唐之时，由于统治者本身有胡人血统，再加上其所奉行的开放包容的文化政策，《钵头》剧可以照原样搬演。中唐以后，伴随着统治者血统的纯化（至少标榜的是这样）和儒学统治地位的渐趋确立，这种宣传胡人“孝与勇”的《钵头》剧就显得不伦不类了，于是就有了明皇“放郑声”的举措。后来，可能有人据此实行过改革，有意淡化主人公“出西域的胡人”身份，继续在宫廷演出。晚唐段安节《乐府杂录》记载的可能就是这种情况：“钵头，昔有人父为虎所伤，遂上山寻其父尸。山有八折，故曲八叠。戏者被发，素衣，面作啼，盖遭丧之状也。”①

以上基本梳理了《钵头》剧的演化轨迹。至于其表演情状，相关研究已较充分，兹不赘。总之，正如任半塘所归纳的，此时的《钵头》剧已经：

（一）采用歌曲，能多至八叠。

（二）配合动作以后，全剧所占之时间如何，不难想象。

（三）化装、表情与武术，既均针对主题，作专一之发挥，自迥出普通歌舞之外，非健舞、软舞、字舞、花舞、马舞、骨鹿舞、胡旋舞等可比。②

后世戏剧所有之元素，已经大体具备可见各种艺术走向综合的大趋势。

当然，这一时期的戏剧还有很多。任半塘《唐戏弄》列举的戏剧名称有《踏摇娘》《西凉伎》《苏莫遮》《兰陵王》《凤归云》《苏中郎》《舍利弗》《义阳主》《神白马》《旱税》《弄孔子》《樊哙排君难》《麦秀两歧》《灌口神队》《刘辟责买》。限于篇幅，不再一一论说。受宴飨礼乐的决定和影响，此一时期的戏剧尚缺乏独立品格，处于自为的演进过程中，发展非常缓慢。

---

① 〔唐〕段安节：《乐府杂录》，《中国古典戏曲论著集成》（一），中国戏剧出版社 1959 年版，第 46 页。

② 任半塘：《唐戏弄》，上海古籍出版社 1984 年版，第 293 页。

第三节　汉唐戏剧的特征

汉唐时期，中国封建社会的发展处于上升阶段，整体上呈现出博大、包容、开放的特点。与王朝的这种风格相一致，此时期的戏剧表现出如下特征。

首先，戏剧多在艺术方面展开。张衡《西京赋》曰："大驾幸乎平乐，张甲乙而袭翠被。……戏豹舞罴，白虎鼓瑟，苍龙吹篪；女娥坐而长歌，声清畅而蜲蛇。洪涯立而指麾，被毛羽之襳襹。……东海黄公，赤刀粤祝。冀厌白虎，卒不能救。挟邪作蛊，于是不售。"① 对这段材料进行考查，发现张衡记载的原来是一次大"酺"活动。举行"大酺"时，除了一起饮酒，还要一起娱乐。这一传统被后世继承，并发扬光大。如：

按每月皆有弦、望、晦、朔，以正月为初年，时俗重之，以为节也。《玉烛宝典》曰："元日至月晦，人并酺食、渡水，士悉湔裳酹酒于水湄，以为度厄。"今世人惟晦日临河解除，妇人或湔裙。又是月，民并酺、食之名，又似之矣。出钱为醵、出食为酺，竟分明。②

（隋炀帝）大业二年，突厥染干来朝，炀帝欲夸之，总追四方散乐，大集东都。初于芳华苑积翠池侧，帝帷宫女观之。有舍利先来，戏于场内；须臾，跳跃激水满衢，鼋鼍龟鳖，水人虫鱼，遍覆于地。又有大鲸鱼喷雾翳日，倏忽化成黄龙，长七八丈，耸踊而出，名曰黄龙变。又以绳系两柱，相去十丈，遣二倡女对舞，绳上相逢，切肩而过，歌舞不辍。……于端门外，建国门内，绵亘八里，列为戏场。百官起棚夹路，从昏达旦，以纵观之，至晦而罢。伎人皆衣锦绣缯綵，其歌舞者，多为妇人服，鸣环佩，饰以花毦者，殆三万人。……自是，每年以为常也。③

---

① 张启成、徐达:《汉赋今译》，贵州人民出版社，第 112—118 页。

② 〔南北朝〕宗懔:《荆楚岁时记》，民国景明宝颜堂秘笈本，第 5 页。

③ 〔唐〕魏征:《隋书·音乐志》，中华书局 1997 年版，第 195 页。

又一日，赐大酺勤政楼，观者数千万众。喧哗聚语，莫得闻鱼龙百戏之音。①

在这样的大“酺”活动中，各种技艺可以一起演出，相互切磋，对戏剧艺术的精进大有益处。除此之外，小规模的宴飨活动时有发生，并伴有乐舞、戏剧演出。（唐昭宗）光化四年（901）正月，宴于保宁殿，上制曲，名曰《赞成功》。时盐州雄毅军使孙德昭等，杀刘季述反正，帝乃制曲以褒之，仍作《樊哙排君难》戏以乐焉。② 中宗数引近臣及修文学士，与之宴集。尝令各效伎艺，以为笑乐。工部尚书张锡为《谈容娘舞》，将作大匠宗晋卿舞《浑脱》，左卫将军张洽舞《黄麞》。③

出土文物反映了这一时期乐舞、戏剧的发展状况。如著名的《韩熙载夜宴图》（图4—3）。图中，韩熙载亲自掌槌击鼓伴奏。鼓身高大，涂以红漆，鼓面向内倾斜，下有精致鼓座。鼓前方，一身材瘦小女子正在翩翩起舞。她叫王屋山，身穿窄袖短衫，长裙及地；双手叉腰，头反顾，作回旋踏步之状。

图4—3　韩熙载夜宴图

1975年，西安市韩森寨墓出土了唐参军戏陶俑（图4—4）。陶俑红陶彩绘，已脱落；头梳高髻，身穿长裙，胸部丰腴，显系女性。《旧唐书·高宗纪》载，“龙朔元年五月丙申，皇后请禁天下妇女为俳优之戏，诏从之。”④ 但此诏可能并没有严格执行，此后尚有阿布思妻、刘采春、吴姬等女优演出参军戏。因此，该图反映的应是盛唐、中唐时期的参军戏演出情况。从中可以看出：二人左手

① 〔唐〕段安节：《乐府杂录》，清守山阁丛书本，第4页。

② 〔宋〕王溥：《唐会要》，中华书局1955年版，第619页。

③ 〔五代〕刘昫：《旧唐书》“儒学传下”，中华书局1997年版，第2494页。

④ 〔五代〕刘昫：《旧唐书·高宗纪》，中华书局1997年版，第37页。

下垂，右手前指，正作滑稽表演，显得非常卖力。其表演艺术已经相当成熟，并形成了初步的“格范”。敦煌写本《妙法莲华经》题记曰：“余为初学读此经者，不识句文，故凭点。亦不看科段，亦不论起画，多以四字为句。”此处“科段”即“格范”，指规范化的程式表演动作。白居易诗《西凉伎》曰：

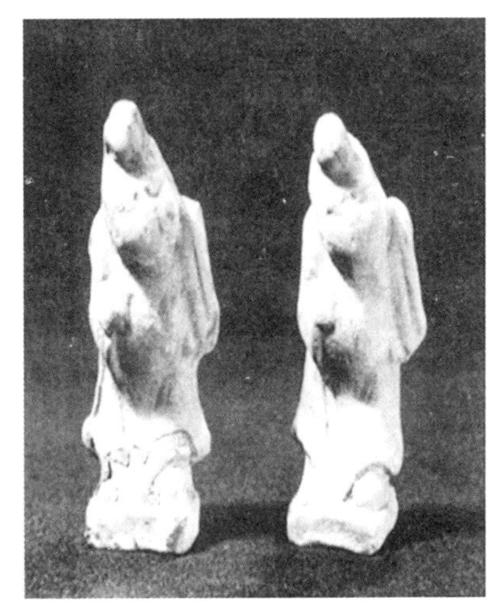

图 4—4　韩森寨墓唐参军戏陶俑

假面胡人假狮子，刻木为头丝作尾。金镀眼睛银帖齿，奋迅毛衣摆双耳。如从流沙来万里，紫髯深目两胡儿。鼓舞跳梁前致辞，应似凉州未陷日。安西都护进来时，须臾云得新消息。安西路绝归不得，泣向狮子涕双垂。凉州陷没知不知，狮子回头向西望，哀吼一声观者悲。[①]

这里，“致辞”“垂涕”“哀吼”等已为“格范”式表演。以“致辞”为例，唐大历年间诗人李端就曾作过一首《胡腾儿》诗：“胡腾身是凉州儿，肌肤如玉鼻如锥。桐布青衫前后卷，葡萄长带一边垂。帐前跪作本音语，拾襟搅袖为君舞。安西旧牧收泪看，洛下词人抄曲与。……胡腾儿、胡腾儿，故乡路断知不知。”[②] 对此，向达先生指出：

胡腾舞大约出于西域石国，舞此者多属石国人，李端诗“肌肤如玉鼻如锥”，则其所见之胡腾儿为印欧族之伊兰种人可知也。……“帐前跪作本音语，拾襟搅袖为君舞”，大约系指舞人起舞之先，必须略蹲以胡语致词，然后起舞。宋朝大曲，奏引子以后，竹竿子口号致语，李端所云之本音语，疑即大曲口号之大辂椎轮也。[③]

“致辞”“致词”“致语”，一字之差，表意相同。它们的大量出现，意味

① 〔唐〕白居易：《白氏长庆集》，四部丛刊景日本翻宋大字本，第 34 页。

② 〔清〕曹寅编：《全唐诗》卷二百八十四，清文渊阁四库全书本，第 1934—1935 页。

③ 向达：《唐代长安与西域文明》，河北教育出版社 2001 年版，第 66 页。

着汉唐戏剧表演“格范”的形成。此种表演分为“面部表情与行动中之身段手势两种”，前者“乃戏剧与歌唱或讲唱诸伎所共有”，后者为“戏剧与舞蹈共有之”。[①] 由此可以看出：此时期的戏剧尚缺乏独立品格，经常与音乐、舞蹈、杂技、幻术混杂在一起，而被冠以“乐舞”“百戏”“散乐”之称。

其次，受戏剧强调艺术性思潮的影响，对艺术的精益求精成为戏剧艺人的一种时代追求。由此，涌现出一批著名的戏剧艺人。在中国古代，戏剧艺人往往被称为“优”“优伶”“优倡”“俳优”等。谭帆《优伶史》曰：“优”一般分为“俳优”和“倡优”。“俳优”是指以诙谐嘲弄供人取乐的一类艺人；“倡优”则指歌舞、奏乐一类艺人；而“伶”是专指演奏音乐的艺人。[②] 这里，谭帆说的是先秦时期的情况。汉代以后，“优”与“伶”常常并称，成了歌舞、音乐、滑稽、百戏艺人的代名词。因此，汉代的“优伶”往往各种伎艺皆能；专业的戏剧艺人尚未出现。汉代见诸记载的艺人不多，有姓名可考者惟李延年和郭舍人。

李延年，系宦官，出身于一个音乐、舞蹈世家，擅歌舞。《汉书》卷九十三载：“李延年，中山人，身及父母兄弟，皆故倡也。……善歌，为新变声。”[③] 常侍于宴飨活动，“孝武亦爱李延年，帝数宴后庭或潜游离馆，故请奏机事，多以宦人主之。”[④] 因此，其表演艺术精进颇快，达到了很高的造诣。“帝所幸宫人名丽娟，……每歌，李延年和之于芝生殿，唱《回风之曲》。庭中花皆飞落。”[⑤] 唱歌而致花飞落，固有夸张，但李延年的演唱技艺由此可见。

郭舍人，所见资料不多，只知其为武帝时人，女性，善滑稽。“时有幸倡郭舍人，滑稽不穷。”[⑥]“郭舍人发言陈辞，虽不合大道，然令人主和乐。”[⑦] 此或开

---

① 任半塘：《唐戏弄》，上海古籍出版社1984年版，第947页。

② 谭帆：《优伶史》，上海文艺出版社1995年版，第2页。

③ 〔汉〕班固：《汉书》，中华书局1997年版，第1400页。

④ 〔南北朝〕范晔：《后汉书》，中华书局1997年版，第1023页。

⑤ 〔汉〕郭宪：《汉武洞冥记》，明颜氏文房小说本，第8页。

⑥ 〔汉〕班固：《汉书》，中华书局1997年版，第996页。

⑦ 〔南北朝〕刘义庆撰、刘孝标注：《世说新语》，四部丛刊景明袁氏嘉趣堂本，第130页。

后世“净旦”之先河。

魏晋南北朝时期，则有郭怀、袁信、云午、王洛、石董桶、高聪等。郭怀、袁信曾于广望观之下表演《辽东妖妇》，由于淫亵过度，以致道路行人掩目，足见扮相之逼真。后世“以男扮女”的传统由此肇始。[①]云午、王洛、高聪、石董桶等均系弄臣，以“滑稽讽谏”为能事。其中以石董桶的故事影响最大，《韵府群玉》载，“北齐，尉景为冀州刺史，大纳贿。神武令优者石董桶戏之，董桶剥景衣，曰：‘公剥百姓，董桶何为不剥？’”[②]此时的戏剧在两汉的基础上继续演进，表演艺术逐渐提高。

到了唐代，演员逐步走向专业化。不仅出现了专业化的戏剧演员，而且部分演员已有了专门擅长的剧目。任半塘《唐戏弄》列有唐代（兼及五代）戏剧演员 86 人，兹引如下：

表 4—1 唐、五代戏剧演员及其所演剧目一览表[③]

时期	演员及擅演剧目
初唐	张四称心襪子　何懿　安金藏
盛唐	张四娘《踏摇娘》　容儿《钵头》　阿布思妻《参军椿》　黄幡绰（参军戏） 张野狐（参军戏）　李仙鹤（参军戏）　李龟年（科白戏）　留杯亭　安不闹
中唐	成辅端《旱税》　孟思贤　周季南　周季崇　刘采春　阿轨　秋娘《义阳主》 高崔嵬
晚唐	李伯怜　康乃　米禾稼　米万槌　锦锦　赵万金　孙子多　祝汉贞（滑稽戏） 何岸高　曹叔度　刘泉水（弄参军）　孙乾　刘璃瓶（弄假妇人） 李可及（拍弹、参军戏）　范传康　上官唐卿　吕敬迁　冯季皋（参军戏） 吴姬（参军戏）　石野猪　郭外春　孙有态　刘真（弄假妇人）　李百魁 曹触新　石宝山　张隐　穆刀绫　安辔新　张廷范　恒直　米都知　胡趱 王舍城　干满川　白迦　叶珪　张美　张翱

① 谭帆：《优伶史》，上海文艺出版社 1995 年版，第 12 页。

② 〔元〕阴时夫辑、阴中夫注：《韵府群玉》，清文渊阁四库全书本，第 1114 页。

③ 任半塘：《唐戏弄》，上海古籍出版社 1984 年版，第 1046—1066 页。按：书名号表剧名，括号表剧类名，未标注为所擅长剧目不明者。

续表

时期	演员及擅演剧目
五代	杜洪　高贵卿　周匝　敬新磨　景进　史彦琼　郭门高　黄世明　唐朝美　朱国宾　杨婆儿　安悉香　孙延应　王彦洪　胡圭　赵廷规　杨于度（猴戏）　尚玉楼　靖边庭　李花开　申渐高　杨名高　杨花飞　王感化（滑稽戏）　李家明

从表4—1中可以看出：初唐处于过渡时期，基本上延续了之前的传统；盛唐、中唐时期，演员较多，且多数都有其代表剧目；晚唐、五代演员最多。这显示出戏剧艺术发展的现实状况，同时也是戏剧艺人逐步走向独立和自觉的体现。《乐府杂录》“俳优”条和《新五代史》“伶官传”的出现，可以说是这种现实的集中反映。正如刘守鹤《伶工专记·导言》所说：

关于伶工的记载，从来就不寂寞。如伶伦、师延、钟仪、优孟、优旃，郭舍人、古掾曹、万宝常、罗衣轻、李家明、宋尹文、王震、查八十、周侍虞……诸人的记载，在传记百家之书当中，形成一个重要的部分。中间以《五代史》“伶官传”为一大进步！因为关于伶工的事迹，以前都是杂记于风俗习尚所传说的记载中，如《拾遗记》之记师延，《西京杂记》之记古掾曹是。或是附记于政治历史的记载中，如《左传》之记钟仪，《史记》之记优孟是。到《五代史》“伶官传”，体例就由杂记与附记而进于专记了。①

除此之外，这一时期戏剧的演进还表现在以下几个方面。

一、戏剧艺人的技艺水平极大提高。以“李可及”为例，《乐书》卷一百八十二“乐图论”载，“唐咸通中，伶人李可及，善音律，尤能转喉为新声，音辞曲折，听者忘倦。京师屠酤少年效之，谓之‘拍弹’。时同昌公主丧除，懿宗与郭淑妃悼念不已，可及为《叹百年舞曲》。舞人皆盛饰珠翠，仍画鱼龙地衣以列之。曲终，乐阕，珠翠覆地，调语凄恻，闻者流涕。”② 可及不仅善歌舞，于滑稽调笑也有相当造诣。《唐阙史》有“李可及戏三教”，其文曰：

---

① 刘守鹤：《伶工专记·导言》，《剧学月刊》1932年第1期。

② 〔宋〕陈旸：《乐书》，清文渊阁四库全书本，第490页。

李可及者，滑稽谐戏，独出流辈。虽不能托讽匡正，然巧智敏捷，亦不可多得。……及倡优为戏，可及乃儒服纶巾，褒衣博带，摄齐以升崇座，自称“三教论衡”。其偶坐者问曰：“既言博通三教，释迦如来是何人？”对曰：“妇人。”问者惊曰：“何也？”对曰：“《金刚经》云：‘敷座而坐。’或非妇人，何烦夫坐，然后儿坐也？”上为之启齿。又问曰：“太上老君何人也？”对曰：“亦妇人也。”问者益所不谕。乃曰：“《道德经》云：‘吾有大患，是吾有身；及吾无身，吾复何患！’于有娠乎？”上大悦。又问：“文宣王何人也？”对曰：“妇人也。”问者曰：“何以知之？”对曰：“《论语》云：‘沽之哉！沽之哉！我待价者也。’向非妇女，待嫁奚为？”上意极宠欢。①

可见当时李可及的戏剧表演已达到相当水平。说他是全才，实不为过。

二、专门女演员（如张四娘、刘采春、阿布思妻等）的出现，扩大了戏剧的表现范围，提升了戏剧的表现力。此变化在参军戏的形态演变上表现最著。黎国韬认为：参军戏的形态在唐代发生了三次大的转变。第一次，参军戏中明确有了道具“笏”的使用和面部化装。前者系后世参军戏“秉简”“执梃”的滥觞；后者“以墨涂面”，为后世净脚面部化装的开始。第二次，陆羽《韶州参军》的出现并亲自参与演出，使得参军戏向“弄假官戏”转变。第三次，参军戏演出中出现了另一个重要角色，即“苍鹘”。② 这里值得注意的是第二次转变——“弄假官戏”的出现，使得女优装扮假官参与演出成为可能。有赵璘《因话录》为证：“肃宗宴于宫中，女优有弄假官戏，其绿衣秉简者谓之参军桩。天宝末，蕃将阿布思伏法，其妻配掖庭，善为优，因使隶乐工，是日遂为假官之长，所为桩者。”③ 而女优的参与演出，也造成了参军戏形态的变化。对此，黎国韬归纳了两条：其一，既云“假官之长”，则表明演出时绝不止于一个优人，阿布思妻以下当还有其他假官，而参军桩则是领导群优的演员，故称为“桩”；其二，绿衣。这与前代黄绢单衣有了显著不同，以后参军戏中的参军多著绿，

① 〔唐〕高彦休：《唐阙史》，明万历十六年谈长公抄本，第 17 页。

② 黎国韬：《古剧考源》，中山大学出版社 2011 年版，第 191—193 页。

③ 〔唐〕赵璘：《因话录》，清文渊阁四库全书本，第 1 页。

大约是自此开始的。[①] 前者意味着所演故事的扩大，后者则昭示演出服饰的变迁。

三、由演员的组织而形成戏班，为戏剧走向民间提供了可能，这是戏剧发展的必然。在隋唐宫廷，即有所谓“部”。如七部乐、九部乐、十部乐、鼓架部、熊罴部、龟兹部等。《广韵》曰：部，署也。《乐书》“乐图论”：唐明皇之在藩邸，有散乐一部。[②] 此所谓部，实际上就是一剧团。[③] 这种剧团之演于民间，始自盛唐。宋洪迈《容斋随笔》有：“比见坊邑相率为浑脱队，骏马胡服，名曰《苏莫遮》。旗鼓相当，腾逐喧噪，以礼义之朝，法胡虏之俗，非先王之礼乐，而示则于四方。”[④] 到开元年间，其演出已经非常普遍，而且可能产生了不良的社会效果。以至于政府要进行干预。开元二年（714）十月六日敕：“散乐巡村，特宜禁断。”[⑤] 晚唐，这种戏班已经发展得较为成熟。《酉阳杂俎》载：“成都有帖衙俳儿干满川、白迦、叶珪、张美、张翱等五人为火（伙），……后数日，监军院宴，满川等为戏，以求衣粮。少师李相怒，各杖十五，递出界。”[⑥] 任半塘就此认为：五人为伙，想已备生、旦、净、丑。……南方贾人，各以“火”自名。一“火”犹一部也。[⑦] 任氏此说云戏班，则妥；云“生、旦、净、丑已备”，此处尚显证据不足（待考）。但值得肯定的是，此处所言已属商业性质的演剧。这种演剧形式在后世颇为流行。

再次，随着戏剧表演艺术的发展，服饰、化装技术已具相当水平。汉代的服饰颇有特色，《后汉书》卷十一载：“有故祠甘泉，乐人尚共击鼓、歌舞，衣服鲜明。”[⑧]《玉台新咏笺注》之《古白鸿颂》有“琴筑纵横散，舞衣不复缝。”句，吴兆宜注曰：越隽国有吸花丝，凡花著之不即（及），堕落，用以织锦。汉

---

① 黎国韬：《古剧考源》，中山大学出版社 2011 年版，第 192 页。

② 〔宋〕陈旸：《乐书》，清文渊阁四库全书本，第 497 页。

③ 孙民纪：《优伶考述》，中国戏剧出版社 1999 年版，第 132 页。

④ 〔宋〕洪迈：《容斋随笔》，清修明崇祯马元调刻本，第 398 页。

⑤ 〔宋〕王溥：《唐会要》，清武英殿聚珍版丛书本，第 403 页。

⑥ 〔唐〕段成式：《酉阳杂俎》，四部丛刊景明本，第 124 页。

⑦ 任半塘：《唐戏弄》，上海古籍出版社 1984 年版，第 1059 页。

⑧ 〔南北朝〕范晔：《后汉书》，中华书局 1997 年版，第 172 页。

时，国人奉贡。武帝赐丽娟二两，命作舞衣。春暮，宴于花下。舞时，故以袖拂落，花满身都著，舞态愈媚，谓之“百花之舞”。[①] 由此可知，这种舞衣不仅“轻巧”，只有二两；而且有吸花之功效。到了唐代，“舞衣”更为讲究。《教坊记·圣寿乐》记载了当时的舞衣，“《圣寿乐》舞衣，襟各绣一大窠，皆随其衣本色。制纯缦衫，下才及带，若短汗衫者以笼之，所以藏绣窠也。舞人初出，乐次，皆是缦衣。舞至第二叠，相聚场中，即于众中从领上抽去笼衫，各纳怀中。观者忽见众女咸文绣炳焕，莫不惊异。”[②] 如上，虽所言为舞衣，当时戏剧服饰可见一斑。宋俊华博士论文《中国古代戏剧服饰研究》对汉唐戏剧服饰有如下断语：“汉唐戏剧无论是科白戏还是歌舞戏，戏装的穿戴多因剧情而设，但也表现出崇尚新奇的特点和程式化、符号化的发展趋势。”[③]

中国古代的化装技术起源很早，《汉书·礼乐志》载：“凡鼓八员、百二十八人，朝贺置酒陈前殿，房中不应经法；治竽员五人，楚鼓员六人，常从倡三十人，常从象人四人。”[④] 孟康注曰：“象人，若今戏虾、鱼、狮子者也。”韦昭说：“著假面者也。”二者一从内容、一从形式道出了象人之真谛。此为资料所见“象人”之作伎艺人之始，但所用为“面具”，并没有涉及化装。到了南北朝时期，即有“装面”之出现。《宋书》卷六十一载：“胡伎不得彩衣，舞伎正冬著袿衣，不得装面蔽花。”[⑤]《隋书·音乐志》在叙及“文康乐”时有：“亮卒，其伎追思亮，因假为其面，执翳以舞，象其容。”[⑥] 至唐，则化装技术已趋高度纯熟。这从“庞三娘”“颜大娘”两条资料可以看出：

庞三娘，善歌舞，其舞颇脚重，然特重装束。又有年，面多皱，帖以轻纱，杂用云母和粉蜜涂之，遂若少容。尝大酺汴州，以名字求雇。使者造门，既见，

① 〔南北朝〕徐陵辑、〔清〕吴兆宜注：《玉台新咏笺注》，清乾隆三十九年刻本，第87页。

② 任半塘：《教坊记笺订》，凤凰出版社2013年版，第49—50页。

③ 宋俊华：《中国古代戏剧服饰研究》，中山大学2002年度博士学位论文，第21页。

④ 〔汉〕班固：《汉书》，中华书局1997年版，第236页。

⑤ 〔南北朝〕沈约：《宋书》卷六十一，中华书局1997年版，第735页。

⑥ 〔唐〕魏征：《隋书·音乐志》，中华书局1997年版，第195页。

呼为“恶婆”。问庞三娘子所在。庞绐之曰：“庞三是我外甥，今暂不在，明日来书奉留之。”使者如言而至。庞乃盛饰，顾客不之识也。因曰：“昨日已参见娘子阿姨。”其变状如此，故坊中呼为“卖假金贼”！

有颜大娘，亦善歌舞。眼重脸深有异于众。能料理之，遂若横波，虽家人不觉也。尝因儿死，哀哭，拭泪，其婢见面，惊曰：“娘子眼破也！”①

此时或已具生、旦俊扮之观念，亦可达到“以假乱真”的水平。对此，任半塘先生《唐戏弄》认为：

一般面具，仅所以状威猛或奇特而已，能惊人，不能感人，与百戏之性质较接近。面具上亦有表情，但一具之表情定于一，具如不易，情必无改。后世净之涂面太浓厚，致妨害面部作复杂之表情。若生旦与丑之装面，眉梢眼角，秋杀春生，各因其神色而异，则大有助于复杂之表情。目的在有以感人，与面具截然不同。②

任半塘先生可谓一语中的。化装的使用增强了戏剧的表现力，在塑造人物性格方面发挥了重要作用。

最后，与场上表演相适应，此时的戏剧剧本表现为短而简。任半塘《唐戏弄》考有戏剧曲辞20首，兹引数例：

（1）《踏摇娘》：踏摇，和来！踏摇娘苦，和来！③

（2）成辅端《旱税》：秦地城池二百年，何期如此贱田园。一顷麦苗五石米，三间堂屋二千钱。④

（3）张说《苏莫遮》：摩遮本出海西湖，琉璃百服紫髯须。闻道皇恩遍宇宙，来将歌舞助欢娱。亿岁乐！

绣装帕额宝花冠，夷歌骑舞借人看。自能激水成阴气，不虑今年寒不寒。

① 任半塘：《教坊记笺订》，凤凰出版社2013年版，第60页。

② 任半塘：《唐戏弄》，上海古籍出版社1984年版，第957页。

③ 任半塘：《教坊记笺订》，凤凰出版社2013年版，第170—171页。

④〔五代〕刘昫：《旧唐书》，中华书局1997年版，第1867页。

亿岁乐！

腊月凝阴积帝台，齐歌急鼓送寒来。油囊取得天河水，将添万寿万年杯。亿岁乐！

寒气宜人最可怜，故将寒水散庭前。惟愿圣君无限寿，长取新年续旧年。亿岁乐！

昭成皇后之家亲，荣乐诸人不比人。往日霜前花委地，今年雪后树逢春。亿岁乐！①

（4）《陌上桑故事》：征夫数载，萍寄他邦。去便无消息，累换星霜。月下愁听砧杵起，寒雁南行。孤眠鸾帐里，枉劳魂梦，夜夜飞扬！想君薄行，更不思量。谁为传书语？表妾衷肠。倚牖无言垂血泪，暗祝三光。万般无奈处，一炉香尽，又更添香。

绿窗独坐，修得君书。征衣裁缝了，远寄边隅。想你为君贪苦战，不惮崎岖。终朝沙碛里，只凭三尺，勇战奸愚！岂知红脸，泪滴如珠。枉把金钗卜，卦卦皆虚。魂梦天涯无暂歇，枕上长吁。待公卿回故里，容颜憔悴，彼此何如！②

此处，（1）（4）为曲，（2）（3）是诗，但它们都系唱词，与后世杂剧、传奇的唱词结构非常相似。所不同的，前者只有唱词，剧本结构尚不完善；后者则唱词、说白兼备。这正体现出汉唐时期戏剧剧本的结构特点，即只记唱词，不及说白。《元刊杂剧三十种》延续了此种结构体例。这样的剧本往往只为场上搬演而设，较少文人的修饰与加工，基本上没有礼乐文化的渗透，因此，显得短而简。

总之，汉唐戏剧发端于上古原始乐舞，发展于宴飨礼乐活动。宴飨乐舞的审美性、娱乐性决定了此一时期的戏剧多在艺术方面展开，由此造就了一批著名的戏剧艺人，把他们称为“角儿”亦不为过。因此，这是一个戏剧“角儿制”的时代，而那些戏剧作者、编剧（如成辅端、陆羽辈）则淹没在历史的尘埃

① 〔唐〕张说：《张燕公集》，四部丛刊景明嘉靖本，第 60 页。

② 任半塘：《敦煌曲研究》，凤凰出版社 2013 年版，第 5 页。

中，并不为后人所熟知。同时，宴飨活动的随意性和可有可无性，又在一定程度上造成了中国古代戏剧的卑下品格。这种现象一直影响到后来，所谓“托体稍卑”者。[1]

① 王国维：《宋元戏曲史》“自序”，上海古籍出版社1998年版，第1页。

第五章

宋金宴飨戏剧的转型和发展

第一节　宋金时期宴飨演剧的转型（一）

诚如前述，宴飨用乐在宋元明清时期表现出两个鲜明的趋势和特征：一是传统伎艺类表演艺术持续发展并逐渐走向衰落、流入民间；二是儒家礼乐文化的植入，导致叙事文学、艺术的长足发展和繁荣。表现在戏剧方面，就是这一时期发生了从传统“伎艺类表演”向“叙事性表演”的转型，并由此导致了剧本文学的发达。[①] 这一转型就发生在宋金时期，以杂剧最为典型。

“杂剧”一词最早见于佛典《量处轻重仪本》，其文曰：“诸杂乐具，其例有四：一、八音之乐：一金乐，谓钟铃等；二石乐，谓磬等；三丝乐，谓琴瑟等；四竹乐，谓笙笛等；五匏乐，谓箜篌等；六土乐，即埙等；七革乐，谓鼓等；八木乐，即上音柷者也。二、所用戏具：谓傀儡戏、面竿、桡影、舞狮子、白马、俳优传述众像，变现之像也。三、服饰之具：谓花冠、帕索、裙帔、袍棂、缠束、杂彩、众宝、绮错之属也。四、杂剧戏具：谓蒲博、棋奕、投壶、牵道、六甲行成，并所须骰子、马局之属。已上四件并是淫荡之具。”[②] 显然，这里所谓的“杂剧”，是指蒲博、棋奕、投壶、牵道、六甲行成等博戏，具有争斗的意

① 当然，戏剧都是叙事的。但相比较而言，汉唐时期的戏剧更注重伎艺表演，而不着眼于叙事；宋元明清戏剧则相反，叙事性成为主要观照对象，伎艺表演则退居次要地位。

② 《大藏经》（册 45），新文丰出版公司影印，第 842 页。

义。时在唐高宗乾封二年（667），由此把“杂剧”的历史上溯到初唐时期。但此时的“杂剧”还只是一种竞技游戏，而非表演艺术。《古今图书集成·博物汇编艺术典》之《教坊记》一书载“杂剧”条目，其下列有歌舞戏、杂技、博戏、谐戏，可见这种“杂剧”已属表演艺术无疑。其特点是“形式多样，杂七杂八。”[①] 有点类似于后世的“花部戏剧”。

宋朝建立，在宴飨用乐方面多因袭唐代。“杂剧”形式驳杂的特点得以保留，如洪迈《容斋三笔》卷六载：“先忠宣公在北方，得唐人画骊山宫殿图一轴，华清宫居山巅，殿外垂帘，宫人无数，穴帘隙而窥，一时伶官戏剧，品类杂沓，皆列于下。”[②] 与此同时，统治者又对“杂剧”进行了创造性的改造。这种改造主要表现在以下三个方面。

第一，顺应“尊孔崇儒”的时代要求，杂剧演出禁止“以儒为戏”。赵宋立国，“尊孔崇儒”之风大盛。宋太祖开宝七年（974）二月，诏：“《诗》《书》《易》三经学究，以三经、三传资序入官。”[③] 宋太宗端拱元年（988）八月庚辰，“幸太学，命博士李觉讲《易》，赐帛。”[④] 从此，为皇帝专讲儒家经传的讲席——经筵遂成制度。每年春季二月至端午节、秋季八月至冬至日为讲习期，由太学生、翰林侍讲学士和崇政殿说书任讲官，逢单日轮流进行讲读。不仅如此，统治者还把这种风气延及民间。至道三年（997），宋真宗亲访孔子嫡孙，以孔子第45世孙孔延世为曲阜县令，袭封文宣公；并赐九经及太宗御书、祭器加银帛，令本道转运使、本州长史待以宾礼。[⑤] 大中祥符五年（公元1012年），宋真宗作《崇儒术论》，把“尊孔崇儒”作为基本国策制度化，并改孔子谥号为“至圣文宣王”；还令邢昺、杜镐、孙奭等校定《周礼》《仪礼》《公羊传》《穀梁传》《孝经》《论语》《尔雅》义疏，进一步使儒经注疏官方化。

---

① 刘晓明：《杂剧形成史》，中华书局2007年版，第94页。

② 〔宋〕洪迈：《容斋随笔》之《容斋三笔》卷六，上海古籍出版社2015年版，第270—271页。

③ 〔元〕脱脱：《宋史》，中华书局1997年版，第41页。

④ 同上书，第83页。

⑤ 〔宋〕李焘：《续资治通鉴长编》，中华书局1985年版，第338页。

受“尊孔崇儒”时代风尚的影响，北宋前、中期的杂剧演出禁止“以儒为戏”。

至道二年重阳，皇太子、诸王宴琼林苑，教坊以夫子为戏者，宾客李至言于东朝曰：“唐大和中，乐府以此为戏，文宗遽令止之，笞伶人，以惩其无礼。鲁哀公以儒为戏尚不可，况敢及先圣乎？”东朝惊叹，言于上而禁止之，此戏遂绝。[①]

这是一次公开的宴会，参加者有皇太子与诸王，宴会地点选择在琼林苑。（按：琼林苑位于汴京（今河南开封）城西，坐南朝北，与金明池相对。宋乾德二年（964）置，是皇帝于殿试后宴请新科进士的地方，俗称“琼林宴”；后泛指京都宴请新进士之所。）皇太子与诸王在这里举行宴会，具有国家象征意义，自然不能有损国家形象。像这样“戏耍先圣”的事情，只能下令禁止。但政策的落实，往往不能尽如人愿。直到北宋中期，此类杂剧演出还时有发生。《古今事文类聚前集》载：“韩魏公言，狄青作定副帅，一日宴公，惟刘易先生与焉。易性素疏吁，时优人以儒为戏，易勃然谓：‘黔卒，敢如此？’”[②] 此为私人宴会，参加者只有狄青和刘易。但即使是这样的宴会，也不能“以儒为戏”，以至于像刘易这种性颇疏吁的人，见此情景也会勃然大怒，严加斥责。北宋“不准以儒为戏”的禁令之严由此可见。

除此之外，北宋时期的杂剧演出还有诸多限制。《续资治通鉴长编》卷八十载：

（真宗大中祥符六年），荣王元俨尝侍宴，颇多言。又尝请石保吉伶人新隶教坊者作戏，及赴北园御筵，有伶人少不中意，元俨遽叱之，将加捶挞，官僚皆莫敢谏。既而对上，复请此伶人作戏，上不悦，他日以语王旦等曰：“朕昔与

① 〔宋〕杨亿、陈师道撰，李裕民、李伟国辑校：《杨文公谈苑》，《历代笔记小说大观》，上海古籍出版社2012年版，第14页。

② 〔宋〕祝穆：《古今事文类聚》卷四十三“艺术部”，上海古籍出版社1992年版，第716页。

诸王侍宴，何敢如此？弟兄相接，亦无游谈。”①

从中可以看出：杂剧演出时，对伶人的限制之严和多。少不中意，就会受到与会者的斥责和捶挞。在多方的共同努力下，到北宋中期，杂剧终于走上了一条“合礼”的道路。天禧二年（公元 1018 年）九月辛巳，太子宾客李迪言：昨日东宫赐宴，臣获陪侍皇太子，举动由礼，不轻放，伶官杂剧未尝接目，瞻仰无不恭肃。②

第二，响应“针讽时事”的社会需求，杂剧演出多以“反映社会现实问题”为旨归，由此促进了“滑稽讽刺剧”的发达。北宋杂剧继承了唐代参军戏“针讽时事”的传统，并把其继续发扬光大。举凡时政热点、社会问题、文人轶事等都可以列入伶人“针讽”的范围。具体来说，初、中期以“闲话佚文”为主。如讽刺当时文人的不学无术：

祥符、天禧中，杨大年、钱文僖、晏元献、刘子仪以文章立朝，为诗皆宗李义山，后进多窃义山语句。尝内宴，优人有为义山者，衣服败裂，告人曰：“吾为诸馆职挦扯至此。”闻者欢笑。③

李义山，是“西昆体”诗人所师法的对象。“西昆体”系宋初诗坛上的一个诗歌流派，因《西昆酬唱集》而得名，代表人物有杨亿、刘筠、钱惟演等，他们的诗歌往往是互相唱和、点缀升平，追求形式美，没有什么实际内容。杂剧中，优人扮作李义山，衣衫褴褛地出现在众人面前，口称被“挦扯至此”，实则讽刺当时的一些馆阁成员不学无术，抄袭成风。

反映赏花钓鱼宴上的尴尬，如：

赏花钓鱼会赋诗，往往有宿构者。天圣中，永兴军进“山水石”；适会宴，命赋“山水石”，其间多荒恶者。盖出其不意耳。中坐优人入戏，各执笔若吟咏

① 〔宋〕李焘：《续资治通鉴长编》卷八十，中华书局 1985 年版，第 702 页。

② 〔宋〕彭百川：《太平治迹统类》卷六，清文渊阁四库全书本，第 138 页。

③ 〔宋〕刘攽：《中山诗话》，收入何文焕编《历代诗话》，中华书局 1981 年版，第 287 页。

状。其一人忽仆于界石上，众扶掖起之。既起，曰："数日来作一赏花钓鱼诗，准备应制，却被这石头擦到！"左右皆大笑。翌日，降出其诗，令中书铨定。秘阁校理韩义最为鄙恶，落职，与外任。①

上述材料反映的是赏花钓鱼宴上大臣们的种种丑态。为了讨好皇上，他们提前准备好应对诗作。但面对仁宗一时兴起的临时命题，他们顿时慌了手脚，丑态百出。伶人只好打诨，说其灵感被石头"擦到"。但这样的插科打诨往往能起到意想不到的现实效果，秘阁校理韩义就因此被落职外任。

中期，尤其是熙宁以后，以反对王安石的"新法"为主。"熙宁新法"一石激起千层浪，许多保守派大臣以维护祖宗之法为名，与变法派展开了激烈的斗争，其手段可谓五花八门。此时，心系时政的伶人们也纷纷以自己的方式对新法提出抗议。

（神宗）熙宁九年，太皇生辰，教坊例有《献香杂剧》。时判都水监侯叔献新卒。伶人丁仙现假为一道士善出神，一僧善入定。或诘其出神何所见。道士云："近曾出神至大罗，见玉皇殿上有一人，披金紫，熟视之，乃本朝韩侍中也，手捧一物。窃问傍立者，云：'韩侍中献国家金枝玉叶，万世不绝图。'僧曰：'近入定到地狱，见阎罗殿侧有一人，衣绯，垂鱼。细视之，乃判都水监侯工部也，手中亦擎一物。窃问左右，云：'为奈河水浅。献图欲别开河道耳。'"时叔献兴水利，以图恩赏，百姓苦之，故伶人有此语。②

这里，伶人丁仙现先是扮作道士，声称出神时来到玉皇殿，看到已经去世的韩侍中披金戴紫；之后又扮作僧人来到地狱，看到刚刚死去的判都水监侯叔献，准备献水利图以别开奈河河道。叔献原为秘书丞，熙宁三年（公元1070年）被任命为都水监丞，主管汴河沿岸淤田，是新法的主要支持者和执行者。但在丁仙现的杂剧中，叔献只能下地狱，保守派大臣韩侍中却喜居玉皇殿。伶人的政治立场及其对新法的态度相当明确。

---

① 〔宋〕范镇撰、汝沛点校：《东斋纪事》卷一，中华书局1980年版，第3页。

② 〔宋〕彭乘：《续墨客挥犀》，《笔记小说大观》（四册），中国台湾新兴书局1988年版，第2491页。

熙宁间，王介甫行新法，欲用人材，或以选人为监司。赵济、刘谊皆雄州防御推官，提举常平等事。荐所部官改官，而举将自未改官。盖用才不限资格，又不欲便授品秩，且惜名器也。其时多引人上殿。伶人对上作俳，跨驴直登轩陛，左右止之。其人曰："将谓有脚者尽上得。"荐者少沮。①

王安石变法本为富国强兵，利及千秋，具有极强的现实针对性。但由于种种原因，最后归于失败。究其根本原因，守旧派的反对固然是一方面，但用人的失误也是一个重要因素。正如叶梦得所指出的："自王荆公欲广收人才，于是不以品秩高卑皆得晋谒，然自是不无夤缘干求之私。"②"凭依小人，日满其门，进退荣悴，系于事之兴废，竞为谄词以悦之，忿言以怒之，使其持之益坚，期于必胜，不问义理之所在。"③这里，优人以胯下之驴比喻王安石起用、擢拔的人才，登不了大雅之堂，其讽刺可谓十分辛辣。

后期，则以揭露徽宗朝的政治黑暗为主。到徽宗时期，北宋王朝经过一百多年的发展，社会经济高度发达，人民生活极大改善。社会的长期稳定带来物质和精神产品的空前丰富。"太平日久，人物繁阜，垂髫之童，但习鼓舞，不识干戈，时节相次，各有观赏。"④但与之相伴随的却是政治腐败、社会黑暗、党争激烈。洪迈《夷坚志》丁集（卷四）载：

蔡京作相，弟卞为元枢。卞乃王安石婿，尊崇妇翁。当孔庙释奠时，跻于配享而封舒王。优人设孔子正坐，颜、孟与安石侍坐侧。孔子命之坐，安石揖孟子居上，孟辞曰："天下达尊，爵居其一，轲仅蒙公爵，相公贵为真王，何必谦光如此。"遂揖颜子，颜曰："回也陋巷匹夫，平生无分毫事业；公为名世真

① 〔宋〕朱彧撰、李伟国点校：《萍洲可谈》（卷三），上海古籍出版社1989年版，第59页。

② 〔宋〕叶梦得撰、侯忠义点校：《石林燕语》（卷六），中华书局1984年版，第89页。

③ 〔宋〕李常：《上神宗论王安石》，《宋朝诸臣奏议》卷一一四"新法六"，上海古籍出版社1999年版，第1244页。

④ 〔宋〕孟元老：《东京梦华录·序》，《东京梦华录》（外四种），中华书局1962年版，第1页。

儒，位号有间，辞之过矣。”安石遂处其上。夫子不能安席，亦避位。安石惶惧拱手，不敢往复，未决。子路在外，愤愤不能安，径趋从祀堂，挽公冶长臂而出。公冶长为窘迫之状，谢曰：“长何罪？”乃责数之曰：“汝全不救护丈人，看取别人家女婿。”其意以讥卞也。时方议欲升安石于孟子之右，为此而止。①

崇宁年间，一座新辟雍落成，诏王安石配享文宣王庙。正值王安石的女婿蔡汴主管此事，在预设座次时，准备把王安石排在孟子之上。众大臣反对无效，于是便联手伶人上演了一出杂剧，却收到了意想不到的现实效果。

崇宁二年，铸大钱，蔡元长建议，俾为折十。民间不便。优人因内宴，为卖浆者，或投一大钱，饮一杯，而索偿其馀。卖浆者对以方出市，未有钱，可更饮浆。乃连饮至于五六，其人鼓腹曰：“使相公改作折百钱，奈何！”上为之动。法由是改。②

铸大钱本为解决朝廷财政紧张的问题，但由此却带来了新的问题，造成了“物重钱轻”的恶果，甚至引起市民的恐慌情绪。“市区昼闭，人持钱买物，至日旰，煌煌无肯售。”③不法之徒趁机哄抬物价，“规利冒法，销毁当二小平钱，所在盗铸，滥钱益多，百物增价。”④人民深受其苦，优伶方有此剧。

崇宁初，斥远元祐忠贤，禁锢学术，凡偶涉其时所为所行，无论大小，一切不得志。伶者对御为戏：推一参军作宰相，据坐，宣扬朝政之美。一僧乞给公据游方，视其戒牒，则元祐三年者，立涂毁之，而加以冠巾。一道士失亡度牒，闻被载时，亦元祐也，剥其羽服，使为民。一士人以元祐五年获荐，当免举，礼部不为引用，来自言，即押送所属屏斥。已而，主管宅库者附耳语曰：“今日在左藏库，请相公料钱一千贯，尽是元祐钱，合取钧旨。”其人俯首久之，

---

①〔宋〕洪迈：《夷坚支志》乙卷四，清景宋抄本，第 67 页。

②〔宋〕曾敏行撰、朱杰人点校：《独醒杂志》（卷九），上海古籍出版社 1986 年版，第 86 页。

③〔元〕脱脱：《宋史》卷三二八“章楶列传”，中华书局 1997 年版，第 10591 页。

④〔元〕脱脱：《宋史》卷一百八十“食货下”，中华书局 1997 年版，第 4391 页。

曰："从后门搬入去。"副者举所持梃杖其背，曰："你做到宰相，元来也只要钱！"是时，至尊亦解颜。[①]

杂剧中的僧人、道士，由于标志其身份的戒牒、度牒系元祐年间所颁发，则不被当朝者认可，虽显夸张，但徽宗朝的党争之激烈可见一斑。

中国社会的"优谏"传统历史悠久。早在先秦时期，就有"瞽矇箴诵"之说。《国语·周语》载："故天子听政，使公卿至于列士献诗。瞽献曲，史献书，师箴，瞍赋，矇诵，百工谏，庶人传语，近臣尽规，亲戚补察，瞽史教诲，耆艾修之，而后王斟酌焉；是以事行而不悖。"[②]瞽者，乐大师；矇者，又称矇史，史大师。瞽矇，即司乐、司史之官。《周礼》有："瞽矇，掌播鼗、柷、敔、埙、箫、管、弦、歌。讽诵诗，世奠系，鼓琴瑟。掌《九德》、六诗之歌，以役大师。"[③]春秋战国，优人的活动空前增多。见于史籍的"优谏"事迹如"言无邮""易哉为君""贱人贵马""持廉至死""桀纣并世"等。秦汉有"虽短休居""令麋鹿触寇""漆城荡荡""尚何还顾""伊优亚""客来东方"。此一时期的"优谏"以语言为主要表达方式，具有临事当场而发的特点，带有极强的偶然性。当然，也有例外，如戏剧界所熟知的"优孟衣冠"的故事（任中敏《优语集》表述为"持廉至死"）：

楚相孙叔敖，知其贤人也，善待之。病且死，属其子曰："我死，汝必贫困。若往见优孟，言我孙叔敖之子也。"居数年，其子穷困负薪，逢优孟，与言曰："我，孙叔敖子也。父且死时，属我贫困往见优孟。"优孟曰："若无远有所之。"即为孙叔敖衣冠、抚掌谈语。岁余，像孙叔敖，楚王及左右不能别也。庄王置酒，优孟前为寿。庄王大惊，以为孙叔敖复生也，欲以为相。优孟曰："请归与妇计之，三日而为相。"庄王许之。三日后，优孟复来。王曰："妇言谓何？"孟曰："妇言慎无为，楚相不足为也。如孙叔敖之为楚相，尽忠为廉

---

① 〔宋〕洪迈撰、何卓点校：《夷坚志》卷四"优伶箴戏"，中华书局1981年版，第822页。

② 〔三国〕韦昭注：《国语韦氏解》卷一，士礼居丛书景宋本，第4页。

③ 陈戍国点校：《周礼·仪礼·礼记》，岳麓书社1989年版，第64页。

以治楚，楚王得以霸。今死，其子无立锥之地，贫困负薪以自饮食。必如孙叔敖，不如自杀。”因歌曰：“山居耕田苦，难以得食。起而为吏，身贪鄙者余财，不顾耻辱。身死家室富，又恐受赇枉法，为触大罪，身死而家灭。贪吏安可为也！念为廉吏，奉法守职，竟死不敢为非。廉吏安可为也！楚相孙叔敖持廉至死，方今妻子穷困负薪而食，不足为也。”于是庄王谢优孟，乃召孙叔敖子，封之寝丘四百户，以奉其祀。后十世不绝。此知可以言时矣。[①]

此处，孙叔敖向楚王进谏时：是经过长期准备的——“岁余”；有服饰——“为孙叔敖衣冠”；有表演——“抚掌”；有语言——“谈语”；产生了以假乱真的效果——“楚王及左右不能别也”。据此，任中敏指出：“此剧有衣冠、眉目、置酒、惊殿、命相、谋妇、复命、歌廉，在在是行动，是戏事。”[②]周贻白先生则认为：“优孟虽然模仿孙叔敖的衣冠动作而得其神似，但其目的既非要表现孙叔敖的生平行为，或者某一时期的政治活动，也不是规定情节而用这个人物来表达其事；换言之，他只是模仿了一个人物的语言动作，并不是故事表演。”[③]不管“优孟衣冠”的故事是否为戏剧，其有表演是肯定的。因此，我们可以说“优孟衣冠”的故事开中国“表演以优谏”传统之端绪。但此时的“优谏”，尚以语言为主，表演只作为辅助手段。

魏晋南北朝隋至唐宋，“优谏”进入了一个新的发展阶段。“优谏”史料大量出现，尤以唐宋更为集中，唐代 44 个、五代 31 个、北宋 52 个。[④]“优谏”表现出鲜明的时代特点，即为一事而演一剧，表演性质开始突出。当这种演出被保存下来、用于相似的其他事件或供人娱乐的节目，从而其主要功能转变为观赏性时，“优谏”的表演便转化为戏剧。此时，“优谏”的功能得以保留。“优谏”的传统刺激并推动了杂剧的发展，杂剧的演出反过来又延续了“优谏”的传统。正如洪迈《夷坚志》所言：“俳优侏儒，周技之下且贱者，然亦能因戏语

① 〔汉〕司马迁：《史记・滑稽列传》，中华书局 1997 年版，第 3201—3202 页。

② 任中敏：《优语集》，凤凰出版社 2013 年版，第 9 页。

③ 周贻白：《中国戏曲发展史纲要》，上海古籍出版社 1979 年版，第 3 页。

④ 任中敏：《优语集》，凤凰出版社 2013 年版，第 38—150 页。

而箴讽时政，有合于古矇诵工谏之义，世目为杂剧者是已。”[①]

第三，适应宴飨礼乐仪式化、政教化的需要，杂剧演出追求叙事化。戏剧是“以歌舞演故事”，它既是艺术，又是文学。如果说宋代以前的戏剧侧重在艺术方面展开的话，很明显南戏、元杂剧、明清传奇则偏向于文学方面的渲染，即故事。这种转型就发生在宋代，尤其是北宋时期。而推动其转化的根本动力就是宴飨礼乐仪式化、政教化的需要。要说明这个问题，还得从宋人的“音乐观念”谈起。陈旸在《乐书·序》中开宗明义说：

呜呼！《乐经》之亡久矣。情文本末，湮灭殆尽！心达者体知而无师，知之者欲教而无徒。后世之士，虽有论撰，亦不过出入先儒臆说而已。是以声音所以不和者，以乐不正也；所以不正者，以经不明也。臣之论载，大致据《经》考《传》，尊圣人，折诸儒，追复治古，而是正之。[②]

陈旸，福州闽清（今属福建省）人，字晋之。其生卒年大概在仁宗庆历五年（公元1045年）至徽宗政和三年（公元1113年）。[③]官至顺昌军节度推官、太常丞、讲议司参详礼乐官、礼部员外郎、太常少卿、礼部侍郎。[④]由其熟悉当时礼乐可知，他的礼乐观代表了北宋王朝对礼乐的态度。陈旸写作《乐书》的主要目的是“正乐”，面对中唐以后政局动乱、雅乐失坠、杂乐纷呈的局面，他指出：

臣窃尝推后世音曲之变，其异有三：古者乐章或以讽谏，或导情性，情写于声，要非虚发。晋宋之下，诸儒衔采，并拟《乐府》，作为华辞，本非协律，由是诗、乐分为二途，其间失传、谬述去本愈远，此一异也。古者乐曲辞句有常，或三言、四言以制宜，或五言、九言以投节，故含章缔思，彬彬可述。辞

---

① 〔宋〕洪迈撰、何卓点校：《夷坚志》卷四“优伶箴戏”，中华书局1981年版，第822页。

② 〔宋〕陈旸：《乐书》（第一册），据国家图书馆元至正七年福州路儒学刻明修本影印，第3页。

③ 许在扬：《陈旸及其〈乐书〉研究中的一些问题》，《黄钟》2008年第2期。

④ 〔元〕脱脱：《宋史》，中华书局1997年版，第1983页。

少，声则虚，声以足曲，如《相和歌》中有“伊夷吾邪”之类，为不少矣。唐末俗乐盛传民间，然篇无定句，句无定字，又间以优杂荒艳之文，闾巷谐隐之事，非如《莫愁》《子夜》，尚得论次者也。故自唐而后，止于五代，百氏所记，但记其名无复记辞，以其意亵言慢无取苟耳，此二异也。古者大曲咸有辞解，前艳后趋，多至百言，今之大曲以谱字记其声，折慢迭既多，尾使又促，不可以辞配焉，此三异也。①

面对这种情况，陈旸严格区分了“雅乐”与“俗乐”，并把“雅乐”之外的其他乐舞形式统统归之于“俗乐”，“非雅则俗，非典礼与祭祀用乐则归之为俗，不合先王之制也归之为俗。”② 与此同时，他主要从声音、用乐规格、乐章、乐舞等几个方面对当时流行之音乐进行规范。当时的统治者实践了陈旸的主张，并把这种规范施于宴飨所用之乐。

政和四年正月，大晟府言：“宴乐诸宫调多不正，如以无射为黄钟宫，以夹钟为中吕宫，以夷则为仙吕宫之类。又加越调、双调、大食、小食，皆俚俗所传，今以月律改定。”诏可。③

宴乐本杂用唐声调，乐器多夷部，亦唐律。徵、角二调，其均自隋、唐间已亡。政和初，命大晟府改用大晟律，其声下唐乐已两律。然刘昺止用所谓中声八寸七分琯（管）为之，又作匏、笙、埙、篪，皆入夷部。至于徵招、角招，终不得其本均，大率皆假之以见徵音。然其曲谱颇和美，故一时盛行于天下，然教坊乐工嫉之如仇。其后，蔡攸复与教坊用事乐工附会，又上唐谱徵、角二声，遂再命教坊制曲谱，既成，亦不克行而止。然政和徵招、角招遂传于世矣。④

在对宴飨礼乐进行规范、使之仪式化的过程中，北宋王朝还将儒家礼乐文

---

① 〔宋〕陈旸：《乐书》（第三十册），据国家图书馆元至正七年福州路儒学刻明修本影印，第 17 页。

② 许在扬：《陈旸及其〈乐书〉研究中的一些问题》，《黄钟》2008 年第 2 期。

③ 〔元〕脱脱：《宋史》，中华书局 1997 年版，第 3019 页。

④ 同上书，第 3026 页。

化植入宴飨用乐，充分实现其“政教”功能。为此，他们主要做了两件事。一是重用儒臣来制定和完善宴飨用乐。政和六年，诏：“大晟雅乐，顷岁已命儒臣著乐书，独宴乐未有纪述。其令大晟府编辑八十四调并图谱，令刘昺撰以为《宴乐新书》。”[①] 刘昺，字子蒙。元符末年，中进士，任太学博士，迁秘书省正字、校书郎。后擢为大司乐、付以乐正。遂引蜀人魏汉律铸《九鼎》，作《大晟乐》。按章太炎《国故论衡》，“儒”有三义：一为“达名”之儒，指术士而言；二为“类名”之儒，指从事礼乐教化之人；三为“私名”之儒，指孔子所创儒家学派。[②] 很明显，刘昺属于第二类。他参与宴飨礼乐创作，必然把儒家礼乐文化纳入其中。二是利用各种宴飨乐章、节目宣传礼乐文化。兹举“淳化乡饮酒礼乐章”一则来说明问题。

鹿鸣呦呦，命侣与俦。宴乐嘉宾，既献且酬。献酬有序，休祉无疆。展矣君子，邦家之光。

鹿鸣呦呦，在彼中林。宴乐嘉宾，式昭德音。德音愔愔，既乐且湛。允矣君子，实慰我心。

鹿鸣呦呦，在彼高冈。宴乐嘉宾，吹笙鼓簧。币帛戋戋，礼仪跻跻。乐只君子，利用宾王。

鹿鸣相呼，聚泽之蒲。我乐嘉宾，鼓瑟吹竽。我命旨酒，以燕以娱。何以赠之？玄纁粲如。

鹿鸣相邀，聚场之苗。我美嘉宾，令名孔昭。我命旨酒，以歌以谣。何以置之？大君之朝。

鹿鸣相应，聚山之荆。我燕嘉宾，鼓簧吹笙。我命旨酒，以逢以迎。何以荐之，扬于王庭。[③]

从中可以看出：北宋宴飨乐章继承“三代”传统，以《鹿鸣》为题，以四

---

① 〔元〕脱脱：《宋史》，中华书局1997年版，第3019页。

② 章太炎：《原儒》，《章太炎儒学论集》（下），四川大学出版社2011年版，第953—954页。

③ 〔元〕脱脱：《宋史》，中华书局1997年版，第3295—3296页。

字句为体。但其内容已经做了改动，突出了儒家“德政”和“君子”人格，“宴乐嘉宾，式昭德音。德音愔愔，既乐且湛。允矣君子，实慰我心。”“展矣君子，邦家之光。”“乐只君子，利用宾王。”这样的宴飨乐章，也只能施于“大君之朝”或者“王庭”。北宋时期儒家礼乐文化对乐舞、戏剧的渗透可以说是无孔不入。

正是在此背景下，杂剧在北宋中后期开始转向“叙事化”，即由“滑稽以讽谏”向“叙述故事”转变。《官本杂剧段数》载有“王子高六幺”杂剧，其本事见于赵彦卫《云麓漫钞》：

王迥，字子高，族弟子立为苏黄门婿，故兄弟皆从二苏游，子高后受学于荆公。旧有周琼姬事，胡徽之为作传，或用其传作《六幺》，东坡复作《芙蓉城诗》以实其事。迥后改名蘧，字子开，宅在江阴。予曩居江阴，常见其行状，著受学荆公甚详。[①]

朱彧《萍洲可谈》亦载：

朝士王迥，美姿容，有才思，少年时不甚持重，闲为狎邪辈所诬，播入乐府，今六幺所歌“奇俊王家郎”者，乃迥也。元丰中，蔡持正举之，可任监司。神宗忽云：“此乃奇俊王家郎乎？”持正叩头谢罪。[②]

刘晓明在对上述两则材料进行比较后，指出：《王子高六幺》杂剧与《萍洲可谈》“播入乐府，今六幺所歌‘奇俊王家郎’者”毕竟性质不同，前者是代言体表演，后者乃“乐府”，或者夹有说唱，但尚无证据证明此“乐府”为扮演王子高。[③] 其实，“王子高遇仙一事”，本为传说：

世传“王迥，芙蓉城鬼仙事。”或云无有，盖讬为之者。迥，字子高。苏子瞻与迥姻家，为作歌人，世以为信。俞澹清老云：“荆公尝和子瞻歌，为其兄

① 〔宋〕赵彦卫：《云麓漫钞》卷十，清咸丰涉闻梓旧本，第 79 页。

② 〔宋〕朱彧撰：《萍洲可谈》（卷一），中华书局 1985 年版，第 10 页。

③ 刘晓明：《杂剧形成史》，中华书局 2007 年版，第 302 页。

紫芝诵之。”紫芝请书于纸！荆公曰：“此戏耳，不可以训，故不传。”犹记其首语云：“神仙出没藏杳冥，帝遣万鬼驱六丁。”余在许昌与韩宗武会坐，客有言：“宗武年二十余时，有所遇，如子高。”是时，年八十余。余质之，宗武笑而不言。客诵其人往来诗数十篇，皆五字古风，清婉可爱，如《玉台新咏》。宗武见余爱，乃笑曰：“荆公尝亦甚称云是。”近人当是齐梁间鬼，遂略道本末，“云见之。几二年，无甚苦意。但恍惚或食、或不食，后国医陈易简教服苏合香丸半年余。一日，忽不见，未知为药之验否也？”①

至宋神宗时，苏东坡为正礼乐，乃作《芙蓉城》诗。《西湖游览志余》卷十五记载了这一事：“王迥，字子高，钱塘人，丰仪秀朗，清韵逼人。飘飘然，时有出尘之想。尝逢仙女周瑶英，携之同游芙蓉城。宋元丰初，苏子瞻遇子高，询瑶英事。信有之，乃作歌一篇并叙其事。且云极其情而归之正，亦变风止乎礼义之意也。”② 之后，关于“王子高的故事”便由民间流入宫廷，播之教坊、施之宴飨。或歌唱、或表演，但其有故事可知。王国维就“神宗所云”推知“此剧实作于神宗元丰以前”③，“而系取材于传闻的时事。”④

《王子高六幺》可以说是现存最早的北宋时期有故事之杂剧，它延续了前期杂剧反映时事之传统，其过渡性质昭然可见。而以“六幺”为曲牌决定了其“以唱为主”的戏剧属性，因此把它称为“戏曲”实不为过。中国有戏曲的历史自此开始。

陕西韩城盘乐村宋杂剧演出壁画（图 5—1），也为我们提供了过渡时期杂剧演出的一些特征。从图中可以看出，这是一幅完整的杂剧演出图，共 17 人组成，其中伴奏 12（有人认为伴奏 11，后详）、表演者 5。就表演者来说，从左至右，康保成《陕西韩城宋墓壁画考释》（以下简称康文）断为引戏、副净、副末、末泥、装孤，延保全《宋杂剧演出的文物新证——陕西韩城北宋墓杂剧壁画考论》（以下简称延文）断为引戏、副净、副净、副末、装孤。其中引戏、装

---

① 〔宋〕叶梦得：《避暑录话》卷下，明津逮秘书本，第 36 页。

② 〔明〕田汝成：《西湖游览志余》卷十五，清文渊阁四库全书本，第 176 页。

③ 王国维：《宋元戏曲史》，上海古籍出版社 1998 年版，第 52 页。

④ 谭正璧：《话本与古剧》，上海古籍出版社 2012 年版，第 168 页。

图 5—1　陕西韩城盘乐村宋杂剧演出壁画

孤和第一个副净，特征明显，二文结论一致，不赘。所不同者，惟第三、第四个角色。第三个，裹尖顶冠，身着灰色宽袖长袍，双袖高挽。康文断为副末，以与副净相对，符合《东京梦华录》《都城纪胜》所谓“杂剧五色”的记载；延文则断为另一个副净。第四个，康文断为末泥，理由是身后插有团扇，左手指向副末、副净；延文断为副末，理由是把手置于口中打唿哨。其实，这正体现出过渡时期的宋杂剧“脚色”发展之现状，他们往往兼有二个角色的特点。就在康文把第四个角色断为末泥的同时，依然肯定其“眉眼及额头部有‘抹抢’化妆，右手伸向口中打呼哨”，而这正是副末之特色。

至于副净与副末，向来区分就比较困难，往往只能相对而言。正如廖奔所指出的：要在杂剧雕刻中全部准确地区分开副净、副末二角色，还是有困难的。① 即使加上壁画，副净、副末也不容易截然分开。他们之间，你中有我，我中有你，至少在北宋是如此。② 对于引戏，壁画中显示其作张口歌唱或呼叫状，而此一般为副净的表演特征。如何解释？笔者认为：北宋时期的杂剧尚没有形成后世的所谓“脚色制”，“杂剧五色”的说法实际上是一种“泛脚色形态”（或称“脚色的泛化”）。“末泥色主张，引戏色分付。”是一种功能分类；“副净色发乔，副末色打诨。”则是一种表演特征分类。因此，末泥、引戏在特定情况下，介入某种剧情表演，是完全可能的。这并不影响他们各自的功能和表演特征。越到后来，这种现象越普遍。

另外，姚小鸥《韩城宋墓壁画杂剧图与宋金杂剧“外”色考》（以下简称姚文）认为伴奏 11、另一人系“外”色；并对“外”色之特征和功能详加考证。

---

① 廖奔：《宋元戏曲文物与民俗》，文化艺术出版社 1989 年版，第 281 页。

② 康保成：《陕西韩城宋墓壁画考释》，《文艺研究》2009 年第 11 期。

“外”色的出现，意味着北宋杂剧叙事功能的扩展，其本身就昭示着一种过渡性质。

就伴奏乐器来说，图中所绘有筚篥 6、笙 2、杖鼓 2（姚文认为有 1）、大鼓 1、拍板 1，是现今所发现宋杂剧演出中伴奏乐器最多的。这或许有从宫廷宴飨演剧向民间演剧演变的痕迹，或许意味着北宋杂剧演出中演唱的增加，叙事的复杂化。关于这一点，延文在对照几组宋杂剧演出伴奏乐器文物后指出：陕西盘乐村北宋墓杂剧壁画中的乐队伴奏所用乐器有筚篥 6、杖鼓 2、笙 2、大鼓 1、拍板 1。除了笙之外，其他乐器为宋杂剧乐队伴奏的常设乐器，其中不见了琵琶、筝等弦乐器，表明宋杂剧在逐渐脱离宫廷大型宴乐而在向民间独立演出的转变过程中，其舞乐的特征在逐渐削弱，其故事表演的戏剧特质在逐步强化。① 所言甚是。

种种迹象表明，陕西韩城盘乐村杂剧演出壁画所呈示的，是一种处于过渡时期的杂剧演出形态。此时，它虽然仍表现为一种“滑稽调笑”的形式，但其表演角色已经增多，叙事因素已经扩展。从绘画“往往着重于叙事的一个高潮节点”进行表现的特征来看，壁画所反映的杂剧或许已经充分叙事化，“滑稽调笑”的表演只是其中的一个重要段落。据康保成先生推断：该墓主人下葬的时间在北宋神宗时期。② 如此，此种杂剧表演形态在神宗时已经风行。陕西韩城盘乐村杂剧壁画的发现进一步证明：杂剧在北宋中后期开始发生转型。

综上所述，北宋统治者对“杂剧”的创造性改造主要在三个方面展开。前两个方面开始于北宋初期，到中后期基本完成，由此造成了杂剧的“合礼化”和“滑稽讽谏剧”的发达。后一个方面开始于北宋中后期，到徽宗朝初见成效。自此，杂剧叙事化的转型初步实现，并形成了全面繁荣的局面。

---

① 延保全:《宋杂剧演出的文物新证——陕西韩城北宋墓杂剧壁画考论》,《文艺研究》2009 年第 11 期。

② 康保成:《陕西韩城宋墓壁画考释》,《文艺研究》2009 年第 11 期。

第二节　宋金时期宴飨演剧的转型（二）

周密《武林旧事》所载《官本杂剧段数》收录宋杂剧二百八十余种。这是迄今为止第一部系统完整的杂剧剧目，由此，我们可以了解宋杂剧演出之大概。王国维在对这些“官本杂剧段数”进行分析研究后指出：“由是观之，则此二百八十本中，其用大曲、法曲、诸宫调、词曲调者，共一百五十余本，已过全数之半，则南宋杂剧，殆多以歌曲演之，与第二章所载滑稽戏迥异。”[①] 迥异在哪？王国维没有明说，只就上下文意推之，当为叙事杂剧。郑振铎《中国俗文学史》在承认其“杂歌舞戏”性质的基础上，把这种叙事杂剧径称为“大曲舞”，并举《薄媚·西子词》以证之。[②] 郑振铎肯定杂剧的“杂歌舞戏”性质，可谓一语中的；而“把其视作大曲舞”的说法，则值得商榷。胡忌早先就注意到了这个问题，《宋金杂剧考》在谈到宋金杂剧的“院本与体制”时，认为：宋杂剧及金院本也应该是有代言和叙述两方面的情况。单说它们只能是代言的固然不通，不合乎戏剧的发展规律；反过来，说它们完全是叙述的也未免说得太简单，太主观从事了。[③]（按：周密，字公谨，号草窗、四水潜夫，生卒年在1232—1298年，为由宋入元人。其所记为南宋临安杂剧演出的现实。）但北宋末的杂剧演出由此可见一斑。因此，有的研究者认为周密《官本杂剧段数》所记多为由北宋传入者。

另外，如前所述，诸宫调兴起于北宋中后期，到崇宁二年（公元1103年）孟元老第一次进京时，已可以用来说唱故事，并且可能有了自己的演出剧本。据尤建国考证，《刘知远诸宫调》就是北宋后期的作品。[④] 出土文物证实了这一

① 王国维：《宋元戏曲史》，上海古籍出版社1998年版，第51页。

② 郑振铎：《中国俗文学史》，商务印书馆2009年版，第267—270页。

③ 胡忌：《宋金杂剧考》，中华书局2008年版，第126页。

④ 尤建国：《〈刘知远诸宫调〉应是北宋后期的作品》，《文学遗产》2003年第3期。

点。到目前为止，已发现的北宋中后期演剧文物有：蒲县河西村蜗皇庙宋杂剧石雕财盆[①]、荥阳东槐西朱氏墓石棺杂剧线刻图[②]、禹县白沙宋墓杂剧雕砖[③]、偃师酒流沟水库墓杂剧雕砖[④]、温县王村墓杂剧雕砖[⑤]、温县博物馆杂剧雕砖（一）[⑥]、温县博物馆杂剧雕砖（二）、温县西关墓杂剧雕砖[⑦]、洛宁上村墓杂剧雕砖[⑧]、河南温县北宋杂剧铭文雕砖[⑨]、洛阳关林宋墓杂剧雕砖。从这些文物资料可以看出：北宋末期，宋杂剧演出已经非常繁荣。

关于这一点，早有人作出了相似的表述。1977 年，美国哈佛大学的伊维德和亚利桑那州立大学的奚如谷就曾指出："杂剧的分期不应该基于政治事件的历史划分，杂剧和南戏可能早在元代建立之前就已经作为完全成熟的戏剧形式存在了。"[⑩] 车文明在谈到"北宋傩戏"时论述道："（20 世纪）80 年代发现的山西曲沃任庄清末抄本《扇鼓神谱》被认为是一种产生于北宋并保存了许多原始形态的民间傩祭礼仪抄本。其中之泛戏剧表演剧目《坐后土》被称为北宋傩

---

① 延保全：《山西蒲县宋杂剧石刻的新发现与河东地区宋杂剧的流行》，《文学前沿》2000 年第 1 期。

② 周到：《荥阳宋代石棺杂剧图考》，《戏曲艺术》1983 年第 4 期；吕品：《河南荥阳北宋石棺线画考》，《中原文物》1983 年第 4 期。

③ 宿白：《白沙宋墓》，文物出版社 1957 年版；周贻白：《北宋墓葬中人物雕砖的研究》，《文物》1961 年第 10 期；徐苹芳：《白沙宋墓中的杂剧雕砖》，《考古》1960 年第 9 期。

④ 董祥：《河南省偃师县酒流沟水库宋墓》，《文物》1959 年第 9 期；徐苹芳《宋代的杂剧雕砖》，《文物》1960 年第 5 期。

⑤ 张思青、武永政：《温县宋墓发掘简报》，《中原文物》1983 年第 1 期；周到：《温县宋墓中散乐形式的研》，《戏曲艺术》1983 年第 1 期；廖奔：《温县宋墓杂剧雕砖考》，《文物》1984 年第 8 期。

⑥ 周到：《温县宋杂剧雕砖摭谈》，《戏曲艺术》1984 年第 2 期；张新斌、王再建：《温县宋代人物雕砖考略》，《考古与文物》1988 年第 3 期。

⑦ 罗火金、王再建：《河南温县西关宋墓》，《华夏考古》1996 年第 1 期。

⑧ 李献奇、王兴起：《洛宁县宋代杂剧雕砖试析》，《中原文物》1988 年第 4 期；廖奔、杨健民：《河南洛宁上村宋金社火杂剧砖雕叙考》，《文物》1989 年第 2 期。

⑨ 康保成：《新发现的四方北宋铭文杂剧砖雕考》，《中原文物》2015 年第 4 期。

⑩ 田民：《美国的中国戏剧研究》，张海惠：《北美中国学：研究概述与文献资料》，中华书局 2010 年版，第 667 页。

戏，……剧中上场人物有名目者共七个，全部为神灵，故推测全戴面具。全剧有说有唱，有人物，有情节，并有了暗场处理与简单的虚拟手法。”[①] 囿于时代，这里把《坐后土》认定为泛戏剧形态；但就实际情形而言，《坐后土》的演出已经相当成熟，把其视为成熟的戏剧形态未尝不可。傩戏如此，宋杂剧的成熟状况可想而知。正如李宝宗在《从洛阳金代纪年墓杂剧砖雕看戏曲成熟年代》一文中所表述的：

> 把北宋的杂剧砖雕同山西永乐宫元初的宋德方墓石椁前壁上的雕刻相比较，在服饰化妆和表演动作上都没有发现明显的差异。这两种出土文物的相似性表明，从北宋到元代的戏剧装扮和表演确实保持着连续性。……既然北宋戏剧和元代戏剧保持着高度的一致性，或者说连续性，宋杂剧自然应该是成熟戏曲形态了。[②]

北宋统治者适应宴飨礼乐的需要而实行的杂剧改造，对杂剧本身的发展产生了重要的影响。

首先，促进了杂剧自身体制的变化。伴随杂剧艺术的演进，角色增多，“每四人或五人为一场”；形成了三段式的表演结构，“先做寻常熟事一段，名曰艳段，次做正杂剧，通名为两段”；末泥色、装孤色的地位提升，经常位于砖雕的中间，这可能也意味着歌唱因素的增加，叙事的复杂化。正如黎国韬所指出的：此时期的杂剧在表演形态上呈现出三个方面的转变：一是出现杖击或梃扑优人的现象；二是表演时出现了三段式的分场结构；三是演出脚色增多，一场四人或五人。”[③]

其次，叙事性的扩展促进了杂剧叙述容量的增大。从北宋中后期的《王子高六幺》到徽宗朝的《目连救母》，杂剧的容量逐渐增大，内容日益丰富。《东京梦华录》载：

---

① 车文明:《20世纪戏曲文物的发现与曲学研究》，文化艺术出版社2001年版，第65页。

② 李宝宗:《从洛阳金代纪年墓杂剧砖雕看戏曲成熟年代》，《中国文物报》2017年8月22日。

③ 黎国韬:《古剧考原》，中山大学出版社2011年版，第202—207页。

七月十五中元节，……潘楼并州东西瓦子亦如七夕。耍闹处亦卖果食种生花果之类，及印卖《尊胜目连经》。又以竹竿斫成三脚，高三五尺，上织灯窝之状，谓之盂兰盆，挂搭衣服冥钱在上焚之。构肆乐人，自过七夕，便搬《目连救母》杂剧，直至十五日止，观者增倍。①

关于《目连救母》杂剧的内容和演出形式，一些学者早就作出了探究。周育德在《中国戏曲文化》中这样说：

从流传至今的民间目连戏演出情形推想，北宋汴梁的《目连救母》杂剧……是寺庙游艺戏剧的结果，是真正以大综合的手段表现统一的故事的成功创造。把《目连救母》杂剧称为“戏曲”是不成问题的。北宋的《目连救母》杂剧之所以没有剧本传世，可能当时就没有“剧本”，而是勾肆艺人根据目连变文所提供的“提纲”来发挥编串搬演的。如果硬是要为这部辉煌的杂剧找一个“本”的话，那么敦煌遗书《大目乾连冥间救母变文》便堪称一部“准剧本”。②

刘文峰则说得更直接：

《目连救母》是戏曲形成初期比较完整的一个剧目，它不仅具备了“歌舞演故事”的戏曲基本特征，而且融合了民间杂剧、武术等表演艺术。这一剧目的出现，标志着中国戏曲艺术的成熟。③

这里，两位学者主要从演出形式方面对《目连救母》杂剧进行探讨，并且指出其戏曲性质。这是一种“以大综合的手段表现统一故事”的戏剧结构，其本身就昭示着一种文化，即目连文化。这种“目连戏文化是深厚的，就戏剧本体而言，一部目连戏史就是一部中国戏剧简史或小史。”④自《目连救母》杂剧始，中国戏曲艺术走向成熟。因此，目连戏成为后世许多戏剧形态的模式和

① 〔宋〕孟元老等：《东京梦华录》(外四种)，中华书局1962年版，第49页。

② 周育德：《中国戏曲文化》，中国戏剧出版社2010年版，第65页。

③ 刘文峰：《中国传统戏曲与民俗》，《东方戏剧论文集》，巴蜀书社1999年版，第242页。

④ 刘祯：《中国民间目连文化》，巴蜀书社1997年版，第179页。

范本。

当然，北宋《目连救母》杂剧什么样子，如何来演？我们现在无从得知。但从后世金院本的《打青提》、元杂剧的《行孝道目连救母》《目连入冥》和明代万历年间郑之珍《新编目连救母劝善戏文》以及现存各种地方戏中的“目连戏”推测：这个戏应该是以“行孝”和“劝善”为主题。既能连演七八天，其容量可想而知。当然，《目连救母》杂剧主要在民间演出，受宫廷宴飨礼乐影响相对较少；但于七月十五这样的“祭祖”节日，在北宋都城汴梁上演以“行孝”“劝善”为主题的《目连救母》杂剧，至少与统治者所标榜的儒家礼乐文化一脉相承。如果说宫廷杂剧的演进受宴飨礼乐的影响，主要表现为统治者的有意创造，那么宋代官方对民间戏剧的改造，则更多地体现为礼乐文化主导下的一种顺势而为。至此，杂剧已经被赋予礼乐教化的意义，对表现内容的追求促使它发生质变。正如汪晓云所说：

实际上，戏剧艺术之所以从其形成起就与特定的意识形态与审美伦理内涵联系在一起，是因为戏剧从仪式向艺术的转换因于特定的社会历史时期普遍存在的意识形态与审美伦理需求。①

再次，自身体制的变化、叙事性的扩展最终使杂剧从其他歌舞、杂技中分离出来，走向独立。但独立的道路依然漫长，杂剧的独立与其演进的轨迹相一致。宋初：

每春秋圣节三大宴：第一，皇帝升座，宰相进酒，庭中吹觱篥，以众乐和之；赐群臣酒，皆就坐。宰相饮，作《倾杯乐》；百官饮，作《三台》。……第九，小儿队舞，亦致辞以述德美。第十，杂剧罢，皇帝起更衣。第十一，皇帝再坐，举酒，殿上独吹笙。第十二，蹴鞠。……第十五，杂剧。……其御楼赐酺同大宴。崇政殿宴契丹使，惟无后场杂剧及女弟子舞队。②

很明显，此时期的杂剧与“小儿队舞”“蹴鞠”“笙独奏”一样，只是宴飨

① 汪晓云：《重构戏剧史：从戏剧发生开始》，《文艺研究》2006 年第 9 期。

② 〔元〕脱脱：《宋史》，中华书局 1997 年版，第 3348 页。

活动中的一个节目而已。其宴契丹使，则不用“杂剧和女弟子队”。为什么？《宋会要辑稿》的一则记载给了我们启示：

（天禧三年）十二月十四日，翰林学士钱惟演上言：“伏见每赐契丹、高丽使御筵，其乐人白语多涉浅俗，请自今赐外国使宴，其乐人词语，教坊即令舍人院撰；京府衙前，令馆阁官撰。”从之。①

原来，教坊优词是由教坊使、副撰写的，“教坊优词，令使、副与掌撰文字人修订。”②时在大中祥符三年（公元1010年），因“其乐人白语多涉浅俗”，有伤国体，这就是宴外国使臣，不用“杂剧”的原因。对此，真宗早有改订之意。天禧三年（公元1019年），钱惟演的上书正好契合了真宗的意思，于是悉令罢之，改由舍人院和馆阁官撰写。真宗朝对杂剧词的修订，出于宫廷宴飨礼乐文化的需要；其直接结果就是使杂剧表演固化、雅化、程式化，并提升了杂剧的地位。自此杂剧表演的范围大大扩展，逐渐上升为“正色”。

散乐，传学教坊十三部，惟以杂剧为正色。旧教坊有筚篥部、大鼓部、杖鼓部、拍板色、笛色、琵琶色、筝色、方响色、笙色、舞旋色、歌板色、杂剧色、参军色，色有色长，部有部头，上有教坊使、副、钤辖、都管、掌仪范者，皆是杂流命官。其诸部分紫绯绿三等宽衫，两下各垂黄义襕。杂剧部又戴诨裹，其余只是帽子、幞头。③

自此，“诨裹”成了杂剧色的独特标志；以至于连教坊色长也争相仿效。《东京梦华录》“宰执亲王宗室百官入内上寿”条载：

十二日，宰执、亲王、宗室、百官入内上寿，大起居。……教坊色长二人，在殿上栏杆边，皆诨裹、宽紫袍，金带义襕，看盏、斟御酒。看盏者，举其袖唱引曰“绥御酒”，声绝，拂双袖于栏杆而止。④

① 〔清〕徐松：《宋会要辑稿》“礼四五”，中华书局1957年版，第1452页。

② 〔清〕徐松：《宋会要辑稿》“职官二二”，中华书局1957年版，第2874页。

③ 〔宋〕孟元老等：《东京梦华录》（外四种），中华书局1962年版，第95—96页。

④ 同上书，第52页。

由此看出：教坊色长的装扮是“诨裹、宽紫袍，金带义襕”。这本来应该是杂剧色长的打扮，为什么用成教坊色长了？教坊色长又是什么人呢？检之前述，教坊下辖职官只有使、副使、钤辖、都管、掌仪范者和各部部头、色长，没有教坊色长。那么，这里的教坊色长可能是哪个色的色长吗？按照惯例，像这样有皇帝参加的祝寿大礼，负责斟酒和乐舞演出的一般是教坊中级别最高的官员，也就是教坊使、副了。如此，这里的教坊色长非教坊使、副莫属。教坊使、副为什么要穿杂剧人的衣服呢？可能只有一种解释，那就是这里的教坊使、副本来就是由杂剧人担当的。而能担当此重任者，恐怕就是“杂剧中为长”的末泥、副末色了。丁先现的例子为我们的推断提供了佐证：

熙宁初，王丞相介甫既当轴处中，而神庙方赫然，一切委听，号令骤出，但于人情适有所离合。于是故臣名士往往力陈其不可，且多被黜降，后来者乃寖结其舌矣。当是时，以君相之威权而不能有所贴服者，独一教坊使丁先现尔。丁先现，时俗但呼之曰“丁使”。丁使遇介甫法制适一行，必因燕设，于戏场中乃便作为朝诨，肆其诮难，辄有为人笑传。介甫不堪，然无如之何也。因遂发怒，必欲斩之。神庙乃密召二王，取丁先现匿诸王邸。二王者，神庙之两爱弟也。故一时谚语有“台官不如伶官”。①

丁先现担任教坊大使数十年，坚持秉承伶人“道别人之不敢言，以达下情”的优良传统，其“优谏”精神可为伶人楷模。后世戏曲的“副末开场”，可能即自此始。杂剧地位之高、之独立由此可见。

当然，宋代统治者对杂剧的改造还是相当有限的。他们改造杂剧的目的就是适于宴飨礼乐的需要，“大抵全以故事世务为滑稽，本是鉴戒，或隐为谏诤也，故从便跣露，谓之无过虫。”② 也就是说，为了不与宴飨礼乐庄重、典雅的氛围相违背，艺人们大多选取一些滑稽可笑的段子进行表演，以达到“讽谏”的效果；不求有功，但求无过。后来逐渐形成了一种传统，以至于艺人们本身也被称为“无过虫”。“是时，教乐所杂剧色何雁喜、王见喜、金宝、赵道明、

① 〔宋〕蔡絛：《铁围山丛谈》，清知不足斋丛书本，第 36 页。

② 〔宋〕孟元老等：《东京梦华录》（外四种），中华书局 1962 年版，第 96 页。

王吉等，俱御前人员，谓之‘无过虫’。”① 即使后来杂剧的叙事化，也不全然。部分杂剧实现了叙事化，部分还是保留了原本“滑稽讽谏”的传统。当然，叙事化是主流，《武林旧事》所载二百八十多个剧目中，一百五十多个已经叙事化，过全数之半。后来，迁居临安的南宋朝廷延续了这种杂剧叙事的传统，促成了南戏剧本的发达。而在北方，由于少数民族政权的入主，对宴飨礼乐文化相对缺少关注，则导致杂剧艺术长期匍匐在“滑稽优谏”的苑囿里缓慢前行，其质变有待客观社会环境的变化。另外，杂剧作为一种特定节目参与宴飨礼乐活动的形式本身也限制了杂剧容量的扩展。其改变有望民间文化的渗透和文人力量的参与。但宋代杂剧所提供的故事内容、结构形式、音乐特征、叙述方法、表演手段等戏剧遗产，为后世戏剧所效法，成为经典的范式和模本。这一点毋庸置疑。诚如刘晓明所言：

在趋时逐尚、夸言“官样”、以教坊为标榜的宋代艺人中，这种方式很容易为其他艺人所效法，从而获得了“起跑优势”，在随后的时代里，民间表现伎艺的传承方法使之顽强地获得遗传并逐步完善定型。②

10—12 世纪，宋、辽、金以及北方的蒙古之间展开了长时间的拉锯战争。几方或战或和，使节或军人之间往来频繁，人民迁徙流动。这一现实促进了包括杂剧在内的文化和艺术之间的交流和融合。有资料为证：

乾统五年，夏为宋所攻，来请和解。温舒与萧得里底使宋。方大燕，优人为道士装，索土泥药炉。优曰：“土少不能和。”温舒遽起，以手籍土怀之。宋主问其故，温舒对曰：“臣奉天子威命来和，若不从，则当卷土收去。”宋人大惊，遂许夏和。③

（辽兴宗）重熙中，（耶律合里只）累迁西南面招讨督监，充宋国生辰使。馆于白沟驿。宋宴劳，优者嘲萧惠河西之败。合里只曰：“胜负兵家常事。我嗣

① 〔宋〕孟元老等：《东京梦华录》（外四种），中华书局 1962 年版，第 154 页。

② 刘晓明：《杂剧形成史》，中华书局 2007 年版，第 181—182 页。

③ 〔元〕脱脱：《辽史》卷八十六“牛温舒传”，中华书局 1997 年版，第 1325 页。

圣皇帝俘石重贵，至今兴中有石家寨。惠之一败，何足较哉？”宋人惭服。帝闻之曰：“优伶失辞，何可伤两国交好！”鞭二百，免官。①

契丹宴使者，优人以文宣王为戏，道辅艴然径出。契丹使主客者邀道辅还坐，且令谢之。道辅正色曰：“中国与北朝通好，以礼文相接。今俳优之徒，慢侮先圣而不之禁，北朝之过也。道辅何谢！”契丹君臣默然，又酌大卮谓曰：“方天寒，饮此，可以致和气。”道辅曰：“不和，固无害。”②

潞公会温公曰：“某留守北京，遣人入大辽侦事回，云见虏主大宴群臣，伶人剧戏，作衣冠者，见物必攫取怀之，有从其后以挺扑之者，曰：‘司马端明耶？’君实清名在夷狄如此。”温公愧谢。③

坡公《独乐园》诗云：“儿童诵君实，走卒知司马。”京师之贪汙不才者，人皆指笑之曰：“你好个司马家。”文潞公留守北京日，尝遣人入辽侦事。回见辽主大宴群臣，伶人剧戏作衣冠者，见物必攫取怀之。有从其后以物仆之，云：“汝司马端明邪？”是虽夷狄亦知之，岂止儿童走卒哉！④

兴宗性佻达，尝与教坊司王税轻等数十人约为兄弟，出入其家，拜其父母。数变服入酒肆、佛寺、道观，王纲、姚景熙、冯立辈遇之于微行，后皆任显官。尤重浮图，法僧有正拜三公、三师兼政事令者，凡二十人。马保忠尝劝以“臣下无勋劳，宜且序进之”，怫然怒曰：“若尔，则是君不得专，岂社稷之福耶？”保忠惶恐。自是欲有迁除，必先厚赐贵臣，以绝其言。亲信者拉和尔楚等数十人，皆拔将相。尝夜燕，与刘四端兄弟及王纲入乐队，命后易衣为女道士。后父萧穆济曰：“汉官皆在，后妃入戏，恐非所宜。”兴宗殴穆济，败面。曰：“我尚为之，若女何人耶？”⑤

金人之入汴也，时宋承平日久，典章礼乐粲然备具。金人既悉收其图籍，

---

① 〔元〕脱脱：《辽史》卷八十六“耶律合里只传”，中华书局1997年版，第1327页。

② 〔元〕脱脱：《宋史》卷二九七“孔道辅传”，中华书局1997年版，第9884页。

③ 邵伯温：《邵氏闻见录》，中华书局1983年版，第105页。

④ 周密：《齐东野语》卷二〇“温公重望”，明正德刻本，第380—381页。

⑤ 〔清〕徐乾学：《资治通鉴后编》卷一百八十“宋纪六十四”，清文渊阁四库全书本，第731页。

载其车辂、法物、仪仗而北，时方事军旅，未遑讲也。既而，即会宁建宗社，庶事草创。皇统间，熙宗巡幸析津，始乘金辂，导仪卫，陈鼓吹，其观听赫然一新，而宗社朝会之礼亦次第举行矣。①

从中可以看出：此时期的辽、金杂剧基本上延续了宋“滑稽调笑”之传统，而较少变化。但其政治“讽谏”功能却有增无减，以至于像司马光这样宋之正直清廉的大臣，在辽国却被诬为“贪汙不才”之徒，且为妇孺所熟知。戏剧反映社会生活的力量可谓强矣。关于辽金杂剧在宫廷宴飨礼乐活动中演出的事例，史书记载的不多。

皇帝生辰乐次，酒一行：觱篥起，歌；酒二行：歌，手伎入；酒三行：琵琶独弹，饼、茶、致语。食入，杂剧进；酒四行：阙；酒五行：笙独吹，鼓笛进；酒六行：筝独弹，筑毬；酒七行：歌曲破，角抵。②

曲宴宋国使乐次，酒一行：觱篥起，歌；酒二行：歌；酒三行：歌，手伎入；酒四行：琵琶独弹。饼、茶、致语。食入，杂剧进；酒五行：阙；酒六行：笙独吹，合法曲；酒七行：筝独弹；酒八行：歌，击架乐；酒九行：歌，角抵。③

引都管、上中节分左右上厅，北入，南为上，立。下节于西廊下南入，北为上，立。候押宴等初盏毕，乐声尽，坐。至五盏后食，六盏、七盏杂剧。八盏下，酒毕。押宴传示使副，依例请都管、上中节当面劝酒。使者答上闻，复引都管、上中节于栏子外阶下排立，先揖，饮酒，再揖，退。至九盏下，酒毕，教坊退。乃请赐宴天使于幕次前。候茶入，乃于拜席排立都管、三节人从。茶盏出，揖起，押宴官等离位立，揖，都管人从鞠躬，喝“谢恩”。拜，下节声喏，呼“万岁”，如入见仪，且鞠躬，喝“各祇候”。请押宴等官齐出，分阶下厅，与天使对行至拜褥前立。请使副就位望阙谢恩，再拜，舞蹈，三拜，毕，依位立。请押宴、馆伴齐诣褥位谢恩。来使乃进谢御宴表，先再拜，平身立。

① 〔元〕脱脱：《金史》卷二八“礼一”，中华书局1997年版，第691页。

② 〔元〕脱脱：《辽史》卷五十四“乐志”，中华书局1997年版，第891—892页。

③ 同上书，第892—893页。

使跪捧表，天使近前搢笏受表，出笏复位。使就拜，退复位，立。①

赵兴勤在对上述几则材料进行比较研究后指出:（金代宴飨）用两巡酒的工夫搬演杂剧，比辽之表演用时间更多，可以看出金之杂剧所表演的内容与辽国相较，当丰富许多。②所言有一定道理，但未免太过绝对。须知辽代杂剧演出，一般是在“食入”之后，边吃食物边欣赏杂剧，在这个过程中，可能再饮一巡酒。而金代演出，通常为两巡酒的时间。焉知两巡酒的时间一定比边食边再进一巡酒的时间要长许多吗？何况宴会的时间、地点、内容、朝代不同，一巡酒的时间也往往不同，比如宋人宴飨较之辽、金，就要长一些。总之，仅凭上述资料就断定金代杂剧演出的内容比辽代要丰富得多，尚显证据不足。因此，就辽、金宫廷宴飨演剧来看，与宋杂剧演出更多地表现为相同。所不同者，可能在演出内容。“金章宗明昌二年（公元1091年），禁伶人不得以历代帝王为戏。”③这则资料恰好反证出当时“历史故事戏”演出较多的事实。任何事物只有发展到一定程度，对社会造成危害时，才可能被官方明令禁止。元陶宗仪《南村辍耕录》所记“院本名目”证明了我们的判断。

据廖奔先生分析，这里的历史故事戏有:《范蠡》《浛蓝桥》《列女降黄龙》，叙春秋战国故事;《舞秦始皇》《范增霸王》《雪诗打樊哙》《四皓逍遥乐》《苏武和番》《赵娥》，叙秦汉故事;《十样锦》《赤壁鏖兵》《刺董卓》《襄阳会》《大刘备》《骂吕布》《七捉艳》，叙三国故事;《柳絮风》《访戴》，叙六朝故事;《纤龙舟》《建成》《武则天》《三笑图》《滕王阁》《闹旗亭》《杜甫游春》《破巢艳》《黄巢》，叙隋唐故事;《断朱温爨》《史弘肇》《女状元春桃记》，叙五代故事。④再加上14种“上皇院本”（述宋徽宗故事）⑤，则“历史故事戏”在金院本中占

① 〔元〕脱脱:《金史》卷三十八“礼十一”，中华书局1997年版，第875—876页。

② 赵兴勤:《中国早期戏曲生成史论》，北京大学出版社2015年版，第331页。

③ 〔元〕脱脱:《金史》卷三十九“乐上”，中华书局1997年版，第881页。

④ 廖奔:《中国戏曲发展史》（第一册），山西教育出版社2000年版，第288页。

⑤ 谭正璧:《话本与古剧》，上海古籍出版社2012年版，第189页。

比约 6.45%。[①] 这个比例虽然不算高，但这是许多金杂剧剧本（主要为故事戏）已经转化为元杂剧，不在此例的缘故。历史故事戏的增多，反映了中国人叙演故事“以史为鉴”的习惯。这可能是杂剧“反映社会现实问题”传统的一种延续和深化。

就表演体制来讲，廖奔《中国戏曲发展史》从演出结构、体制类型、音乐伴奏、表演程式几方面作了说明，并且指出：金代杂剧延续宋杂剧“一场两段”的结构，开始注意各段之间的关系和连接、过渡的处理技巧，形成了“爨”的艳段演出格范；杂剧表演中唱的比重增加，与乐器伴奏的关系日益密切，乐队的重要性已经凸显；形成了念诵、筋斗、科泛等表演程式，成为元杂剧表演经验的重要来源。

法国戏剧理论家弗朗西斯科·萨塞说：“戏剧艺术是普遍或局部的、永恒或暂时约定俗成的东西的整体。……为了一些真实的事物在观众眼里逼真起见，必须使用一套约定俗成的东西或伎俩。”[②] 这些“约定俗成的东西或伎俩”，既包括当时的风俗文化，也包括人们日常的行为习惯。或者说惯常使用的语言、动作，甚至表情达意的种种途径与技巧。[③] 杂剧在金代艳段演出格范的形成、乐队重要性的凸显以及念诵、筋斗、科泛等表演的程式化中处处昭示着一种成熟戏剧形态的出现。诚然，我们前面说过，杂剧在宋代已经成熟，如《目连救母》；但此时的成熟只属于个别现象，尚不能找到第二个成熟的剧目。如果说，宋代《目连救母》杂剧是政府文化政策刺激之产物的话，那么金代杂剧的成熟就是一种艺术自然演进的结果。因此，有的研究者把“元杂剧”径称为“金元杂剧”[④]，是很有道理的。

---

① 按:《南村辍耕录》载“院本名目”713 种，其中宋代所传三十多种，元代编创 1 种，剩余金院本 682 种。因此，王国维把其径称为“金院本名目”。

② ［法］弗朗西斯科·萨塞:《戏剧美学初探》，周靖波主编《西方剧论选》（下卷），北京广播学院出版社 2003 年版，第 422 页。

③ 赵兴勤:《中国早期戏曲生成史论》，北京大学出版社 2015 年版，第 324 页。

④ 徐朔方:《金元杂剧的再认识》，《中华文史论丛》第 46 期，上海古籍出版社 1990 年版;《从关汉卿的〈普天乐·崔张十六事〉说起》，《文学遗产》1998 年第 2 期;《评〈录鬼簿〉的得与失》，《文学遗产》2001 年第 1 期；车文明:《中国神庙剧场》，文化艺术出版社 2005 年版，第 31—36 页。

那么，“金元杂剧”如何形成？为什么在这个阶段形成？到这里，答案就比较明朗了。首先，金末元初动荡的社会生活为杂剧提供了内容的滋养。其次，长期的战乱和元初实行的民族歧视政策把大量的汉族和少数民族文人推向民间，参与杂剧创作，实现了民间文化、文人力量与杂剧创作的结合。再次，艺术的长时段累积所形成的演出规范、音乐形式和程式化表演，即为普通民众所接受的“约定俗成的东西或伎俩”，为杂剧准备了现实的条件和土壤。所有这些决定了“金元杂剧”与生俱来的民间性、现实性和战斗性。在这方面，相关的论述已经很充分了，因此不再重复。

综上所述，对于“宋金杂剧”，我们不能简单地判定其成熟与否，也不能概括地说它是否“戏曲”。实际的情况是，“宋金杂剧”正处于中国古代戏剧发展、成熟的关键阶段，处于一个由传统的“伎艺类表演”向成熟戏曲的转型阶段。而转折的关键时间节点就是北宋中后期。

第三节　宋金杂剧对后世戏剧的影响

相较于汉唐时期的戏剧，宋金杂剧处于承上启下的过渡阶段，其对后世戏剧的影响是全方位的。具体而言，主要表现在如下几个方面。

其一，“杂”与“一”相统一的结构特征。宋金杂剧的“杂”为众所熟知，这可以从《武林旧事》“官本杂剧段数”和陶宗仪《南村辍耕录》“院本名目”的记载中体现出来。至于“一”，则集中表现为宴飨礼乐仪式的统一。如前所述，詹鄞鑫对先秦的“九献”之礼进行了归纳总结。这种“献礼”仪式发展到宋代，就出现了所谓“供盏仪式”。《宋史·乐志》记载了“春秋圣节三大宴”仪式，共十九盏：

第一，皇帝升座，宰相进酒，庭中吹觱篥，以众乐和之。赐群臣酒，皆就坐。宰相饮，作【倾杯乐】；百官饮，作【三台】。

皇帝再举酒，群臣立于席后，乐以歌起。

皇帝举酒，如第二之制，依次进食。

百戏皆作。

皇帝举酒，如第二之制。

乐工致辞，继以诗一章，谓之“口号”。皆述德美及中外蹈咏之情。

初致辞，群臣皆起，听辞毕，再拜。

合奏大曲。

皇帝举酒，殿上独弹琵琶。

小儿队舞，亦致辞，以述德美。

杂剧。罢，皇帝起更衣。

第十一，皇帝再坐，举酒，殿上独吹笙。

第十二，蹴鞠。

第十三，皇帝举酒，殿上独弹筝。

第十四，女弟子队舞，亦致辞，如小儿队。

第十五，杂剧。

第十六，皇帝举酒，如第二之制。

第十七，奏鼓吹曲，或用法曲，或用龟兹。

第十八，皇帝举酒，如第二之制。食罢。

第十九，用角抵，宴毕。①

从中可以看出：这里以饮酒的“盏”数为纲，串联起了一系列乐舞、戏剧节目，其本身已经构成了一部戏剧，只不过这部戏剧的主题尚不够明确，结构相对松散而已。此种现象正与宋金戏剧的结构相吻合，比如《目连戏》。黄竹三先生在谈到“目连文化”对中国戏曲的认识价值时，如此阐述：

第一，目连文化浓缩了中国戏曲从故事到表演艺术的各个层面，对于研究戏曲发展史有“活化石”意义；第二，目连文化体现了宗教、民俗戏曲化的过程；第三，目连文化已经成为民间戏曲赖以存在的一种载体；第四，“目连救母”这一母题作为一种故事源，引动了一系列剧目的出现，这种特点反映了中

① 〔元〕脱脱：《宋史·乐志》，中华书局1997年版，第1504页。

国人叙演故事的一种智慧。①

这种宴飨仪式又是一个开放的体系，具有极强的包容性和可塑性。它可以把许多“乐”的形式，诸如音乐、舞蹈、戏剧、杂伎、百戏等都包括其中，只要稍加变通，就能够演出。这并不影响整体结构的完整性。诸多伎艺形态可以在这里自由切磋、互相吸收借鉴，极大地促进了各自的艺术进步和长远发展。从这个意义上说，宴飨仪式是中国戏剧孕育、产生和发展的土壤。这里，“杂”与“一”相统一的结构特征在宴飨仪式这部大戏剧中展露无遗。

这种结构特征被后起的杂剧、南戏传承，成为中国古代戏剧的鲜明特色。以《张协状元》为例，据张勇风统计：其中化用和嵌入的宋杂剧就有《赖房钱》《门子打三教爨》《大口赋》《门儿爨》《变柳七爨》《上官赴任》《打调劫》《闹结亲》《揣骨听声》《钟馗爨》《马明王》《风流婿》《讲蒙求爨》等；其音乐构成则包括了【赵皮鞋】【吴小四】【林里鸡】【菊花新】【新水令】【太师引】【狮子序】【赏宫花序】【祝英台近】【薄媚令】【刮鼓令】【三台令】【蛮牌令】【浆水令】【唐多令】【尹令】【探春令】【叨叨令】【忒忒令】以及犯调、赚词和大量唐宋曲牌等。② 这是《张协状元》的“杂”，此为一个方面。

另一方面，是《张协状元》的“一”。这种“一”是通过张协中状元的经历体现出来的，即贯穿整部剧作的中心线索。

这种“杂”与“一”相统一的结构特征亦可以从“杂剧”一词的意义变化中体现出来。诚如张勇敢所言：

> 作为同一术语的“杂剧”，唐和宋金之人使用时的着眼点并不相同。唐人瞩目于杂剧之“杂”，以“杂剧”概称若干伎艺，“杂”为唐人的应用重心。宋金之人首重“剧”之意义，“杂剧”之“剧”的意义得以凸显；同时，宋金之人也不抹杀“杂”之功用，以“杂剧”指代滑稽戏、歌舞戏等多种伎艺类型。
>
> 对诸杂概念内涵、构成和命名法则考察之后不难得出如下结论：“杂剧”命名同于诸杂称谓，“杂剧”称名之产生导源于“杂剧”之“杂”，它是作为简便

---

① 王廷信、黄竹三：《试论“目连文化”》，《民族艺术》1993 年第 4 期，第 73—75 页。

② 张勇风：《宋代戏剧形态与〈张协状元〉的文本生成》，《文艺研究》2017 年第 1 期。

化、模糊化概称若干伎艺的身份而登上历史舞台的伎艺类名，循此可知“杂剧”的初始内涵。历史从诸杂称谓中选择“杂剧”作为宋金戏剧的主要指称乃是基于杂剧之“剧”，藉此知晓“剧”之于“杂剧”的非凡意义。由唐而至宋金，“杂剧”一语实现了由“杂”向“剧”的转变。①

把这样一个“杂剧”意义的转变历程套用在中国古代戏剧结构的形成上，也同样适用。从宋金杂剧到南戏、元杂剧，再到明清传奇，戏剧结构呈现出由“杂”而“一”的演变过程。开始，“杂”是主流，宋金伎艺形态就是这样，所谓“杂”剧；越到后来越趋向“一”，以明末清初的昆曲为代表。但其“杂”之特点得以保留。这种“杂”与“一”相统一的结构使中国古代戏剧具备了极大的韧性和发展空间。

其二，以“快乐”为目的的娱乐诉求。乐者，乐也。作为宴飨用乐的“戏剧”从一开始就担负起了娱乐的责任。金登才在《戏剧本质论》中认为：

戏剧的本质特性在于：它是表现世界或者说它是表现生活的直观形式，是让人们围绕着假定的、具有一定矛盾内容的生活，进行群体性感情体验、思索与直接交流的形式。这是它和别的艺术形式最重要的区别，也是它对人类精神交往活动的特殊贡献。②

归纳起来，我们似乎可以这样概括“戏剧的本质”，即它是一种群体性的精神交往活动。这种交往表现在演员与演员、演员与观众、角色与角色、角色与观众、甚至观众与观众之间。南戏《张协状元》开篇有“前回曾演，汝辈搬成，这番书会，要夺魁名。占断东瓯盛事，诸宫调唱出来因。厮锣响，贤门雅静，仔细说教听。”③这是演员与观众的对话；“看的世上万般俱下品，思量惟有读书高。若论张叶（张协），家住西川成都府，兀谁不识此人，兀谁不敬重此人。”④这是角色与观众的对话；孔尚任《桃花扇本末》记述了《桃花扇》的一次演出

① 张勇敢：《也论“杂剧”》，《内蒙古大学艺术学院学报》2011年第4期。

② 金登才：《戏剧本质论》，中国戏剧出版社1989年版，第4—5页。

③《永乐大典戏文三种》，钞本，第15页。

④ 同上。

情况，“笙歌靡丽之中，或有掩袂独坐者，则故臣遗老也。灯灺酒阑，唏嘘而散。”[1] 这是观众与观众的对话。

人类的审美活动方式有两种：一种是创造型、参与性审美活动，是以生理、心理的全面运作来把握对象；一种是客观的、静态的观照方式，它带有想象和代偿的性质。[2] 运用此种理论来审视“戏剧”，可以看出，中国古代戏剧从一开始就偏向于全面性的参与和把握。这里观众与演员浑然一体，突出的是戏剧的娱乐性。苏轼曰：“八蜡，三代之戏礼也，……一国之人皆若狂。”[3] 冯梦龙《古今谭概》载：“唐庄宗自言：一日不闻乐，则饮食都不美，方暴怒，鞭笞左右。一闻乐声，怡然自适，万事都忘焉。又善音律，或时自傅粉墨，与优人共戏，优名谓之李天下。”[4]《事类备要》又有“（吴王）杨隆演尝饮酒楼上，命优人高贵卿侍酒，徐知训为参军，隆演鹑衣髽髻为苍鹘。”[5]

宋金杂剧延续了这种娱乐性功能，并逐步将其转化为戏剧的内在属性。

崇、观以来，在京瓦肆伎艺：张廷叟、孟子书主张。……教坊减罢并温习，张翠盖、张成；弟子薛子大、薛子小，俏枝儿、杨总惜、周寿奴、称心等般杂剧。……不以风雨寒暑，诸棚看人，日日如是。[6]

诸棚看人，为什么会那么多？唯一的解释可能就是戏剧的娱乐性使然。这里，观众不仅在看戏，一定程度上，他们还参与演戏。发展到明清时期，这种现象更为普遍。民众看戏如此，宫廷好戏之风亦然。徐慕云《中国戏剧史》载：

自道光末年迄今，中历咸丰、同治、光绪、宣统以及民国念余年来，差约百载，其间名伶辈出，皮黄益盛。除咸丰时洪杨事起，戏剧颇受影响外，余如

---

① 〔清〕孔尚任：《桃花扇》，上海古籍出版社 2016 年版，第 2 页。

② 高鉴：《戏剧的世界——戏剧功能新探》，知识出版社 1990 年版，第 108 页。

③ 〔宋〕苏轼：《经进东坡文集事略》，四部丛刊景宋本，第 463 页。

④ 〔明〕冯梦龙：《古今谭概》，明刻本，第 93 页。

⑤ 〔宋〕谢维新：《事类备要》，清文渊阁四库全书本，第 2991 页。

⑥ 〔宋〕孟元老：《东京梦华录》，《历代曲话汇编》（唐宋元编），黄山书社 2006 年版，第 101—102 页。

同治、光绪，莫不酷嗜戏剧。（光绪善鼓板，尝于宫中为孙菊仙、时小福操《教子》一剧。）而西太后（慈禧）尤为古今第一大戏迷（后有时亦著戏衣，偕李莲英联袂歌舞。），供奉名伶，提倡戏剧，实较明皇、乾隆犹有过之。一时王公、大臣、贝子、贝勒之精于音律、长于戏剧者，不胜枚举。就中尤以傅侗（即红豆馆主）为首屈一指云。[①]

皇帝、太后喜欢戏剧，影响所及，宫廷好戏之风大盛。任半塘《唐戏弄》曰："唐人生活中，正有无数种戏剧化之嬉戏在，不能不谓为已成风气。"[②]"几乎任何人皆能应用戏剧，以遂其精神上之意图。唐戏剧之演员，固仍以优伶或卖艺者为主，但皇帝、权贵、士兵、家僮、僧徒及一般平民，无论临时或经常，皆可以有之。"[③]这里，任先生虽然说的是唐戏，但中国古代戏剧的娱乐性从中可以看出，只不过随时代不同稍有变化而已。正如高鉴所言：

戏剧艺术综合媒介负载情感信息量的巨大、表现思想内涵的深刻、灵活多变的时空形式带来的自由感，以及创作活动中自我观照、自我参与带来的强烈的自娱性，正是戏剧鲜活的生命，是人类热爱戏剧永恒的内驱力。[④]

其三，以"和"为旨归的审美追求。宋金杂剧的"和"源于宴飨用乐的"和谐性"追求。吴自牧《梦粱录》"妓乐"条载："向者汴京教坊大使孟角球曾作杂剧本子，葛守诚撰四十大曲。"[⑤]元陶宗仪《南村辍耕录》亦载："词山曲海，千生万熟，三千小令，四十大曲。"[⑥]《宋史·乐志》有教坊所奏"十八调四十大曲"：

一曰正宫调，其曲三，曰【梁州】【瀛府】【齐天乐】；二曰中吕宫，其曲

① 徐慕云：《中国戏剧史》，湖南大学出版社 2014 年版，第 88 页。

② 任半塘：《唐戏弄》，上海古籍出版社 1984 年版，第 19 页。

③ 同上书，第 13 页。

④ 高鉴：《戏剧的世界——戏剧功能新探》，知识出版社 1990 年版，第 115 页。

⑤〔宋〕吴自牧：《梦粱录》，清学津讨原本，第 124 页。

⑥〔元〕陶宗仪：《南村辍耕录》，四部丛刊三编景元本，第 214 页。

二，曰【万年欢】【剑器】；三曰道调宫，其曲三，曰【梁州】【薄媚】【大圣乐】；四曰南吕宫，其曲二，曰【瀛府】【薄媚】；五曰仙吕宫，其曲三，曰【梁州】【保金枝】【延寿乐】；六曰黄钟宫，其曲三，曰【梁州】【中和乐】【剑器】；七曰越调，其曲二，曰【伊州】【石州】；八曰大石调，其曲二，曰【清平乐】【大明乐】；九曰双调，其曲三，曰【降圣乐】【新水调】【采莲】；十曰小石调，其曲二，曰【胡渭州】【嘉庆乐】；十一曰歇指调，其曲三，曰【伊州】【君臣相遇乐】【庆云乐】；十二曰林钟商，其曲三，曰【贺皇恩】【泛清波】【胡渭州】；十三曰中吕调，其曲二，曰【绿腰】【道人欢】；十四曰南吕调，其曲二，曰【绿腰】【罢金钲】；十五曰仙吕调，其曲二，曰【绿腰】【彩云归】；十六曰黄钟羽，其曲一，曰【千春乐】；十七曰般涉调，其曲二，曰【长寿仙】【满宫春】；十八曰正平调，无大曲。①

从中可以看出，教坊所奏“十八调”，宫调有 6 个，占 1/3；四十大曲，宫调曲 16，占 2/5。宫者，和也，正也，雅也。“黄钟之宫，音之本也。”②“宫为君，宫音调则君道。得君道，得则夫和妻柔，宫室制度，各得其宜；稼穑熟成，天下和平；四海冥服，镇星修度，麒麟在郊。”③“宫为君，……属土而居中，有尊重之意，其弦八十一。”④宫音本为祭祀所用乐，宋代统治者却在教坊掌管的宴飨用乐中植入这么多的宫音，其对“和”的追求可想而知。宋金杂剧的演出实践了这种追求，从官本杂剧段数、院本名目的记载中可以体现出来。据王国维考证，官本杂剧段数 280 种，“其用大曲者一百有三”，构成二十八曲，“其中二十六，在《教坊部》四十大曲中。余如【降黄龙】【熙州】二曲之为大曲，亦有宋人之说可证也。”⑤103 种大曲，几占官本杂剧段数 1/3 强。这种以“和”为旨归的乐曲取舍标准为后来的杂剧、南戏、传奇所继承。陶宗仪《南村辍耕录》所记“杂剧曲名”有：

---

① 〔元〕脱脱：《宋史·乐志》，中华书局 1997 年版，第 1505 页。

② 〔秦〕吕不韦：《吕氏春秋》（第五卷），四部丛刊景明刊本，第 36 页。

③ 〔唐〕武则天：《乐书要录》（卷六），清嘉庆宛委别藏本，第 5 页。

④ 〔清〕顾九锡：《经济类考约编》（卷上），清康熙刻本，第 31 页。

⑤ 王国维：《宋元戏曲史》，中国和平出版社 2014 年版，第 53—58 页。

正　宫：端正好、滚绣球、倘秀才、脱布衫、小梁州、朝天子、四换头、十二月、尧民歌、收尾、叨叨令、醉太平、呆古朵、笑和尚、蛮姑儿、伴读书、剔银灯、道和、柳青娘、双鸳鸯、摊破满庭芳、月照庭、塞鸿秋、白鹤子、快活三

黄钟宫：愿成双、醉花阴、喜迁莺、出队子、刮地风、四门子、神仗儿、挂金索、水仙子、兴龙引、金殿乐三台、侍香金童、降黄龙衮、塞雁儿、接接（节节）高

南吕宫：一枝花、梁州第七、贺新郎、牧羊关、隔尾、红芍药、菩萨梁州、三煞、骂玉郎、感皇恩、采茶歌、随煞尾、斗虾蟆、四块玉、哭皇天、乌夜啼、隔尾黄钟煞、摊破采茶歌、楚天秋、隔尾随煞

中吕宫：粉蝶儿、醉春风、迎仙客、石榴花、斗鹌鹑、上小楼、鲍老儿、般涉、哨遍、耍孩儿、收尾、红绣鞋、喜春来、尧民歌、满庭芳、鲍老衮、醉高歌、十二月、普天乐、叫声、双鸳鸯、穷河西、朝天子、干荷叶、剔银灯、菩萨蛮、墙头花、乔捉蛇、鹘打兔、酥枣儿、镇江回、鹌鹑儿、鸳鸯儿、风流体、卖花声、蔓菁菜

仙吕宫：赏花时、点绛唇、油葫芦、天下乐、哪吒令、鹊踏枝、六幺序、后庭花、青哥儿、赚煞、混江龙、金盏儿、醉中天、村里迓鼓、元和令、上马娇、圣葫芦、江西后庭花、柳叶儿、寄生草、赚煞尾、摊破天下乐、醉扶归、低过金盏儿、八声甘州、游四门、赚尾、忆王孙、一半儿、得胜乐、雁儿、祆神急、翠裙腰、六幺遍、大安乐、柳叶儿

商　调：集贤宾、逍遥乐、梧叶儿、后庭花、双雁儿、金菊香、浪来里、醋葫芦、青哥儿、上京马、随调煞、黄莺儿、踏莎行、垂丝钓、盖天旗

大石调：青杏子、好观音、六国朝、念奴娇、归塞北、初问口、怨别离、擂鼓体、雁过南楼、憨郭郎、催拍子、玉翼蝉、荼蘼香、女冠子、林里鸡近、蓦山溪、喜秋风、净瓶儿、鹧鸪天

双　调：新水令、驻马听、甜水令、折桂令、落风花、沉醉东风、小将军、清江引、碧玉箫、雁儿落、德胜令、乔牌儿、挂玉钩、川拨棹、殿前欢、七弟兄、梅花酒、收江南、水仙子、滴滴金、鸳鸯煞、步步娇、搅筝琶、豆叶黄、风入松、拨不断、庆东原、沽美酒、太平令、一锭银、荆湘怨、阿纳忽、夜行

船、胡十八、挂玉钩序、五供养、行香子、梧桐树、离亭宴煞、鸳鸯儿收尾、太平歌、十棒鼓、小妇孩儿、挂打灯、乔木查、蝶恋花、庆宣和、枣卿调、石竹子、山石榴、山丹花、醉娘子、驸马还朝、大拜门、雕刺鸪、不拜门、喜人心、忽都白、倘兀歹[①]

其中涉及到的调名有正宫、黄钟宫、南吕宫、中吕宫、仙吕宫、商调、大石调、双调，含有宫音曲名132，占全部225曲名的接近3/5。陶宗仪为由元入明人，所记应为元杂剧曲牌。与宋金杂剧不同的是，元杂剧更多受民间文化的浸润，如其中的【耍孩儿】【快活三】【醉娘子】【浪里来】【山石榴】【山丹花】等，很明显来自民间。即使这样，其宫音曲牌的数量还是如此之大。

中国古代戏剧对“和”的审美追求不仅表现在音乐曲牌的取舍上，而且还体现于剧本结构的处理中。那就是所谓“大团圆”式的结尾。对此，《昆曲与文人文化》一书说得好：

大团圆结局化解了剧中人物的苦难，化解了剧作酝酿许久的悲剧氛围，让我们体会到昆曲艺术的文化精神。这种“文化精神”，换言之，就是一种“和”的精神。“和”是一个大概念，是中国传统文化的根本精神，几乎涵盖一切，贯穿一切。“和”也是一种古代人的心理结构和思维模式，并以此来规范一切，陶铸一切。孔子思想由它陶铸而成，儒家思想由它陶铸而成，古代传统文化由它陶铸而成，昆曲艺术的“大团圆”结局也由它陶铸而成。[②]

这里，虽然谈的是昆曲，但推广到中国古代戏剧，似乎也较适合。诚如前述，宋代统治者对杂剧实行的创造性改造使杂剧走上了一条“雅化”[③]和“合礼化”的道路。雅者，正也，“散乐传学教坊十三部，唯以杂剧为正色。”[④]至此，

---

① 〔元〕陶宗仪：《南村辍耕录》，《历代曲话汇编》，黄山书社2006年版，第450—454页。

② 刘祯、谢雍君：《昆曲与文人文化》，春风文艺出版社2005年版，第112页。

③ 笔者按：“雅化”并不是说杂剧已经上升为雅乐，只不过在“教坊散乐十三部”中，它是最为雅正的。

④ 〔宋〕吴自牧：《梦粱录》卷二十，清学津讨原本，第123页。

宋金时期的杂剧开始具有了“雅乐”的意义，并取得了参与祭祀的资格。山西晋东南地区《迎神赛社礼节传簿四十曲宫调》(《周乐星图》)、《迎神赛社祭祀文范及供盏曲目》(《曲目文范》) 和《唐乐星图》等 14 种古赛写卷的发现充分证明了这一点。黄竹三、廖奔、张之中三先生从“供盏献艺”仪式、竹竿子“致语、说词”来历、器乐舞一体化的用乐规格以及所演戏剧节目诸方面，考证这些祭祀仪式及其所用乐舞、戏剧是宋代宫廷宴飨礼乐在晋东南地区的遗留。[①] 所言甚是。

由此，我们似乎可以得出这样的结论：中国古代戏剧脱胎于宴飨礼乐活动，走过了一条由“宴飨演剧”到“祭祀演剧”的发展道路。“这是中华民族礼乐文化深厚传统发展的必然，和古希腊戏剧从祭台上发展成熟的路径完全不同。”[②] 在这里，戏剧的娱乐性与“和”之审美追求在宴飨用乐与祭祀用乐方面取得了同一性。这并不妨碍祭祀戏剧形成后反过来对中国古代戏剧形态和特征的影响。诚如车师文明所指出的：

> 凡人喜欢的东西，神也必定喜欢。这种脱胎于原始宗教的以我及物的简单推理导致了赛社献艺内容的庞杂性，这点又深刻地影响、支配着中国戏曲的生存方式以及发展方向。[③]

---

① 参见黄竹三:《我国戏曲史料的重大发现——山西潞城明代〈礼节传簿〉考述》,《中华戏曲》1987 第 3 辑;《上党祭祀活动的“供盏献艺”》,《戏曲研究》2002 年第 59 辑；廖奔:《晋东南祭祀仪式抄本的戏曲史料价值》,《中华戏曲》1993 年第 13 辑；张之中:《队戏、院本与杂剧的兴起》,《中华戏曲》1987 年第 3 辑。

② 元鹏飞、李宝宗:《宋代戏剧形态发展的重大新物证——北宋宣和二年杂剧做场图探论》,《中华戏曲》2015 年第 51 辑。

③ 车文明:《赛社献艺：中国古代戏曲生成与生存的基本方式》,《戏史辨》2001 年第 2 辑，第 68 页。

第六章

元明清宴飨戏剧创作和演出的繁荣

第一节　宫廷宴飨演剧的发展

元代，正史里谈到宴飨演剧的极少，我们只能就相关资料略推一二。元代宴飨礼乐继承宋代，其对仪式性和政教性的强调与宋如出一辙。《元史·礼乐志》载，“传曰：‘礼者，天地之序也；乐者，天地之和也。’致礼以治躬，外貌斯须不庄不敬，则慢易之心入之矣。致乐以治心，中心斯须不和不乐，则鄙诈之心入之矣。古之礼乐，一本于人君之身心，故其为用，足以植纲常而厚风俗。后世之礼乐，既无其本，唯属执事者从事其间，故仅足以美声文而侈观听耳。此治之所以不如古也。”①

当然，也有变化。这种变化表现在三个方面：第一，少数民族、尤其是蒙古族自身的加入创作和表演，促进了文化融合，使杂剧中的少数民族元素大为增加。《元史》载：“元之有国，肇兴朔漠。朝会燕飨之礼，多从本俗。……世祖至元八年，命刘秉忠、许衡始制朝仪。自是，皇帝即位、元正……皆如朝会之仪。而大飨宗室、赐宴大臣，犹用本俗之礼为多。……大抵其于祭祀，率用雅乐，朝会宴飨，则用燕乐，盖雅俗兼用者也。”②由是可知，元代宫廷宴飨多

① 〔明〕宋濂：《元史》，中华书局1997年版，第1663页。

② 同上书，第1664页。

用“燕乐”。而此“燕乐”必然是汉族俗乐与少数民族音乐的混合体,《草木子》载,“元自世祖以来,凡遇天寿圣节,天下郡县立山棚,百戏迎引,大开宴贺。至庚申,帝当诞日,禁天下屠宰,不宴贺;虑其多杀以烦民也。”①“仪凤、教坊诸司乐工戏伎,竭其巧艺呈献,丰悦天颜。”② 从中可以看出,无论是天寿节上演的“百戏”,还是仪凤司、教坊司的“巧艺呈献”,都应属汉族俗乐无疑。

至于少数民族元素,则可以从创作队伍和作品人物、题材、音乐、语言几方面体现出来。从创作队伍来看,元杂剧中的少数民族作家有杨景贤、石君宝和李直夫。如杨景贤,《录鬼簿续编》称:“杨景贤,名暹,后改名讷,号汝斋。故元蒙古氏,因从姐夫杨镇抚,人以杨姓称之。善琵琶,好戏谑。乐府出人头地,锦阵花营,悠悠乐志。”③ 从作品人物、题材来看,元杂剧中叙述到少数民族人物和故事的则有石君宝的《紫云亭》、关汉卿的《拜月亭》、李直夫的《虎头牌》、王实甫的《丽堂春》以及无名氏的《村乐堂》。如关汉卿的《拜月亭》就描写了女真人金国尚书之女王瑞兰与汉族书生蒋世隆的曲折爱情故事。从音乐和语言方面来看,元杂剧中的少数民族乐曲曲牌很多,如【者拉古】【阿那忽】【古都白】【唐兀呆】【浪里来】【风流体】等;这些“女真【风流体】等乐章,皆以女真人音声歌之。”④ 带有极强的少数民族色彩。少数民族音乐不仅带动了元杂剧的形成,而且还丰富、充实了杂剧的曲牌,影响了元杂剧的整体风格。⑤

第二,劈正斧的设置,增强了武戏的表现力。元时朝会宴飨用“劈正斧”,《秋涧集·劈正斧辩》载:

斧斫苍玉为之,长径九寸,有几针之刃,满六寸,颏下略龃龉。之中坚厚

① 〔明〕叶子奇:《草木子》卷三,清乾隆五十一年刻本,第 39 页。

② 〔元〕熊梦祥:《析津志》“岁纪”,北京古籍出版社 1983 年版,第 216 页。

③ 〔明〕无名氏:《录鬼簿续编》,《中国古典戏曲论著集成》(二),中国戏剧出版社 1959 年版,第 284 页。

④ 〔元〕周德清:《中原音韵》,《中国古典戏曲论著集成》(一),中国戏剧出版社 1959 年版,第 231 页。

⑤ 高红梅:《元杂剧中的少数民族因素》,《昭乌达蒙族师专学报》2003 年第 4 期。

二寸，强龙首，呀（牙）吻啮于口，作两段；吞答脑，与刃通，以柯贯之上，以双蟠螭冒其端，下以玉束，琯承其窍，华润致密。可使神兵凛肃，真秘宝也。且斧者，黼也。黑白二色相次，故以水苍玉象之。三代之制，云兵刑丧祀用之；饰怒以赐杀，执之以就列，示威以启行而已。今则天子正何？朝会命冕执中立，以劈正为义，莫究所从未然。”①

看来，“劈正斧”自古就有，最早可以上溯到三代时期，只不过那时用于兵礼、刑礼和丧礼，以增加礼乐仪式的威仪；而且所谓“斧者，黼也”，施于礼之仪式，意在与民同乐。元代，“劈正斧”始列之于宴飨，恐怕也有上承三代、延续正统的意思。《元史·舆服志》曰：“劈正斧，制以玉，单刃，金涂柄，银鐏。②”《南村辍耕录》卷五“劈正斧”条记载，“劈正斧，以苍水玉碾造，高二尺有奇，广半之，遍地文藻粲然”③。《宋稗类钞》亦载：“宣和殿所藏殷王钺，长三尺余，一段美玉，文藻精甚（湛），三代之宝也。后归大金，今入大元；每大朝会，必设于外廷。《辍耕录》所载‘劈正斧’，以形制考之，疑即此钺。”④意思是说，这里的“劈正斧”，金色柄、银色头，单刃，以玉制成，长大约二尺多。用于朝会宴飨，凸显朝廷之威仪。这种设置为杂剧演出所继承，即为道具。在山西右玉宝宁寺水陆画里，有“一切巫师神女散乐伶官族横亡魂诸鬼众图”（图6—1）。图中绘有人

图6—1　一切巫师神女散乐伶官族横亡魂诸鬼众图（采自《山西右玉宝宁寺水陆画》）

① 〔元〕王恽：《秋涧集》，四部丛刊景明弘治本，第539页。

② 〔明〕宋濂：《元史》，中华书局1997年版，第1973页。

③ 〔元〕陶宗仪著、文灏点校：《南村辍耕录》，文化艺术出版社1998年版，第61页。

④ 〔清〕潘永因：《宋稗类钞》卷三十二，清文渊阁四库全书本，第392页。

物两排：后排为巫师神女图；前排则为散乐伶官图。前排右起第三人所扛与“劈正斧”非常相似，应为斧、钺一类道具。①这一文物的发现最起码可以说明两点：第一，宴飨礼乐与戏剧有着密切的关系；第二，元代可能已经有武戏的演出。出土文物给我们提供了更多的证据：山西洪洞明应王殿元代戏曲壁画（图6—2）中，前排右起第一人手里扛刀；②山西新绛吴岭庄元墓戏曲砖雕（图6—3）中，左起第一人头戴黑色曲脚幞头，身穿紧身衣裤，着皂靴，“类似短打武生装扮”③。

图6—2　山西洪洞明应王殿元代戏曲壁画

图6—3　山西新绛吴岭庄元墓戏曲砖雕

① 吴连成：《山西右玉宝宁寺水陆画》，《文物》1962年第Z1期；廖奔、刘彦君：《中国戏曲发展史》第二册，山西教育出版社2000年版，第110页。

② 周贻白：《元代壁画中的元剧演出形式》，《文物》1959年第1期；廖奔：《宋元戏曲文物与民俗》，文化艺术出版社1989年版，第218页；周华斌：《广胜寺“忠都秀”戏剧壁画新考》，《蒲剧艺术》1991年第4期。

③ 黄竹山：《元初戏剧演出的重要史证——山西新绛元墓戏雕考述》，《山西师院学报》1981年第2期；杨富斗：《山西新绛南范庄、吴岭庄金元墓发掘简报》，《文物》1983年第1期。

对此，冯其庸先生指出：

> 我到过山西临汾，看到了山西新绛吴岭庄元墓杂剧砖雕的图片，其中第六个戏俑作两手提靠的身段，显然这是武生亮相的程式动作，再看其他戏俑的身段动作，有不少也是至今仍保留在舞台上的。由此可知，戏曲表演的程式化动作，由来已久。[①]

按吴岭庄墓主下葬于至元十六年（公元1279年）推知：晚在元初，北杂剧表演已经程式化，武戏可能出现。这一结论进一步验证了前述“金元杂剧”的说法。

第三，僧、道地位的提升，拓展了杂剧的题材范围。元代，僧道待遇空前提高。他们占有大量的土地，可以从事商业、手工业、高利贷业等厚敛财富，经济实力雄厚：“有杨琏真加者，世祖用为江南释教总统……财物计金一千七百两、银六千八百两、玉带九、玉器大小百一十有一、杂宝贝百五十有二、大珠五十两、钞一十一万六千二百锭、田二万三千亩。”[②]政治地位显赫，许多宗教领袖拜爵封官，有“八思巴者，土番萨斯加人。……七岁，诵经数十万言，能约通其大意，国人号之圣童，故名曰八思巴。……中统元年，世祖即位，尊为国师，授以玉印。”[③]丘处机，登州栖霞人，被太祖尊为神仙，赐号“长春真人”，并下令在燕京为其修盖“长春宫”，供其居住。成吉思汗还下诏免除道教赋税和各种差役：

> 成吉思汗圣旨道于诸官员每，丘神仙应有的修行的院舍等，系逐日诵经文、告天地、人每与皇帝祝万万岁者。所据大小差发赋税者，据丘神仙的应系出家人等随处院舍，都教免了差发赋税者。其外诈推出家隐占差发的人每告到官司，治罪断案主者。奉到此，不得出错，须至给付照用者，在付丘神仙门下收执。照使所据神仙系出家门人精严主持院事的人，并免差发赋税。准此！癸未羊儿

① 冯其庸：《关于中国文化史的几点随想——廖奔著〈宋元戏曲文物与民俗〉序》，《文艺研究》1988年第4期。

② 〔明〕宋濂：《元史》，中华书局1997年版，第4521页。

③ 同上书，第4517—4518页。

年三月御宝日。[①]

僧道地位崇高，物质生活优裕，养成了大量的有闲阶级。大德年间编修的《南海志》记载，“圣朝至元二十七年抄数，户一十七万二千二百八十四，僧道一千八百册五百；大德八年报数，户一十八万八百七十三，僧道一千八百册五名。”[②]他们成了许多士人仰慕和交游的对象，如乔吉甫，就号笙鹤翁、惺惺道人；杨彦华，自号春风道人。他们的生活也进入了士人的笔端，成为杂剧创作的题材。据杨宁统计，元杂剧中以僧道题材为内容的剧目有:《布袋和尚忍字记》《月明和尚度柳翠》《花间四友东坡梦》《龙济山野猿听经》《吕洞宾桃柳升仙梦》《陈抟高卧》《吕洞宾三度城南柳》《吕洞宾三醉岳阳楼》《邯郸道省悟黄粱梦》《马丹阳三度任风子》《老庄周一枕蝴蝶梦》《铁拐李度金童玉女》《陈季卿误上竹叶舟》《马丹阳度脱刘行首》《瘸李岳诗酒玩江亭》《汉钟离度脱蓝采和》《刘晨阮肇误入桃源》。[③]这些只是作品整体上以僧、道故事为题材的，至于杂剧作品中涉及僧、道人物或事迹的则有很多，太过凌乱，难以确切统计。由上可知：元代，僧道故事已经成为杂剧创作的重要内容，一些僧道徒可能还参与杂剧创作。这一事实大大拓展了杂剧的题材范围。

与前代相比，明朝统治者向来以“礼乐文化”自任，对宴飨礼乐的强调无以复加。因此，明代之礼乐，达到了前所未有的高度，并由此推动了戏剧创作和演出的繁荣。明朝肇始，即着手进行“礼乐”的重建。这种“礼乐”重建，表现于宴飨演剧，则主要在三个方面展开。

一是制度的建立和完善。明初的统治者非常重视“礼乐”，尤其是“雅乐”的建设，建国伊始就设立礼、乐二局，以“格上下，感鬼神，教化”[④]为用；明代宴飨礼乐政教化的趋势可谓明显。

明前中期，宴飨礼乐活动多在奉天殿举行。（按：奉天殿，历史上有南（南

---

① 翦伯赞、郑天挺主编:《中国通史参考资料》第五册，中华书局 1979 年版，第 63 页。

② 〔元〕陈大震:《南海志》卷六，元大德刻本，第 2 页。

③ 杨宁:《元杂剧中僧道形象的类型分析》,《语文学刊》2009 年第 1 期。

④ 〔清〕张廷玉:《明史》卷四十七“礼一”，中华书局 1997 年版，第 1223 页。

京奉天殿)、北(北京奉天殿)之分。南奉天殿，坐落在南京故宫南北主轴线上，面阔九间，进深五间，为明初洪武、建文、永乐三朝举行盛大典礼和接受百官朝贺的地方。北奉天殿，其规制、功能与南奉天殿基本相同。)《皇明典礼志》记载，“北京，凡庙社、郊祀、坛场、宫殿、门阙，规制悉如南京，壮丽过之。[①]”在这样的地方举行宴飨活动，凸显其隆重和教化意义。因此，对礼仪的重视和强调就成为其必然的诉求。沈榜《宛署杂记》记载的一则资料颇能说明问题：

驾躬耕耤田于地区。先期一月，顺天府行两县，选集老人年高有行者数十人，于本府候气堂后空处，随班习仪，预备牛犁、谷种及耕敛器具，良民二百余人。地坛内搭盖耕棚，方广五十余步，土取罗细数次，复黄土其上。至期，教坊司妆扮优人为风云雷雨地土等神，小伶为村庄男妇，播鼗鼓，唱太平歌。两县民执农具，如担勾扫帚之类，各列耤田左右，以待驾至。左手执鞭，右手执金龙犁。稍前，用导驾官二员牵牛，老人二扶犁，老人二执粪箕净桶，老人二夹驾左右，名为“帮相臣”，凡往回者三。驾升望耕台御座，公卿以次亲耕，多寡有次。耕毕，顺天府治中、通判、推官五员，各携谷种箱一，散地上。老人牵牛复土，为耕种之状。小优百余，衣田家男女服，奉五谷以进。[②]

周华斌《京都古戏楼》认为：这种模拟农耕的仪式在春季举行，宫廷教坊司或钟鼓司优伶装扮风云雷雨土地等神、小伶百余人装扮男妇，摇着大拨浪鼓，唱太平歌，略有仪式剧的意味。[③]所言甚是。明代礼乐的仪式性由是可见，这种仪式性的礼乐表演不仅促成了仪式剧的发达，而且推动了戏曲艺术的程式化。明代宴飨礼乐在用乐方面也有严格的规定。《续通志·乐略》记载：

太祖洪武三年，定宴飨之乐。凡九奏，大都述创造以来迄享太平之事，皆用杂剧填词曲调，以[飞龙引]奏《起临濠》，以[风云会]奏《开太平》，以

① 〔明〕郭正域：《皇明典礼志》卷十九，明万历四十一年刘汝康刻本，第166页。

② 转引自周华斌：《京都古戏楼》，海洋出版社1993年版，第59页。

③ 周华斌：《京都古戏楼》，海洋出版社1993年版，第60页。

[庆皇都]奏《安建业》，以[喜升平]奏《削群雄》，以[贺圣朝]奏《平幽都》，以[龙池宴]奏《抚四夷》，以[九重欢]奏《定封赏》，以[凤凰吟]奏《大一统》，以[万年春]奏《守承平》。①

值得注意的是：此时的宴飨用乐已经形成了相对固定的乐章，如《起临濠》《开太平》《安建业》《削群雄》《平幽都》《抚四夷》《定封赏》《大一统》《守承平》，用以记述创造以来迄享太平之事，“已经构成了一个相对完整的套曲，敷衍明初开国史实，可以看作一个小型的杂剧演出。”②这样的乐章用【飞龙引】【风云会】【庆皇都】【喜升平】【贺圣朝】【龙池宴】【九重欢】【凤凰吟】【万年春】等杂剧曲牌来演奏，施于奉天殿的朝会宴飨活动，充分说明了一个问题——那就是杂剧发展到明代，已经高度雅化。这种雅化反过来又限制了杂剧的发展，为明中后期俗乐的勃兴留下了空间。

除此之外，明初宫廷已经形成了教坊司和钟鼓司并列的演剧机构。前者主要负责搬演外廷礼仪活动中的乐舞、杂剧、百戏，后者主要负责皇帝、后妃的内廷演剧活动。二者独立发展，彼此交叉、相互影响，共同促进了宫廷演剧活动的繁荣。在演出场所方面，明初形成了集院、勾栏、酒楼于一体的剧场机制。③

迁都北京以后，永乐皇帝继承了南京时期的宴飨礼乐制度；“先朝定礼，审之精矣，后世子孙尊用旧章，当自朕始。”④仿制南京，设立教坊司和钟鼓司，负责管理宴飨礼乐活动；教坊司“设中和韶乐”⑤，而间“用乐府、小令、杂剧为娱戏”⑥。这就为雅俗混杂，促进技艺的交流和提高创造了良好的条件。延续

---

① 《续通志》卷一二九“乐略”，清文渊阁四库全书本，第1486页。

② 李舜华：《礼乐与明前中期演剧》，上海古籍出版社2006年版，第292页。

③ 关于明初的剧场机制，早已引起了研究者的注意。周华斌《京都古戏楼》第三章“明代京都演剧场所·南京”条，把当时南京的演剧场所分为三类，即御勾栏、官营酒楼和草台；李舜华《礼乐与明前中期演剧》上编“演剧史第二”，认为明初形成了以“宫廷/藩国/州府—酒楼—勾栏—院”为一体的演剧机构；李真瑜《明代宫廷戏剧史》第一章之第一节，则把其概括为“院—勾栏—酒楼”三位一体的演剧形制。

④ 〔明〕徐学聚：《国朝典汇》卷一百四，明天启四年徐与参刻本，第1409页。

⑤ 〔明〕郭正域：《皇明典礼志》卷一，明万历四十一年刘汝康刻本，第2页。

⑥ 〔清〕嵇璜：《续文献通考》卷一百三“乐考”，清文渊阁四库全书本，第1940页。

了院、勾栏、酒楼一体的剧场机制，“京师黄华坊有东院，有本司胡同；本司者，教坊司也。又有勾栏胡同、演乐胡同。……出城则有南院，皆旧日之北里也。”[①] 这里的东院、南院，勾栏胡同、演乐胡同，皆旧时歌舞地也。至于官办酒楼，限于资料，无考。《京都古戏楼》只提到一座“查楼”，但已属富商查氏所建，并非官办。这种院、勾栏、酒楼一体的剧场机制，“实际上是将乐工们自宋元以来形成的一应演剧方式都加以制度化，从而置于朝廷严格的控制之中，成为明代礼乐制度的一个环节。”[②]

二是乐章的考订和修正。朱元璋以武功立国，因此明初宴飨乐章也多述武功之事。但永乐朝却相反，宴飨乐章重文轻武。除朝会宴飨初奏、二奏之《平定天下之舞》《抚四夷之舞》有夸耀武功的意味之外，其他的乐章、舞曲都在宣示文治。这种做法在一定程度上刺激了朝臣和诸王室撰写乐章或剧作进献朝廷以邀宠的行为，更增加了宫廷戏剧歌舞升平的味道。[③] 明清戏剧“以和为尚”的特征由此奠定，如朱元璋的孙子、周宪王朱有燉创作的杂剧就是如此。《今乐考证》著录朱有燉杂剧三十种：

《天香圃牡丹品》《十美人庆赏牡丹图》《兰红叶从良烟花多》《瑶池会八仙庆寿》《河嵩神灵芝庆寿》《四时花月赛娇容》《南极星度脱海棠仙》《文殊菩萨降狮子》《关云长义勇辞金》《惠禅师三度小桃红》《掐搜判官乔断鬼》《豹子和尚自还俗》《甄月娥春风庆朔堂》《美姻缘风月桃源会》《宣平巷刘金儿复落娼》《福禄寿仙宫庆会》《神后山秋猕得驺虞》《黑旋风仗义疏财》《小天香半夜朝元》《张天师明断辰勾月》《李妙清花裹悟真如》《洛阳风月牡丹仙》《李亚仙花酒曲江池》《清河县继母大贤》《赵贞姬身后团圆梦》《刘盼春守志香囊怨》《紫阳仙三度长春寿》《东华仙三度十长生》《群仙庆寿蟠桃会》《吕洞宾花月神仙会》[④]

---

① 〔清〕于敏中：《日下旧闻考》卷四十八引“析津日记”，清文渊阁四库全书本，第556页。

② 李舜华：《礼乐与明前中期演剧》，上海古籍出版社2006年版，第132页。

③ 李真瑜：《明代宫廷戏剧史》，紫禁城出版社2010年版，第67页。

④ 〔清〕姚燮：《今乐考证》，《中国古典戏曲论著集成》（十），中国戏剧出版社1959年版，第145—146页。

从中可以看出，这些作品多数以歌颂太平盛世和进行礼乐教化为宗旨。淡化矛盾冲突，有的甚至基本没有矛盾冲突；如《群仙庆寿蟠桃会》。这是一部典型的庆赏剧，主要叙述西王母邀请群仙共赴蟠桃会的故事。表演场面宏大，“邀集群真，又以仙乐伴随歌舞”“通场不致寂寞。”此类剧目放在自己的生日宴会上演出，“今年值予度”“以词曲庆贺”，凸显其仪式性和功能性。此时，演剧已经成为生日庆赏宴会的有机组成部分，与宴会的“和”“乐”宗旨融合为一。这种状况直到“苏州派”作家的出现，才有所改观，但持续时间并不长。难怪王国维先生认为“明清之后无戏剧”，而独推元杂剧为一代之文学了。

三是对戏剧思想内容的规范。这一思潮可以追溯到宋代时期，宋代统治者对杂剧实行的创造性改造促进了其叙事性的发达，并由此开启了中国戏曲繁荣和剧本文学的历史。公元1127年，当北人的金戈铁马迫使宋王室迁居临安的时候，杂剧叙事化的传统为南宋政府所继承和延续。但鉴于其只能作为宴飨礼乐的一个或几个节目而存在和上演的宫廷演剧传统，此时的杂剧还不可能篇幅太长，叙事容量相对有限。周密《武林旧事》所记“官本杂剧段数”反映了这一点。北宋时期的《目连救母》杂剧毕竟只是个例，但它所提供的长篇叙事体制为后世南戏所甄选。历史进入南宋中期，政府迫于压力变得日益羸弱，杂剧遂大量流入民间，与江南民间歌舞相结合，形成南戏。因此，南戏具有极强的民间性。这种立场使它从一开始就以关注现实、反映民众的喜怒哀乐为宗旨。面对江南经济发展、一夜暴富、士子变心的现实，创作了大量的“变心剧”，如《张协状元》《王魁负桂英》《三负心陈叔文》《王宗道负心》《风流王焕贺怜怜》《林招得三负心》《赵贞女蔡二郎》；面对战乱不断、生灵涂炭、百姓渴求安定的现实，产生了相当多的英雄剧，如《关大王古城会》《关大王独赴单刀会》《苏武牧羊记》《斩蛇起义》《屈大夫江潭行吟》；面对政府羸弱、礼乐失坠、民众企望统一的现实，上演了许多的“贞孝剧”，如《王祥行孝》《贞节孟姜女》《刘孝女金钗记》《闵子骞单衣记》《忠孝蔡伯喈琵琶记》。

这里值得一提的是《琵琶记》。它一改《赵贞女蔡二郎》的“负心”主题为歌颂“忠臣烈女”的“贞孝剧”，凸显出作家面对元代末期世道纷乱、战争不断、人民流离失所的现实，寻求社会安定、礼乐重建的努力，这是当时社会文人士子们的一种普遍的心理诉求。但是政策的推行往往需要强大的中央政府作后盾，于是这种诉求便转化成了对一个强大、统一的王朝的渴盼。

恰逢其时。公元1368年，朱元璋创建大明王朝。出于维护王朝稳定和巩固统治的需要，政府急需建立自己“奉天承运”的合法性和合理的解释系统。《明史·乐志》所记的一则资料显示出明初统治者在重建礼乐文化方面的努力：

> 当太祖时，前后稍有增损。乐章之鄙陋者，命儒臣易其词，二郊之作，太祖所亲制。后改合祀，其词复更。太社稷奉仁祖配，亦更制七奏。尝谕礼臣曰：“古乐之诗章和而正，后世之诗章淫以夸，故一切谀词艳曲皆弃不取。”尝命儒臣撰回銮乐歌，所奏《神降祥》《神贶》《酣酒》《色荒》《禽荒》诸曲，凡三十九章，命曰《御銮歌》，皆寓讽谏之意。①

由此可以看出，明初统治者对礼乐之需求。高明的《琵琶记》就是在这种情况下进入宫廷的。有资料为证：

> 永嘉高经历明，避乱四明之栎社，惜伯喈之被谤，乃作《琵琶记》雪之……我高皇帝即位，闻其名，使使徵之，则诚佯狂不出，高皇不复强……时有以《琵琶记》进呈者，高皇笑曰：“‘五经’‘四书’，布帛菽粟也，家家皆有。高明《琵琶记》，如山珍海错，贵富家不可无。”……由是日令优人进演。寻患其不可入弦索，命教坊奉銮史忠计之。色长刘杲者，遂撰腔以献，南曲北调，可于筝琶被之。然终柔缓散戾，不若北之铿锵入耳也。②

《琵琶记》所标榜的“忠孝”主题与统治者“以儒治国”的理念完全吻合，因此当它一进入宫廷，就被统治者高度重视。这一点从朱元璋的评价就可以体现出来。当一种思想或文化与政府（尤其是最高统治者）的统治力量相结合，往往就会取得压倒性优势。《琵琶记》的处境就是这样，由上述“日令优人进演”可知其在宫中演出之繁盛；并通过政府的力量将这种演出盛况迅速传遍全

① 〔清〕张廷玉：《明史》卷六一“乐志一”，中华书局1997年版，第1507页。

② 〔明〕徐渭：《南词叙录》，《中国古典戏曲论著集成》（三），中国戏剧出版社1959年版，第239—240页。

国各地，“洪武初年，亲王之国，必以词曲千七百本赐之。”①（按：朱元璋有27子，这种剧本的传播基本上可以覆盖全国。）《琵琶记》由此赢得了“样板剧”的地位②，并对明代以及后世戏剧的发展产生了深远的影响。

第一，明政府用北曲改造《琵琶记》，而被之筝琶；本意是使其雅化，以适合宫廷宴飨礼乐之需求。但这种改造实际上并不是很成功，“然终柔缓散戾，不若北之铿锵入耳也。”由此却引发了戏剧史上一次深刻的变革，即由重音律向重内容的变革，为南戏的大量进入宫廷打开了方便之门。

第二，《琵琶记》提出的“关风化”的创作主张和塑造典型形象，从正面引导的创作方法，使中国戏曲从此“登堂入室”，在宫廷大行其道，并迅速扩散到民间，影响了后世戏剧的创作和演出。“它的出现给南戏‘俚俗妄作’的过去画上了句号而开启了文人传奇的时代”，并“赋予戏曲一种传统‘诗教’功能，从而也就确立了主流文化在戏曲中的主导地位。”③

永乐年间，出于形势的需要，对元代宫廷遗留下来和来自民间的剧本进行了整理。对整理的标准，顾起元《客座赘语》中有载：

> 今后人民倡优装扮杂剧，除依律神仙道扮、义夫节妇、孝子顺孙、劝人为善及欢乐太平者不禁外，但有亵渎帝王圣贤之词曲、驾头杂剧，非律所该载者，敢有收藏、传诵、印卖，一时拿送法司究治。④

也就是说，除“神仙道扮、义夫节妇、孝子顺孙、劝人为善及欢乐太平者”不在禁例外，其他的杂剧、戏文都属于禁止的对象。这是从思想内容方面对戏剧的取舍，成书于永乐六年（公元1408年）的《永乐大典》收录南戏33本、杂剧100本，基本上反映了这种状况。⑤这些戏剧作品，再现了当时宫廷戏剧

---

①〔明〕李开先：《李中麓闲居集》“卷六”，明刻本，第250页。

② 李真瑜：《明代宫廷戏剧史》，紫禁城出版社2010年版，第58页。

③ 同上书，第59页。

④〔明〕顾起元：《客座赘语》卷十，明万历四十六年自刻本，第181页。

⑤ 王利器：《元明清三代禁毁小说戏曲史料》“前言”，上海古籍出版社1981年版，第5—9页。

文化的面貌，也有规范戏剧和垂示于世的作用。[①]

影响所及：其一，明代中后期，南曲日盛于宫廷，并直接导致了万历年间宫廷演剧体制的变革，那就是“四斋”和“玉熙宫”的设置。这种“更加专门化的皇家剧团”[②]，拥有200—300人的演出队伍和职业女演员，专门负责习演“外戏”（包括海盐、余姚、弋阳、昆山诸腔），已“不复属钟鼓司”[③]。它们的出现，促进了传奇在宫廷的发展和成熟。成书于正德十二年（公元1517年）的《盛世新声》共收南曲46套，基本上可以反映当时传奇在宫廷的演出情况。较《盛世新声》晚出十余年的《雍熙乐府》所收曲目则更多。明龚正我撰、刊刻于万历三十九年（公元1611年）的《新刊徽板合像滚调乐府官腔摘锦奇音》“六卷”所收传奇剧目有：

《琵琶记》：伯喈高堂庆寿、蔡邕辞亲赴选、五娘长亭送别、伯喈别妻应举、五娘临妆感叹、伯喈待漏随朝、牛府强就鸾凰、伯喈中秋赏月、五娘途中自叹、五娘琵琶词调、伯喈书馆相逢

《会真记》：张生假借僧房、君瑞跳墙失约

《白兔记》：三娘汲水遇子、李氏义井传书、承佑猎回见父

《幽闺记》：世隆兄妹散失、世隆旷野奇逢、招商旅店成亲

《玉簪记》：必正执诗求合、妙常秋江哭别、必正姑阻佳期

《千金记》：楚王营中夜宴、韩信弃汉逃归、萧何月下追贤

《运甓记》：胡淑姬烧夜香

《寻亲记》：周羽别妻从军、瑞龙旅邸逢亲

《和戎记》：昭君亲自和戎

《皮囊记》：周庄子叹骷髅

《长城记》：姜女亲送寒衣

《红叶记》：韩氏惜花爱月

① 李真瑜：《明代宫廷戏剧史》，紫禁城出版社2010年版，第73页。

② 张庚、郭汉城：《中国戏曲通史》，中国戏剧出版社1992年版，第393页。

③〔明〕沈德符：《万历野获编·补遗》卷一，清道光七年姚氏刻同治八年补修本，第595页。

《断发记》：柳直妄意想娇

《男后记》：姑嫂私就佳期、秾桃执扇贡谗、知情配合鸾凤

《昆仑记》：崔生幽期赴约

《跃鲤记》：姜氏赶逐庞氏、夫妇卢林相会

《升仙记》：文公马死金尽、文公雪拥蓝关

《荆钗记》：十朋母子相会、十朋南北祭江

《金锏记》：六使私下三关

《招关记》：子胥计过招关

《白袍记》：敬德犒赏三军

《金貂记》：敬德罢职耕田

《炼丹记》：昝嘻嫖李娟奴

《破窑记》：蒙正夫妻祭灶、小姐采芹遇婢、及第差人接妻

《鲤鱼记》：张琼训子攻书、鲤鱼变化藏形、鲤鱼迷惑张真

《嫖院记》：出游投宿肖庄、周元曹府成亲

《同窗记》：山伯千里期约

《三元记》：秦氏商门吊孝、雪梅立志守节

《投笔记》：仲生夷地酬月

《五桂记》：冯公子忆娇娘

《箱环记》：张氏卖环奉姑

《金印记》：季子逼妻卖钗、季子负剑西游、周氏对月思夫、季子荣归团圆①

上举各目，书名号内指剧目，书名号外指出目。在这些剧目中，生活剧占到了70%左右，这与南方戏剧（如黄梅戏）擅演生活小戏的传统一脉相承；书中所列“出目”应是经常上演的精彩片段，已具后世“折子戏”的雏形；“乐府官腔”的字眼标明自己的宫廷身份。种种迹象表明：随着传奇演出的增多，宫廷戏剧也在发生潜在的变化——“以单纯娱乐为需要的演剧已经由从属于礼乐

① 转引自［日］青木正儿：《中国近世戏曲史》，中华书局2010年版，第533页。

活动为主的状态中分离出来而成为独立的娱乐文化”[①]，反过来又推动了宫廷演剧的繁荣。

其二，戏剧由重音律向重内容的转变，导致部分戏剧创作为了表达思想的需要而不顾音律和舞台演出的实际，由此造成了“案头剧”的发达。以汤显祖的《牡丹亭》为例，作者的本意是写一种“至情”，《玉茗堂全集》载有“牡丹亭记题词”：

天下女子有情，宁有如杜丽娘者乎？梦其人即病，病即弥连，至手画形容传于世而后死。死三年矣，复能冥莫中求得其所梦者而生。如杜丽娘者，乃可谓之有情人耳！情不知所起，一往而深。生者可以死，死可以生；生而不可与死，死而不可复生者，皆非情之至也。[②]

通过这种“至情”，“传达了在明代封建专制主义的重压下，广大青年要求个性解放、争取爱情自由和婚姻自主的呼声”[③]。为了表达思想，作者可以突破一切束缚和桎梏，当然包括音律。在这里，汤显祖是把《牡丹亭》当作一部纯文学剧本来写的。因此，剧作甫一发表，就遭到了格律派的激烈反对；好事者纷纷对其进行改编。先后涌现出有代表性的改编本有吕玉绳本、沈璟本、臧晋叔本、冯梦龙本，但改编本往往突出了音律，却与作者的本意渐行渐远，犹如“割蕉加梅，冬则冬矣，然非王摩诘冬景也。其中骀荡淫夷，转在笔墨之外耳。”[④]因此，后世流传仍以汤氏原作为多。

其三，儒家礼乐文化的承载引发了历史剧的繁荣。《脉望馆抄校本古今杂剧》所载明万历时期宫廷演出的94个剧目中，历史剧有近50种，几占半数以上。这些剧作往往突出“忠孝节义”等主题，儒家礼乐文化影响的痕迹非常明显。以杨家将戏剧为例，王季烈《孤本元明杂剧》载有《八大王开诏救忠臣》《焦光赞活拿萧天佑》《杨六郎调兵破天阵》。这些剧作全系脉望馆从明内府移

---

① 李真瑜：《明代宫廷戏剧史》，紫禁城出版社2010年版，第145页。

② 〔明〕汤显祖：《玉茗堂全集》卷六“题词”，明天启刻本，第48页。

③ 张庚、郭汉城：《中国戏曲通史》，中国戏剧出版社1992年版，第546页。

④ 汤显祖著、徐朔方笺校：《汤显祖全集》，北京古籍出版社1999年版，第1442页。

入，上有“赵廷美”的校笔，突出忠奸斗争主题，封建说教的气息非常浓厚。[①] 另有无名氏杂剧《黄眉翁赐福上延年》（又名《黄眉翁》），现存脉望馆抄校本，《今乐考证》《也是园书目》《曲录》等著录，题目正名曰：“杨郡马赤心全忠孝，黄眉翁赐福上延年”，该剧着意宣扬“为臣者当尽其忠，为子者当尽其孝”的主题。[②]

万历年间，有施凤来的《三关记》和姚子翼的《祥麟现》。这一时期的杨家将戏曲开始有意识地向演义小说寻找素材，出现了传奇巨制。《三关记》，《曲海总目提要》述其剧情：

谢金吾拆除天波楼，六郎私下三关，焦赞杀死谢金吾。八大王德昭奏请赦延昭死，充军汝州，焦赞充军邓州。钦若矫诏杀延昭，汝州知府胡援以子代杀，令延昭避祸。遂至五台访见延德。钦若令人投书于萧太后，为岳胜搜出。令婆及六郎妻因天波楼被烧，同走觅五郎。至关，岳胜、孟良方起兵为六郎报仇，迎入营中，六郎妻失散。令婆劝胜、良回兵，胜还涿州，良入太行。胡援升潼关安抚，遇六郎妻，偕往任所。萧天佐题诗八句，假作民谣，言有天生祥瑞。真宗驾幸澶渊，八大王及寇准谏，不听。至则被围，呼延赞突围入汴求救。八大王知延昭未死，问于胡援，亲至五台访延昭。延昭乃往邓州召焦赞、太行召孟良，偕岳胜等同赴救。胡援为土金秀所追，延昭射杀金秀，又大败辽兵。王钦若易服逃番，至沙河被擒获。[③]

该剧主要根据元曲《谢金吾》故事改编而成，通过焦赞和六郎之口，追叙杨家将五台救驾时惨死、失陷的不幸遭遇，突出了其忠君报国的高尚豪情。“血战金沙滩”是杨家将故事中最为悲壮的一幕，也是最能突出其“忠诚”和“武勇”的一幕；后世几乎每一部杨家将剧开演时都由佘太君诉说这段悲痛的家史，

① 相关资料参见周华斌：《杨家将故事的历史演变》，《中国戏剧史论考》，北京广播学院出版社2003年版；徐子方：《明杂剧史》，中华书局2003年版；孙楷第：《述也是园旧藏古今杂剧》，民国二十九年十二月印行；严敦易：《元剧斟疑》，中华书局1960年版。

② 〔明〕无名氏：《黄眉翁》，《脉望馆抄校本古今杂剧》第84册，《古本戏曲丛刊》第四集影印，第19页。

③ 董康：《曲海总目提要》上册，天津古籍书店1992年影印版，第457—458页。

俨然成为杨家将戏曲中的一种集体无意识。

《祥麟现》，一名《七子圆》，《曲录》《曲考》《曲海总目提要》《今乐考证》均有著录。[①] 其情节如下：

成都杨文鹿，弱冠成名，官狱吏。祖产甚厚，兄文标掌之。兄生三子，而文鹿夫妇年四十无子，其妻甚妒。时辽宋对垒，王钦若与文鹿父有仇，荐使和番，挈哑仆杨瑞以往。萧后方遣耶律夫人，设天门阵七十二座以攻宋。都招讨杨延昭探其阵面，值文鹿辞别，延昭谓曰："彼阵不全，易破耳，毋与和。"文鹿至辽，萧太后赏其才，使耶律夫人允文鹿和，配以夜珠，不使归国。时王钦若以密札进萧后，言阵图不全，宜早补完。迨延昭出关搦战，见阵已全，惧而坠于地，兵败回营。赖孟良暗箭射中耶律，得以相持。文鹿谓合议成，诣耶律营与别，见钦若书，乃窃兵符潜遁入关，欲投延昭，述其始末。

适延昭诣八大王祝寿，文鹿误投钦若营。奏文鹿通番，旨令钦若监斩。哑仆走恳孟良，口不能言。用手势作欲杀状，指灯笼上"杨"字。良问欲杀者何人？仆手势作"王"字。良以为王钦若奏而杀其主将延昭也，径奔法场杀钦若。觅延昭不见，乃知误杀。延昭白于八大王，诘问。文鹿出钦若手书，乃知通番者，钦若也。遂释文鹿，奏其事于朝，以文鹿参延昭军，并释孟良罪。伐辽有功，文鹿高官显爵。其妻劝令与文标分产，欲嗣一侄为子。文标欲激文鹿妻娶妾，故作种种娇态，笑其绝后，不肯分产。文鹿妻大怒，立娶五妾，各生一子，妻亦生一子。初，夜珠欲追文鹿回，不能及。耶律夫人没于军，夜珠代将。因在天罡阵中交兵，时适当分娩，负痛走天魔阵中，血光冲破，两阵皆败，延昭得成功。及是时，夜珠所生子已十三岁。奏明萧后，携入宋朝讲和。杨延昭送至文鹿之宅，于是共得七子团圆。文鹿生子满月，拜谢家庙。其兄已先焚香祷告，保佑其所生之子，且俱陈激发弟妇之情。文鹿夫妇闻之，不胜感激，举家和好，产业均分云。[②]

该剧中第一次出现智勇双全的女将耶律夫人的形象，昭示着明代末期女性

① 刘致中：《〈曲考〉即〈剧说〉考》，《文学遗产》1981 年第 4 期。

② 董康：《曲海总目提要》上册，天津古籍书店 1992 年影印版，第 601—605 页。

意识的崛起；夜珠公主“阵中分娩、血光冲破天阵”的情节，给后世的杨家将戏曲以启示，京剧《破洪州》《背子破奇阵》中有相似情节，只不过主人公已经演变为杨家将后期重要人物穆桂英；“七子团圆”的情节折射出中国人传统“多子多福”的深层意识。因此，《祥麟现》的出现，在重述传统“忠君爱国”意识的同时，暗示着杨家将戏曲主题后世的多元化发展。

清朝立国，宴飨演剧方面多因袭明制，设立教坊司和钟鼓司。《钦定大清会典事例》载：“（顺治元年）定：凡宫悬大乐，皆教坊司奏之，设正九品奉銮一人，左右韶舞各一人，左右司乐各一人，协同官十有五人，俳长二十名，色长十有五名，歌工九十八名。凡宫内行礼宴会，用领乐官妻四人，领教坊女乐二十四名，于宫内序立奏乐。”① 这里的教坊建制只有 181 人，包括女乐在内；教坊司最高长官奉銮为正九品。“如此畸低的职衔却全面掌管清初整个宫廷的音乐活动未免名不符实，体现不出封建统治阶级所贯彻的‘礼宜乐和’的治国理念。”② 因此，变迁势在必行。顺治十一年（公元 1654 年），重置钟鼓司，隶十三衙门，并屡次将宴飨奏乐的乐工由女乐改为太监。邓之诚《骨董琐记》载：

> 顺治初，沿明制设教坊司。凡东朝行礼筵宴，用领乐官妻四名。领女乐二十四名，女乐由各省乐户挑选入京充补，随钟鼓司引进，在宫内排列作乐。八年（公元 1651 年），停止教坊司妇女入宫承应，用太监四十八名。十二年，仍用女乐。至十六年，复改用太监，遂为定制。③

在这里，顺治帝欲将女乐手中的音乐演奏权转移至太监手中，而太监在朝廷权力系统中，乃是附庸君主，是作为皇帝的家臣存在，这也就是将原属于教坊的部分音乐掌握权收归皇帝之手。④ 此为封建社会后期专制皇权加强的集中表现。

---

① 《钦定大清会典事例》，《续修四库全书》第 806 册，上海古籍出版社 2002 年版，第 263 页。

② 黄敏学：《清代宫廷音乐管理体制的时代特征及其近代转型》，《江淮论坛》2011 年第 6 期。

③ 邓之诚著、邓珂点校：《骨董琐记》，北京出版社 1996 年版，第 185 页。

④ 刘蕨：《从娱乐到礼乐：顺治朝演剧政策研究》，《戏剧艺术》2017 年第 1 期。

清初统治者对戏剧的态度，可谓矛盾重重。这从顺治皇帝身上就可以体现出来。一方面，鉴于其负面影响，对演剧严令禁止，顺治七年（公元1650年）颁谕："嗣后满洲官民不得沉湎嬉戏，耽误丝竹，违者即拿送司法治罪。[①]"九年又提出：坊间书贾，凡涉"琐语淫词，及一切滥刻窗艺社稿，通行严禁。违者从重究治"[②]。

另一方面，顺治帝本人对戏剧也是喜爱有加。他有感于《鸣凤记》中杨继盛的忠烈活动，以其不是主人公而深表遗憾，下令重新改编剧本。程正揆《青溪遗稿》记载了这件事，"传奇《鸣凤》动宸颜，发指分宜父子奸。重译二十四大罪，特呼内院说椒山。"[③]尤侗曾以《读离骚》杂剧进，并因此得官，"尤悔庵，工乐府，早岁作《读离骚》诸传奇，流闻禁中，……朝廷仿古制科取士，上亲擢五十人，授翰林撰修。"[④]《西堂年谱》亦载："顺治十五年，年四十一岁，有以予《读〈离骚〉》乐府献者，上益读而善之，令教坊内人播之管弦，为宫中雅乐。"[⑤]统治者这种矛盾的态度直接导致了后来的演剧改革，其集中表现就是南府和景山作为专门演剧机构的设置。

南府和景山起于何时？史无明载。秦华生、刘文峰主编的《清代戏曲发展史》据"郎中费扬古等为宫廷用项开支银两的题本"和"李孝生等为宫廷用项开支银两的题本"把其分别断在康熙二十五年（公元1686年）和康熙三十四年（公元1695年）。[⑥]所言大体不差。南府、景山的人员构成，屡有变迁。范丽敏、高臻丽《清内廷演戏机构南府、景山沿革考察》对其有详细论证，并列表予以说明。兹引如下：

康熙朝：不详。

---

① 《清世祖实录》，中华书局1985年版，第385页。

② 〔清〕费尔纳：《钦定学政全书》，《续修四库全书》（史部）第828册，上海古籍出版社1995年版，第584页。

③ 朱家溍、丁汝芹：《清代内廷演剧始末考》，中国书店出版社2007年版，第2页。

④ 〔清〕张维屏辑：《国朝诗人徵略》，清道光十年刻本，第98—99页。

⑤ 转引自薛若邻：《尤侗论稿》，中国戏剧出版社1989年版，第192—193页。

⑥ 秦华生、刘文峰：《清代戏曲发展史》，旅游教育出版社2006年版，第214页。

乾隆五十年：南府有内三学（内头学、内二学、内三学），外二学（大学、小学）；有十番学、中和乐、弦索学、掌仪司、大差处、钱粮处、档案房。景山有小内学、外二学（外头学、外二学），钱粮处。

嘉庆七年：南府有内二学（内头学、内二学），外三学（外头学、外二学、外三学）；有十番学、中和乐、弦索学、掌仪司、大差处、钱粮处、档案房。景山有小内学、外二学（大班、小班），钱粮处、档案房。

嘉庆二十三年：南府有内二学（内大学、小内学），外三学（外头学、外二学、外三学）；有十番学、中和乐、弦索学（不详）、掌仪司、大差处、钱粮处、档案房。景山有外二学（外头学、外二学），钱粮处、档案房。①

从中可以看出：从康熙到嘉庆时期，南府学艺人员较多，景山相对较少。就南府来说，最初习艺人员太监较多，分三班；外学较少，只有两班。嘉庆朝，这种现象有所转变，内少外多。这反映出清代传奇盛、杂剧衰和宫廷戏剧演出官退民进的现实。南府、景山系内廷演剧机构，它们的出现是明代钟鼓司、四斋、玉熙宫等功能的延续，并由此推动了内廷宴飨演剧的繁荣。清代，举凡皇帝皇太后家宴、皇后皇贵妃千秋内宴、乾清宫廷臣曲宴、瀛台赐宴等都要演戏；而且据此发展出一种独特的戏剧品类——“宴戏”。与此同时，它也昭示着宫廷宴飨演剧适应新时代的一种变迁。

第二节　私人宴会演剧的繁兴

私人宴会（简称“私宴”）有一个专属名词“醧”。《说文解字系传》曰“醧，犹饇（饫），从酉区声，私宴饮也。”②《尚书注疏》载：“私宴之事，以骨肉

① 范丽敏、高臻丽：《清内廷演戏机构南府、景山沿革考察》，《燕赵学术》2010年第2期。

② 〔五代〕徐锴：《说文解字系传》（通释卷二十八），四部丛刊景述古堂景宋钞本，第355页。

情亲，不事华丽，故席几质饰也。”意思是说，从前的私宴，一般在宗室内部举行，目的是加强沟通、交流感情，所以不事华丽，也不追求必须用乐。这是上古时的情况。

周代以后，伴随“礼崩乐坏”的现实，私宴用乐多了起来。历经两汉、隋唐、宋金，此风愈炽，并逐渐形成了一个独特的群体“家乐”。“家乐”的出现，私人宴会演剧的增多，促使中国古代戏剧在元、明、清三代出现了创作和演出上的繁荣局面。

元代私宴演剧，大抵承续了宋金时期的传统，山西新绛吴岭庄元墓杂剧砖雕证明了这一点。从出土文物（图 6—3）看，该墓主人下葬的时间在“至元十六年（公元 1279 年）”，应即元初。其中，装饰在前室南壁墓门上方的一组杂剧砖雕非常重要。砖雕共 9 幅，从左至右依次为乐舞砖雕、击鼓砖雕、杂剧砖雕（5幅）、击鼓砖雕、乐舞砖雕，显得相当对称。杂剧砖雕（5 幅）位于正中间，凸显出元初杂剧演出在世俗生活中的重要性。

从脚色设置来看，从右到左，黄竹三先生断为引戏、副末、末泥、副净、新的末脚。[①] 这里，末泥头戴展脚幞头，身穿圆领宽袖长袍，双手执笏，捧于胸前，一副官员打扮，很明显是宋金杂剧中的“装孤”。末泥怎么成了装孤？诚如前述，在宋金杂剧的脚色划分中，副净、副末、装孤、装旦是一种表演特征分类，末泥、引戏是一种功能分类。因此，末泥、引戏在必要情况下介入戏剧演出是很正常的，如前述陕西韩城宋杂剧演出壁画。既然这样，当末泥介入戏剧演出时，又该扮演谁呢？一开始可能并不定型，随着演出的增多，由于末泥与装孤在表演特征上的类同性（都以庄重、典雅、歌唱为特征），慢慢地二者逐渐重合为一个脚色，即末泥，而装孤的功能被末泥替代。这是从宫廷宴飨演剧走向民间私宴演剧的关键一步。[②] 末泥位置居中，旨在突出歌唱的重要作用；结合元中统元年（公元 1260 年）运城永乐宫潘德冲杂剧石椁线刻图，我们完全有理由相信：金末元初，叙事性杂剧已经非常盛行。引戏为装旦所扮演，其原因与

---

① 黄竹三:《元初戏剧演出的重要史证》,《山西师院学报》1981 年第 2 期。

② 笔者按：有强大的经济实力和演员队伍作后盾，宫廷宴飨演剧不必考虑演出人员的精简；而私宴和民间戏班则不同，必须做到人员的尽量精简。

末泥应该是相同的；其位置居边，可能意味着元初“装旦”的作用并没有突出。新末脚的短打武生装扮暗示出武工戏的增加。

在山西新绛寨里村杂剧砖雕（图6—4）中，从左至右依次为：装旦色，女性，头戴黑帽，身穿圆领窄袖长衫，足蹬高底鞋，双手捧扇，置于胸前；副末色，戴平顶冠，穿圆领窄袖红长袍，双手交叉于胸前，作正欲打唿哨状；末泥色，戴展脚幞头，穿圆领窄袖白长袍，双手持笏，做行进状；副净色，头发束起，似为“甩子”，戴唐巾，身穿长袍，足蹬乌靴，靴筒向外翻卷，身材短小，浓眉深目，留胡须，似为胡人；引戏色，戴黑色瓜皮帽，穿圆领窄袖长袍，右手持扇，左手撩起衣角。时为元至大四年（公元1311年）。

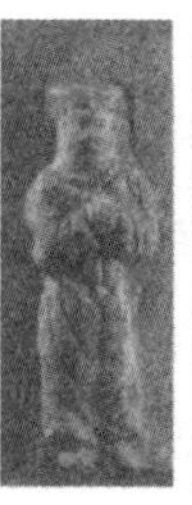

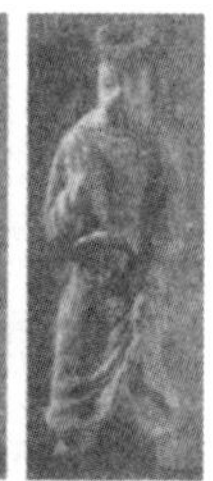

图6—4　山西新绛寨里村杂剧砖雕

在山西运城西里庄元代墓室壁画中，有一幅杂剧演出图（图6—5）。从左至右，第一人，头戴黑色幞头，身着圆领窄袖橙黄色长袍，腰束红丝带，足部漫漶，双手持戏折展开于胸前，正记诵台词，似为“外”色。第二人，戴东坡帽，有胡须，身穿深红色镶黑边半宽袖长袍，腰系黄色绦带，带头下垂，右手持一小扇置于胸前靠脖子处，左手曲弯向腹部，应为副末。第三人，头戴展脚幞头，面部漫漶，身穿暗红色圆领宽袖长袍，腰束绦带，足蹬高靴，双手捧笏置于胸前，应为末泥色。第四人，头顶梳小辫，额头扎红色带子，左眼眉贯一黑道，八字胡，白底黑格纹长袍，胸部中间袒露，小腿赤裸，足穿薄底鞋，正作滑稽表演，应为副净。第五人，女性，头梳双髻，身着暗褐色圆领窄袖长袍，袍襟掖起，露出内部红裙，脚穿平底尖头鞋，应为装旦。时为元代晚期。

图6—5　运城西里庄元代杂剧壁画

上述文物所呈现的，都系元代私宴杂剧的演出情况。从中可以看出：第一，杂剧发展到元代，演唱因素已经明显增加，“曲”的地位突出，三处文物中“末泥色”无一例外地居于中间位置，所扮都为官员，说明“末泥色”与“装孤色”已经实现了很好的融合，“装孤色”已为“末泥色”所代替。官员的多次出现，也暗示着历史朝代戏演出的繁荣。第二，“装旦色”的频繁显现更突出了“曲”的重要性，但在元代“装旦色”与“引戏色”并没有实现很好的融合，二者若即若离，但仍然保持独立。同时，“装旦色”往往置于五个脚色的两边，也昭示出北杂剧演出的“男性中心”意识。这与起源于南方的南戏、传奇形成鲜明的对比。第三，“末”脚的增多、“外”的加入可能意味着叙事的复杂化或者杂剧演出新的趋势。第四，墓葬形态相似之杂剧文物的大量出现，表明“镶砌专门模制烧造的戏剧乐舞砖雕、绘制戏剧壁画乃是一种普遍的风气。”[①] 由此也可见出当时杂剧演出的风靡。这是北方的情况。

在南方，这一时期戏剧演出亦有新变化。这从江西丰城出土的两件文物可见。青花釉里红瓷仓（图6—6），呈二层楼阁式，下层为谷仓；上层三间，前后围以栏杆。前面雕戏剧演出俑四人，中两人双手执扇，伸出门外；旁两人双手上举，作舞蹈状。奏乐者四，分别持腰鼓、琵琶、笙等。时为后至元四年（公元1338年）。

图6—6 江西丰城青花釉里红瓷仓

在元影青瓷枕（图6—7）中，侧面四方雕彩棚式戏台，内有四个戏剧演出场面。前面似为桥头式场景，一男一女二人，男子头戴幞头，身穿圆领窄袖长袍，左肩斜背一包裹，双手抱拳，似正与女子答礼；女子头部残缺，着圆领窄袖长裙，裙摆及地，双手斜握一雨伞。右面雕山石垂柳、荷叶，标示荷池边场景，男女二人相对而立，男子斜翅幞头，背雨伞，女子结发为髻，双手捧物。左面山石、垂柳，下为波涛，一女子似淹水中，正在向山上另一女子呼救。

① 黄竹三：《元初戏剧演出的重要史证》，《山西师院学报》1981年第2期。

图 6—7　江西丰城元影青戏曲瓷枕
（采自《江西丰城发现元影青雕塑戏台式瓷枕》）

后面场景又回到桥头，四人并立。中右女子戴金鸡冠，穿交领窄袖长衫；从穿着打扮判断，应为中年。中左男子戴冲天冠，着圆领窄袖短衫，正做鼓掌状，似为一少年。左侧男子戴幞头，身穿圆领窄袖短衫，长裤及地，表情较庄重，似为中年模样。右侧女子着圆领窄袖及地长裙，青发绾双髻，年龄较小。全场呈现出喜庆的气氛。从四个场面的人物形象和动态看，所表演的类似《白蛇传》的故事，瓷枕以四个连续的场面表现了完整的故事情节。时间应在元代早中期。①

综合两则文物资料，可以看出：元代，南方戏剧的演出并不寂寞；与北杂剧重历史故事戏从而突出“末”脚不同，南方戏剧似乎更倾向于表现市井普通民众的日常生活，尤其是爱情生活，因此在脚色的配备上，也往往是“生”“旦”并举，重视舞蹈的作用。

种种迹象表明：元代私人宴会演剧非常繁荣。这也是促成元杂剧兴盛的一个重要原因。私宴演剧的繁荣，推动了家乐的发达，以至于一些官僚贵族纷纷争抢、网罗名优，尤其是女优。史载：威顺王库春布哈在任武昌镇守时“起广乐园，多萃名倡巨贾，以网大利”②；顾瑛“园池声伎之盛甲于天下，四方名士常主其家，有二伎曰小橘花、南枝秀者，每遇宴会，辄会侑觞、乞诗，风流文雅，著称东南。”③“公余女乐后堂深”④“后堂丝竹一时迴”⑤等诗句道出了当时家乐演出的盛况。家乐的兴盛反过来又促进了戏剧创作和演出的繁荣。

明清时期，私宴戏剧演出更趋频繁且多样。从演出主体来说，有家班演出、

① 万良田：《江西丰城发现元影青雕塑戏台式瓷枕》，《文物》1984 年第 8 期。

② 〔明〕宋濂：《元史》卷一百四十四“星吉传”，中华书局 1997 年版，第 3438 页。

③ 〔清〕姚之骃：《元明事类钞》卷十七“人品门”，清文渊阁四库全书本，第 232 页。

④ 〔元〕释大䜣：《蒲室集》卷五“新到建业”，清文渊阁四库全书本，第 19 页。

⑤ 〔元〕袁易：《静春堂诗集》卷四，清知不足斋丛书本，第 19 页。

职业戏班演出、串客演出等。如何良俊家班，钱谦益《列朝诗集》载：

元朗风神朗彻，所至宾客填门。妙解音律，晚蓄声伎，躬自度曲，分刌合度。秣陵、金阊，都会佳丽，文酒过从，丝竹竞奋，人谓江左风流，复见于今日也。①

何良俊家班以丝弦、北曲见长，每"蓄家童习唱，一时优人俱避舍。然所唱俱北词，尚得金元遗风。……何又教女鬟数人，俱善北曲，为南教坊顿仁所赏。"② 何自称"余家小鬟记五十余曲，而散套不过四五段，其余皆金元人杂剧词也，南京教坊人不能知。"③

职业戏班的演出活动，潘之恒《鸾啸小品》有记载：

蓬蒿社初集，大会于丘长孺之新居，招虞山班试技，得王、陆二旦，双声绕梁。王纤媚而态婉腻，陆小劲而意飘扬。娇娇艳场，皆足自振，不谓盈耳之后，复逢赏心。料别尘后飞，余响犹在也。④

丘长孺喜迁新居，为了庆贺，邀请"虞山班"演出。虞山，即今苏州常熟市，是昆曲的发源地。那么，这里的"虞山班"很可能是一个昆曲戏班。当时由职业戏班进行演出，正如意大利人利玛窦所记述的：

我相信这个民族是太爱好戏曲表演了，至少他们在这方面肯定超过我们，这个国家有极大数目的年轻人从事这种活动。有些人组成旅行戏班，他们的旅程遍及全国各地；另有一些戏班则经常住在大城市，忙于公众或私家的演出。……凡盛大宴会都要雇用这些戏班，听到召唤他们就准备好上演普通剧目中的任何一出。通常是向宴会主人呈上一本戏目，他挑选喜欢的一出或几出。客人们一边喝酒一边看戏，并且十分惬意，以致宴会有时要长达十个小时，戏一出接一出、也可连续演下去，直到宴会结束。戏文一般都是唱的，很少是用

---

① 〔清〕钱谦益：《列朝诗集》丁集卷七，清顺治九年毛氏汲古阁刻本，第 2161 页。

② 〔明〕沈德符：《顾曲杂言》，清学海类编本，第 1 页。

③ 〔明〕何良俊：《四友斋丛说》卷三十七，明万历七年张仲颐刻本，第 212 页。

④ 吴晟：《明人笔记中的戏曲史料》，江西人民出版社 2007 年版，第 222 页。

日常声调来念的。①

这则材料至少说明以下几点。其一，传奇（戏文）是以唱为主的，这种唱法区别于日常生活用语。其二，戏一出接一出的演出方法，可能意味着此时已有“折子戏”的出现，但“折子戏”作为一种戏剧现象尚没有引起足够的重视。由此我们似乎可以得出结论，“折子戏”是中国古代戏剧“杂”与“一”相统一的结构本身所蕴含的，其什么时候出现取决于实际演出的需要。至于“折子戏”作为一个概念被提出来、进入文人视野则是另一回事。因此，“折子戏”的演出与戏剧生存、发展的历程相伴随。其三，材料中提到“点戏”制度。这一制度为唐玄宗首创，“凡欲出戏，所司先进曲名，上以墨点者即舞，不点者即否，谓之进点戏。”②后世私宴演剧多用之，一直影响到民间演剧。其四，“大量年轻人从事戏曲演出活动”、戏班足迹遍及大城市及全国各地，从一个侧面反映出戏剧活动的兴盛和私人宴会演剧的繁荣。

所谓“串客”，是指“那些不在乐籍而热衷演剧的平民，他们中有文人、妓女和一些社会闲人。”③明清时期，“串戏”之风盛行，如徐复祚《花当阁丛谈》载：

伯起善度曲，自晨至夕，口呜呜不已。吴中旧曲师魏良辅，伯起出而一变之，至今宗焉。常与仲郎演《琵琶记》，父仲郎，子赵氏，观者填门，夷然不屑意也。④

伯起，即张凤翼，江苏苏州人，与其弟燕翼、献翼并有才名，人称“三张”。他既是著名戏剧家，又是官场失意文人，其串戏基本出于精神寄托之诉求。至于妓女和社会闲人串戏，张岱《陶庵梦忆》记载颇多，限于篇幅，不再赘举。总之，不管出于何种目的，其娱乐的诉求是必然的。

---

①［意］利玛窦著、何高济等译：《利玛窦中国札记》，中华书局1983年版，第24页。

②〔唐〕崔令钦：《教坊记》，明古今佚史本，第1页。

③ 黄天骥、康保成：《中国古代戏剧形态研究》，河南人民出版社2009年版，第247页。

④〔明〕徐复祚：《花当阁丛谈》卷四，清借月山房汇钞本，第72页。

在漫长的中国古代社会中，对“乐籍”的限制向来是非常严格的。一方面，禁止乐籍人士从良、乐籍人士与非乐籍人士通婚；另一方面，又禁止良家子弟从事演剧活动。具体执行过程中政策的松紧度不同则另当别论。因此，可以说演剧是乐籍人士（乐户）的专利。这在很大程度上限制和约束了中国古代戏剧交流和传播的范围，极大地延缓了戏剧的发展以及艺术水平的提高。在此意义上，明清时期“串客演戏”现象的出现某种程度是对之前演剧传统的一种反动和突破。它打破了戏里戏外的界限，使于宫廷宴飨礼乐中建立起来的以“礼”为特征的演剧规制在民间私人宴会的演出中遭到破坏，戏剧的娱乐性得以彰显。这是明中叶以后发展起来的商品经济对传统社会的冲击在戏剧领域的反映，它昭示着中国古代戏剧向其艺术本质回归的一种倾向。

从演出目的来说，以其服务对象的范围、多寡和宴会的私密程度，私宴演剧分为家宴演剧和曲宴款客演剧两种。其中，家宴演剧又包括自娱演剧、娱亲演剧和家庭娱乐演剧。

与祭祀演剧、宫廷演剧注重“娱神”作用和礼仪性不同，私宴演剧的首要目的是“娱人”；因此，这种演剧形式“具有很大程度的排他性，这种排他性有时甚至表现为对家族其他成员的排斥”[①]。这就是所谓“自娱演剧”。如顾彩《容美纪游》记田丙如：“自教一部（女乐），乃苏腔，装饰华美，胜于父（田舜年）优，即在全楚亦称上驷，然秘之不使父知也。”[②]田丙如观剧连自己的父亲都不让知道，主要目的在自娱。这种演出通常由家乐（一般是女乐）来承担，演员往往是主人的侍妾或丫鬟，他们觉得用自己的侍妾来娱宾有伤风化和体面。

自娱之外，主人出于奉养双亲的需要也要演剧，如：程锁“建楼奉母，教家童习歌吹，旦晚侑食佐欢”[③]。陈树德《安亭志》载：“（张）意归，贫不能自存。长子贡士之梅，……买童子十余人，教之度曲，日具精馔以娱亲。[④]”张意，

① 刘云水：《明清家乐研究》，上海古籍出版社2005年版，第211页。

② 〔清〕顾彩：《容美纪游》，湖北人民出版社1998年版，第38页。

③ 〔明〕屠隆：《白榆集》文集“卷十九”，明万历龚尧惠刻本，第313页。

④ 〔清〕陈树德：《安亭志》卷十六“人物一·贤达·张意”，上海古籍出版社2003年版，第285页。

字诚之，颇聪慧，后做官，以清廉名，为人耿直。既罢，家贫；长子之梅出于“孝亲”之目的，置家班供其娱乐。但这里既言童子，则其所演剧目恐怕很难是生、旦、净、丑俱全的朝代大戏，其多为生活小戏可知。

自娱演剧和娱亲演剧，其观看对象很明确，针对性极强。因此，所演剧目、声腔、形式等受个人好恶影响颇大。家庭娱乐演剧则不然，既然要适应家庭大多数成员的欣赏口味，就必须在演出形式和剧目选择等方面作出调整，带有一定的公众性。这方面的资料很多，如：

康德涵既罢免，以山水、声伎自娱，间作乐府、小令，使二青衣歌以侑觞。……尝生日，邀名妓百人为百年会。酒阑，各书小令一阕，命送诸王邸曰：“此差胜锦缠头也。”①

康德涵，即康海。此处记载的是康海60岁生日举行生日宴会的情形，名妓百人参与演出，其艺术性和观赏性可知。何良俊《四友斋丛说》载：“余家自先祖以来即有戏剧，我辈有识后，即延二师儒训以经学，又有乐工二人教童子声乐，习箫鼓弦索。余小时好嬉，每放学即往听之。”②当时何良俊年幼，处于上学阶段，家乐演出尚不避讳，由此可见其公开性。

曲宴款客演剧是主人举行小型宴会、招待客人而进行的一种戏剧演出方式。这里，演剧是款客的内容之一，带有较强的功利性。以演剧的形式来款客在明清时期被视为一种规格很高的宴客方式，很受文人士大夫的欢迎。如张岱《陶庵梦忆》在谈到“邹迪光”时，这样说：“先生交游遍天下，名公巨卿多就之。歌儿舞女，绮席华筵，诗文字画，无不虚往实归。名士清客，至则留，留则款，款则饯，饯则贶。以故愚公之用钱如水，天下人至今称之。”③邹迪光，字彦吉，号愚公，以好客著称。有客人来，必款待之，款则演戏，以致花钱如流水，到清代尚为人称道。在这种曲宴上，宾主间通过观剧的方式进行交流沟通，或指

① 〔清〕焦循：《剧说》，《中国古典戏曲论著集成》（八），中国戏剧出版社1959年版，第136页。

② 〔明〕何良俊：《四友斋丛说》卷十三，明万历七年张仲颖刻本，第69页。

③ 〔清〕张岱：《陶庵梦忆》卷七，清乾隆五十九年王文诰刻本，第46页。

曲品题、或诗文唱酬，这不仅有利于演员演出伎艺的提高，而且也使戏剧在宾主欣赏、品评的过程中得以传播。

元明清时期，私人宴会演剧的繁荣对中国古代戏剧的发展产生了重要而深远的影响。具体表现在如下几个方面。

第一，私宴演剧作为上流社会的主要娱乐方式，其观众往往具有较高的艺术造诣和文化水平。他们是戏剧的爱好者，经常“串客”演出，并对演员的演出艺术和效果进行指点、品评，有的甚至亲自教授，尤其是对自己的家班演员。这对戏剧表演艺术的提高大有益处。正所谓“咬钉嚼铁，一字百磨，口口亲授。”①“伤心拍遍无人会，自掐檀痕教小伶。”②“亲自按乐句指授，演剧之妙，遂冠一邑。”③

有的观众还亲自参与导演和舞台调度。如阮大铖对自己的家乐“讲关目，讲情理，讲筋节；……其所打院本，又皆主人亲制，笔笔勾勒，苦心尽出。……其串架斗笋、插科打诨、意色眼目，主人细细与之讲明；……至于《十错认》之龙灯、之紫姑，《摩尼珠》之走解、之猴戏，《燕子笺》之飞燕、之舞象、之波斯进宝、纸扎装束，无不尽情刻画。”④这里，阮大铖亲躬排场的行为，大大促进了舞台艺术的提高，致使其家乐演剧达到了“本本出色，脚脚出色，出出出色，句句出色，字字出色”的效果。

在舞台调度方面，刘晖吉很有代表性。《陶庵梦忆》载：

刘晖吉奇情幻想，欲补从来梨园之缺陷。如《唐明皇游月宫》，叶法善作，场上一时黑魆地暗，手起剑落，霹雳一声，黑幔忽收，露出一月，其圆如规，四下以羊角染五色云气，中坐常仪、桂树吴刚、白兔捣药，轻纱幔之内，燃赛月明数株，光焰轻黎，色如初曙，撤布成梁，遂蹑月窟，境界神奇，忘其为戏也。⑤

① 〔清〕张岱：《陶庵梦忆》卷七，清乾隆五十九年王文诰刻本，第 71 页。

② 〔明〕汤显祖：《玉茗堂全集》，明天启刻本，第 273 页。

③ 〔清〕王应奎：《柳南随笔》卷二，清借月山房汇钞本，第 14 页。

④ 〔清〕张岱：《陶庵梦忆》卷七，清乾隆五十九年王文诰刻本，第 133 页。

⑤ 〔清〕张岱：《陶庵梦忆》卷五，清乾隆五十九年王文诰刻本，第 33 页。

这里的刘晖吉已不仅着眼于布景、装饰的简单铺排，而且注意到了演出过程中声音、灯光、器械等的密切配合和综合运用。中国古代戏剧发展到此时，在士绅集团的私宴演出中，舞台设置已经逐渐摆脱南戏“一桌二椅”的格局，向着更为专业化、甚至实景化的方向发展。在此，刘晖吉的改革和创新功不可没。

第二，私宴演剧推动了戏剧创作的发展。在私人宴会上，戏剧演出的观众有不少本身就是戏剧作家。他们熟悉舞台表演的实际，又有较高的文化素养，能够实现“案头”与“场上”的有效融通，既避免了“文学剧本”的案头化倾向，又能使舞台表演的文辞、科诨、身段动作等免于粗俗，达到文人士大夫所追求的“雅”的目标。如清代的俞锦泉家乐戏剧，就以“雅”而闻名，汤右曾诗《观俞锦泉家乐》云：“红牙檀板才一声，珠裙美人雁行立。平开宝靥玉色匀，小曳罗襦香气袭。谁其主者芙蓉仙，紫衫两部回春妍。云窗雾阁到今夕，绝艺一一谁争先。白雪催来羯鼓点，绿腰撚出琵琶弦。宜春院中搊轧筝，双成座上吹和笙。一支铁笛水龙吟，三尺玉箫雏凤鸣。忽闻清音起重叠，姊妹桃根复桃叶。”[①] 这样“雅”的戏剧文辞可以直接进入文学剧本，实现戏剧语言的清丽化，即所谓“清丽之词”。

另外，知识水平较高的文人参与戏剧创作使剧本“文人化”倾向凸显，说教色彩变得浓烈。这是明清戏剧作家“出于阶级本能的归属要求”[②]。私宴演剧“为明清剧作家的戏剧创作营造了良好的氛围，提供了戏剧创作所需的物力、人力和智力等方面的支持，为明清戏剧创作的繁荣发展奠定了基础。”[③]

第三，私宴演剧继承了汉唐时期厅堂式演出的传统，往往在士大夫家的红氍毹上进行，对戏剧声腔、伴奏乐器的选择至为紧要。这也是促成明代中叶以后杂剧衰、传奇兴的一个重要原因。沈德符《万历野获编》载：

京师向有谚语云：翰林院文章，武库司刀枪，光禄寺茶汤，太医院药方，

---

① 〔清〕汤右曾：《怀清堂集》卷一，清文渊阁四库全书本，第 7 页。

② 徐子方：《明杂剧史》，中华书局 2003 年版，第 10 页。

③ 刘云水：《明清家乐研究》，上海古籍出版社 2005 年版，第 478 页。

盖讥名实之不称也。……若套子宴会但凭小唱，云请面即面，请酒即酒，请汤即汤，弋阳戏数折之后，各拱揖别去。①

此段文字记载于“京师名实相违”条下，意在用流行的谚语讽刺京师当下许多事物的名不符实。正像套子宴会用小唱一样，“套子”即套曲，盖指传统北曲四十大套；原来京师的宴会多用北曲，但现在改用南曲弋阳腔，这种声腔的特点是简便易行，用小唱，“句调长短，声音高下，可以随心入腔”②，因此京师人宴会多用之。汤显祖《宜黄县戏神清源师庙记》又载：

此道有南北，南则昆山，之次为海盐，吴浙音也。其体局静好，以拍为之节。江以西弋阳，其节以鼓，其调喧。我宜黄谭大司马纶闻而恶之。自喜得治兵于浙，以浙人归教其乡子弟，能为海盐声。大司马死二十余年矣，食其技者殆千余人。③

这里突出了海盐腔、昆山腔的特点，“体局静好，以拍为之节”。此曲本为南方之吴浙音，因谭大司马喜欢，才把其带到了江西宜黄县。自此，宜黄始有海盐腔。顾启元《客座赘语》载：

大会用南戏，其始止二腔，一为弋阳，一为海盐。弋阳则错用乡语，四方士客喜闻之；海盐多官语，两京人用之。后则又有四平，乃稍变弋阳而令人可通者。今又有昆山，较海盐又为轻柔而婉折，一字之长，延至数息；士大夫禀心房之精，靡然从好，见海盐等腔已白日欲睡。至院本、北曲，不啻吹篪击缶，且厌而唾之。④

到了明代后期，南方戏剧已经占领了私人宴集的阵地。北曲、院本，则遭人唾弃。南方戏剧中，昆山腔又因其轻柔、宛转的特征而大胜弋阳、海盐。究其实，伴奏乐器的选择也在情理之中。院本、北曲，主要以鼓节乐，篪、缶等

---

① 〔明〕沈德符：《万历野获编》，清道光七年姚氏刻同治八年补修本，第454页。

② 〔明〕凌濛初：《谈曲杂札》，《中国古典戏曲论著集成》（四），第254页。

③ 吴晟：《明人笔记中的戏曲史料》，江西人民出版社2007年版，第150页。

④ 〔明〕顾启元：《客座赘语》，明万历四十六年自刻本，第161页。

打击乐器居多。而南方戏曲则“以拍为之节”，丝弦乐器占多数。在厅堂之中、一室之内、一桌一榻之旁，鼓声喧天的北曲自然不太适合，以轻柔、婉转见长的南戏代之而起就成了必然趋势。

当然，私人宴会演剧对古代戏剧的影响是多方面的，比如戏曲声腔的传播、戏曲理论的繁盛、堂会剧场的兴起等，限于篇幅，不再赘述。总之，私宴演剧作为一种重要的文化现象，与宫廷宴飨演剧一道，构成中国古代宴飨演剧的两翼。在漫长的历史发展过程中，它们时而交叉、互相影响，时而平行发展、互不干涉，共同促进和推动着中国古代戏剧长河的滚滚洪流。

第三节　宴飨礼乐与戏剧特征

宋元明清，中国古代社会的发展进入后期[①]，统治者从政治上和思想上加强了对社会的控制。作为一种大众化的艺术，戏剧理所当然地承担起了统一思想的重任，体现出鲜明的时代特点。

首先，受宴飨之礼仪式化、政教化的决定和影响，戏剧多在文学性上进行拓展，故事性的诉求成为其本质。于是，始有“戏曲”之发生。然“戏曲”之概念，最初并不指“故事”，而是与歌唱紧密联系。刘埙《水云村稿》“词人吴用章传”载：

悲哉！用章殁，词盛行于时。不惟伶工歌妓以为首唱，士大夫风流文雅者酒酣兴发辄歌之。由是，与姜尧章之《暗香》《疏影》、李汉老之《汉宫春》、刘行简之《夜行船》并喧竞丽者，殆百十年。至咸淳，永嘉戏曲出，泼少年化之，而后淫哇盛、正音歇。然州里遗老犹歌用章词，不置也。其苦心，盖无负矣。[②]

① 侯外庐：《中国哲学简史》认为：“中国封建制社会的历史约可分为两个时期。从秦汉至隋唐之际为前期。隋和唐初开始了由前期向后期的过渡，唐中叶两税法的颁行是这一过渡的转折点。唐中叶至1840年为后期。”

② 〔元〕刘埙：《水云村稿》（卷四），清文渊阁四库全书本，第28页。

此处，“戏曲”和词（姜尧章之《暗香》《疏影》、李汉老之《汉宫春》、刘行简之《夜行船》）并列相称，主要用于歌唱，则其指“曲”可知。但是，与词为正音、多文人雅士（如吴用章者）所作不同，戏曲为俗曲，多“泼少年”为之。叶长海先生就此认为：这里的“戏曲”，指演戏之曲，犹后来所谓“剧曲”也；所谓“永嘉戏曲”，即指永嘉戏文之曲，犹后人所称的“南戏”。[①] 如此，“戏曲”与“戏文”便有了天然的联系。“戏曲”既为“戏文”之曲，则“戏文”亦必为“戏曲”之文。

陶宗仪《南村辍耕录》载：“唐有传奇，宋有戏曲、唱诨、词说，金有院本、杂剧、诸宫调。院本、杂剧，其实一也。国朝院本、杂剧始厘而二之。”[②] 夏庭芝《青楼集》亦言：“唐时有传奇，皆文人所编，犹野史也，但资谐笑耳。宋之戏文，乃有唱念，有诨。金则院本、杂剧合而为一。至我朝，乃分院本、杂剧而为二。”[③] 两则资料非常相似，颇有因袭雷同之处；那么，陶宗仪笔下的“戏曲”，就相当于夏庭芝所说的“戏文”。[④] 这样，“戏曲”就等同于“戏文”。

根据以上辨析，我们可以推断：“戏曲”与“戏文”本来就是一回事，只是概念的侧重点不同，“戏曲”强调唱词，“戏文”重在文学。到了明代，二者渐有合流之趋势。如《元曲选》《六十种曲》中的“曲”就相当于文学剧本。《皇明世说新语》记载：“周宪王献戏曲百本于朝，宣庙拟赐白金。辅臣曰：‘藩王献书籍文章，当赉此。今以传奇献，非亲亲辅仁之义也。’赐优衣一袭、磕瓜一枚，王大惭悔。”[⑤] 因此，“戏曲”自其产生始，就与文学联系在一起，当指重文学性抑或故事性的一类戏剧。举凡宋元南戏、金元杂剧、明清传奇等都可以包括在内，但对于北宋杂剧、清代中后期之地方戏则应该区别对待。

“故事性”的诉求导致了文学剧本创作的繁荣。周密《武林旧事》记载“官

---

① 叶长海：《曲学与戏剧学》上海古籍出版社 2013 年版，第 32 页。

② 〔元〕陶宗仪：《南村辍耕录》，四部丛刊三编景元本，第 195 页。

③ 孙崇涛、徐宏图：《青楼集笺注》，中国戏剧出版社 1990 年版，第 43 页。

④ 参见伊维德：《院本是十五、十六世纪戏剧文学的次要形式》注②，《艺术研究》1988 年第 2 辑；洛地：《戏曲辨义》，收入《洛地文集·戏剧卷》（卷一）。

⑤ 〔明〕李绍文：《皇明世说新语》（卷八），明万历刻本，第 115 页。

本杂剧段数”280种，虽不尽为戏曲，也没有发现一个剧本，但确有戏曲存在。据王国维考证，其中“用大曲、法曲、诸宫调、词曲调”，以“敷衍一故事”者，“共一百五十余本，已过全数之半。”[①] 陶宗仪《南村辍耕录》载“院本名目”714种，有内容可考者一百五十余种，约占总数四分之一。[②] 至于杂剧剧本则更多，《元刊杂剧三十种》《元曲选》《元曲选外编》共载192种；[③] 王季思《全元戏曲》可以说是元代戏剧作品集大成的著作，全书共分十二卷，载剧本393种（包括部分辑佚作品），其中杂剧八卷、243种，南戏四卷、150种。[④]

明清时期，杂剧和传奇创作更趋兴盛。沈泰《盛明杂剧》[⑤]、邹式金《杂剧三集》[⑥] 收杂剧作品94种，赵琦美《脉望馆抄校本古今杂剧》[⑦] 存杂剧242种；傅惜华《明代杂剧全目》[⑧] 收录523种，庄一拂《古典戏曲存目汇考》[⑨] 收戏文320种、杂剧1830种，传奇2590种，合计四千七百五十余种。到目前为止，郑振铎所编《古本戏曲丛刊》是规模最大的一部套书；从20世纪50—80年代陆续出版了一、二、三、四、五、九集。其中一、二、三集各收录剧本100种，四集收录杂剧选集8部，五集收录明清传奇85种（五十多种为传世孤本）；九集收录清代宫廷大戏10部，包括《封神天榜》《楚汉春秋》《鼎峙春秋》《升平宝筏》《劝善金科》《盛世鸿图》《铁旗阵》《昭代箫韶》《如意宝册》《忠义璇图》。六集、七集分别于2017、2018两年出版，各收录明清杂剧、传奇剧目分别为109种、92种。

---

① 王国维：《宋元戏曲史》，上海古籍出版社1998年版，第51页。

② 谭正璧：《话本与古剧》，上海古籍出版社2012年版，第186页。

③ 徐沁君：《新校元刊杂剧三十种》，中华书局1980年版；〔明〕臧晋叔：《元曲选》，中华书局1958年版；隋树森：《元曲选外编》，中华书局1959年版。

④ 王季思：《全元戏曲》，人民文学出版社1999年版。

⑤ 〔明〕沈泰：《盛明杂剧》，山东画报出版社2004年版。

⑥ 〔清〕邹式金：《杂剧三集》，民国三十年（公元1941年）董氏诵芬室刻本。

⑦ 〔明〕赵琦美：《脉望馆抄校本古今杂剧》，《古本戏曲丛刊》（四集），商务印书馆1958年版。

⑧ 傅惜华：《明代杂剧全目》，作家出版社1985年版。

⑨ 庄一拂：《古典戏曲存目汇考》，上海古籍出版社1982年版。

“儒家礼乐文化”的承载规范了剧作的思想内容。戏剧是一种起于民间的艺术，饱受民间文化即“小传统”的浸润和滋养，同时又受到主流意识形态即“大传统”的规范和制约；是始终游走在大、小传统之间的一种文化形态。戏剧的发展，正是代表主流意识形态的“大传统”和代表民众意识的“小传统”不断博弈的结果。

“大传统”与“小传统”的概念是美国人类学家罗伯特·芮德菲尔德在《农民社会与文化》一书中提出来的。[①] 张荣华在《文化史研究中的大小传统关系论》中进一步指出，“所谓大传统，是指都市上层阶级以及知识分子的以文字记载的文化，小传统主要是在小规模共同体，特别是乡村中通过口头传承的文化。”[②] 而在中国，正如李亦园所指出的，“来自儒家经典的哲学思维即‘大传统’文化，来自民间的日常生活即‘小传统’文化。‘大传统’文化引领文化的长远走向，‘小传统’文化则维系普通民众的日常生活。”[③]“大传统”与“小传统”相互作用、彼此影响并渗透，共同促成了中国文化的发展现状。

“大传统”集中表现为“儒家礼乐文化”，对戏剧的规范和制约，主要是通过戏剧改编和戏剧禁毁两大机制来实现的。戏剧改编“通常是对前人剧作进行削删窜正；而在搬演时，又往往是边演出，边改编，这些现象无不体现了主流意识形态与大众感性娱乐需要、上层与民众、文人审美与市民趣味、案头阅读与场上演出的相互参照与融合。戏剧正是通过改编这一策略首先求得生存继而不断自我完善进而实现其经典化过程的。”[④] 而戏剧禁毁则主要出于“正乐”之目的。历史上，剧本往往被看作“淫词”，戏剧表演被认为有伤风化。因此，在历代被禁演的剧目中，也以“讳淫”“讳盗”的居多。如《元史·刑法志》载：

---

① ［美］罗伯特·芮德菲尔德：《农民社会与文化》，中国社会科学出版社2013年版，第94—95页。

② 张荣华：《文化史研究中的大小传统关系论》，《复旦大学学报》2007年第1期。

③ 李亦园：《从民间文化看文化中国》，《李亦园自选集》，上海教育出版社2002年版，第225页。

④ 王福雅：《游走于大小传统之间——中国古典戏曲的生存状态研究》，湖南师范大学2013年博士学位论文，第160—161页。

民间子弟，不务生业，辄于城市坊镇，演唱词话、教习杂戏、聚众淫谑，并禁治之。诸弄禽蛇、傀儡、藏挟、撇钹、倒花钱、击鱼鼓，惑人集众，以卖伪药者，禁之，违者重罪之。诸弃本逐末，习用角抵之戏，学攻刺之术者，师、弟子并杖七十七。诸乱制词曲为讥议者，流。[①]

王利器《元明清三代禁毁小说戏曲史料》载有清道光年间“禁毁书目”，其中有《水浒》《西厢》《金瓶梅》《牡丹亭》等。[②] 理由就是“伤风败俗，莫此为甚”[③]。

正是在“儒家礼乐文化”的规范与制约下，中国古代戏剧在发展的过程中逐步形成了自己的特点，那就是淡化矛盾冲突、追求以“和”为目标的价值宗旨。以元杂剧为例，许金榜《元杂剧概论》把元代杂剧剧目按其内容分为清官断狱剧、忠智豪杰剧、爱情婚姻剧、遭困遇厄剧、伦理道德剧、道佛隐士剧。[④] 其中最具戏剧冲突的恐怕要数清官断狱剧了，主要表现清官与邪恶势力之间的斗争。但只要我们认真分析，就会发现，这里的矛盾冲突虽然存在，但非常温和，构成冲突的双方往往不会势均力敌。反面形象（贪官污吏）几乎无一不是昏聩无能、贪婪笨拙，他们更多以“丑角”出现；而正面形象（清官）却是刚正威猛、气宇轩昂。因此，戏剧一上演，胜负立判。作家的着眼点意在陈述故事，而非表现戏剧冲突。

“儒家礼乐文化”的承载者往往成为作品的主人公。比如《西厢记》，主要写张生和崔莺莺的爱情故事，属于爱情婚姻剧。按理，他们都是作品的主人公，应该平分笔墨，至少是差不多。但剧作却处处以崔莺莺为主人公，张生只能围着莺莺转。就连作品题名也是《崔莺莺待月西厢记》。这里，作者有意把崔莺莺塑造为主人公，就是因为她是作品中“儒家礼乐文化”的体现者。作为相府小姐，知礼识礼行礼是其必然的也是最基本的要求。因此，她从小接受“儒

① 〔明〕宋濂：《元史》，中华书局 1997 年版，第 2685 页。

② 王利器：《元明清三代禁毁小说戏曲史料》，上海古籍出版社 1981 年版，第 122—123 页。

③ 〔清〕朱寿朋：《东华续录》，清宣统元年上海集成图书本，第 5299 页。

④ 许金榜：《元杂剧概论》，齐鲁书社 1986 年版，第 12 页。

家礼乐文化”的教育，长大后又过着大门不出、二门不入的礼乐生活，礼乐思想已经深入其内心，并且变得根深蒂固。她爱张生，也渴望美好的爱情，但又不能摆脱“儒家礼乐文化”的影响。作品突出表现的是一个深受“儒家礼乐文化”熏染的贵族少女对爱情的追求和内心的挣扎。这才是《西厢记》剧作的本质内涵。

正是由于“儒家礼乐文化”的影响，“戏曲作家有时不得不弱化戏曲的异端色彩，向主流文化靠拢；一些正统文人看到戏曲在群众中的巨大影响，也利用戏曲宣传封建伦理道德。高台教化、药人寿世成为戏曲的重要职能；不关风化体、纵好也徒然，成为评价戏曲创作的重要标准。剧作家习惯于从伦理道德角度去观察、反映、评判生活，二元对立（善与恶、忠与奸、贞与淫、义与利等）的伦理纠葛成为戏曲冲突的基本模式，善恶分明的人物形象成为剧作家关注的中心。”①

其次，对故事性的强调导致此一时期的戏剧往往注重对思想性和文学性的发掘，形成了所谓“戏剧文体”。“戏剧文体”一词，最早见于《旧唐书》卷一百三十“顾况传”：

顾况者，苏州人，能为歌诗，性诙谐。虽王公之贵、与之交者，必戏侮之。然以嘲诮能文，人多狎之。柳浑辅政，以校书郎征，复遇李泌。继入，自谓已知秉枢要，当得达官。久之，方迁著作郎。况心不乐，求归于吴。而班列群官咸有侮玩之，目皆恶嫉之。及泌卒，不哭，而有调笑之言。为宪司所劾，贬饶州司户，有文集二十卷。其赠柳宜城辞句，率多戏剧文体，皆此类也。②

资料中未定义何谓“戏剧文体”。但其中提到“赠柳宜城辞句”，《尚书故实》载有绝句一首，为顾况酬柳相公之作：“天下如今已太平，相公何事唤狂生。个身恰似笼中鹤，东望沧溟叫数声。”③此诗“清脱”而且“豪辣”，想必已具“戏剧文体”之特色。任半塘《唐戏弄》在对部分诗、辞、歌、赋语体进行

① 郑传寅：《传统文化与古代戏曲》，湖南人民出版社2004年版，第118页。

② 〔五代〕刘昫：《旧唐书》，清乾隆武英殿刻本，第1812页。

③ 〔唐〕李绰：《尚书故实》，民国景明宝颜堂秘笈本，第5页。

分析归纳时，总结道：

唐之“戏剧文体”，当源于汉赋中之所谓“倡俳”；而元曲文章内一部分之尖新豪辣者，乃其最后之流变也。……《汉书·枚乘传》述枚皋曰：“皋不通经术，诙谐类俳倡。为赋颂，好嫚戏。以故得媟黩贵幸，比东方朔、郭舍人等。皋赋辞中，自言为赋不如相如。又言为赋乃俳，见视如倡，自悔类倡也！”盖赋中早有问答体，源于楚辞之《卜居渔父》；厥后宋玉辈述之；至汉，乃入《子虚》《上林》及《两都》等赋。大抵首尾是文，中间是赋，实开后来讲唱与戏剧中曲白相生之机局，亦散文与韵文之间，一种极自然之配合也。赋以铺张为靡，以诙诡为丽，渐流为齐、梁、初唐之俳体。其首尾之文，初以议论为便；迨转入伎艺，乃以叙述情节为便，而话本、剧本之雏形备矣。①

郭英德《中国古代文体形态学论略》一文将“文体”的基本结构分为四个层次：体制、语体、体式、体性。“体制”指文体外在的形态、面貌和构架；“语体”指文体的语言系统、语言修辞和语言风格；“体式”指文体的表现方式；“体性”指文体的表现对象和审美精神。②以此理论反观任半塘的论述，则其中已经涉及：戏剧体制——首尾是文、以叙述情节为便，中间是赋、可以任由铺张；戏剧语体——以滑稽、谐谑为特点，开中国古代“喜剧”之传统；戏剧体式——以清脱、豪辣为特色，元剧本中一部分豪辣者当源于此。后世“戏剧文体”之各要素已经大体具备。“戏剧文体”的出现，标志着中国古代戏剧文学性的自觉，也预示着其由伎艺表演形态向剧本文学形态的转型。从此，戏剧有了表演形态和文学形态两种形式。这种转型就发生在唐代。③

宋代剧本虽然至今无一尚存，但保留下来的宋元话本却给予我们启示。且看话本《错斩崔宁》的开头和结尾：

聪明伶俐自天生，懵懂痴呆未必真。

---

① 任半塘：《唐戏弄》，上海古籍出版社 1984 年版，第 888 页。

② 郭英德：《中国古代文体形态学论略》，《求索》2001 年第 5 期。

③ 王忠阁：《中国戏剧学思想史论》，河南人民出版社 2007 年版，第 182—183 页。

嫉妒每因眉睫浅，戈矛时起笑谈深。

九曲黄河心较险，十重铁甲面堪憎。

时因酒色亡家国，几见诗书误好人。

这首诗单表为人难处，只因世路窄狭，人心叵测，大道既远，人情万端。熙熙攘攘，都为利来；蚩蚩蠢蠢，皆纳祸去。持身保家，万千反复。所以古人云："颦有为颦，笑有为笑。"颦笑之间，最宜谨慎。

这回书单说一个官人，只因酒后一时戏笑之言，遂至杀身破家，陷了几条性命。

……

（结尾）刘大娘子当日往法场上看决了静山大王，又取其头去祭献亡夫并小娘子及崔宁，大哭一场。将这一半家私舍入尼姑庵中。自己朝夕看经念佛，追荐亡魂，尽老百年而终。有诗为证：

善恶无分总丧躯，只因戏语酿灾危。

劝君出语须诚实，口舌从来是祸基。[①]

这是一种开放的结构体系，当故事内容相对简单、其间不再穿插或较少穿插别的内容时，就形成比较短小的结构体制，如北杂剧；当故事内容相对复杂、其间穿插的内容较多时，就形成长篇的结构体制，如北宋的《目连救母》杂剧以及宋元南戏、明清传奇等。值得注意的是，后世中国戏剧的发展，南北方走的是不同的路径。北方走的是官方的路径，或者说受官方演剧影响比较大，戏剧演出受宴飨礼仪的制约，故事内容相对简单，如杂剧，一直到明代，朝会宴飨也一般演出杂剧。南方走的是民间的路径，主要追求"闹热性"和"狂欢性"，戏剧演出可以围绕一个中心主题，随意点染。

宋金时期，伴随着戏剧演出的繁荣，出现了许多"杂剧段子"，《官本杂剧段数》记有280种，《南村辍耕录》载有714种。其中很多剧目多有雷同，体现出杂剧演出的连续性和继承性，不管它们被冠以"杂剧段数"抑或是"院本"的名号。这些"杂剧段子"多应时应景而发，当时间（比如岁时节日、农事节

① 李正民主编：《话本小说选》，三晋出版社2008年版，第12—26页。

气)、景物(观花、赏雪)等相类时，可以重复使用，亦可用于戏剧演出中的相似情景。如汤显祖《牡丹亭》的“闺塾”折，就嵌入了一个“文房四宝”的院本。在“(贴下取上)纸笔墨砚在此”后，紧跟着：

(末)这甚么墨？(旦)丫头，错拿了。这是螺子黛，画眉的。(末)这甚么笔？(旦作笑介)这便是画眉细笔。(末)俺从不曾见，拿去，拿去。这是甚么纸？(旦)薛涛笺。(末)拿去，拿去，只拿那蔡伦造的来。这是甚么砚？是一个？是两个？(旦)鸳鸯砚。(末)许多眼。(旦)泪眼。①

几句话，就把一个老书呆子陈最良的形象刻画得淋漓尽致。关于“文房四宝”这个段子，在元人陶宗仪《南村辍耕录》院本名目下“诸杂大小院本”里有记载。当剧本创作出现相似情景时，均可拿来使用，只稍加改头换面即可。“杂剧段子”的出现，极大地便利了后世的戏剧创作。总之，到金元时期，一种成熟的戏剧样式——金元杂剧，呼之欲出。

关于金元杂剧文体的研究，首推20世纪戏曲学的两大奠基人——王国维和吴梅。王国维率先提出“真戏剧”的主张，吴梅则对元杂剧的声律曲谱、音乐形制作了大量的考订修正和精深的研究。与两位前辈重在元杂剧的外显形式和气韵不同，董上德的研究则着眼于其内在特点，并归纳了几个方面：一是“四折一楔子”的结构模式，以北曲演唱的曲牌联套体的音乐体制；二是曲词、宾白、科泛三者合一的文字构成；三是“一人主唱、众人相辅”的角色配置；四是模拟人物声口的代言体叙事。②

郭英德《明清传奇戏曲文体研究》对传奇的文体有着精到的把握，并且归纳了四个特点：其一，规范与创造——明清传奇戏曲的剧本体制，把对“明清传奇剧本体制”的研究置于一种动态的过程中。他认为，从明成化年间到清康熙前期，是剧本体制逐步规范化的时期，包括剧本结构的定型化和音乐体式的格律化；从乾隆到宣统年间，是剧本体制解构化的时期，剧本结构多元化、音乐体式纷杂化。其二，典雅与通俗——明清传奇戏曲的语言风格。其三，独白

① 〔明〕汤显祖：《汤显祖全集》(三)，北京古籍出版社1999年版，第2085页。

② 董上德：《论元杂剧的文体特点》，《戏剧艺术》1998年第3期。

与对话——明清传奇戏曲的抒情特性。其四，寓言和虚构、开放且内敛的叙事方式。[①]

至于南戏，基于其民间性，现在流传下来的剧本不多，而且许多特征都不是很明显。历来研究者寥寥。刘念兹《南戏新证》对其“剧本形式特征”稍加勾勒，指出：“南戏多半表现人物一生的经历”“为有头有尾的本戏”“采取分场的形式”“注意角色的安排”等，[②]已经涉及“文体特征”。从剧本体制来看，南戏是一种松散的、具有极强伸缩性的结构，如《张协状元》有53出，《宦门子弟错立身》只有14出；音乐上，是一种以南曲演唱的曲牌联套体。从语体色彩上看，南戏富有民间性，大量运用俗语、俚语等。从表现方式看，南戏采用了“生旦主唱，其他辅唱”的角色配置。从表现对象和审美精神看，南戏具有很强的现实性，以表现民众生活、塑造市井普通人物形象为宗旨。

综上所述，宋元明清时期出现的三种剧本文学形态——杂剧、南戏、传奇都已经形成了独立的“文体”特色，它们的出现标志着中国古代“戏剧文体”的成熟。

再次，受戏剧重视文学性思潮的影响，此时期涌现出一批著名的戏剧作家。宋代杂剧作家，见于记载的不多。《都城纪胜》“瓦舍众伎”条载：“教坊大使在京师时，有孟角毬曾撰杂剧本子，又有葛守成撰四十大曲词，又有丁仙现捷才知音。”[③]这里，灌圃耐得翁是在客观地记录北宋社会的现实，所涉及的三个人都系教坊大使。丁仙现为大家所熟知，以表演杂剧见长；葛守成所撰四十大曲词，《宋史》里有记载，则其所擅长者，应为乐曲。由此推理，孟角毬所撰杂剧本子当为文学剧本。三人各有所擅，以其特长僭居教坊大使之位。

宋代戏剧表演，适应宴飨礼仪的需要，向用“致语”。“致语”的撰写工作多由朝中大臣担任，欧阳修、宋祁、王珪、苏颂、苏轼、陈师道、史浩、文天祥等都曾撰写过“致语”。如《集英殿秋宴教坊词》勾小儿队杂剧，“朱弦玉管，屡进清音；华翟文竿，少停逸缀。宜进诙谐之技，少资色笑之欢。上悦天颜，

---

① 郭英德：《明清传奇戏曲文体研究》，商务印书馆2004年版，第8—10页。

② 刘念兹：《南戏新证》，中华书局1986年版，第265页。

③ 〔宋〕孟元老等：《东京梦华录》（外四种），中华书局1962年版，第96页。

杂剧来欤！”① “致语”撰写得多，故形成所谓“乐语文体”。“乐语文体”的特征，与俳优语词颇为近似，唯在诙谐；“凡乐语不必典雅，惟语时近俳乃妙。”② 王辟之《渑水夜谈录》记载：“苏德祥，汉相禹珪之子，建隆四年进士第一名登第。初还乡里，太守置宴以庆之，作乐。伶人致语曰：‘昔年随侍，尝为宰相郎君；今日登科，又是状元先辈。’言虽礼俗，而颇近其实。”③

金元杂剧作家，向来很难确切统计。《录鬼簿》著录元代曲家 152 人，其中有作品者 80 人；《录鬼簿续编》著录 71 人，有作品者 22 人；有作品者合 102 人。朱权《太和正音谱》著录元杂剧作家 187 人。今人傅惜华《元代杂剧全目》著录 87 人；庄一拂《古典戏曲存目汇考》著录 97 人。合诸家著录，把金元杂剧作家定在百人左右大体不差。④ 至于明清传奇、杂剧作家，则人数更多。总之，这是一个作家频出的时代，戏剧创作非常繁荣。

当然，这一时期也有对戏剧演员的记载。如夏庭芝《青楼集》就著录演员 116 人；山西洪洞明应王殿杂剧壁画上部横额书“尧都见爱大行散乐忠都秀在此作场”，由此可知忠都秀亦是杂剧演员。但一般来讲，杂剧演员的地位都非常低下，正如《青楼集·志》所言：

> 呜呼！我朝混一区宇，殆将百年，天下歌舞之妓，何啻亿万。而色艺表表在人耳目者，固不多也。仆闻青楼于方名艳字，有见而知之者，有闻而知之者，虽详其人，未暇记录。乃今风尘澒洞，群邑萧条，追念旧游，恍然梦境，于心盖有感焉。因集成编，题曰《青楼集》。⑤

从中可以看出，元代杂剧演员多为青楼女子，《青楼集》因此得名。这一传统一直影响到后来。但戏剧作家则不然，即使在元代，他们也多数是中下层文

---

① 〔宋〕苏轼撰、孔凡礼点校：《苏轼文集》卷四十五，中华书局 1986 年版，第 1309 页。

② 〔清〕彭元瑞：《宋四六话》卷十一，清海山仙馆丛书本，第 156 页。

③ 〔宋〕王辟之：《渑水夜谈录》卷第六，清知不足斋丛书本，第 29 页。

④ 田同旭：《元杂剧通论》，山西教育出版社 2007 年版，第 168—169 页。

⑤ 〔元〕夏庭芝：《青楼集》，《中国古典戏曲论著集成》（二），中国戏剧出版社 1959 年版，第 7—8 页。

人，有的甚至还做过官，如关汉卿就做过太医院尹，白朴做过嘉议大夫、掌礼仪院太卿。明清时期，戏剧作家的地位更高，如著名杂剧作家朱权、朱有燉就位列亲王。由此造成中国戏剧创作与表演的两途，以至于在明末清初产生了很多所谓的“案头剧”。

宋元明清时期，伴随着宴飨礼乐仪式化、政教化的需要，戏剧的故事性与文学性大大加强，文学剧本和剧作家大量涌现。中国古代戏剧的发展由此进入了“剧本文学”时代。[①] 我们把这样一个时代称为“戏曲”的时代。

---

① 这里的“剧本文学”时代并不是说这一时期没有戏剧演出抑或戏剧演出相对减少，而是指“剧本创作”异常繁盛。

第七章

清中后期宴飨戏剧的变迁

第一节　宫廷宴飨演剧制度的演进

宫廷戏剧发展到清代中后期，已经渐趋精致和雅化。以昆曲为例，昭梿在《啸亭杂录》卷八这样评价：

自隋时以龟兹乐入燕曲，致使古音湮失而番乐横行，故琵琶乐器为今乐之祖，其四弦能统摄二十八调也。今昆腔北曲即其遗音，南曲虽未知其始，盖即小词之滥觞。是以昆曲虽繁音促节居多，然其音调，犹余古之遗意。[①]

这里，昭梿突出了昆曲“古之遗意”的正统地位，显然是把其当作雅乐来看待的。（按：昭梿，乃礼亲王代善之第六世孙，曾做过十年世袭罔替的“铁帽子王”，主要生活于乾隆、嘉庆年间，对宫廷生活非常熟悉。所言应该非虚。）从现实的情况看，乾嘉时期的昆曲也已经非常精致和成熟，并逐渐趋向“雅化”。正如刘祯和谢雍君在《昆曲与文人文化》一书中所指出的：

昆曲作品蕴含的丰富多样的思想内容，折射出剧作家不同的思想世界。我们在欣赏精彩的唱词或念白时，如同与剧作家的灵魂对话，它们或高贵、或卑贱，都呈现出作者人性真实的一面。我们随着剧中人物的悲欢离合或悲或

---

① 〔清〕昭梿：《啸亭杂录》卷八，清钞本，第 142 页。

喜，经历一次又一次奇妙的审美之旅，最后在大团圆结局里开怀大笑。大团圆结局化解了剧中人物的苦难，化解了剧作酝酿许久的悲剧氛围，让我们体会到昆曲艺术的文化精神。这种“文化精神”，要而言之，就是一种“和”的精神。“和”是一个大概念，是中国传统文化的根本精神，它几乎涵盖一切，贯穿一切。“和”也是一种古代人的心理结构和思维模式，他们以此来规范一切，陶铸一切；孔子思想由它陶铸而成，儒家思想由它陶铸而成，古代传统文化由它陶铸而成，昆曲艺术的“大团圆”结局也由它陶铸而成。①

这里，昆曲艺术所折射出的文化已经与中国传统文化精神、儒家礼乐文化精神一脉相承；昆曲已经被赋予了雅乐的功能和地位。“物极必反”，当一种事物渐趋成熟和雅化，并逐步走向极致时，变迁往往就会发生。就宴飨演剧来说，这种变迁主要呈现为一种“由外向内”（即由朝会宴飨演剧向内廷演剧）的转变，与此相伴随的是戏剧由“文学性”向“艺术性”的回归。具体而言，变迁主要表现在演剧机构、演剧形式和演出剧目等方面。

第一，就演出机构来说，从前宴飨演剧由教坊负责。“教坊”起于唐，最初掌管内廷雅乐，称“内教坊”，“武德已来，置于禁中，以按习雅乐，以中官人充使，则天改为云韶府，神龙复为教坊。”② 至玄宗时，始设左右教坊，掌管俗乐，“开元二年，又置内教坊于蓬莱宫侧，有音声博士、第一曹博士、第二曹博士。京都置左右教坊，掌俳优杂技。自是不隶太常，以中官为教坊使。”③ 这是教坊从内廷机构走向国家职能部门建构的开始；在这个过程中，其性质也发生了根本性的变革，即从掌管雅乐的机构变成了掌管俗乐的机构。由宋迄明，教坊的这一职能相沿未改，但其雅化的趋势却颇为明显。明代，始设立钟鼓司、四斋、玉熙宫。这是伴随着戏剧演出的增多和剧本容量的扩大，在演乐机构上所作出的调整。但此时的钟鼓司、四斋、玉熙宫还只局限于内廷演乐，朝会宴飨演出仍由教坊司负责。钟鼓司、四斋、玉熙宫的出现，意味着教坊司管理范

① 刘祯、谢雍君:《昆曲与文人文化》，春风文艺出版社2005年版，第112页。

② 〔后晋〕刘昫:《旧唐书》，中华书局1997年版，第1854页。

③ 〔宋〕欧阳修、宋祁:《新唐书》，中华书局1997年版，第1244页。

围的缩小。

清代初期，在演乐机构上，多承明制。清初承明之旧，设教坊司，凡宫内行礼燕会，悉用领乐官妻领教坊女乐二十四名，序立奏乐。[①]我朝初制：分太常、教坊二部，太常乐员，例用道士，教坊则由各省乐户挑选入京充补。凡坛庙祭祀各乐，太常寺掌之；朝会宴享各乐，教坊司承应。[②]但这时的教坊司已经不能演剧，只负责朝会宴飨的奏乐演出。[③]所奏之乐主要有中和韶乐、丹陛大乐、丹陛清乐等，皆属雅乐。教坊司职能的转向管理雅乐和管理权限的缩小，为后来雍正、乾隆年间的乐制改革作好了准备。当然，改革经历了一个较长的过程，包括雍正元年废除乐籍、雍正七年改教坊司为和声署、乾隆七年乐部的设置。对此，《清史稿·职官一》有载：

> 雍正七年，改教坊司为和乐署，省奉銮各官。乾隆七年，设乐部，简典乐大臣领之；置和声署官，以内府、太常、鸿胪各官兼摄。并诏禁太常乐员习道教，不愿改业者削籍。明年，改神乐观为所，知观为知所。十三年，复改神乐所为署。[④]

《大清会典则例》所记与此相仿："乾隆七年，设乐部。凡太常寺神乐观所司祭祀之乐、和声署掌仪司所司朝会宴飨之乐、銮仪卫所司铙歌、鼓吹、前部大乐，均隶乐部。"[⑤]至此，清代的乐制改革初步完成。这种乐制改革至少具有以下三方面的意义。

其一，教坊司自唐代设立，管理雅乐。玄宗时，其职能始扩展到俗乐；与此同时，也由内廷走向外朝。历经宋元明清，教坊司完成了它的全部使命，终于消失在历史的尘埃中。正如纪昀在《历代职官表》卷十中所指出的：

---

① 王芷章：《清升平署志略》，上海书店出版社1991年版，第5页。

② 《清文献通考》卷一百七十四"乐考"，清文渊阁四库全书本，第2341页。

③ 廖奔、刘彦君：《中国戏曲发展史》第四册，山西教育出版社2003年版，第168页。

④ 赵尔巽：《清史稿》"职官一"，中华书局1997年版，第3285页。

⑤ 《大清会典则例》卷九十八"乐部"，清文渊阁四库全书本，第1492页。

> 至教坊之名，始自唐明皇时。……至宋徽宗，既制新乐，令大晟府同教坊按习，始以雅乐播之教坊。金代复并鼓吹入太乐，而别置教坊提点以司鼓吹引导，于是教坊遂得列于乐官。历元明皆因其制。以俳优名目厕诸咸英韶夏之间，于制度殊为乖舛，本朝特加厘正，改教坊司为和声署，以典朝会燕飨之乐，而铙歌鼓吹则别掌之銮仪卫官。①

教坊的设立，对我国古代宫廷乐舞，尤其俗乐的建设起到了极其重要的作用。② 它的出现和演进的历史就是俗乐不断被宫廷接纳、包容和改造的历史；而它最初从雅乐中分离出来，最后又回到雅乐，直至消失的历程，则象征着中国音乐由俗到雅的一个完整的演进过程。在这个过程中，古代戏剧从孕育、产生到发展、繁荣，从最初的蹒跚学步到壮大成熟，始终与宴飨礼乐相伴随，是宴飨礼乐的时代特点决定着古代戏剧的演进历程。清代中后期，宴飨礼乐发展到了高度成熟的状态，古代戏剧也日益走向精致和雅化。成熟也意味着僵化抑或死亡，而与此相伴随的则是新生。因此，古代戏剧就在这种涅槃与新生的二律悖反状态中艰难挣扎。这就是清代中后期戏剧发展的现实状况。

其二，“雍正元年，除乐户籍，更选精通音乐之人充教坊司乐工”③，从而结束了在中国历史上存续一千三百多年的乐籍制度。这一举措，本为鼓励农耕、发展生产，同时被除籍的还有“浙江之堕民、苏州之丐户、徽州之伴当、宁国之细民、广东之蜒户”④；以移习俗、以端风化，“癸丑，谕内阁：朕以移风易俗为心，凡习俗相沿，不能振拔者，咸与以自新之路。如山西之乐户、浙江之惰民，皆除其贱籍，使为良民，所以励廉耻而广风化也。”⑤ 但客观上却对包括戏剧在内的音声技艺形态产生了重要而深远的影响。对此，项阳在《礼俗·礼制·礼俗——中国传统礼乐体系两个节点的意义》一文中指出：

---

① 〔清〕纪昀:《历代职官表》，上海古籍出版社 1993 年版，第 203 页。

② 张影:《历代教坊与演剧》，齐鲁书社 2007 年版，第 9 页。

③ 《钦定大清会典事例》，续修四库全书（册 806），上海古籍出版社 2002 年版，第 263 页。

④ 赵尔巽:《清史稿》“食货一”，中华书局 1997 年版，第 3491—3492 页。

⑤ 〔清〕王先谦:《东华录》“雍正十”，清光绪十年长沙王氏刻本，第 2331 页。

乐籍回归民籍，宫廷中曾经的乐籍教会了从社会上招募的民籍人士之后再外放，地方官府中原由官属乐人执事改为或义务应差或雇佣，乐人们生存方式的改变，导致礼制仪式用乐向民间下移并扩展。①

这里，项阳先生是从音声技艺形态承载群体的身份和生存方式的角度对传统礼乐进行观照的，意在“接通”官方与民间，很有启发意义。乐籍制度的废除首先是促进了技艺的交流与提高。虽然乐籍制度不存在了，但官方对礼乐仪式和演剧还有诉求。这种矛盾怎么解决？恐怕只有从民间邀请或者雇佣这一条路可走。由是，艺人在官方与民间之间的流动变得快捷而且频繁。如嘉庆年间，南方伶人陈双贵、顾双福等的入宫承应；乱弹兴起后，“老生三甲”程长庚、张二奎、余三胜的宫中演出，等等。这些艺人的流动极大地促成了戏剧艺术的精进和提高。

当然，以和雇伶人的方式很难满足宫廷名目繁多的演剧需求。于是，成立专业性的演剧组织和教习机构就成为一种势之必然。在这种情况下，南府和景山应运而生。作为内廷演剧机构，它们的产生是清王室在禁止朝会宴飨演剧、从而取消教坊建制和内廷宴飨演剧诉求之间所作出的选择。因此，演剧机构从教坊向南府、景山的演进，意味着清廷宴飨演剧由外向内的转变。与此相伴随的，是宫廷“承应戏”的繁荣和传统戏剧“艺术性”的回归，并直接导致了“折子戏”的发达。道光年间，宫廷音乐管理机构再一次重组，升平署取代了南府和景山。这一事件标志着近代音乐管理体制的建立。② 据道光九年（公元 1829 年）《升平署人等花名档》统计，当时包括总管、首领在内，升平署上场人员 69 名、后台 34 名，合计 110 名。这基本上相当于一个普通戏班的规模。此举在相当程度上拆解了乾隆时期确立的演剧体制和方式，折射出清廷对演剧管理机构的一种理性认知。③

---

① 项阳：《礼俗·礼制·礼俗——中国传统礼乐体系两个节点的意义》，《中国音乐学》2017 年第 1 期。

② 黄敏学：《清代宫廷音乐管理体制的时代特征及其近代转型》，《江淮论坛》2011 年第 6 期。

③ 幺书仪：《晚清宫廷演剧的变革》，《文学遗产》2001 年第 5 期。

其三，乐部统领各种类型的雅乐，是清廷最高的音乐管理机构。这从乾隆七年的一则圣谕可以体现出来：

朕命庄亲王（允禄）、三泰、张照为总领乐部大臣，非止辖和声署也，嗣后一应太常寺乐部事务，俱著管理。又闻向来太常寺乐员系道士承充，夫二氏异学，不宜用之朝廷，今乃令道士掌宫悬、司燎瘗，为郊庙大祀骏奔之选，暇日则向民间祈禳诵经以糊口，成何体制。太常寺乐员，嗣后毋得仍习道教，有不愿改业者削其籍，听为道士可也。朕询问三泰，知额设五六百人；得毋冗滥。著庄亲王等查议，如果额数太多，奏请芟汰，将钱粮归并酌增，精选实能任事之人，令其承充。[①]

这里的乐部总领大臣由庄亲王允禄充任，礼部尚书三泰主持日常工作。因此，黄敏学认为，“其品秩等级之高，为历代之最。”[②]但如果我们对历代掌管宫廷音乐的官员任职情况进行梳理，就不会觉得奇怪。周代有“大司乐”，《周礼·春官宗伯第三》载：

大司乐：掌成均之法，以治建国之学政，而合国之子弟焉。凡有道者、有德者，使教焉；死则以为乐祖，祭于瞽宗。以乐德教国子：中，和，祗，庸，孝，友。以乐语教国子：兴，道，讽，诵，言，语。以乐舞教国子：舞《云门》《大卷》《大咸》《大磬》《大夏》《大濩》《大武》。以六律、六同、五声、八音、六舞、大合乐以致鬼神祇，以和邦国，以谐万民，以安宾客，以说远人，以作动物。乃分乐而序之，以祭，以享，以祀。[③]

这里的“大司乐”不仅负责宫廷几乎所有的音乐活动，如祭祀、朝会、宴飨用乐等，而且还兼有教授国子（公卿大夫的子弟）音乐常识的职能，如乐德、

① 《钦定大清会典事例》，续修四库全书（806册），上海古籍出版社2002年版，第263—264页。

② 黄敏学：《清代宫廷音乐管理体制的时代特征及其近代转型》，《江淮论坛》2011年第6期。

③ 陈戍国点校：《周礼·仪礼·礼记》，岳麓书社1989年版，第61—62页。

乐舞、乐语等。就连死后，都会被尊为乐祖，祭于瞽宗。地位之高，可以想象。到了汉代武帝时期，则有“协律都尉”，“（李）延年贵为协律都尉，佩二千石印绶。”[①]二千石是当时“九卿”应享受的俸禄，与“太常”比肩。之后各朝代，乐官屡有调整，级别逐次降低。《唐六典》记载：

协律郎二人，正八品上。《汉书》“武帝时，李延年善新声，以为协律都尉。”后汉亦有之；至魏武帝平荆州得杜夔，能识旧乐章，以为协律都尉；晋改为协律校尉，宋齐亦有其官，梁太常属官有协律校尉。后魏有协律郎：太和初，协律中郎从四品下，协律郎从五品上；至二十三年，协律郎正八品下。北齐太常属官有协律郎二人，隋太常寺协律郎二人，皇朝因之。协律郎，掌和六律六吕，以辨四时之气、八风五音之节。[②]

宋代，出于“正乐”之目的，则有“大晟府”的设置，下配“大晟府大司乐”：

徽宗崇宁元年（公元1102年）八月，新乐成，列于崇政殿。有旨先奏旧乐三阕。曲未终，帝曰：“旧乐如泣声。”挥止之。既奏新乐，天颜和豫。诏：赐名曰“大晟”，专置大晟府大司乐一员、典乐二员，并为长贰。大乐令一员、协律郎四员，以其乐施之郊庙、朝会，弃旧乐不用。又诏：春秋释奠，赐宴辟雍贡士《鹿鸣》；闻喜宴，悉用大晟乐，屏去倡优淫哇之声，仍令选国之生教习乐舞。[③]

此时的“大晟府”功能凡六：大乐、鼓吹、宴乐、法物、知杂、掌法，而“大司乐”作为“大晟府”的最高长官，其俸禄视太常格。宣和二年（公元1120年），罢。元、明二代，没有多少变化。直到清乾隆七年（公元1742年），设乐部；其总领大臣由亲王和礼部尚书兼任。之后，有清一代就没有再改变过。

通过这样的梳理，我们发现，清代的乐制改革，确有追寻三代（夏、商、

① 〔汉〕班固：《汉书》卷九十三，清乾隆武英殿刻本，第1401页。

② 〔唐〕李林甫：《唐六典》卷十四，明刻本，第143页。

③ 〔元〕马端临：《文献通考》卷一百三十“乐考三”，清浙江书局本，第2385页。

周三个朝代的合称）、秦汉之传统的意思。所不同者，汉代的李延年掌俗乐，而清代的乐部总领大臣则掌雅乐。但其时对“乐”的强调和重视却颇有相似之处。至此，古代戏剧在历经汉唐时期的“重艺术”、宋元明清的“重文学”之后，又重新向“重艺术”的传统回归。

第二，就演剧形式而言，这一时期的宫廷演剧受宴飨礼乐的决定和影响，表现出鲜明的仪式性。但与朝会宴飨仪式庄严、肃穆的氛围不同，内廷演剧又具有一定的灵活性和随意性，对娱乐性和艺术性的重视成为其必然诉求和本质特征。这种对仪式性和娱乐性的双重强调导致了“仪式剧”和“娱乐剧”的同时发达。对这两类戏剧，论者向来称谓不同。丁汝芹《清宫戏事：宫廷演剧二百年》将其分为观赏戏、玩笑戏、仪典戏；[①] 秦华生、刘文峰《清代戏曲发展史》又分为仪典戏和观赏戏。[②] 我们这里暂用“仪式剧”和“娱乐剧”称呼之。《国朝宫史》载有乾隆年间的各种节令宴飨礼仪：

恭遇皇帝万寿及元旦、上元、端阳、中秋、重阳、冬至、除夕等节，乾清宫曲宴王公、大臣。……届时，奏事官员引入宴次，各依班位祇俟。宫殿监奏请皇帝升座，中和韶乐作，奏《隆平之章》。乐章各按时与常朝同，下仿此。乐止，宫殿监引入宴之王公、大臣北面排立。行一跪三叩礼，丹陛大乐作，奏《庆平之章》。礼毕，乐止，各就宴位，一叩坐。进馔，丹陛清乐作，奏《海宇升平日之章》。乐章见慈宁宫筵宴仪，下仿此。乐止，承应宴戏，进果檐下。清乐作，奏《万象清宁之章》。乐止，进酒。丹陛清乐作，奏《玉殿云开之章》。进爵大臣恭进皇帝酒。皇帝进酒时，王公、大臣各起座，跪，行一叩礼。乐止，仍各入座。承应宴戏毕，颁恩赐诸物，王公、大臣出座谢宴，行一跪三叩礼。丹陛大乐作，奏《庆平之章》。礼毕，乐止。宫殿监奏“宴毕”，皇帝起座，还便殿。中和韶乐作，奏《显平之章》。乐止，宫殿监引王公大臣各退。[③]

---

① 丁汝芹：《清宫戏事：宫廷演剧二百年》，中国国际广播出版社 2013 年版，第 15—48 页。

② 秦华生、刘文峰：《清代戏曲发展史》，旅游教育出版社 2006 年版，第 239—262 页。

③〔清〕鄂尔泰、张廷玉撰，左步青校点：《国朝宫史》，北京古籍出版社 1987 年版，第 125—126 页。

王芷章《清升平署志略》对“元旦承应演剧”这样介绍：

升平署各处首领、太监等，例于元旦寅正三刻即入宫门。其后稍晚，或减去早膳承应时，则侍候乐之人，于卯初进门，宴戏之人，巳初进门。早膳承应多在金昭玉粹（重华宫内），例演《喜朝五位》一出。卯初，前台吹打细乐迎请（此前台指漱芳斋戏台，元旦演戏，向例在此），奏毕接唱祥瑞例戏，及散出小戏。卯正，清帝即至其他宫殿（以在太和殿为多）受群臣朝贺；若皇太后在日，则清帝须谒太后处行礼后受朝贺；受外边贺毕，再受后妃等贺礼（在乾清宫）。此际，台上即将戏站住；及清帝还，仍接唱小戏；时总管、首领等，于台下行三跪九叩礼。礼毕，续演，中间帝或至外庙拜佛，台上不住戏，迄午未时戏毕。若减去早膳承应，则总管首领、太监等，在清帝所居之私殿行礼；再至乾清宫或太和殿侍候午宴，宴戏则《膺受多幅》《万福攸同》之类。宴后有再演者，有不再演者，演地不限某处，时间多自未至申初。晚间酒宴承应，例演《开筵称庆》《贺节诙谐》；盖用之家人团聚之顷，时间约当申酉二刻。终场，而一日差事完毕。此元旦承应之概况也。[①]

以上两条资料所载都涉及“元旦宴飨演剧”，不同之处在于一以介绍典礼仪式为主，一以说明升平署的承应事项为主。从中可以看出，元旦一天的时间安排很紧凑。寅正三刻（4:45），各处首领太监入宫。卯初（5:00—6:00），侍候乐人入宫，前台吹打细乐迎请，然后接唱祥瑞例戏和散出小戏。卯正（6:00—7:00），皇帝到其他宫殿接受群臣及后妃朝贺，此时台上演戏停住，等到皇帝回来，继续；其间穿插总管首领向皇帝行礼之仪；有时皇帝还要到外庙拜佛，届时，台上不住戏。巳初（9:00—10:00），承应“宴戏”之人入宫。上午 10:00，“宴戏”正式开始，“每演戏，时间在上午十时。”[②] 午宴，例演《膺受多幅》《万福攸同》。之后，或演或不演；若演，其时间节点当自未至申初（大约 13:00—16:00）。晚宴，例演《开筵称庆》《贺节诙谐》；时间当在申酉（大约 15:00—19:00）。

---

① 王芷章：《清升平署志略》，国立北平研究院史学研究会 1937 年版，第 59 页。

② 清逸居士：《南府之沿革》，《半月戏剧》1946 年第 6 卷第 1 期。

演戏的过程始终伴以礼乐仪式，如皇帝接受大臣朝贺、皇帝向太后行礼、接受后妃贺礼，间或还要到外庙拜佛，其间往往穿插相应的跪叩行礼，如“一跪三叩”“三跪九叩”等。因此，有学者指出，这样做既可以起到“以礼节乐”的作用，又可以提醒观演者各安其分、感念皇帝恩德。[①] 但反过来，我们似乎可以这样认识，与其说此种演出是“以礼节乐”，倒不如说是“以礼入乐”。须知，在皇帝、群臣及后妃行礼的过程中，戏剧都在上演着，即使中间偶有停止，也并不影响整体演出格局。当然，限于宫廷的特殊演出时空，对礼仪的强调至关重要。因此，此时的宴飨演剧还表现为礼乐一分为二，礼是礼、乐是乐，或者说礼仪是礼仪、演剧是演剧；尽管二者的关系非常密切。但是，当这种演出流入民间、礼仪变得不再重要时，此种仪式往往就会融入戏剧，形成程式化动作，或某种约定俗成的演出形式。

以曲牌【朝天子】为例，《南府之沿革》载：“凡皇帝、太后入坐看戏，名为‘入园’。圣驾未时到时，各文场承差者，或六人、或四人，用唢呐吹【朝天子】，或【一枝花】牌子，谓之“迎请”；驾入园，方准唢呐停止。入园后，即开戏。”[②] 很明显，【朝天子】用在这里，意在为皇帝的入园伴奏，带有极强的仪式性。在这个过程中，是否伴有群臣向皇帝的叩拜仪式，仅从材料，不得而知。但可以肯定的是，此时的【朝天子】与戏剧演出无关。但在后世的戏剧中，奏唱【朝天子】曲牌的却比比皆是。如：

尤侗《钧天乐》传奇第二十三出“小生众唱”：【朝天子】望夫君并来照涟漪，镜台取明珠翠羽。连舟载辛楣桂栋，菊芳椒满阶。芰荷衣，丝罗带，搴芙蓉粉腮，吹参差天籁。[③]

《续西厢》杂剧第二折“因风讬素”：【朝天子】我几曾惯经草，表瞻天圣怕抬头。失敬颂语未称，引据非全盛，做了官凭便他亲迎。管教动皇妃传近幸，奉诏蒲徵，便不得做个河中令。[④]

---

① 曾凡安：《礼乐文化与晚清宫廷演剧的变革》，《文学遗产》2009 年第 3 期。

② 清逸居士：《南府之沿革》，《半月戏剧》1946 年第 6 卷第 1 期。

③〔清〕尤侗：《钧天乐》，清康熙刊本，第 43 页。

④〔清〕邹式金：《杂剧三集》之《续西厢》，民国三十年董氏诵芬室刻本，第 195 页。

尤侗的《钧天乐》创作于清初，查继佐的《续西厢》亦作于明末清初。因此，我们不能认为就是清代导引皇帝入园的【朝天子】乐曲影响了二者的戏剧创作。更早的渊源可以一直追溯到唐代。《御定词谱》记载："【朝天子】，唐教坊曲名，《阳春集》名【思越人】。"[①] 明代，【朝天子】广泛运用于祭祀、朝会、宴飨等礼仪。清乾隆年间重新颁布的导迎大乐，其中就有【朝天子】。对此，故宫博物院万依研究员通过对京剧曲牌中应用于宫廷场面的【朝天子】与北京图书馆藏道光二十年抄本乐谱【朝天子】进行比较研究后，认为二者基本相同。[②] 由此，官方礼仪用乐与戏曲礼俗用乐表现出上下相通的一致性。正如项阳先生所指出的：

这些乐曲在各地传承与历史上官方礼仪用乐的相通性绝非偶然，这与承继这些乐曲的官属专业乐人在乐籍制度解体后转而将其用于民间礼俗之中不无关系，这是历史上官方礼乐体系中用乐积淀在民间的结果。[③]

正是这种宫廷礼乐仪式在民间或传统戏剧中的积淀，造成了后世仪式剧的繁荣和戏剧的充分程式化。此为内廷宴飨演剧的仪式性。

在娱乐性方面，《曾国藩日记》中有对同治年间的一次"廷臣宴"的记载：

（同治八年正月）十六日：早饭后，清理文件。辰正二刻，起行趋朝。是日廷臣宴。午正，入乾清门内，由甬道至月台，用布幔帐台之南，即作戏台之出入门。先在阶下东西排立，倭艮峰相国在殿上演礼一回。午正二刻，皇上出，奏乐，升宝座。太监引大臣入左、右门。东边四席，西向。倭相首座，二座文祥，三座宝鋆，四座全庆，五座载龄，六座存诚，七座崇纶，皆满尚书也。西边四席，东向。余列首座，朱相次之，三座单懋谦，四座罗惇衍，五座万青藜，六座董恂，七座谭廷襄，皆汉尚书也。桌高尺许，升垫叩首，旋即盘坐。每桌前有四高装碗，如五供之状。后八碗亦鸡、鸭、鱼、肉、燕菜、海参、方饽、

① 《御定词谱》（卷六），影印文渊阁四库全书本，上海古籍出版社 1987 年版。

② 万依：《清代宫廷音乐》，《故宫博物院院刊》1982 年第 2 期。

③ 项阳、张咏春：《从〈朝天子〉管窥礼乐传统的一致性存在》，《中国音乐》2008 年第 1 期。

山查糕之类。每人饭一碗，杂脍一碗，内有荷包蛋及粉条等。唱戏三出，皇上及大臣各吃饭菜。旋将前席撤去。皇上前之菜及高装碗，太监八人轮流撤出；大臣前之菜，两人抬出。一桌抬毕，另进一桌。皇上前之碟不计其数。大臣前，每桌果碟五、菜碟十。重奏乐，倭相起，众皆起立。倭相脱外褂，拿酒送爵于皇上前，退至殿中叩首，众皆叩首。倭相又登御座之右，跪领赐爵，退至殿中跪。太监易爵，另进一杯酒，倭相小饮，叩首，众大臣皆叩首。旋各赐酒一杯。又唱戏三出。各赐奶茶一碗，各赐汤元一碗，各赐山茶饮一碗。每赐，皆就垫上叩首，旋将赏物抬于殿外，各起出，至殿外谢宴、谢赏，一跪三叩。依旧排立东西阶下。皇上退，奏乐。蒙赏如意一柄、瓶一个、蟒袍一件、鼻烟一瓶、江绸袍褂料二付。各尚书之赏，同一例也。[①]

在此次廷臣宴演剧的过程中，始终伴有饮酒进食的活动。唱戏三出，皇上及大臣各吃饭菜；又唱戏三出，各赐奶茶一碗、汤元一碗、山茶饮一碗。与宋元明宴飨演剧不同的是：前代一般以酒节乐，在饮酒的间隙进行旨在“宥酒”的乐舞、戏剧表演，形成所谓“盏制”，凸显其仪式性；而清中后期往往以演剧为主，在演剧的空档进食饮酒，“以满足观剧者的声色享受和口腹之欲，可谓‘贯乎人情’。”[②] 突出其娱乐性。就其宴席设置来说，前代用“茶床”，类似今日茶几而小，一人一床；此时则多用圆桌或方桌，多人一桌，形成所谓“席”，充分实现其交流和娱乐的功能。这种观众席的设置影响了民间的茶园剧场，如故宫博物馆藏光绪年间茶园演剧图（图 7—1）。据此可知，当时宫廷宴飨演剧对娱乐性和艺术性的追求。这种追求促成了折子戏和连台本戏的发展。

总之，清中后期宫廷宴飨演剧既呈示着一定的仪式性，又展现出对娱乐性和艺术性的强烈渴盼。这种双重追求导致其在仪式性与艺术性之间不得不暂时妥协，形成定制——在宴飨演剧中，例用礼仪性的歌舞戏开场和团场（结尾），中间则穿插娱乐性、艺术性较强的剧目。对此，清逸居士在《南府之沿革》中

---

① 〔清〕曾国藩著，萧守英等整理：《曾国藩全集·日记（三）》，岳麓书社 1988 年版，第 1603 页。

② 曾凡安：《礼乐文化与晚清宫廷演剧的变革》，《文学遗产》2009 年第 3 期。

图 7—1　光绪年间茶园演剧图

指出：

开场第一出，须南府太监演御制腔。元旦各令节，均演应节之剧。第二方演皮黄、昆、秦等戏。外学供奉及外班所演之剧，须先呈曲本，并该戏之时刻，均不许稍有舛错。带戏归内务府大臣管理，后台归南府首领，其大权均操自太后御前各总管首领之手。其应节南府之戏，如万寿必演《罗汉渡海》《地勇金莲》；元旦演《天开寿城》；元宵夕龙灯，并要各种如蝙蝠灯、花灯，摆各色玩意，如“天下太平”等字，谓之“当灯”；端阳之《阐道除邪》；中秋之《天香庆节》等剧。大轴子谓之“团场”。[①]

很明显，开场、团场之戏主要强调“礼”，放在宴戏的开头和结尾，体现从礼出发又回归礼的宗旨；中间所演皮黄、昆、秦等戏则专重于“乐”，讲究娱乐性和艺术性，体现宴乐的本质属性。[②]这样一来，清代中后期宴飨演剧在保持其礼仪性的同时，对娱乐性与艺术性的追求被凸显。当宫中对原有的连台本戏、诙谐小戏、昆弋雅戏等渐失新鲜感，这些难以满足帝后及廷臣们的娱乐要求时，宫外的新戏新腔、甚或民间的俗戏俗曲进入清宫舞台就成了顺理成章的事情。越到后来，这种趋势就越发明显。据说慈禧太后看戏，就很少看其中的

① 清逸居士：《南府之沿革》，《半月戏剧》1946 年第 6 卷第 1 期。

② 曾凡安：《礼乐文化与晚清宫廷演剧的变革》，《文学遗产》2009 年第 3 期。

开团场戏，只等正戏开演，才让太监去喊她。帝后们的好恶影响了清宫宴飨演剧的习尚。

第三，从演出剧目来看，清宫演剧当然是为宴飨礼乐服务的，而且与宴飨礼乐的融合达到了水乳交融的地步。作为宴飨礼乐的一个重要组成部分，清代宫廷的戏剧制作和演出充分体现了最高统治者“博大包容、兼收并蓄”的礼乐自任精神，尤以康熙、乾隆两朝为最。康熙曾令在几个月内完成十本《西游记》的改编，其理由是“《西游记》原有二三本，甚是俗气。①”在乾隆帝八年万寿庆典演出的剧本中，也提到“所演大庆戏剧原系皇考恭祝皇祖万寿旧本”②的字样。张庚、郭汉城主编的《中国戏曲通史》中谈到“康熙二十二年的目连戏演出”时，如是说：

这里所演的目连戏本子，很可能是经过宫廷改编的。有个改本，现藏首都图书馆，其第十本第二十三出的宾白，有“幸逢康熙二十年十二月二十日，因天下荡平，广颁赦诏，十恶之外，咸赦除之”等语，可知康熙二十年即已有了目连戏的宫廷改编本。③

到乾隆时，海宇升平，国泰民安，制礼作乐的条件完全成熟。适应此种形势，对戏剧剧本进行了大量的编创工作。昭梿《啸亭杂录》记载了这一事件：

乾隆初，纯皇帝以海内升平，命张文敏制诸院本进呈，以备乐部演习，凡各节令皆奏演。其时典故如屈子竞渡、子安题阁诸事，无不谱入，谓之“月令承应”。其于内庭诸喜庆事，奏演祥征瑞应者，谓之“法宫雅奏”。其于万寿令节前后，奏演群仙神道添筹（疑为寿）锡禧，以及黄童白叟含哺鼓腹者，谓之“九九大庆”。又演目犍连尊者救母事，析为十本，谓之《劝善金科》；于岁暮奏之，以其鬼魅杂出，以代古人傩祓之意。演唐玄奘西域取经事，谓之《升平宝筏》，于上元前后日奏之。其曲文皆文敏亲制，词藻奇丽，引用内典经卷，大

---

① 故宫博物院掌故部编:《掌故丛编》，中华书局 1990 年版，第 51 页。

②〔清〕刘锦藻:《清续文献通考》卷六十三“国用考一”，民国景十通本，第 1233 页。

③ 张庚、郭汉城:《中国戏曲通史》，中国戏剧出版社 1992 年版，第 1154 页。

为超妙。其后又命庄恪亲王谱蜀、汉《三国志》典故，谓之《鼎峙春秋》。又谱宋政和间梁山诸盗及宋、金交兵，徽、钦北狩诸事，谓之《忠义璇图》。其词皆出日华游客之手，惟能敷衍成章，又抄袭元、明《水浒义侠》《西川图》诸院本曲文，远不逮文敏多矣。”①

这里，张文敏的创编突出了剧作的思想内容和礼乐功能，并把不同的剧作与一年中各种节令、喜庆、添寿、“傩拔”等活动对应起来；在增强节日礼仪性的同时，也使演剧与各种宴飨礼仪融合为一。此举拓宽了清宫戏剧的生存空间，也为后世的戏剧创作提供了范例。“仪式剧”由是发达，终成一代之制。与此同时，戏剧作为“乐”之一部分而存在，本身自有其娱乐性。焦循在谈到“花部戏”演出时这样说：“花部原本于元剧，其事多忠孝节义，足以动人；其词直质，虽妇孺亦能解；其音慷慨，血气为之动荡。郭外各村，于二、八月间递相演唱，农叟渔父，聚以为欢，由来久矣。”②据此，衍生出所谓“娱乐剧”。但是，我们把清宫戏剧简单地分为“仪式剧”和“娱乐剧”还远远不够，尚有继续申述之必要。

其一，适应宴飨礼乐“仪式性”之诉求，清宫演剧出现了大量的“仪式剧”。如前述“傩拔”之《劝善金科》、上元之《升平宝筏》。“傩拔”时，演出《劝善金科》之原因，史料明确记载，“以其鬼魅杂出，以代古人“傩祓”之意。”至于上元日为什么要演出《升平宝筏》，史料没有记载。《升平宝筏》叙唐玄奘西域取经事，其实与“上元节”没有明显的联系。秦华生、刘文峰主编的《清代戏曲发展史》在叙述“上元节”前后三日之例演剧目中，也没有提到《升平宝筏》。由是观之，乾隆朝张文敏所创编而形成的所谓宴飨演剧之“一代之制”可能只具有框架式的意义，远没有具体和完善。清宫宴飨演剧之创编应该经历了一个较长时段、不断补充和完善的过程。但不管怎么样，其间产生了大量的“仪式剧”是可以肯定的。这里不仅有各种节令、祝寿、喜庆所例演的剧

---

① 〔清〕昭梿：《啸亭杂录》，中华书局1980年版，第377—378页。

② 〔清〕焦循《〈花部农谭〉序》，《中国历代剧论选注》，上海古籍出版社2010年版，第391页。

目，而且有每次内廷演剧所固定的开、团场戏。它们共同促成了“仪式剧”发达之现状；与此相对应的，是“娱乐剧”。因此，“仪式剧”和“娱乐剧”的类分是基于清代宫廷宴飨仪式来说的。

其二，适应“礼乐文化”承载之必需，清宫演剧出现了相当的“连台本戏”。先秦儒家礼乐文化思想主要包括“以仁义为本质的核心内容，以和谐为目标的社会建构，以礼乐教化为方式的‘礼教’传统。”[①]后来，当儒家礼乐文化与封建王朝相结合，就逐渐演化为“忠孝节义”的思想。因此，对臣民实行“忠孝节义”的礼乐教化，就成为历代统治者维护其统治的必然要求。戏曲产生之后，理所当然地承担起了这一重任，如宋代中元节汴京街头上演的《目连救母》杂剧。历经宋、元、明、清前期的发展，这些杂剧、戏文终于趋向成熟，出现了“连台本戏”。张文敏的创编只不过是针对当时戏剧发展现状的一种顺势而为，但其编创的痕迹却颇为明显，充分体现了封建统治者“礼乐自任”的精神。

以《劝善金科》为例，“在内容上，张照（即文敏）基本完整保留了民间演出版本中的故事情节，使《目连》戏原来的‘天经地义孝为先’的单一创作主旨，变成了以表现‘意在谈忠说孝’的多元化主题。”[②]主要叙述目连几次地狱寻母不见，只好去往西天见如来。佛主告知其母在阿鼻地狱受苦，并赠以衣钵乌饭。目连去了阿鼻地狱，于是母子相见。青提夫人在地狱备受折磨，饥餐热铁、渴饮融铜、满口生疮、双目哭瞎，目连施展法术，使母亲去掉枷锁、双目复明。剧中时时掺入朱泚、李希烈等叛臣以及张捷、郑赓夫继母地狱受苦，而阳间李晟却凯旋封王、陈荣祖高中状元之情节。把这样的剧目放在岁末“傩拔”之时演出，在体现“古人傩拔之意”、充分尊重汉民族传统习俗的同时，凸显清代统治者“善有善报、恶有恶报”的礼乐教化思想，其目的就是要实现臣民对封建君主的绝对服从。

如果说在《劝善金科》的创编上，张照的作用主要体现为“编”，即对原有

① 韩云忠:《先秦儒家礼乐文化的德育价值研究》，山东师范大学2015年博士学位论文。

② 戴云:《简论张照及〈劝善金科〉(下)》,《戏曲艺术》1995年第4期。

民间演出之“目连戏”和郑之珍《目连救母劝善戏文》的固有情节作局部调整；那么对于《忠义璇图》，文敏则主要着眼于“创”，指对传统《水浒传》主题的大幅度改编。《忠义璇图》一开始，就对所谓“忠义”作了新的阐释；并以此为依据，对梁山好汉极力进行贬损。

夫忠者，事上之盛节；义者，处己之大经。人能识此两字，守之终身，则达而在朝，经文纬武，为国家宣力之良臣；即穷而在野，市井草莽，也不失安分守己之百姓。今宋江等一百八人，秉豺狼虎豹之姿，行夺攘矫虔之事，皆黥刖迁徙之辈，矜揭竿斩木之雄，反诡称天罡地煞等名，以为惑世诬民之具。岂有星精下降，相率为盗之理？此实为圣世所必诛，清时所不赦。[①]

不仅如此，作者还让梁山好汉死后下地狱受审，并把他们按生前罪恶的大小分成六等。而对张叔夜、李若水等反面人物，作者则指为“忠义之士”，让他们死后神游天宫，与各路神仙相会。其封建说教的意味可谓昭然若揭。

礼乐文化的承载促成了清宫“连台本戏”的发达，而且长期盛演不衰。与此相对应的是玩笑戏和生活小戏。对此，有的研究者把它们径称为“大戏”和“小戏”。[②]如李玫在《明清戏曲中“小戏”和“大戏”概念刍议》一文中所指出的：

所谓“小戏”，在明清曲家对明清传奇的评论中，指传奇中某些净、丑、杂等次要角色出场的场次，或指在特定场合表演生动的配角；在清代地方戏的语境中，除了指小剧种，通常指一类表现普通人生活、且风格谐谑的短剧。这些短剧既包括表现手法简单的民间戏，也包括那些从晚明至清代一直流传的成熟的剧作。所谓“大戏”，除了指整本戏和连台本戏以及大剧种外，还指一类吉祥戏。[③]

① 古本戏曲丛刊编委会:《忠义璇图》，中华书局 1964 年版，第 765 页。

② 李玫:《清代宫廷大戏三题》,《中国典籍与文化》1999 年第 1 期；廖奔:《清宫大戏》,《书品》2004 年第 6 辑。

③ 李玫:《明清戏曲中“小戏”和“大戏”概念刍议》,《文学遗产》2010 年第 6 期。

李玫的上述论说主要针对“小戏”，至于“大戏”，则从概念的外延上进行归纳，并把其概括为整本戏、连台本戏、一类吉祥戏和大剧种。抛开剧种不谈、仅就剧目而言，“大戏”应该囊括整本戏、连台本戏以及部分吉祥戏。整本戏、连台本戏，系取“大”的本意——场面大、人物多、篇幅长；部分吉祥戏，则取“大”的引申义——庄重、严肃、吉祥、喜庆等。如果从“宴飨礼乐”的视角进行观照，“大戏”无疑是承载了“礼乐文化”内涵的。正是“礼乐文化”的承载，才使得“大戏”方成其“大”。整本戏、连台本戏主要承载了“礼乐”的内容；部分吉祥戏则承载了“礼乐”的形式，即礼仪。除此之外，悉归“小戏”。因此，从是否承载“礼乐文化”的视角，我们可以把清宫戏剧分为“大戏”和“小戏”。

其三，适应内廷各种“承应”之要求，清宫演剧出现了众多的“承应戏”。这是从演出功能意义上对清代戏剧所作出的类分。在中国，“岁时承应演艺”之习俗由来已久，《礼记·月令》记载：

季冬之月，其帝颛顼，其神玄冥。其音羽，律中大吕。其祀行，祭先肾。……命有司大傩旁磔，出土牛，以送寒气。……命农计耦耕事，修耒耜，具田器，命乐师大合吹而罢。……天子乃与公卿、大夫共饬国典，论时令，以待来岁之宜，乃命大史次诸侯之列，赋之牺牲，以共皇天上帝社稷之飨。①

这里涉及“朝廷礼仪、国祀大典、社会生产、人民生活等各个方面。其宗旨就是要顺应时令，不要逆时行事，反映了先秦节令文化的萌芽。”② 在此节令中，有的奏乐，有的不奏乐。此为“岁时承应演艺”之滥觞。秦汉时期，“岁时承应演艺”活动有了进一步发展，“（汉文帝）十五年（公元前166）夏四月，上幸雍，始郊见五帝，赦天下，修名山大川，尝祀而绝者，有司以岁时致礼。”③ 有司在汉文帝十五年四月，岁时致礼，以郊五帝，用礼乐。至于所用之乐，限于资料，无从稽考。魏晋南北朝时，宗懔《荆楚岁时记》记载了荆楚之

① 《礼记》，卷五，四部丛刊景宋本，第107—108页。

② 薛晓金：《清宫演剧中的节令戏》，《戏曲艺术》2015年第1期。

③ 〔汉〕班固：《汉书》，清乾隆武英殿刻本，第62页。

地一年中的岁时节令，已经涉及农事、祀典、佛道、傩拔、民俗等方面，其中大多数节令伴有演艺活动。如农历五月初五，是书载：

五月五日，谓之“浴兰节”，四民并踏百草。今人又有《斗百草》之戏，采艾以为人，悬门户上，以禳毒气。以菖蒲或缕或屑，以泛酒。是日，竞渡，采杂药。以五彩丝系臂，名曰“辟兵”，令人不病瘟。又有条达等织组杂物，以相赠遗，取鸲鹆教之语。①

由此可见，至迟到南北朝时，节令演艺已经非常活跃，后世“岁时承应演艺”之概况已经大体具备，所不同者，唯在演艺的形式和内容。宋代，伴随着中央集权的加强、礼乐的仪式化、政教化和戏剧的发展，节令承应始有戏剧演出，并注入了“礼乐文化”的内容。如孟元老《东京梦华录》所载“中元节”演出之《目连救母》杂剧。由宋迄清，这一习俗被保留下来，并逐渐形成传统，此所谓“节令文化”。这种“节令文化”从一开始就与礼乐文明纠缠交织在一起，而戏剧演出又与之密不可分，遂有“承应戏”之产生。“作为节令文化的一部分,（承应戏）形象地反映出古代佳节时令的产生背景、节令特征、民风习俗、人文内涵等诸多方面的内容。”②

因此，清代“承应戏”的产生和繁荣既是对前代“岁时承应演艺”传统的接衍，又是清朝政府礼乐观念、政治思想和文化策略的体现；同时也表达了清王室对“吉祥文化”的心理诉求，“他们希望长生不老、江山永固；希望天下太平，五谷丰登；希望多子多孙，福祚绵长；希望吉祥如意，喜庆祥瑞。”而且此种心理诉求达到了极致，“他们追求寿山福海和与天地同福同寿；他们不满足来自人间的祝福祝寿，更祈盼天上的神仙下界为他们祝福祝寿，保佑他们的江山永固。”③影响所及，至于民间和后世。这才是“承应戏”存在和发展、并在清

---

① 〔南朝梁〕宗懔撰、宋金龙校注:《荆楚岁时记》，山西人民出版社1987年版，第47—50页。

② 薛晓金:《清宫演剧中的节令戏》,《戏曲艺术》2015年第1期。

③ 李英:《从承应戏看清王室对吉祥文化的崇拜》,《吉林师范大学学报》2013年第2期。

宫不断上演的根本历史动因。

与“承应戏”这一概念相对的，是“非承应戏”，即不能用于各种节令承应、赏花赏雪承应演出的戏剧。对此，许多研究者把它们概括为“观赏戏”。从演出内容和服务于礼乐文化表达需要的角度来看，这样类分无可厚非，但从概念的逻辑性上讲，此种分法恐怕就显得不太严谨了。如前述《劝善金科》，在岁末“傩拔”之时演出，“以代古人傩拔之意”时，为“承应戏”；作为连台本戏，插在节日“承应戏”后演出时，则为“观赏戏”。这里的《劝善金科》既是“承应戏”也是“观赏戏”。因此，“承应戏”和“观赏戏”并不能构成逻辑上相对应的概念。

综上所述，清代宫廷演出剧目可以按其不同的标准进行类分。以演出形式为标准，分为仪式剧和观赏剧；以剧作内容为标准，分为大戏和小戏；以演剧功能为标准，则分为承应戏和非承应戏。它们共同服务于清宫宴飨礼乐活动。

第二节　“花雅之争”及其影响再认识

如前所述，清代中后期，伴随着教坊的消亡、乐籍的解体和乐部作为清廷最高音乐管理机构的成立，宴飨演剧呈现为一种“由外向内”的变迁和由“文学性”向“艺术性”的转型。“花雅之争”就是在这样的时代背景下发生的，具体表现为注重“艺术性”的花部戏剧与承载着“儒家礼乐文化”思想的雅部昆曲之间围绕市场与观众而展开的争斗。争斗的过程，一般流行的观点概括为三个回合：

从北京剧坛来看，花雅之争大致经历了三个回合：首先与昆曲争胜的是高腔。高腔，即弋腔，在北京亦称京腔。京腔与昆曲的争胜，改变了昆曲独据京都剧坛的局面。……然而，清政府对京腔采取了利用和规范的措施，致使它从花部中分化出来，步昆曲之后，成为清宫演唱的一种“御用”声腔。……继之而起，代表花部在北京剧坛与京腔争胜的是秦腔。乾隆年间，秦腔已流布全国，在广大群众中有着深厚的基础，由是之故，各地秦腔艺人方能在乾隆中叶集结于北京，取京腔而代之，展现出一个花部称盛的新局面。……三庆班是第一个进入北京的徽班，时在乾隆五十五年。自此，徽班相继而来，于是安庆花部继秦腔之后，在北京剧坛上担当起了花雅之争的重任。[①]

黄天骥、康保成主编的《中国古代戏剧形态研究》对此有相似表述：“从北京剧坛来看，花雅之争大致经历了三个回合。首先是在北京的京腔与昆腔的争胜；其次是秦腔与京腔的争胜；最后是徽调与秦腔的争胜。”[②]很明显，这里的“花雅之争”是指剧种之争，或称腔调之争，时间发生在清代中后期。但事实果真如此吗?

对“花雅之争系剧种之争”的说法，早有人提出质疑。日本学者青木正儿在《中国近世戏曲史》中论及“花部诸腔”时说，弋阳腔“起源比诸昆曲属于更古之南戏系统，所用曲本，亦与昆曲同。故以之列于花部，殊非妥当；宜与梆子腔、秦腔一类土戏有所区别也。”[③]时俊静在《“花雅之争”研究中的歧见与困境》一文中更指出：既然雅部指昆腔，其他地方声腔属花部，那么京腔、秦腔之争，徽调、秦腔之争，怎么是“花雅之争”，明明是“花花之争”嘛！[④]

与此同时，部分学者对“花雅之争发生在清代中后期”一说进行发微。胡忌、刘致中《昆剧发展史》认为，“花雅之争实际是明代以来昆山腔与弋阳腔、秦腔这三大声腔之间不断斗争融合的过程。”[⑤]徐扶明《试论雅部昆剧与花部乱弹》一文则指出，“早在明代万历年间，昆曲开始兴盛，但它并非孤立存在，而是与当时多种地方戏处于争胜的局面。……直到清代初年，昆剧与当时多种地方戏仍处于争胜的局面。”[⑥]之后，这种观点被越来越多的专家、学者所接

---

① 张庚、郭汉城：《中国戏曲通史》，中国戏剧出版社 1992 年版，第 884—886 页。

② 黄天骥、康保成：《中国古代戏剧形态研究》，河南人民出版社 2009 年版，第 640—641 页。

③ ［日］青木正儿：《中国近世戏曲史》，中华书局 2010 年版，第 327 页。

④ 时俊静：《“花雅之争”研究中的歧见与困境》，《戏剧艺术》2014 年第 6 期。

⑤ 胡忌、刘致中：《昆剧发展史》，中华书局 2012 年版，第 322 页。

⑥ 徐扶明：《试论雅部昆剧与花部乱弹》，《艺术百家》1991 年第 1 期。

受。如：

郭英德《明清传奇史》：既然“花部”包括元末明初所谓“四大声腔”之一的弋阳腔，那么，乾隆年间的所谓“花雅之争”，实际上不过是从明中叶以后各种地方声腔与昆腔争胜消长、对立融合的历史的延续而已。①

徐朔方《牡丹亭和昆腔》：即使在万历末年，海盐腔、弋阳腔不仅没有在各地绝响。即使在昆腔的发源地苏州，它们有时仍然可以同昆腔争一日之短长。在竞争中同存共荣的局面可能延续到一二百年之久。这是晚明戏曲界最值得重视的现象，无论怎样强调都不会过分。②

黄天骥、康保成《中国古代戏剧形态研究》：当然，这种花雅之争早已开始，只是在乾隆末年显得更为突出罢了。事实上，昆腔地位的动摇和危机早已在明代就出现了。如明代弋阳腔等地方性声腔剧种是以“诸腔”或“杂调”与昆山腔的“官腔”抗衡的，正如此时的“花雅”之分。弋阳诸腔一直在与其争夺观众，影响甚至超过昆山腔。③

这里，把“花雅之争”扩大到历史上昆腔与其他腔种、剧种之争，揭示出古代戏剧发展史上一种带有规律性的现象，有一定的合理性，但犯了概念的逻辑性错误。试问：“雅部”和“昆曲”对等吗？“昆曲”和“昆腔”没有区别吗？众所周知，昆腔（昆山腔）起于江苏昆山，最初只是一种地方性声腔。它的入京大约在明代万历年间，最早对其进行记载的是袁中道：

万历三十八年庚戌正月初一日，寓石驸马街中郎兄寓。中郎早入朝，午始归。予过东寓，偶于姑苏会馆前逢韩求仲、贺函伯，曰：“此中有少宴集，幸同入。”是日多生客，不暇问姓名。听吴优演《八义》。④

---

① 郭英德：《明清传奇史》，江苏古籍出版社1999年版，第507页。

② 徐朔方：《牡丹亭和昆腔》，《文艺研究》2000年第3期。

③ 黄天骥、康保成：《中国古代戏剧形态研究》，河南人民出版社2009年版，第640页。

④〔明〕袁中道：《珂雪斋集》（外集卷四）“游居柿录”，明万历四十六年刻本，第513页。

《八义》，即《八义记》。既为吴优所演，则其所用声腔必为昆腔新声。[①]用昆腔演出戏曲节目，其称作“昆曲”（或昆剧）亦可也。演出地点在姑苏会馆。明代宫廷演出昆曲，也于此时出现。沈德符《万历野获编》“禁中演戏”条记载：

内廷诸戏剧，俱隶钟鼓司，皆习相传院本，沿金元之旧，以故其事多与教坊相通。至今上（即万历皇帝），始设诸剧于玉熙宫以习外戏，如弋阳、海盐、昆山，诸家俱有之。其人员以三百为率，不复隶钟鼓司。[②]

从中可以看出：此时的昆曲隶属于新成立的玉熙宫，属外戏，内廷及王府演剧用之。一直到崇祯年间，《烬宫遗录》言，“五年皇后千秋节，谕沈香班优人演《西厢记》五六出；十四年，演《玉簪记》一二出。十年之中，只此两次。”[③]这里的“沈香班优人”指的是民间职业昆班，所言《西厢记》《玉簪记》应是昆曲。大概由于沈香班演出水平高，因此皇后千秋节时被应召入宫。[④]随着昆曲演出的增多，技艺水平极大提高，演出范围大大拓展。但终明一代，这种演出格局没有改变。相对于杂剧“正音”来说，此时的南音昆曲应属“俗乐”。

清朝立国，宴飨演剧方面多承袭明制。而康熙、乾隆年间的乐制改革、乐章更定，才把“昆曲”最终推向了一种唯我独尊的“雅乐”地位。正如《赌棋山庄词话》所言：

昆曲者，甫入正宫，即犯他调。犯入他调，亦非中声，至秦中则人人发口皆音中。黄钟调入正宫，而所谓正宫者，又非大声疾呼、满堂满室之谓也。其擅长在直起直落、又复宛转关生、犯入别调仍蹈宫音。[⑤]

---

① 陆萼庭：《昆剧演出史稿》，上海文艺出版社1980年版，第47页。

② 〔明〕沈德符：《万历野获编》，“禁中演戏”，清道光七年姚氏刻同治八年补修本，第595页。

③ 〔明〕佚名：《烬宫遗录》（卷下），民国适园丛书刊小琅嬛校稽瑞楼本，第10页。

④ 胡忌、刘致中：《昆剧发展史》，中国戏剧出版社1989年版，第252页。

⑤ 〔清〕谢章铤：《赌棋山庄词话》卷九，清光绪十年刻赌棋山庄全集本，第79页。

在这里，昆曲不管如何犯调、擅长什么，其“蹈宫音”则是可以肯定的。宫者，君也。昆曲的雅乐地位，自此确立。最早把“昆曲”与“雅部”联系在一起的，是李斗《扬州画舫录》和吴长元《燕兰小谱》：

两淮盐务例蓄花、雅两部，以备大戏。雅部即昆山腔；花部为京腔、秦腔、弋阳腔、梆子腔、罗罗腔、二黄调，统谓之乱弹。①

元时院本，凡旦色之涂抹、科诨、妍者为花，不傅粉而工歌唱者为正，即唐雅乐部之意也。今以弋腔、梆子等曰花部，昆腔曰雅部，使彼此擅长，各不相掩。②

此处，李斗、吴长元的意思本在区分“花部”和“雅部”，大抵是面对清代中后期俗乐地方戏曲勃兴的现实，而试图在理论上作出总结。地方戏曲既曰“花部”，则当时全国性的大剧种昆曲便只能以“雅部”相称了。因此，“花部”与“雅部”的说法只具有相对意义。“花雅之争”本质上是中国传统文化中的“雅俗之争”在清代剧坛的延续。“花”即俗，表示“杂而不纯”。“花”“雅”的概念，《中国大百科全书·戏曲曲艺卷》有所说明：

花、雅之分，沿袭了历来封建统治者分乐舞为雅、俗两部的旧例，具有崇雅抑俗的倾向。所谓雅，就是正的意思，即奉昆曲为雅乐正声；所谓花，就是杂的意思，言其声腔花杂不纯，多为野调俗曲。故花部诸腔戏，又有乱弹的称谓，曾长期受到上层社会、士大夫的歧视而登不了大雅之堂。③

范丽敏《清代北京戏曲演出研究》一书又对“花、雅”概念的外延进行了梳理：

（花雅概念）其义有四：一、戏曲角色之别，即所谓“凡旦色之涂抹、科

① 〔清〕李斗：《扬州画舫录》，中华书局1960年版，第107页。

② 〔清〕吴长元：《燕兰小谱·例言》，《清代燕都梨园史料》，中国戏剧出版社1988年版，第6页。

③ 《中国大百科全书·戏曲曲艺卷》“花部、雅部”，中国大百科全书出版社1983年版，第127—128页。

诨、取妍者”为花，“不傅粉而工歌唱者”为正，即雅。即以上吴长元所云，这是花、雅的原始意义。夏庭芝《青楼集》“李幼奴”条云：“凡妓，以墨点破其面者为花旦。”盖与此相近。二、戏曲声腔之别，盖由原始义而来。原始义中的“花”是花杂、通俗的意思；“正”是高雅、雅正。引申为戏曲声腔，花杂、通俗者称花，雅正者称雅。即以上吴长元所云的“今以弋腔、梆子等曰花部，昆腔曰雅部，使彼此擅长，各不相掩。”三、戏曲之别，歌雅音者为雅，歌花杂、通俗之腔者为花。四、戏班之别，歌雅音之戏班为雅部，歌花杂、通俗之音之戏班为花部。即以上李斗所云。①

黄蓓博士论文《清代剧坛“花雅之争”研究》则进一步把“花雅之争”总结为“发生于雅、俗两种声腔之间的争胜运动，这种意义可以延伸至演唱雅、俗声腔的剧种、班社间的争胜，其内在的动因可以解释为雅、俗两种审美观之间的冲突与竞胜。”② 既为“雅俗之争”，则其表现为雅部昆曲与花部杂曲（昆曲与高腔、昆曲与秦腔、昆曲与徽调）之间的争胜就好理解了。第一个回合，昆曲与高腔之争，其结果表现为昆曲对高腔的同化，高腔进入宫廷，从此与昆曲一起演出，但这并不等于说高腔已经跻身于雅部。第二个回合，昆曲与秦腔之争，二者平分秋色，各自保留了自己的特色，但秦腔自此作为“和雇”的对象取得了进宫演出的资格。第三个回合，昆曲与徽调之争，徽调大胜于昆曲，自此，从明代万历年间进入宫廷、作为雅部的昆曲终于败下阵来。明乎以，我们把“花雅之争”的时间下限设定在清朝末年，应该是可以理解的。诚如朱家溍所言，“乾隆末年昆腔并没有让位给其他声腔剧种”，而是“一直到光绪末年才在北京让位给乱弹剧种的。”③ 这一过程几乎与宴飨礼乐的变迁同步。

因此，“花雅之争”可以说是清代中后期发生于剧坛、并一直延续到清末的一种“特有现象”。它是伴随着封建社会宴飨礼乐的转型、宴飨演剧由“文学性”向“艺术性”的过渡而发生的。离开了清代剧坛，在戏剧领域内谈“花

① 范丽敏：《清代北京戏曲演出研究》，人民文学出版社 2007 年版，第 2 页。

② 黄蓓：《清代剧坛“花雅之争”研究》，武汉大学 2010 年博士学位论文。

③ 朱家溍：《昇平署时代“昆腔”“弋腔”与“乱弹”的盛衰考》，《故宫博物院院刊》1991 年第 S1 期。

雅之争”是没有意义的。“花雅之争”对后世戏剧的发展至少产生了两方面的影响。

一是“折子戏”的繁荣。“折”通“断”，本义为“以斧断木”。《说文解字》曰，“断，截也。”《字典》解释，“折，会意。甲骨文字形，右边是斧子（斤），左边是断开的木，意即斧砍断木。后来断木演变为手，意为用手拿斧弄断东西，本义为折断。”引申为文书，如奏折、信折、戏折等。戏剧学意义上的“折”始见于《元刊杂剧三十种》[①]，此本中“折”多与“一”连用，即所谓“一折”。如《新刊关目闺怨佳人拜月亭》中出现2次，《新刊关目诈妮子调风月》中出现7次。明朱有燉《诚斋乐府》也有类似的用法，例《牡丹品》剧，“箫笛旦吹箫一折了”“唱旦唱一折了”“舞旦舞一折了”。[②]

从中可以看出，“折”是一个表演动作的单元[③]，表演内容可以是乐器演奏，演唱、舞蹈、科诨片段等，具有相当的独立性和随意性。当把这种“折”的段落按照一定的原则连接在一起，以演一故事，就是一个完整的剧本；分开来则又自成体系、彼此独立；当然也可以按照自己的意愿重新组合。钟嗣成《录鬼簿》在《黄粱梦》一剧后注：“一折马致远，一折花李郎，一折红字李二，一折李时中。”[④] 因此，元杂剧是一种较为松散的结构。正如中国台湾戏剧史专家曾永义所说：

就剧本来观察，元杂剧在“总题”之后，脚色上场便算开演，其后一折接着一折，直到第四折的“题目正名”便算结束。但事实上首折脚色开演之前，似乎还有诸如“开呵”“致语”和“吹曲破断送”“饶曲”等节目；末折之后尚有“打散”的余兴；折与折之间，更非一气连演，而是夹演其他伎艺，甚至于

---

① 古本戏曲丛刊编委会：《元刊杂剧三十种》，《古本戏曲丛刊》（四集），商务印书馆1958年版。

② 〔明〕朱有燉：《诚斋乐府》，上海古籍出版社1986年版，第85、86、92页。

③ 李慧：《折子戏研究中的几个概念》，《文化与传播》2012年第2期。

④ 〔元〕钟嗣成：《录鬼簿》，《中国古典戏曲论著集成》（二），中国戏剧出版社1959年版，第117页。

每一折演出的过程中，也偶尔出现“按喝”的情形。[①]

至于南戏、传奇，则篇幅更长、结构更散。此为戏剧界之共识，无须再论。这种松散的戏剧结构为“折子戏”的出现提供了契机。至于何时出现，则视演出的需要。

何谓“折子戏”？我们认为至少应该满足三个条件：其一，相对于“全本戏”而言，“折子戏”一般由一“折（出）”构成，具有相对独立性；其二，“折子戏”的出现是舞台艺术实践和剧本文学创作长期积累、演化的结果；其三，“折子戏”自有其表演上的特点。[②]“折子戏”的产生是传奇演出上的变革，是全本戏长期在观众中经历严格考验的结果。[③]它的发展历史大约可以分为以下两个阶段。

从明代嘉靖、万历年间到清代乾、嘉时期，为第一阶段。此一时期，“折子戏”刚刚出现，连称谓也颇混杂。如《风月锦囊》称为“摘锦”，《玉华堂日记》称为“折、出”，《醉怡情》称“杂出”，《纳书楹曲谱》称“杂曲”，《审音鉴古录》称“杂戏”，《祁忠敏公日记》称“散剧”等。1985 年发现于山西潞城县崇道乡南舍村的明万历二年（公元 1574 年）手抄本《迎神赛社礼节传簿四十曲宫调》记载了部分“折子戏”，如《贵妃醉酒》《玉莲投江》《卢林相会》《安安送米》《断机教子》等，可以见出其在当时演出的情况。[④]这些剧目往往插在供盏仪式中进行，可以说是供盏仪式限制了“全本戏”的展开，致有“折子戏”的出现。康熙年间，“折子戏”的演出风靡一时。但当时社会上仍以演出“全本戏”为多。

---

① 曾永义：《元人杂剧的搬演》，见《说俗文学》，中国台湾联经出版事业公司 1984 年版，第 375 页。

② 徐扶明：《折子戏简论》所持观点近似，“概括说来，折子戏就是从全本戏中取出一折（出），戏较短，此其一；情节虽不很完整，但却能自成片段，具有相对独立性，此其二；在表演上，唱念做打，大都各有特点，当然不少折子戏在思想内容上更有可取之处，此其三。”（《戏曲艺术》1989 年第 2 期。）

③ 陆萼庭：《昆剧演出史稿》，上海文艺出版社 1980 年版，第 183 页。

④ 寒声、栗守田等：《〈迎神赛社礼节传簿四十曲宫调〉注释》，《中华戏曲》1987 年第 3 辑。

清代乾、嘉以后，是第二阶段。“折子戏”演出空前繁荣，涌现出大量的剧目。如《西厢记》的《寄柬》《佳期》《拷红》，《邯郸记》的《扫花》《三醉》《云阳》《法场》，《牡丹亭》的《学堂》《拾画》，《寻亲记》的《出罪》《府场》《饭店》，《狮吼记》的《梳妆》《跪池》等。钱德苍《缀白裘》收“折子戏”剧本595种，成为目前所见最大的“折子戏选集”，它“终结了五彩缤纷的散出选本，成为戏曲散出选本的代称，成为折子戏的代称。”[①]另外，《清车王府藏曲本》也收有大量“折子戏”；与《缀白裘》又表现出明显的不同。以《牡丹亭》为例，《缀白裘》收有《冥判》《拾画》《叫画》《学堂》《游园》《惊梦》《寻梦》《圆驾》《劝农》《离魂》《问路》《吊打》，都是集中凸显剧作主题思想的“折子戏”，体现出宫廷演剧的特色；而《清车王府藏曲本》则收《闹学》《判官上任》，均系《牡丹亭》中的过渡性出目，对情节发展起推动作用，突出趣味性，但并不着眼于刻画主要人物，体现出较强的民间性。总之，清代乾、嘉以后，折子戏的演出代替了全本戏而形成风气，表演艺术代替文学剧本出现了新的高峰，从而开启了近代戏剧的新页。[②]正如李慧在《折子戏研究》中所说：

折子戏是联系舞台与文本的一个重要纽带，是最纯粹之戏曲形态，其蕴含的或套曲音乐、或身段程式、或宾白科介、或情节或情感等因子尽显其长；折子戏也是戏曲走向终结的表现形式，它削弱了戏曲的伦理教化功能与文学性，彰显其表演艺术与抒情性，无论是对编剧者、演员，还是对观众都是一个终极的挑战。[③]

二是“地方戏”的勃兴。相对于昆曲作为全国性剧种而言，“地方戏”泛指当时流行于各个地方的地方性戏剧剧种。它们在一定的地域里生存繁衍，与当地的风土人情、语言习俗相结合，因而具有极强的地域性。“地方戏”种类繁多，对其起源、流布作出统一的概括是不现实的。但经过“花雅之争”，“地方戏”在清代乾、嘉时期普遍崛起、走向勃兴则已成学界共识。

---

① 吴敢:《说戏曲散出选本》,《艺术百家》2005年第5期。

② 陆萼庭:《昆剧演出史稿》，上海文艺出版社1980年版，第172页。

③ 李慧:《折子戏研究》,《民族艺术》2009年第1期。

从形成的路径考察，“地方戏”可以分为民间小戏和复合声腔。[①] 民间小戏即在民间歌舞、说唱的基础上发展出的戏剧剧种，往往形式简单、生活气息浓郁；出场脚色少，以“二小戏”或“三小戏”为主；唱腔音乐简洁明快。又有歌舞戏（如各地的花鼓戏、秧歌戏、采茶戏、二人台等）和说唱戏（如道情戏、滩簧戏、琴书、坠子等）之分。民间小戏与民间歌舞、说唱有着千丝万缕的联系，在特定环境下可以相互转化。复合声腔系由各大声腔在四处传播、与当地的民间小曲相融会而形成。它们介于民间小戏与全国性剧种之间，在音乐唱腔、舞台表演以及剧目内容等方面都表现出自己的特色。

从音乐体制来讲，“地方戏”又可分为曲牌联套体和板式变化体。与昆曲的“正弹”相对，“地方戏”往往被称为“乱弹”。如《扬州画舫录》载：“两淮盐运例蓄花、雅两部，以备大戏。雅部即昆山腔，花部为京腔、秦腔、弋阳腔、梆子腔、罗罗腔、二簧调，统谓之乱弹。”[②] 这里李斗是把与雅部昆曲不同的花部戏剧称为“乱弹”的，实际上是犯了以偏概全的错误。就当时京腔、秦腔、弋阳腔、梆子腔、罗罗腔、二簧调发展的现实状况考之，京腔、弋阳腔的音乐实为曲牌联套体，与“乱弹”无关。这当然涉及对“乱弹”一词的理解。拙文《梆子腔的起源、流布及其与道情之关系》对“乱弹”作了如下界定：

“乱弹”的名称起源较晚。这个名称的由来也与道情有关。“乱弹”即“乱札”，也就是“乱札道情”。既有“乱札”，必有“正札”。“正札道情”即流行于关中一代的传统道情，它的音乐体制是曲牌联套体。这种“正札道情”又是怎么转变成“乱札道情”的呢？据武艺民考证，它是经过了从“四情”到“三调”、由“三调”化“二音”、破“整曲”为“乱句”、由“乱句”变板式的发展变化过程。那么何谓“札”？就字面意思理解，“札”即书或册，当指剧本或曲本。但在这一代曲艺和戏曲艺人中，常常把唱词叫作“札子”。所以，“札”在这里主要指唱词结构，推而广之，也包括唱腔音乐的结构在内。“乱札道情”就是突破原有的剧目内容，音乐变成了由“乱句”构成的板式变化体，唱词变成

① 廖奔、刘彦君：《中国戏曲发展史》（四），山西教育出版社2003年版，第85页。

② 〔清〕李斗：《扬州画舫录》，清乾隆六十年自然含刻本，第60页。

了齐言句的道情。“乱札道情”也就是“乱弹道情”，它首开板式体音乐的先河，简称“乱弹腔”。这种声腔大约在明代中叶形成。①

当这种“乱弹腔”与梆子戏相结合的时候，就形成“乱弹梆子腔”或“梆子乱弹腔”。其中的一支即为秦腔。最早进入宫廷的“乱弹腔”剧种实为秦腔，在它的影响下，许多剧种才由曲牌联套体过渡为板式变化体。时间大约在清代乾、嘉时期。

由于“乱弹腔”具有极强的吸附性，当它在全国各地传播的时候，就很容易与当地声腔、小曲相结合而形成新的剧种。以至于到清代后期，全国出现了声腔、剧种“遍地开花”的局面。但我们不能就此认为，“地方戏”就是“乱弹腔”。比如晋北道情，时至今日还保留有曲牌联套体的特色。民间流传着道情戏“40 大调（套曲）、72 小调”的说法；而且随着时间的推移，还产生出许多变体。举【耍孩儿套曲】为例，其变体有【正耍孩儿】【反耍孩儿】【苦耍孩儿】【抢耍孩儿】【一字半耍孩儿】【抢五句耍孩儿】【骂花耍孩儿】【三个燕儿飞上天】【灯草歌】等。

就演出剧目来说，《清车王府藏曲本》载当时的“乱弹戏”剧目有 509 个，其中涉及清代故事的有：

《十二红》《九龙杯》《八蜡庙》《三搜府》《五里碑》《永庆升平》《打杠子》《汝宁府》《同科报》《武文华》《东昌府》《东黄庄》《儿女英雄传》《红门寺》《洗浮山》《迷人馆》《后劝农》《海烈妇》《连环套》《殷家堡》《拿谢虎》《盗御马》《探浮山》《推磨记》《阴阳狱》《普球山》《恶虎村》《画春图》《溪皇庄》《烟鬼叹》《群英会》《莲花湖》《绿林铎》《剑峰山》《薛家窝》《双盗印》《双铃记》《罗四虎》②

与同书所载 104 个昆曲剧目相比，几乎是其五倍，这还不算高腔和影戏。“地方戏”的勃兴由此可见。

---

① 宫文华：《梆子腔的起源、流布及其与道情之关系》，《文化遗产》2017 年第 5 期。

② 首都图书馆编辑：《清车王府藏曲本》（1），学苑出版社 2013 年版，第 31—34 页。

综上所述，古代戏剧的发展在清代中后期又呈现出新的趋向。“花雅之争”的发生、“折子戏”的繁荣和“地方戏”的勃兴把戏剧推向了一个新的阶段，即重视戏剧艺术和舞台演出的阶段。

第三节　清中后期戏剧的变迁

中国古代戏剧发展到清代中后期，开始了其近代化的转型。这种转型有其深刻的社会历史原因，亦是古代戏剧自身发展之必然。

从社会历史发展来看，乾隆时期以后，大清国在内忧外患中艰难生存，财政紧张，国库亏空，宴飨活动明显减少，宴飨规模空前缩小。“康熙、乾隆朝那种兴师动众、劳民伤财的大规模庆典活动再没有出现过”；连台本戏动辄“长达 240 出左右，而且动用人员、砌末极多，很是费功”的演出也难以延续。[①] 与此同时，随着人口的增长，地域差异的扩大，社会控制的问题日益凸显，传统的保甲制度很难维持其有效性，尽管他们“弭盗贼、缉逃人、禁赌博、诘奸宄、均力役、息武断、睦乡里、课耕桑、寓旌别，便振贷，无一善不备焉。[②]”在这种情况下，“各地州县政府开始将维护地方治安与秩序的希望寄托在普遍兴起的以团、会为名称的地方联防自治组织上。”[③] 故自乾隆中后期，联防自治组织变得日益普遍。

影响所及，各地商人也纷纷成立自己的帮会组织。如著名的山陕商帮，为了行商的方便，他们往往每到一地，就成立自己的联络机构，遍及全国各地的山陕会馆就是在这种背景下建立起来的。宋俊华《山陕会馆与秦腔传播》把山陕商人的行商路线分为西南、东部、东南、东北、西北、中南华南六路，在这六条路线上都建有山陕会馆。如在东线商路，就有河南洛阳潞泽会馆、洛阳山

① 秦华生、刘文峰:《清代戏曲发展史》，旅游教育出版社 2006 年版，第 300、304 页。

② 〔清〕邓显鹤:《南村草堂文钞》卷一，清咸丰元年刻本，第 19 页。

③ 郑金刚:《清代中后期社会控制方式转变的得失》,《光明日报》2014 年 6 月 25 日。

陕会馆、伊川山陕会馆、郏县山陕会馆、社旗山陕会馆、禹县山西会馆、周口山陕会馆、朱仙镇关帝庙、开封山陕甘会馆、山东聊城山陕会馆、菏泽山西会馆，安徽亳县关帝庙、泗县山西会馆、六安山陕会馆，江苏徐州山西会馆、苏州全晋会馆等。[①] 会馆内建有戏台，演出多为梆子戏。各地商人帮会组织的普遍建立，极大地促进了包括梆子戏在内的花部戏剧在全国范围内的传播。古代戏剧的发展整体上呈现出一种“官退民进”的现象。

从戏剧自身发展情况来看，明代中后期，梆子腔已经完成了向板式变化体音乐的转变。[②] 这一转变至少具有三个方面的意义：①简便易行，便于实践和掌握；②为戏剧性的开掘提供了更多的条件；③加强了伴奏器乐的表现力。[③] 自此，中国古代戏剧唱、念、做、打得到了全面的进步。经过明末、清初的发展，表演伎艺趋于成熟和完备。这从魏长生的表演中就可以见出，《粉墨丛谈》记载：“梨园今有魏长生，珠媚花娇万目惊。鲁酒难期同日醉，胡弦急送遏云声。九天缥缈真人想，一往萦回子野情。看尽画楼闲对弈，搔头散髻最轻盈。”[④] 魏长生，工花旦。其扮相“珠媚花娇”，足可以惊万目；演唱响彻云霄，有如天籁之音；以至于观者忘倦，听者入神。同书标题记“歌园雏伶中有名想（响）九霄者，每一登场，万人倾迷。”足见当时花部戏剧的表演伎艺之高超。与之相比，一直坚守传统、用曲牌联套体演唱、被尊奉为雅乐的昆曲则相形见绌。因此，“花雅之争”从一开始就“胜负立判”。

如果说清代前期，出于政府的扶持、宴飨礼乐的需要，作为雅乐的昆曲尚能保持宫廷之一隅（影响可能波及京城及其周边地区）的演出市场；那么清代中后期，伴随着王朝内忧外患的加重，宴飨活动的减少，昆曲走向衰落就成了一种势所必然。与此同时，花部戏剧的勃兴，中国古代戏剧开始由“文学性”向“艺术性”回归。这种回归可以说是对前述汉唐戏剧重视“艺术性”思潮的

① 宋俊华：《山陕会馆与秦腔传播》，《文艺研究》2006 年第 2 期。

② 参见拙作：《梆子腔的起源、流布及其与道情之关系》，《文化遗产》2017 年第 5 期。

③ 廖奔、刘彦君：《中国戏曲发展史》（第四卷），山西教育出版社 2003 年版，第 143—144 页。

④〔清〕黄协埙：《粉墨丛谈》（卷下），清香艳丛书本，第 13 页。

继续和接衍。但较之于汉唐，此一时期的中国戏剧又表现出新的特色。

其一，传奇的剧本形式实现了由分出向分场的转变、武戏增多、武打技术显著提高。板式变化体音乐体制的形成，可以说是对传统戏剧曲牌联套体的一种反动。对此，武艺民在《中国道情艺术概论》中早有论述：

宋代，是个曲子艺术鼎盛的时代，社会上创作、演唱歌曲的活动不仅蔚然成风，而且作品也积累了相当的数量，艺术上也达到了登峰造极的程度。这种艺术下一步将如何发展？在宋代，出现的是两种形式：第一种便是道情鼓子词的多曲调主曲体的形式，它是以一支社会原有曲牌为中心，另以创作的方法派生四至五首功能曲组成一个曲牌套，以此作为一种规范模式，应用于多种曲牌之中；第二种则是以诸宫调说唱音乐为代表的联曲体形式，它是以社会上原有的若干曲牌进行横向连缀的方式组成若干固定唱段，并以宫调系统加以规范分类。使用时，选择若干同宫调或不同宫调的小套再加连缀，组成大型唱段。由于这两种音乐的规范和应用方式不同，从而形成了曲牌音乐中的两大体系。它们各有特点，前者简洁，后者宏伟。但作为说唱或戏曲音乐，它们又存在着各自的长短。诸宫调音乐，结构宏伟，旋律变化丰富，并且为市民所熟悉。因而这种音乐一经问世，便迅速引起了士大夫阶层的关注与欢迎，从而占领了城市的阵地。当杂剧兴起之时，戏剧家们便以这种音乐为基础，经过进一步规范，形成以联曲体为特点的戏曲声腔音乐。道情鼓子词的情况则不同，它一开始就是一种面向群众的通俗艺术，是道教的宣传工具，因而必具有能够为广大群众所理解、所接受的特点。所以，这种音乐虽然在城市里也有一定的影响，但它的主要活动地域却是山野乡间和小的城镇。因此，这两种音乐，在当时并没有形成正面的竞争。五百年的时间，它们几乎是你干你的，我干我的，井水不犯河水，各自保持自己的特点，沿着自己的方向走自己的道路。五百年后，道情鼓子词一系经过不断的发展变革，派生出一种以节奏变化为特点的“板式音乐”，并形成戏曲的一种声腔。清代乾隆年间，这两大音乐体系终于在戏曲舞台上发生了激战，进行了较量。以板式音乐装备的梆子戏，一举战胜了以联曲体为特点的昆曲，从此联曲体音乐结束了独占剧坛的历史。这便是历史上著名的

“花雅之争。”①

这里，武艺民是从音乐体制的角度来定义“花雅之争”的，但他对“板式变化体”与“曲牌联套体”的区分却颇有启发意义。归纳起来，我们发现：“曲牌联套体”利于叙事和抒情，为士大夫所熟悉，主要流行于城市；“板式变化体”长于表演而且形式简单，易于为普通民众所接受和运用，在农村和乡镇比较盛行。因此，中国古代戏剧从“曲牌联套体”向“板式变化体”的转变本身就意味着剧本文学性的解构、舞台表演的被重视；体现在剧本形式上，就是“将传奇的分出改为分场，完全以人物的上下场为表演单位，而不用去顾虑是否有伤音乐结构。”②如果说杂剧、传奇的“折”“出”主要指文学剧本单元的话，那么“场”则更多地是一个表演艺术单位。戏剧表演的场地称为“剧场”，戏剧人物的走上、走下舞台称为“上、下场”。正如赵建伟在《中国古典戏曲概念范畴研究》中所指出的：“在戏曲演出中，‘场’所提供的是一个巨大的空白的时空环境，它要求表演者尽其所能地去发挥各自的才能，创造出当场的戏剧时空环境以及艺术效果。”③“场”的运用极大地解放了艺人的手脚，使他们可以在有限的时空中自由创造，对促进戏剧艺术性的提高发挥了重要作用。

清代中后期，与花部戏剧进入宫廷相伴随，清宫演出“武戏”增多。这一方面与清朝统治者的尚武传统、酷爱武戏有关，“（咸丰帝）不但嗜戏，而且自制了二十八路枪法，教宫内的本家”④；另一方面“又与各路声腔都将注意力投向宏阔的政治历史斗争题材、戏曲的表现手段必须更加适宜于展现政治风云与历史征战有关”。⑤以“三国戏”为例，《清车王府藏曲本》载有戏目 83 个，其中 80% 以上为“武戏”。王芷章《清昇平署志略》记载：清中后期，《鼎峙春

① 武艺民：《中国道情艺术概论》，山西古籍出版社 1997 年版，第 268—269 页。

② 廖奔、刘彦君：《中国戏曲发展史》（第四卷），山西教育出版社 2003 年版，第 145 页。

③ 赵建伟：《中国古典戏曲概念范畴研究》，文化艺术出版社 2010 年版，第 131 页。

④ 刘强、杨宏英：《程长庚传》，河北教育出版社 1996 年版，第 276 页。

⑤ 廖奔、刘彦君：《中国戏曲发展史》（第四卷），山西教育出版社 2003 年版，第 155 页。

秋》在宫廷演出3次，分别为嘉庆二十四年、道光二十一年至二十三年、道光二十七年至二十九年。[①]“折子戏”演出则更多，仅道光年间“赵云戏”[②]在宫中的演出就有：

道光三年二月初九日，重华宫承应《长坂坡》（外学 六出）[③]

道光五年正月十六日，同乐园承应，卯正一刻开戏，午正二刻十分戏毕。《天下文明》（外学）、《冥判》（梁明诚）、《五台》（金顺）、《看状》（安福）、《长坂坡》（外学）、《刺字》（杨淳、杨青五）、《逼休》（郝进禄、马士成）、《酒楼》（翠仗）、《阳告》（松年）、《圣母巡行》（内学）[④]

这里，道光年间的两次外学入宫承应都把《长坂坡》作为必演剧目，充分体现了统治者对剧作所传达的以“忠”“勇”为主题的“儒家礼乐文化”的认同，与明代“杨家将戏剧”中的“血战金沙滩”情节如出一辙。“武戏”在清宫演出的地位可见一斑。

随着“武戏”演出的增多，武打技术显著提高。如上述《长坂坡》剧“落入陷坑”一节，《故宫珍本丛刊》“乱弹戏·长坂坡”是这样记述的：

（赵子龙上，唱）四方八面曹兵动，身抱幼主难脱身，只得奋勇威风逞，（张郃上，白）呔！（唱）想脱虎口万不能。（杀介，八将上，赵子龙落坑，火彩出龙形，张郃刺，赵子龙夺介，张郃下），（赵子龙白）哈哈哈！（唱）红光照耀困龙飞，征马冲开长板围。想是后来真命主，将军因得显神威。（白）曹党有胆量的来呀！（四将上杀、死下，赵子龙笑下）。（张郃上，白）且住，赵云头上一道红光跳出土坑，莫非后来福命甚大，追赶也是无益。将官杀往别处而去。（众下，马延、张显、赵子龙上，杀死马延、张显，下；焦解、张南上，杀

---

① 王芷章：《清昇平署志略》，国立北平研究院史学研究会1937年版，第77—80页。

② 系指“三国戏”中以赵云为主角、主要表现其英雄事迹的戏。徐建国：《清宫“赵云戏”武打艺术论》，《戏曲艺术》2017年第5期。

③ 朱家溍、丁汝芹：《清代内廷演剧始末考》，中国书店2007年版，第141页。

④ 朱家溍：《故宫退食录》，北京出版社1999年版，第574页。

介，俱败下，赵子龙追下）。[①]

翁偶虹先生在谈到这一段表演时，描述道：“首先为小打，表现为先上四员曹将，各举兵刃，绕圆场表现挖掘陷马坑；四将归里，由张郃引上赵云，跑圆场引向陷马坑。赵云上堂桌扳起“朝天镫”，然后“摔叉”下来，表示落入陷马坑。落坑之后，撒一把火彩暗示有神灵相助，张郃用枪刺赵云喉，赵云抓住枪杆借张郃的助力，起“踩泥”站住，表示跃出陷马坑。此时的“朝天镫”为特技表演，从高约一米的桌上劈叉然后直直落下，来得十分惊险。”[②]此处涉及的“武打”表演有走圆场、“朝天镫”以及赵云与张郃对打等，表演技艺已经相当成熟。

其二，伎艺性表演艺术精进，形成许多程式和特技，脚色体制全面发展。法国戏剧理论家弗朗西斯科·萨塞在《戏剧美学初探》一文中给“戏剧”下了这样的定义：戏剧艺术是普遍或局部的、永恒或暂时的约定俗成的东西的整体，人靠这些东西的帮助，在舞台上表现人类生活，给观众一种关于真实的幻觉。[③]这里，萨塞关于“戏剧”的定义最起码关涉了两个方面：演员——戏剧表演的主体、观众——戏剧服务的对象、舞台——戏剧表演的场所、人类生活——戏剧反映的客体，此为与戏剧密切相关的四种要素；普遍或局部的、永恒或暂时的约定俗成的东西的整体，是戏剧的本体存在，或者说是戏剧作为表演艺术本身的存在方式。前者是戏剧存在的必要条件；后者则是戏剧自身。一句话，戏剧是一种“约定俗成的东西”的集合体。这种约定俗成的东西，我们称之为戏剧“程式”。由于它“具备了语言所应有的多项重要特征和功能，并且拥有语言学所认识到的符号性质”[④]，又被称为戏剧“语言”。正如吕效平在《戏曲本质论》一书中所指出的：

---

① 《故宫珍本丛刊乱弹单出戏第三册·长坂坡》，海南出版社2001年版。

② 翁偶虹：《杨小楼的武工》，《杨小楼艺术评论集》，中国戏剧出版社1990年版，第122页。

③ 中国社科院文学研究所：《古典文艺理论译丛》（卷四），知识产权出版社2010年版，第2151页。

④ 赵建伟：《中国古典戏曲概念范畴研究》，文化艺术出版社2010年版，第77页。

戏曲地方戏的特殊本质是由其特殊的艺术语言所决定的，这个特殊的艺术语言就是中国本土戏剧的舞台艺术语言，即“程式”。有许多戏剧家和研究者在分析戏曲地方戏的“程式”问题时，曾经触及到它作为艺术语言的本质。[①]

这里，吕先生虽然谈的是戏曲地方戏，但将其扩之于整个中国古代戏剧无不如此。“程式”的出现与戏剧相始终，最初它们往往被冠以别样的字眼，比如格范、格样、格调等。《小孙屠》开篇【满庭芳】：“凭想象梨园格范，编撰出乐府新声”[②]；《宦门子弟错立身》之【调笑令】：“我这爨体不番梨，格样全学贾校尉”[③]；《古本西厢记》之【宋赵令畤蝶恋花词】：“先听格调，后听芜词[④]。”任半塘先生分析研究后，指出：“格”，犹“科”也。演则云“格范”“格样”，唱则云“格调”，皆示其中有规格须循，非由演者当场漫为声容也。[⑤]宋元南戏存在脚色上场“自报家门”的惯例；现存三座元代戏台显示：至迟到元代，中国古代戏剧演出已经形成固定的上下场秩序。所有这些，皆为“程式”的初始状态。

历经宋、元、明、清前期的发展，到清代中后期，戏剧“程式”已经高度成熟和完善。这主要表现在三个方面：一是程式化表演技艺显著提高，并已注意与中国传统文化“美”的原则相结合。黄幡绰《梨园原》大体概括了当时的“程式”表演要领，如“曲白六要”对说、唱的总结，“身段八要”对做、舞的归纳等。著名京剧表演艺术家张云溪在谈到“程式”中“圆”的作用时，如是说：

演员的工架左右对称要圆，舒展时要圆，收缩时要圆，高姿势长圆，矮姿势扁圆，尤其在运用身段动作时要内外相应而圆，那内在的心意之圆与大圈、小圈环环相套的外形之圆相结合，并需刚柔自如地运用才能产生出浓郁的艺术

---

① 吕效平：《戏曲本质论》，南京大学出版社2003年版，第246页。

② 〔明〕佚名：《永乐大典戏文三种》，钞本，第1页。

③ 古杭才人：《永乐大典戏文三种》，钞本，第62页。

④ 《古本西厢记》，明万历四十一年香雪居刻本，第134页。

⑤ 任半塘：《唐戏弄》，上海古籍出版社1984年版，第949页。

韵味。①

二是“程式”概念的内涵大体框定，特指“固定的或基本固定的格式”和“严格的形式规范”。“前者是一种具体的物质单元，就像文学语言中的词汇一样，由我们的喉舌所发出的声音作为物质的载体，有其物理的性能，如果用文字记载，则获得了另一种物质存在的方式。后者是一种抽象认识性的原则，没有物质的有形存在。”②《中国大百科全书·戏曲曲艺卷》在谈到戏剧“程式”的含义时，这样叙说：

程式的本义是法式、规程。立一定之准式以为法，谓之程式。戏曲表演艺术的程式有自己的含义，主要包含两层意思：其一，指它的格律性。在戏曲表演中，一切自然的生活形态，都要按照美的原则予以提炼概括，使之成为节奏鲜明、格律严整的技术形式：唱腔中的曲牌、板式，念白中的散白、韵白，做派中的身段、工架，武打中的各种套子，喜怒哀乐等感情的表现形式等等，无一不是生活中的语言、声调和心理、形体表现的格律化。其二，指它的规范性。每一种表演技术格式都是在创造具体形象的过程中形成的，当它形成以后，又可作为旁人效法和进行形象再创造的出发点，并逐渐成为可以泛用于同类剧目或同类人物的规范。③

这里，《中国大百科全书·戏曲曲艺卷》对“程式”一词的解释可以说是吕效平先生“程式”概念的拓展和补充，突出了“程式”产生的原则，即“严格的形式规范性”。至于“程式”作为古代戏剧表演的“物质单元”，则没有涉及。二者的论说基本上匡定了“程式”概念的内涵和外延。

三是“程式”的指称范围大大扩展。凡是演员的上下场、（关门、推窗、上马、登舟、上楼、迎亲等）舞蹈动作、演唱、念白、武打、器乐伴奏等方面的内容，都可以入于程式。刘琦《京剧形式特征》列举了《斩马谡》一剧的全部

---

① 张云溪：《春华秋实》，中国广播电视出版社 1995 年版，第 142 页。

② 吕效平：《戏曲本质论》，南京大学出版社 2003 年版，第 240—242 页。

③ 《中国大百科全书·戏曲曲艺卷》，中国大百科全书出版社 1983 年版，第 21 页。

"程式"单元，兹引如下：

龙套"站门"——诸葛亮"唱上""归座"——探子"挖门"进帐报事——诸葛亮"升帐"——蜀兵站"一条边"，赵云台口"下马"——诸葛亮出位赐酒，赵云"洒酒"敬天地——赵云向帐内"一望"，诸葛亮示意退去——赵云"一亮"下场——诸葛亮再"升帐"——王平"唱上"，"挖进"——诸葛亮唱【西皮小导板】——诸葛亮、王平对唱【西皮快板】——王平做"硬屁股坐子"、起立下场——幕内念"一十、二十、三十、四十打完"——马谡"唱上""挖进"——诸葛亮、马谡对唱【西皮快板】——马谡出帐唱【西皮散板】——马谡进帐起"叫头"念白——诸葛亮唱【西皮散板】——诸葛亮起"叫头"念白——诸葛亮、马谡对念"慢三叫头""哭介"——龙套喊"堂威"，诸葛亮"一望""两望"——马谡出帐，复回，诸葛亮起"叫头"念白——马谡跪谢，起立，诸葛亮、马谡念"三叫头""哭介"——龙套喊"堂威"，诸葛亮、马谡分别"一望""两望"——马谡出帐，"垛泥儿"亮相下场——诸葛亮唱【西皮散板】——赵云下场门上，进帐，诸葛亮、赵云对白——唢呐吹"尾声"，龙套翻下，诸葛亮下场门下，赵云随下。①

通过一连串"程式"单元的依次展示，整出《斩马谡》的戏剧过程在舞台上显现无遗。从中可以看出：这里的"程式"包括——演员的上下场，如诸葛亮"唱上"、王平"唱上"、赵云"一亮"下场、马谡"垛泥儿"亮相下场；唱腔，如诸葛亮唱【西皮小导板】、诸葛亮、王平对唱【西皮快板】、诸葛亮、马谡对唱【西皮快板】、马谡出帐唱【西皮散板】等；念白，如诸葛亮、马谡对念"慢三叫头"、诸葛亮起"叫头"念白；做工，如赵云"洒酒"敬天地、王平做"硬屁股坐子"；器乐伴奏，如唢呐吹"尾声"等。几乎可以把组成戏剧演出的每一个环节，都称作"程式"。"程式"就像一块块积木，按照不同的排列次序堆积起纷繁复杂的戏剧演出大厦。因此，说中国古代戏剧是程式的，实不为过。

与此同时，在戏剧演出的过程中亦形成许多"特技"。以"梆子腔"为例，《清代戏曲发展史》载有"梆子腔表演特技"数种，如表7—1所示：

① 刘琦：《京剧形式特征》，天津古籍出版社2003年版，第62—63页。

表 7—1　梆子腔表演特技一览表[①]

特技类型	表演方式	表意功能
眉　功	立眉、皱眉、动眉	表现人物的内心活动
眼　功	瞪眼、转眼、飞眼、望眼、瞟眼、斜眼、白眼、凶演、媚眼、醉眼	表现人物的各种情态
髯口功	托髯、摇髯、摆髯、弹髯、推髯、抓髯、吹髯、噙髯	表现人物的各种情绪
甩发功	平梢子、十字梢子、走马梢子、双跪转身梢子、前甩、后扬、仰面后甩、挽梢、缠梢、顶天铺地	表现惊慌失措、悲愤交加、疼痛欲绝、垂死挣扎等激烈情绪
翎子功	望月、托月、拨云、望云、二龙戏珠、二龙绕海、摆翎、甩翎、竖翎、扫翎	展现人物性格、揭示人物内心活动
跷子功	踩跷走凳、过桌、踢石子等	展示人物的各种步态
帽翅功	帽翅分方翅、尖翅、圆翅、扁担翅等	展示人物的心理活动
甩袖功	抖袖、抓袖、平袖、捧袖、挽袖、拂袖、反掌袖	表现人物的心理活动
扇子功	挥扇、转扇、托扇、夹扇、合扇、遮扇、抖扇、扑扇、抛扇	表现人物的感情活动

从表 7—1 中可以看出，此时的花部戏剧在表演艺术方面已经高度成熟。观众不仅可以通过“程式”与演员进行交流和沟通，而且能够凭借“特技”表演体会人物在特定时空环境下的复杂心理活动。

“这种片段式的重视伎艺的表演造成戏剧脚色的行当化”，致使清代中后期中国戏剧的脚色划分更趋细致和复杂；“这一现象表明戏剧向更高层次的跃升”。[②] 以京剧为例，其脚色一般分为生、旦、净、丑四大行。其中生行又细分为须生（老生）、红生（正生）、小生、老生、娃娃生；旦行分青衣、花旦、武

① 参见秦华生、刘文峰:《清代戏曲发展史》，旅游教育出版社 2006 年版，第 1109—1110 页。

② 元鹏飞:《中国戏曲脚色的演化及意义》，《文艺研究》2011 年第 11 期。

旦、老旦、贴旦、闺门旦；净，又称“花脸”，分以唱工见长的铜锤花脸、黑头花脸和以工架见长的架子花脸；丑，称“三花脸”，又分文丑和武丑等。角色不同，表演的“程式”自各不同。《白云生文集》谈到生行的表演特点时，论说非常详细。兹引如下：

武生：要“漂”“帅”“脆”。这三个字包括扮相、唱、念、打、做。“漂”是扮相漂亮，但不是搽脂抹粉的那种漂亮，而是风度气度的漂亮；“帅”是唱、念、打、做中的美感；“脆”是干净利落，不拖泥带水。

小生：要“雅”“洒”“发”。“雅”是儒雅可风，就是有书卷气。“洒”是潇洒。古代才子佳人的爱情故事要演得倜傥风流，但不要放荡轻狂，变成色情。“发”是柔而有刚。人的头发很柔，但是不能随手成形，手一松，它又直了，这就好比小生的一切动作，表面上看来很柔软，但是内里有一股刚劲，贯穿着周身。

穷生：特点要“呆”“戚”“酸”。“呆”是痴呆不灵活，虽是贫穷困难，但因知书达理不敢妄为，只好忍受，所以他的行动思想都是呆滞的，低头仰脸总是出愣神或发傻。“戚”是戚蹙、忧愁和郁闷，穷得无办法，不由得愁眉苦脸、双眉紧皱。“酸”是寒酸，虽然贫穷，因曾读诗书，在愁闷中，仍是走着四方步，咬文嚼字，摇摇摆摆的。

老生：特点要“庄”“方”“刚”。“庄”是端庄、庄严，因为戴黑三髯的都是正派人物，他们的神气一定要端庄。“方”是方正、方圆，他的动作步法要方圆；就是在现实生活中某些人的走路规矩，不慌不忙。“刚”是刚毅、刚强，讲忠义，至死不屈；在帝王统治时代，昏君无道，忠臣常被奸臣陷害，甚至满门抄斩，但忠臣不以为惧。①

从中可以看出：此时的角色表演已经充分特色化、行当化。由是，多种角色体制得到了全面发展。

其三，涌现出一大批著名的戏剧艺人，“角儿制”现象再现。清代中后期，伴随着花部戏剧的兴起，涌现出一大批著名的戏剧艺人。如京腔艺人有“十三

① 白云生:《白云生文集》，中国戏剧出版社2002年版，第66—78页。

绝”、白二、刘黑儿、冯三儿、八达子、刘凤官、芳官、秃丑、凌云浦、刘八、余美观、谢瑞卿、坛王、关安子、大头冠、明德子、嘟噜胡、馅儿饼、秃大汉、胖三妞、王七、毛四、邢二、仓儿、郝五、陈三、邵三、柴官儿、长套儿、三丁儿、马七儿、李贵官、韦三旦、常二格。①

秦腔艺人有：魏长生、宋子文、祥麟、三寿、银花、小惠、宝儿、喜儿、琐儿、色子、金坠子、双儿、栓儿、四两、豌豆花等。②徽班艺人：余老四、高朗亭、金双凤、沈霞、苏小三、邱玉、陈喜、沈翠林、范二官、徐才官、王百寿、王喜龄、倪元龄、李玉龄、李福龄、毛二官、金福寿、胡祥龄、李桂龄、刘大保、宋长生、潘巧龄、李增官、张三宝、陈五福、王琦官。③皮黄艺人：小金、胡德玉、胡福善、张纯夫、张长、詹志达、袁守泰、卢敢生、范三元、李大逵、吴兴福、罗天喜、刘光华、叶濮阳、汪天林、吴庆梅、杨华立、何士容、米喜子、王洪贵、李六等。乱弹艺人：熊肥子、樊大、小鄢、郝天秀、杨八官、谢寿子、陆三官、曹大保、刘歪毛等。④

同治、光绪年间，京腔的兴盛并渐趋走向全国推动了京腔表演技艺的空前提高，由此产生了许多名噪一时的京剧艺人。《燕都名伶传》记载：

程长庚：字玉珊，安徽潜山人。发声皆四平八稳，无行腔，无宗派，不求异人，人亦不能及。多演忠臣孝子事。

杨隆寿：皖人，杨福源之子也。习武生，扮相英俊，《贾家楼》《挑滑车》等剧，胥为佳作。

谭鑫培：湖北江夏人。习须生兼武生，唱工以神韵胜。

时小福：字琴香，江苏吴县人。习青衣，以《教子》《斩窦娥》《汾河湾》

① 参见廖奔、刘彦君:《中国戏曲发展史》,（第四卷），山西教育出版社2003年版，第129—131页。

② 〔清〕严长明:《秦云撷音小谱》,《秦腔研究论著选》，陕西人民出版社1983年版，第167页。

③ 〔清〕问津渔者:《消寒新咏》,《清代燕都梨园史料》，中国戏剧出版社1988年版，第1005—1008页。

④ 〔清〕李斗:《扬州画舫录》卷五，清乾隆六十年自然含刻本，第76—77页。

等剧为擅。①

同书提到的著名艺人还有很多，如刘赶三、汪桂芬、孙菊仙等，限于篇幅，不再一一列举。这些艺人，人们通常称为“角儿”。如《忘山庐日记》在谈到程长庚时，这样说：“都中昔有名伶曰程长庚者，人呼为戏中圣人，其音调浑厚流传，独步古今。凡后来之秀如鑫培、桂芬诸人，皆分其一支派而各自成家者，如颜、柳、欧、褚皆分右军之一体也。”② 其评价可谓高矣。

综上，中国古代戏剧的发展在清代中后期呈现出由“文学性”向“艺术性”回归的趋向。出土文物证实了这一点。较明代和清前期而言，乾隆后期的戏剧文物空前丰富了起来。仅戏曲雕塑一项，就有上饶安坑《浣纱记》石雕、自贡西秦会馆戏雕、海康天后宫戏曲木雕《仙姬送子》、襄汾丁村民居戏曲木雕、壶关白云寺戏曲雕砖等 46 件。③ 与此同时，戏剧的“文学剧本”则被解构了，过去那种体制完整、体量宏大的剧本形态（如宫廷连台本戏等）再没有出现在观众的视野中，有的只是篇幅短小、形制讲究的“舞台演出本”。正如韩国学者吴秀卿所指出的：

对戏剧文本（text）的把握，也应由过去传统的文人文本（literary），向演出文本（performing）、演出语境（context）范畴扩展，因为后者才是戏剧的本质，这种转向和扩展本身正是戏剧研究的本质回归。④

卢冀野先生在《中国戏剧概论》一书“序”中曾经这样说：

写一部正确的有系统的全部的戏曲大纲，这的确不是容易的事。以下的几点，是我写此稿的时候，所深感困难的：

---

① 张次溪：《燕都名伶传》，《清代燕都梨园史料》，中国戏剧出版社 1988 年版，第 1185—1194 页。

② 〔清〕孙宝瑄：《忘山庐日记》，钞本，第 447 页。

③ 车文明：《20 世纪戏曲文物的发现与曲学研究》，文化艺术出版社 2001 年版，第 215—219 页。

④ ［韩］吴秀卿：《从“文本”问题看中国戏剧研究的本质回归——兼谈韩国的中国戏剧研究》，《戏剧艺术》2003 年 1 期。

（一）唐宋以前的歌舞，一直推到上古的巫尸；我们假设这是一个系统。宋的杂戏一直变到元人的杂剧、传奇等，在这一个系统中，我们就感觉到文征的不足（诸宫调与杂剧的体例，不会这样突然的产生的）。而自昆腔一变至于皮黄，在本身上虽然有很多可说的话，但又都偏到声音的上面，活动的上面；却缺乏文章上的联贯。话剧更是另一个开始的事了。这四大段落，要使他如何“一串”的叙述下来，尚有待于史料的发现。现在还不能显然的使我明白。

（二）元、明、清三代的杂剧、传奇，这是以曲为中心的。我们可以从曲的起源上推论到宋，到六朝。突然去掉了南北曲的关系，叙到皮黄、话剧，这好像另外一个题目似的。我说过一个笑话：中国戏剧史是一粒橄榄，两头是尖的。宋以前说的是戏，皮黄以下说的也是戏；而中间饱满的一部分是“曲的历程”。岂非奇迹？①

很明显，这里卢冀野先生已经注意到中国戏剧“两头戏、中间曲”的现实状况。但其观点，尚有补充之必要。

第一，“曲的阶段”，卢冀野定义为元、明、清三代的杂剧、传奇，把南戏和部分叙事形态的北宋杂剧排除在外，把清代中后期部分戏曲形态也排除在外，从而使中国戏曲的范围大大缩小。这样，彼此之间的过渡（如从宋杂剧、金院本到元杂剧，从昆曲到皮黄诸剧）则无法解决。

第二，对于“两头尖的部分”，卢冀野把“宋以前的戏”定位为“上古的巫尸到唐代的歌舞”，显然并非戏；把“皮黄以下的戏”说成是戏，又忽略了皮黄以下“曲”的存在。殊不知后世戏剧像京剧、梆子戏等都有曲的成分；部分地方戏也发展出许多唱腔音乐。

第三，卢冀野指出了“两头戏、中间曲”这一戏剧现象，但对“为什么这样”却没有进行深入的剖析。元鹏飞把这一问题称为“卢冀野之问”，并且认为：从“宋以前的戏”向“皮黄以下的戏”的回归有其内在的必然性：

如果说当初杂剧色在面对宫廷贵族官僚演出“寻常熟事”等段落式演出时，因其观演对象谙熟史实，或对故事有透彻的了解，于是使得杂剧色的演出侧重

① 卢冀野：《中国戏剧概论》“序”，上海三联书店2014年版，第2页。

> 伎艺化手段展示故事，乃至通过滑稽调笑的方式娱乐身心。那么，经过数百年的演出，全本戏有关的故事乃至其模式已经成为人们普遍的知识背景的情况下，故事观演同样退居其次，于是民众的观演兴奋点和演员的伎艺水平发展产生共鸣，花部戏曲中演员的绝活儿成为了戏之为戏的最好注脚。[①]

此处，元鹏飞试图将“宋以前的戏”和“皮黄以下的戏”结合起来进行研究，并且把这种伎艺形态戏剧出现的原因归之于“对故事的透彻了解”和“娱乐身心的需要”，有一定的合理性，但尚存在疏漏的地方。殊不知，对于“皮黄以下的戏”，可以这样解释；至于“宋以前的戏”，从一开始就是以伎艺形态存在的，何来“对故事的透彻了解”？此处缺乏有效的贯通。

笔者以为：就现有资料来看，“宋以前的戏”可以上溯到汉唐时期，《东海黄公》《公莫舞》等是最早的戏剧形式；此一时期，戏剧主要以伎艺形态存在，表现为歌舞、滑稽叙事，旨在娱乐。宋元明清，戏剧着意于叙事，反映社会生活，思想内容丰富，形成所谓“曲的部分”。“皮黄以下的戏”则重归伎艺传统，但这并不意味着曲的衰落抑或消失。促成这种变化的主要因素便是宴飨礼乐。作为宴飨用乐而存在的古代戏剧，其盛衰荣辱始终受宴飨礼乐的决定和影响。宋代以前，中国封建社会处于上升时期，宴飨礼乐追求娱乐性和审美性，戏剧的伎艺形态被凸显。此一时期可以称为“戏剧时代”。

宋、元、明、清前期，宴飨礼乐的仪式性和政教性导致戏剧所反映的思想内容被看重，由此造成了“文学剧本”的发达。与此相伴随的是所谓“曲的历程”。因此，我们称这一阶段为“戏曲时代”。

清代中后期，封建王朝日益衰落且向现代社会转型，宴飨礼乐作为一种国家制度渐趋解构并解体。这时，失却了礼乐文化承载的古代戏剧重归伎艺形态。但宴飨礼乐并没有至此消失，而是一变而为民间礼俗继续发挥着作用。受此影响，戏曲还在一定范围内存在和上演着。由此，古代戏剧的发展进入“曲、剧并用时代”。

其转变的关键就是北宋中后期和清代中后期两个节点。从北宋立国到中后

---

① 元鹏飞：《古典戏曲脚色新考》，人民出版社2012年版，第327页。

期大约一百年左右的时间处于第一个转变阶段，此时古代戏剧在封建王朝的创造性改造下，实现了由滑稽、歌舞等伎艺性形态向叙事性形态的转变；从乾、嘉时期到清末处于第二个转变阶段，古代戏剧在失去礼乐文化的承载后，重归伎艺形态，前后也差不多一百年。

当然，这样的划分只具有相对意义，实际的情况往往更为复杂。就在我们把“宋以前的戏”归入伎艺性戏剧表演的同时，也不得不承认尚有成辅端、陆羽辈的戏剧创作存在；宋、元、明、清，虽然礼乐文化的植入导致曲的大盛、剧本创作的繁荣，但伎艺性表演的精进、演技的提高却并没有停下脚步；清代中后期，多种声腔、剧种的出现，更使中国古代戏剧的发展呈现出异常多元、繁复的局面。因此，我们这里概括的可能仅仅是中国古代戏剧史的“明河”。至于“潜流”，限于篇幅，就只能付之阙如了。[①]

总之，和古希腊戏剧脱胎于祭祀仪式不同，中国古代戏剧的源头可以一直追溯到汉唐时期的厅堂式宴飨演出。宋元明清，这一演出形式得以延续和发展，并逐渐走向成熟。厅堂式演出所固有的“娱乐性”追求使伎艺性表演成为其本质。这一特征极大地延缓了中国古代戏剧发展、成熟的历程，同时也在相当程度上铸就了其品格。

① “明河”与“潜流”的说法，参自康保成:《傩戏艺术源流》“绪论：中国戏剧史的明河与潜流”，广东高等教育出版社2011年版，第1—10页。

结　语

本书以“宴飨礼乐”为研究视角，通过对历史上宴飨礼乐制度的勾勒、宴飨礼仪和宴飨用乐的梳理以及宴飨礼乐的性质、特点和功能的分析，发现并挖掘出宴飨礼乐与古代戏剧的融汇点、交叉点，进而重新审视和认识中国古代戏剧史上的一些现象和问题。由此形成了“汉唐宴飨戏剧的形态和特征”“宋金宴飨戏剧的转型和发展”“元明清宴飨戏剧创作和演出的繁荣”“清代中后期宴飨戏剧的变迁”四个部分。

中国古代戏剧自诞生之日起，就与宴飨礼乐紧密纠合在一起。宴飨礼乐的发生发展及其时代特征往往对戏剧具有重要影响作用。汉唐时期的伎艺性戏剧演出与宴飨礼乐的娱乐性追求相一致，宋、元、明、清戏剧思想性的凸显、演唱因素的增加形成的所谓“曲的历程”与宴飨礼乐的仪式性、政教性相统一，清代中后期戏剧艺术性的回归又与王朝末期宴飨礼乐的趋于解体相吻合。由此，本文通过大量的文献梳理和文物考证，认为在中国历史上，戏剧长期以来是作为宴飨用乐而存在的，戏剧的生成、发展伴随宴飨礼乐的演进过程，宴飨用乐则成为戏剧形态发展的摇篮。此为“宫廷宴飨演剧”。

对于明清时期的“私宴演剧”，继往的研究往往局限于朝代，把其繁荣的原因归结于明清时期商品经济的发展、富人的大量出现。但实际上，即使在元代，“私宴演剧”也很风行，出土文物证明了这一点。受私人宴会私密性、娱乐性和演出场所的相对有限性所囿，“私宴演剧”往往更倾向于小型歌舞戏、说白戏、院本和折子戏等，伎艺性诉求成为其旨归。因此，即使在宋、元、明、清时期，伎艺性戏剧演出仍然长期存在；而且伴随着宴飨演剧的发展，其伎艺水平也在不断提高。它们构成了中国古代戏剧发展的一股“潜流”，为保存和传承戏剧遗产、推动戏剧创作和演出的繁荣，作出了重要贡献。

中国古代社会的宴飨礼乐分为私人宴飨礼乐、官府宴飨礼乐、宫廷宴飨礼乐和大众宴飨礼乐。其中，私人宴飨和宫廷宴飨因其私密程度和参加人数的不同而各执一端，形成了两种不同的演剧活动——私宴演剧和宫廷宴飨演剧，产生了两种不同的戏剧形态——“小戏”和“大戏”。一般来说，私人宴会注重娱乐性，常演小戏；宫廷宴飨活动属于国家行为，注重礼仪性，多演大戏。这两种戏剧形态在漫长的中国古代社会中时而交叉、相互影响，时而独立发展、各成体系。二者共同铸就了中国古代宴飨戏剧的民族性格和时代特征。

当然，有关宴飨礼乐与古代戏剧的资料卷帙浩繁、形态多样。要从整体上对宴飨礼乐影响下古代戏剧发展的问题进行宏观把握，非经过大量的文献梳理、系统的收集整理文物资料、广泛的考证调查和精细的研究不可。

由于时间不足，现有资料和笔者水平以及学术积累有限，不足之处在所难免，企望方家斧正，提出宝贵意见。

“宴飨礼乐与古代戏剧的关系研究”是一个颇为宏大的课题，远不是一篇二三十万字的博士论文所能容纳的。基于这样的现实，本书只能选取中国古代戏剧史上的部分问题从宴飨礼乐的视角进行研究，尽可能形成较为完整的体系。离系统而全面的研究目标，还有一定的距离；对一些戏剧现象的审视，如“宴飨礼乐与戏剧脚色”“宴飨礼乐与戏剧表演”等，有待展开；对一些问题的论证，如从“宴飨演剧”到“祭祀演剧”的演进等，尚需深入，今后仍需努力。“路漫漫其修远兮，吾将上下而求索！”

参考文献

戏剧类

［1］〔宋〕史浩:《鄮峰真隐大曲》，清乾隆刻本。

［2］〔明〕臧晋叔:《元曲选》，中华书局 1958年版。

［3］隋树森:《元曲选外编》，中华书局 1959 年版。

［4］徐沁君校:《新校元刊杂剧三十种》，中华书局 1980年版。

［5］赵琦美辑校:《脉望馆钞校本古今杂剧》，《古本戏曲丛刊》（四集），上海商务印书馆 1958 年版。

［6］〔明〕沈泰:《盛明杂剧》，山东画报出版社 2004 年版。

［7］钱南扬:《永乐大典戏文三种校注》，中华书局 1979 年版。

［8］〔明〕毛晋:《六十种曲》，文学古籍刊行社据 1935 年开明书店本重印本，1955 年版。

［9］〔元〕王实甫:《古本西厢记》，明万历四十一年香雪居刻本。

［10］〔清〕邹式金:《杂剧三集》，民国三十年（公元 1941 年）董氏诵芬室刻本。

［11］郑振铎编:《古本戏曲丛刊》（初集），上海商务印书馆 1954 年版。

［12］郑振铎编:《古本戏曲丛刊》（二集），上海商务印书馆 1955 年版。

［13］郑振铎编:《古本戏曲丛刊》（三集），上海文学古籍刊行社 1957 年版。

［14］郑振铎编:《古本戏曲丛刊》（四集），上海商务印书馆 1958 年版。

［15］郑振铎编:《古本戏曲丛刊》（五集），上海古籍出版社 1984 年版。

［16］中国社科院文学研究所编:《古本戏曲丛刊》（六集），国家图书馆出

版社 2016 年版。

[17] 中国社科院文学研究所编:《古本戏曲丛刊》(七集),国家图书馆出版社 2018 年版。

[18]《古本戏曲丛刊》编委会:《古本戏曲丛刊》(九集),中华书局 1964 年版。

[19] 隋树森:《全元散曲》,中华书局 1964 年版。

[20] 傅惜华:《明代杂剧全目》,作家出版社 1985 年版。

[21] 王季思:《全元戏曲》,人民文学出版社 1999 年版。

[22] 王学奇:《元曲选校注》,河北教育出版社 1994 年版。

[23] 中国戏曲研究院:《中国古典戏曲论著集成》,中国戏剧出版社 1959 年版。

[24] 董康:《曲海总目提要》,天津古籍书店影印版 1992 年版。

[25] 庄一拂:《古典戏曲存目汇考》,上海古籍出版社 1982 年版。

[26] 蔡毅:《中国古典戏曲序跋汇编》,齐鲁书社 1989 年版。

[27] 李修生:《古本戏曲剧目提要》,文化艺术出版社 1997 年版。

[28] 齐森华、陈多、叶长海:《中国曲学大辞典》,浙江教育出版社 1997 年版。

[29] 赵景深、张增元:《方志著录元明清曲家传略》,中华书局 1987 年版。

[30] 黄竹三、冯俊杰主编:《六十种曲评注》,吉林人民出版社 2001 年版。

[31]《故宫珍本丛刊乱弹单出戏》,海南出版社 2001 年版。

[32]〔清〕钱德苍编撰、汪协如点校:《缀白裘》,中华书局 2005 年版。

[33] 刘永济:《宋代歌舞剧曲录要·元人散曲选》,中华书局 2007 年版。

[34] 朱恒夫:《后六十种曲》,复旦大学出版社 2013 年版。

[35] 首都图书馆编辑:《清车王府藏曲本》,学苑出版社 2013 年版。

[36] 赵景深:《宋元戏文本事》,山西人民出版社 2015 年版。

[37] 王国维:《王国维戏曲论文集》,中国戏剧出版社 1984 年版。

[38] 王国维:《宋元戏曲史》,上海古籍出版社 1998 年版。

[39] 吴梅:《顾曲麈谈》《中国戏曲概论》,上海古籍出版社 2000 年版。

[40][日] 青木正儿:《中国近世戏曲史》,中华书局 2010 年版。

[41] 董每戡:《中国戏剧简史》,商务印书馆 1950 年版。

[42] 孙楷第:《傀儡戏考原》,上杂出版社 1952 年版。

[43] 冯沅君:《古剧说汇》,作家出版社 1956 年版。

[44] 孙楷第:《俗讲、说话与白话小说》,作家出版社 1956 年版。

[45] 孙楷第:《述也是园旧藏古今杂剧》,民国二十九年(公元 1940 年)十二月印行。

[46] 吴国钦:《中国戏曲史漫话》,上海文艺出版社 1980 年版。

[47] 王卫民编:《吴梅戏曲论文集》,中国戏剧出版社 1983 年版。

[48] 任半塘:《唐戏弄》,上海古籍出版社 1984 年版。

[49] 郑震编译:《中国近代戏曲史》,中国台湾北新书局 1933 年版。

[50] 周贻白:《中国戏曲发展史纲要》,上海古籍出版社 1979 年版。

[51] 周贻白:《中国戏剧史长编》,上海书店出版社 2004 年版。

[52] 卢冀野:《中国戏剧概论》,上海三联书店 2014 年版。

[53] 张庚、郭汉成:《中国戏曲通史》,中国戏剧出版社 1992 年版。

[54] 唐文标:《中国古代戏剧史》,中国戏剧出版社 1985 年版。

[55] 徐慕云:《中国戏剧史》,湖南大学出版社 2014 年版。

[56] 廖奔:《中国戏曲发展史》,山西教育出版社 2000 年版。

[57] 周华斌:《中国戏剧史论考》,北京广播学院出版社 2003 年版。

[58] 廖奔:《中国戏曲发展简史》,山西教育出版社 2005 年版。

[59] [日] 田仲一成:《中国戏剧史》,北京大学出版社 2011 年版。

[60] 余秋雨:《中国戏剧史》,长江文艺出版社 2013 年版。

[61] 傅谨:《中国戏剧史》,北京大学出版社 2014 年版。

[62] 严敦易:《元剧斟疑》,中华书局 1960 年版。

[63] 许金榜:《元杂剧概论》,齐鲁书社 1986 年版。

[64] 李修生:《元杂剧史》,江苏古籍出版社 1996 年版。

[65] 徐子方:《明杂剧史》,中华书局 2003 年版。

[66] 刘晓明:《杂剧形成史》,中华书局 2007 年版。

[67] 田同旭:《元杂剧通论》,山西教育出版社 2007 年版。

[68] 郭英德:《明清传奇史》,江苏古籍出版社 1999 年版。

[69] 李真瑜:《明代宫廷戏剧史》,紫禁城出版社 2010 年版。

[70] 陆萼庭:《昆剧演出史稿》,上海文艺出版社 1980 年版。

[71] 胡忌、刘致中:《昆剧发展史》,中国戏剧出版社 1989 年版。

[72] 秦华生、刘文峰:《清代戏曲发展史》,旅游教育出版社 2006 年版。

[73] 朱家溍、丁汝芹:《清代内廷演剧始末考》,中国书店 2007 年版。

[74] 范丽敏:《清代北京戏曲演出研究》,北京人民文学出版社 2007 年版。

[75] 丁汝芹:《清宫戏事:宫廷演剧二百年》,中国国际广播出版社 2013 年版。

[76] 孙崇涛、徐宏图:《戏曲优伶史》,文化艺术出版社 1995 年版。

[77] 谭帆:《优伶史》,上海文艺出版社 1995 年版。

[78] 孙民纪:《优伶考述》,中国戏剧出版社 1999 年版。

[79] 胡忌主编:《戏史辨》,中国戏剧出版社 1999 年版。

[80] 刘念兹:《南戏新证》,中华书局 1986 年版。

[81] 赵景深:《元明南戏考略》,人民文学出版社 1990 年版。

[82] 福建省戏研所编:《南戏论集》,中国戏剧出版社 1993 年版。

[83] 金宁芬:《南戏研究变迁》,天津教育出版社 1992 年版。

[84] 汤显祖著、徐朔方笺校:《汤显祖全集》,北京古籍出版社 1999 年版。

[85] 胡忌:《宋金杂剧考》,中华书局 2008 年版。

[86] 宁宗一:《元杂剧研究概述》,天津教育出版社 1992 年版。

[87] 宁宗一:《明代戏剧研究概述》,天津教育出版社 1992 年版。

[88]《中国大百科全书・戏曲曲艺卷》,中国大百科全书出版社 1983 年版。

[89]《中国大百科全书・戏剧卷》,中国大百科全书出版社 1989 年版。

[90] 郑振铎:《中国俗文学史》,商务印书馆 2009 年版。

[91] 谭正璧著,谭寻补正:《话本与古剧》,上海古籍出版社 2012 年版。

[92] 李啸仓:《宋元伎艺杂考》,中国戏剧出版社 2015 年版。

[93] 任中敏:《优语集》,凤凰出版社 2013 年版。

[94] 齐森华:《曲论探胜》,华东师范大学出版社 1985 年版。

[95] 张次溪:《清代燕都梨园史料》,中国戏剧出版社 1988 年版。

[96] 刘念兹:《戏曲文物丛考》,中国戏剧出版社 1986 年版。

[97] 黄竹三:《宋金元戏曲文物图论》，山西人民出版社 1987 年版。

[98] 廖奔:《宋元戏曲文物与民俗》，文化艺术出版社 1989 年版。

[99] 薛若邻:《尤侗论稿》，中国戏剧出版社 1989 年版。

[100] 王芷章:《清升平署志略》，上海书店出版社 1991 年版。

[101] 周到:《汉画与戏曲文物》，中州古籍出版社 1992 年版。

[102] 杨健民:《中州戏曲历史文物考》，文物出版社 1992 年版。

[103] 傅仁杰、行乐贤:《河东戏曲文物研究》，中国戏剧出版社 1992 年版。

[104] 周华斌:《京都古戏楼》，海洋出版社 1993 年版。

[105] 廖奔:《中国古代剧场史》，中州古籍出版社 1997 年版。

[106] 黄竹三:《戏曲文物研究散论》，文化艺术出版社 1998 年版。

[107] 车文明:《20 世纪戏曲文物的发现与曲学研究》，文化艺术出版社 2001 年版。

[108] 冯俊杰:《山西戏曲碑刻辑考》，中华书局 2002 年版。

[109] 冯俊杰:《戏剧与考古》，文化艺术出版社 2002 年版。

[110] 车文明:《中国神庙剧场》，文化艺术出版社 2005 年版。

[111] 车文明、王福才、延保全:《平阳宋金元戏曲文物研究》，延边大学出版社 2005 年版。

[112] 杨太康、曹占梅:《三晋戏曲文物考》，中国台湾施合郑民俗文化基金会 2006 年版。

[113] 黄竹三、延保全:《戏曲文物通论》，国家出版社 2009 年版。

[114] 黄竹三、延保全:《中国戏曲文物通论》，山西教育出版社 2010 年版。

[115] 曹飞:《山西清代神庙戏碑辑考》，三晋出版社 2012 年版。

[116] 元鹏飞:《戏曲文物与戏剧形态》，光明日报出版社 2013 年版。

[117] 赵山林:《历代咏剧诗歌选注》，书目文献出版社 1988 年版。

[118] 翁偶虹:《杨小楼艺术评论集》，中国戏剧出版社 1990 年版。

[119] 张云溪:《春华秋实》，中国广播电视出版社 1995 年版。

[120] 赵山林:《中国戏剧学通论》，安徽教育出版社 1995 年版。

［121］景李虎:《宋金杂剧概论》，广东高等教育出版社 1996 年版。

［122］廖奔:《中国戏剧图史》，河南教育出版社 1996 年版。

［123］刘文峰:《山陕商人与梆子戏》，文化艺术出版社 1996 年版。

［124］刘强、杨宏英:《程长庚传》，河北教育出版社 1996 年版。

［125］赵山林:《中国古典戏剧论稿》，安徽文艺出版社 1998 年版。

［126］李肖冰等:《中国戏剧起源》，知识出版社 1999 年版。

［127］赵山林:《中国戏曲传播接受史》，上海人民出版社 2008 年版。

［128］王利器:《元明清三代禁毁小说戏曲史料》，上海古籍出版社 1981 年版。

［129］武艺民:《中国道情艺术概论》，山西古籍出版社 1997 年版。

［130］王安葵、刘祯著:《东方戏剧论文集》，巴蜀书社 1999 年版。

［131］曾永义:《戏曲源流新论》，文化艺术出版社 2001 年版。

［132］王胜华:《戏剧的发生与本质》，中国文联出版社 2001 年版。

［133］王胜华:《先秦乐舞戏剧大事年表》，中国文联出版社 2001 年版。

［134］王胜华:《戏剧形态研究》，中国文联出版社 2001 年版。

［135］徐振贵:《中国传统戏剧统论》，山东教育出版社 2003 年版。

［136］吕效平:《戏曲本质论》，南京大学出版社 2003 年版。

［137］刘琦:《京剧形式特征》，天津古籍出版社 2003 年版。

［138］郭英德:《明清传奇戏曲文体研究》，商务印书馆 2004 年版。

［139］王胜华:《中国戏剧的早期形态》，云南大学出版社 2005 年版。

［140］史仲文:《中国艺术史・戏曲卷》，河北人民出版社 2006 年版。

［141］李舜华:《礼乐与明前中期演剧》，上海古籍出版社 2006 年版。

［142］麻国钧、刘祯主编:《赛社与乐户论集》，中国戏剧出版社 2006 年版。

［143］王忠阁:《中国戏剧学思想史论》，河南人民出版社 2007 年版。

［144］俞为民、孙蓉蓉:《历代曲话汇编》，黄山书社 2008 年版。

［145］黄天骥、康保成:《中国古代戏剧形态研究》，河南人民出版社 2009 年版。

［146］王胜华:《戏剧人类学》，云南大学出版社 2009 年版。

［147］赵建伟:《中国古典戏曲概念范畴研究》，文化艺术出版社 2010 年版。

［148］陈多、叶长海:《中国历代剧论选注》，上海古籍出版社 2010 年版。

［149］吕文丽:《诸宫调与中国戏曲形成》中国戏剧出版社 2011 年版。

［150］王胜华:《先秦表演艺术史料汇笺》，云南大学出版社 2012 年版。

［151］陈多:《戏史何以需辨》，中华书局 2014 年版。

［152］宋俊华:《中国古代戏剧服饰研究》，广东高等教育出版社 2003 年版。

［153］郑传寅:《传统文化与古代戏曲》，湖南人民出版社 2004 年版。

［154］刘祯、谢雍君:《昆曲与文人文化》，春风文艺出版社 2005 年版。

［155］周育德:《中国戏曲文化》，中国戏剧出版社 2010 年版。

［156］元鹏飞:《古典戏曲脚色新考》，人民出版社 2012 年版。

［157］任半塘:《敦煌曲研究》，凤凰出版社 2013 年版。

［158］叶长海:《曲学与戏剧学》，上海古籍出版社 2013 年版。

［159］解玉峰:《诗词曲与音乐十讲》，南京大学出版社 2013 年版。

［160］赵兴勤:《中国早期戏曲生成史论》，北京大学出版社 2015 年版。

［161］康保成:《观念、视野、方法与中国戏剧史研究》，学苑出版社 2017 年版。

［162］傅谨:《草根的力量——台州戏班的田野调查与研究》，生活·读书·新知三联书店 2018 年版。

［163］黎国韬:《古代乐官与古代戏剧》，广东高等教育出版社 2004 年版。

［164］张影:《历代教坊与演剧》，齐鲁书社 2007 年版。

［165］黎国韬:《古剧考原》，中山大学出版社 2011 年版。

［166］汪晓云:《神·鬼·人：戏曲形象探源》，中国社会科学出版社 2012 年版。

［167］黎国韬:《古剧续考》，中山大学出版社 2014 年版。

［168］［古希腊］亚里斯多德著，罗念生译:《诗学》，人民文学出版社 1963 年版。

［169］［德］尼采:《悲剧的诞生》，作家出版社 1986 年版。

［170］［英］马林诺夫斯基:《巫术、科学、宗教与神话》，中国民间文艺出版社 1986 年版。

［171］［英］特里・伊格尔顿:《当代西方文学理论》，中国社会科学出版社 1988 年版。

［172］［德］布莱希特:《布莱希特论戏剧》，中国戏剧出版社 1990 年版。

［173］蓝凡:《中西戏剧比较论稿》，学林出版社 1992 年版。

［174］郭英德《优孟衣冠与酒神祭祀：中西戏剧文化比较研究》，河北人民出版社 1994 年版。

［175］陈世雄、周宁:《20 世纪西方戏剧思潮》，中国戏剧出版社 2000 年版。

［176］李强:《中西戏剧文化交流史》，人民音乐出版社 2002 年版。

［177］吴光耀:《西方演剧史论稿》，中国戏剧出版社 2002 年版。

［178］李强、柯琳:《民族戏剧学》，民族出版社 2003 年版。

［179］周靖波主编:《西方剧论选》，北京广播学院出版社 2003 年版。

［180］周宁:《比较戏剧学：中西戏剧话语模式研究》，上海社会科学院出版社 2003 年版。

［181］李强:《中外剧诗比较通论》，中国社会科学出版社 2006 年版。

［182］周宁、陈世雄、郑尚先:《西方戏剧理论史》，厦门大学出版社 2008 年版。

［183］陈世雄:《现代欧美戏剧史》（上、中、下），文化艺术出版社 2010 年版。

［184］［美］布罗凯特、希尔蒂著，周靖波译:《世界戏剧史》，上海三联书店 2016 年版。

［185］汪晓云:《从仪式到艺术：中西戏剧发生学》，广西师范大学出版社 2016 年版。

经书、礼书、乐书类

［1］〔清〕阮元:《十三经注疏》，中华书局 2009 年版。

［2］〔清〕孙诒让:《周礼正义》，中华书局 1987 年版。

［3］〔清〕胡培翚:《仪礼正义》，清经解续编本。

［4］〔清〕孙希旦撰，沈啸寰、王星贤点校:《礼记集解》，中华书局1989年版。

［5］〔清〕王聘珍:《大戴礼记解诂》，中华书局1983年版。

［6］〔清〕凌廷堪:《礼经释例》(《丛书集成初编》本)，中华书局1985年版。

［7］〔宋〕朱熹、黄榦、杨复:《仪礼经传通解》，文渊阁四库全书本。

［8］〔汉〕班固:《白虎通义》，四库全书本。

［9］〔唐〕萧嵩:《大唐开元礼》，民族出版社2000年版。

［10］〔宋〕欧阳修:《太常因革礼》，阮元辑宛委别藏本，江苏古籍出版社1988年版。

［11］〔宋〕郑居中:《政和五礼新仪》，四库全书珍本初集本。

［12］〔宋〕司马光:《书仪》，丛书集成初编本。

［13］〔宋〕朱熹:《家礼》，四库全书本。

［14］〔金〕张玮:《大金集礼》，中华书局2017年版。

［15］〔明〕徐一夔:《明集礼》，商务印书馆2013年版。

［16］〔明〕王守仁:《南赣乡约》,《王文成公全书》(王晓昕、赵平略点校)，中华书局2015年版。

［17］〔明〕邱濬:《大学衍义补》，京华出版社1999年版。

［18］〔明〕黄佐:《泰泉乡礼》，清文渊阁四库全书本。

［19］〔明〕俞汝楫:《礼部志稿》，影印文渊阁四库全书本。

［20］〔明〕郭正域:《皇明典礼志》，明万历四十一年（公元1613年）刘汝康刻本。

［21］〔清〕诸锦:《补飨礼》，清文渊阁四库全书本。

［22］〔清〕纪昀等:《钦定大清通礼》，景印文渊阁四库全书本。

［23］〔清〕黄以周:《礼书通故》，光绪十九年（公元1893年）黄氏试馆刻本。

［24］〔清〕褚寅亮:《仪礼管见》(丛书集成初编本)，商务印书馆1936年版。

［25］〔清〕秦蕙田:《五礼通考》，中国台湾圣环图书有限公司，中华民国八十三年（公元 1993 年）。

［26］〔清〕方苞:《仪礼析疑》,清文渊阁四库全书本。

［27］〔宋〕蔡模:《孟子集疏》，清文渊阁四库全书本。

［28］〔宋〕胡方平:《易学启蒙通释》，清通志堂经解本。

［29］〔明〕刘基:《诚意伯文集》，四部丛刊景明本。

［30］曹元弼:《礼经学》，清宣统元年刻本。

［31］刘师培:《礼经旧说》,《刘申叔先生遗书》，中华民国二十三年（公元 1934 年）宁武南氏校印。

［32］陈戍国点校:《周礼・仪礼・礼记》，岳麓书社 1989 年版。

［33］陈戍国:《中国礼制史・先秦卷》，湖南教育出版社 1991 年版。

［34］杨向奎:《宗周社会与礼乐文明》，人民出版社 1992 年版。

［35］陈戍国:《中国礼制史・秦汉卷》，湖南教育出版社 1993 年版。

［36］余和祥:《皇室礼仪》，华中理工大学出版社 1994 年版。

［37］陈戍国:《中国礼制史・魏晋南北朝卷》，湖南教育出版社 1995 年版。

［38］杨华:《先秦礼乐文化》，湖北教育出版社 1997 年版。

［39］蔡尚思:《中国礼制史话》，黄山书社 1997 年版。

［40］陈戍国:《中国礼制史・隋唐五代卷》，湖南教育出版社 1998 年版。

［41］沈文倬:《宗周礼乐文明考论》，浙江大学出版社 1999 年版。

［42］姚小鸥:《诗经三颂与先秦礼乐文化》，北京广播学院出版社 2000 年版。

［43］陈戍国:《中国礼制史・宋辽金夏卷》，湖南教育出版社 2001 年版。

［44］陈戍国:《中国礼制史・元明清卷》，湖南教育出版社 2002 年版。

［45］杨天宇:《仪礼译注》，上海古籍出版社 2004 年版。

［46］吕友仁:《周礼译注》，中州古籍出版社 2004 年版。

［47］周聪俊:《飨礼考辨》，文史哲出版社 2011 年版。

［48］李安宅:《〈仪礼〉与〈礼记〉社会学的研究》，商务印书馆 1931 年版。

［49］邓子琴:《中国礼俗学纲要》，香港中国文化社 1947 年版。

［50］王国维：《观堂集林》，中华书局 1959 年版。

［51］黄侃：《黄侃论学杂著 · 礼学略说》，中华书局 1964 年版。

［52］杨伯峻：《论语译注》，中华书局 1980 年版。

［53］陈子展：《诗经直解》，复旦大学出版社 1983 年版。

［54］〔清〕王先谦：《荀子集解》，中华书局 1988 年版。

［55］钟敬文：《中国礼仪全书》，安徽科学技术出版社 1995 年版。

［56］万依：《故宫辞典》，上海文汇出版社 1996 年版。

［57］谢谦：《中国古代宗教与礼乐文化》，四川人民出版社 1996 年版。

［58］黄秋富：《礼仪文化手鉴》，岳麓书社 1998 年版。

［59］王雅：《周代礼乐文化研究》，中国社会科学出版社 2005 年版。

［60］夏静：《礼乐文化与中国文论早期形态研究》，中华书局 2007 年版。

［61］翁礼明：《礼乐文化与诗学话语》，巴蜀书社 2007 年版。

［62］杨润根：《发现论语》，华夏出版社 2007 年版。

［63］〔战国〕荀子著、杨倞注：《荀子》，上海古籍出版社 2010 年版。

［64］傅道彬：《诗可以观：礼乐文化与周代诗学精神》，中华书局 2010 年版。

［65］赵小华：《初盛唐礼乐文化与文士、文学关系研究》，广东人民出版社 2011 年版。

［66］孙世洋：《先秦礼乐文化与〈诗经〉研究初探》，吉林大学出版社 2012 年版。

［67］金良年：《孟子译著》，上海古籍出版社 2012 年版。

［68］故宫博物院：《流光溢彩——清宫御用金银器》，辽宁人民出版社 2012 年版。

［69］陈莉：《礼乐文化与先秦两汉文艺思想研究》，中央民族大学出版社 2013 年版。

［70］周万俊：《中华礼乐文化传承探究》，武汉出版社 2014 年版。

［71］单良：《〈左氏春秋〉叙事的礼乐文化阐释》，中国社会科学出版社 2015 年版。

［72］王福利：《六朝礼乐文化与礼乐歌辞研究》，凤凰出版社 2015 年版。

［73］彭林:《礼乐文明与中国文化精神》，中国人民大学出版社 2016 年版。

［74］周怡:《礼乐文化与中国审美形态》，齐鲁书社 2016 年版。

［75］吴十洲:《两周礼器制度研究》，商务印书馆 2016 年版。

［76］〔南北朝〕萧统:《文选》，胡刻本。

［77］〔南北朝〕萧统、〔唐〕李善等注:《六臣注文选》，四部丛刊景宋本。

［78］〔南北朝〕徐陵辑，〔清〕吴兆宜注:《玉台新咏笺注》，清乾隆三十九年（公元 1774 年）刻本。

［79］〔唐〕段安节:《乐府杂录》，清守山阁丛书本。

［80］〔唐〕李白:《李太白集》，宋刻本。

［81］〔唐〕杜甫撰、〔宋〕郭知达注:《九家集注杜诗》，清文渊阁四库全书本。

［82］〔唐〕白居易:《白氏长庆集》，四部丛刊景日本翻宋大字本。

［83］〔唐〕卢仝撰、〔清〕孙之騄注:《玉川子诗集注》，清刻晴川八识本。

［84］〔唐〕李商隐:《李义山诗集》，四部丛刊景明嘉靖本。

［85］〔唐〕韩愈撰、〔清〕方世举笺注:《韩昌黎诗集编年笺注》，清乾隆卢见曾雅语堂刻本。

［86］〔唐〕吴兢:《乐府古题要解》，中华书局 1983 年版。

［87］〔宋〕陈旸:《乐书》，清文渊阁四库全书本。

［88］〔宋〕苏轼撰、孔凡礼点校:《苏轼文集》，中华书局 1986 年版。

［89］〔宋〕郭茂倩:《乐府诗集》，四库丛刊景汲古阁本。

［90］〔宋〕黄庭坚:《三谷别集》，清文渊阁四库全书本。

［91］〔宋〕陈亮:《龙川集》，清宗廷辅校刻本。

［92］〔元〕苏天爵编:《元文类·国朝文类卷》，四部丛刊景元至正本。

［93］〔元〕阴时夫辑、阴中夫注:《韵府群玉》，清文渊阁四库全书本。

［94］〔清〕曹寅编:《全唐诗》，清文渊阁四库全书本。

［95］〔清〕彭定求:《全唐诗》，中州古籍出版社 2008 年版。

［96］吴钊、赵宽仁等编选:《中国古代乐论选辑》，中央音乐学院音乐研究所 1962 年版。

［97］［日］岸边成雄著，梁在平、黄志炯译:《唐代音乐史的研究》，中国

台湾中华书局 1973 年版。

［98］杨荫浏:《中国古代音乐史稿》，人民音乐出版社 1981 年版。

［99］袁梅:《诗经译注》，齐鲁书社 1985 年版。

［100］万依、黄海涛:《清代宫廷音乐》，紫禁城出版社 1985 年版。

［101］［日］林谦三著、郭沫若译:《隋唐燕乐调研究》,《燕乐三书》，黑龙江人民出版社 1986 年版。

［102］邱琼荪:《燕乐探微》,《燕乐三书》，黑龙江人民出版社 1986 年版。

［103］周勋初:《唐语林校》，中华书局 1987 年版。

［104］陈宏天、赵福海、陈复兴:《昭明文选译注》，吉林文史出版社 1988 年版。

［105］［日］岸边成雄:《古代丝绸之路的音乐》，人民音乐出版社 1988 年版。

［106］修海林:《古乐的沉浮》，山东文艺出版社 1989 年版。

［107］赵沛霖:《诗经研究反思》，天津教育出版社 1989 年版。

［108］萧亢达:《汉代乐舞百戏艺术研究》，文物出版社 1991 年版。

［109］马东田:《唐诗分类大辞典》，四川辞书出版社 1992 年版。

［110］陈田:《明诗纪事》，商务印书馆 1993 年版。

［111］王小盾:《隋唐五代燕乐杂言歌辞研究》，中华书局 1996 年版。

［112］杨红:《中国传统音乐引论》，中国文联出版社 1999 年版。

［113］张启成、徐达:《汉赋今译》，贵州人民出版社 2001 年版。

［114］陈子展:《诗三百解题》，复旦大学出版社 2001 年版。

［115］项阳:《山西乐户研究》，文物出版社 2001 年版。

［116］乔健:《乐户：田野调查与历史追踪》，江西人民出版社 2002 年版。

［117］《中国民族民间器乐曲集成·北京卷》，北京 ISBN 中心 2003 年版。

［118］张承宗、孙立:《中国古代音乐》，科学技术出版社 2005 年版。

［119］李希凡:《中华艺术通史》，北京师范大学出版社 2006 年版。

［120］刘蓝编著:《诸子论音乐》，云南大学出版社 2006 年版。

［121］张树国:《宗教伦理与中国上古祭歌形态研究》，人民出版社 2007 年版。

［122］潘雁飞:《多维文化视野下的中国文学》，湖南大学出版社2007年版。

［123］汪涌豪、骆玉明:《中国诗学》，东方出版中心2008年版。

［124］温显贵:《〈清史稿·乐志〉研究》，长江出版集团2008年版。

［125］季伟:《汉代乐舞百戏概论》，中国文联出版社2009年版。

［126］秦序:《六朝音乐文化研究》，文化艺术出版社2009年版。

［127］袁家俊:《中国音乐通史》，贵州民族出版社2009年版。

［128］王福利:《郊庙燕射歌辞研究》，北京大学出版社2009年版。

［129］刘蓝:《二十五史音乐志》，云南大学出版社2009年版。

［130］黎国韬:《先秦至两宋乐官制度研究》，广东人民出版社2009年版。

［131］何志浩:《中国舞蹈史》，国立北京大学、中国民俗学会民俗丛书。

［132］冯双白、茅慧主编:《中国舞蹈史及作品鉴赏》，高等教育出版社2010年版。

［133］彭黎明、彭勃:《全乐府》，上海交通大学出版社2011年版。

［134］瞿明安、秦莹:《中国饮食娱乐史》，上海古籍出版社2012年版。

［135］任半塘:《教坊记笺订》，凤凰出版社2013年版。

［136］杨久盛:《清代盛京宫廷乐舞研究》，春风文艺出版社2013年版。

［137］郭威:《曲子的发生学意义》，中国台湾学生书局2013年版。

［138］项阳:《接通的意义：历史人类学视域下的中国音乐文化史研究》，中国文联出版社2014年版。

［139］项阳:《以乐观礼》，时代华文书局2015年版。

［140］［英］简·爱伦·哈里森著，吴晓群译:《古代的艺术与仪式》，大象出版社2011年版。

［141］闪修山:《南阳汉代画像石刻》，上海人民美术出版社1981年版。

［142］汪宁生:《云南沧源崖画的发现与研究》，文物出版社1985年版。

［143］常任侠:《中国美术全集·绘画编·画像石画像砖》，上海人民美术出版社1988年版。

［144］山西省考古研究所:《北齐东安王娄睿墓》，文物出版社2006年版。

［145］孙桂俭:《汉画石语》，文物出版社2007年版。

［146］许进雄:《文物小讲》，中国人民大学出版社 2008 年版。

［147］姜永兴:《中国古代音乐图像》，中央音乐学院出版社 2012 年版。

［148］朱世伟:《河南古代壁画馆壁画品鉴》，中州古籍出版社 2014 年版。

［149］王绣、霍宏伟:《洛阳两汉彩画》，文物出版社 2015 年版。

［150］《中国音乐文物大系·河南卷》，大象出版社 1996 年版。

［151］《中国音乐文物大系·上海、江苏卷》，大象出版社 1996 年版。

［152］《中国音乐文物大系·四川卷》，大象出版社 1996 年版。

［153］《中国音乐文物大系·甘肃卷》，大象出版社 1998 年版。

［154］《中国音乐文物大系·北京卷》，大象出版社 1999 年版。

［155］《中国音乐文物大系·陕西、天津卷》，大象出版社 1999 年版。

［156］《中国音乐文物大系·湖北卷》，大象出版社 1999 年版。

［157］《中国音乐文物大系·新疆卷》，大象出版社 1999 年版。

［158］《中国音乐文物大系·山西卷》，大象出版社 2000 年版。

［159］《中国音乐文物大系·山东卷》，大象出版社 2001 年版。

［160］《中国音乐文物大系·湖南卷》，大象出版社 2006 年版。

［161］《中国音乐文物大系·内蒙古卷》，大象出版社 2007 年版。

［162］《中国音乐文物大系·河北卷》，大象出版社 2008 年版。

［163］《中国音乐文物大系·江西、续河南卷》，大象出版社 2009 年版。

［164］《中国音乐文物大系·广东卷》，大象出版社 2010 年版。

［165］《中国音乐文物大系·福建卷》，大象出版社 2011 年版。

历史学、哲学、文化学、社会学、人类学类

［1］《竹书记年》（卷上），中华书局据平津馆本校刊。

［2］《竹书记年》（卷下），中华书局据平津馆本校刊。

［3］王贻梁、陈建敏:《穆天子传汇校集释》，华东师范大学出版社 1994 年版。

［4］黄怀信等撰、李学勤审定:《逸周书汇校集注》，上海古籍出版社 2007 年版。

［5］杨宽:《古史新探》，中华书局 1965 年版。

［6］董作宾:《董作宾先生全集》，中国台湾艺文印书馆 1977 年版。

［7］杨伯峻:《春秋左传注》，中华书局 1981 年版。

［8］吕文郁:《中华文化通志·春秋战国文化志》，上海人民出版社 1992 年版。

［9］宋镇豪:《夏商社会生活史》，中国社会科学出版社 1994 年版。

［10］张之恒、周裕兴:《夏商周考古》，南京大学出版社 1995 年版。

［11］杨宽:《西周史》，上海人民出版社 1999 年版。

［12］〔汉〕范晔著、张觉校注:《吴越春秋校注》，岳麓书社 2006 年版。

［13］吕文郁:《春秋战国文化史》，东方出版社 2007 年版。

［14］宋镇豪:《商代社会生活与礼俗》，中国社会科学出版社 2010 年版。

［15］〔汉〕司马迁:《史记》，中华书局 1997 年版。

［16］〔汉〕班固:《汉书》，中华书局 1997 年版。

［17］〔宋〕范晔:《后汉书》，中华书局 1997 年版。

［18］〔晋〕陈寿:《三国志》，中华书局 1997 年版。

［19］〔唐〕房玄龄:《晋书》，中华书局 1997 年版。

［20］〔北齐〕魏收:《魏书》，中华书局 1997 年版。

［21］〔唐〕李延寿:《北史》，中华书局 1997 年版。

［22］〔梁〕沈约:《宋书》，中华书局 1997 年版。

［23］〔梁〕萧子显:《南齐书》，中华书局 1997 年版。

［24］〔唐〕姚思廉:《梁书》，中华书局 1997 年版。

［25］〔唐〕李百药:《北齐书》，中华书局 1997 年版。

［26］〔唐〕姚思廉:《陈书》，中华书局 1997 年版。

［27］〔唐〕魏征:《隋书》，中华书局 1997 年版。

［28］〔后晋〕刘昫:《旧唐书》，中华书局 1997 年版。

［29］〔宋〕欧阳修、宋祁:《新唐书》，中华书局 1997 年版。

［30］〔唐〕李林甫撰、陈仲夫点校:《唐六典》，中华书局 1992 年版。

［31］〔唐〕高彦休:《唐阙史》，明万历十六年（公元 1588 年）谈长公抄本。

［32］〔五代〕王定保:《唐摭言》，上海古籍出版社 1978 年版。

［33］〔宋〕王溥:《唐会要》，上海古籍出版社 2006 年版。

［34］〔宋〕薛居正:《旧五代史》，中华书局 1997 年版。

［35］〔宋〕欧阳修撰、徐无党注:《新五代史》，中华书局 1997 年版。

［36］〔元〕脱脱:《宋史》，中华书局 1997 年版。

［37］〔宋〕李常:《宋朝诸臣奏议》，上海古籍出版社 1999 年版。

［38］〔宋〕司马光:《资治通鉴》，高等教育出版社 2012 年版。

［39］〔宋〕李焘:《续资治通鉴长编》，中华书局 1985 年版。

［40］〔清〕徐松辑，刘琳、刁忠民、舒大刚校点:《宋会要辑稿》，上海古籍出版社 2014 年版。

［41］〔元〕脱脱:《辽史》，中华书局 1997 年版。

［42］〔元〕脱脱:《金史》，中华书局 1997 年版。

［43］〔明〕宋濂:《元史》，中华书局 1997 年版。

［44］《元典章》，元刻本。

［45］〔元〕陈大震:《南海志》，元大德刻本。

［46］〔清〕张廷玉:《明史》，中华书局 1997 年版。

［47］〔明〕申时行、赵用贤:《明会典》，上海古籍出版社 2013 年版。

［48］《明实录》，中国台湾中央研究院 1962 年版。

［49］〔明〕徐学聚:《国朝典汇》，明天启四年徐与参刻本。

［50］〔明〕《烬宫遗录》，民国适园丛书刊小琅嬛校稽瑞楼本。

［51］〔清〕赵尔巽:《清史稿》，中华书局 1997 年版。

［52］〔清〕李祖陶辑:《国朝文録》，清道光十九年（公元 1839 年）瑞州府凤仪书院刻本。

［53］〔清〕王先谦:《东华录》，清光绪十年（公元 1884 年）长沙王氏刻本。

［54］〔清〕朱寿朋:《东华续录》，清宣统元年（公元 1909 年）上海集成图书本。

［55］《清世祖实录》，中华书局 1985 年版。

［56］〔清〕鄂尔、张廷玉撰，左步青校点:《国朝宫史》，北京古籍出版社 1987 年版。

[57]〔清〕费尔纳:《钦定学政全书》，上海古籍出版社 1995 年版。

[58]〔清〕理藩院，赵云田点校:《钦定大清会典事例》，上海古籍出版社 2002 年版。

[59] 白寿彝主编:《中国通史》，上海人民出版社 1989—1999 年版。

[60] 吕思勉:《中国通史》，上海人民出版社 2014 年版。

[61]〔唐〕杜佑:《通典》，中华书局 1988 年版。

[62]〔宋〕郑樵:《通志》，中华书局 1987 年版。

[63]〔宋〕王钦若:《册府元龟》，明刻初印本。

[64]〔元〕马端临:《文献通考》，中华书局 1986 年版。

[65]《续通典》，浙江古籍出版社影印本 1988 年版。

[66]《续通志》，浙江古籍出版社影印本 1988 年版。

[67]《续文献通考》，浙江古籍出版社影印本 1988 年版。

[68]《清朝通典》，浙江古籍出版社影印本 1988 年版。

[69]《清朝通志》，浙江古籍出版社影印本 1988 年版。

[70]《清朝文献通考》，浙江古籍出版社影印本 1988 年版。

[71]《清朝续文献通考》，浙江古籍出版社影印本 1988 年版。

[72]〔明〕田汝成:《西湖游览志余》，清文渊阁四库全书本。

[73]〔清〕徐乾学:《资治通鉴后编》，清文渊阁四库全书本。

[74] 顾颉刚:《史林杂识初编》，中华书局 1963 年版。

[75] 翦伯赞、郑天挺主编:《中国通史参考资料》，中华书局 1979 年版。

[76] 顾颉刚:《古史辨》，上海古籍出版社 1982 年版。

[77] 杨宾:《柳边纪略》，辽沈书社 1984 年版。

[78]〔清〕纪昀:《历代职官表》，上海古籍出版社 1993 年版。

[79] 龚延明:《宋代官制辞典》，中华书局 1997 年版。

[80] 向达:《唐代长安与西域文明》，河北教育出版社 2001 年版。

[81] 卫聚贤:《中国考古小史》，山西人民出版社 2014 年版。

[82]〔德〕卡尔·雅斯贝斯:《历史的起源与目标》，华夏出版社 1989 年版。

[83]〔汉〕王充:《论衡》，四部丛刊景通津草堂本。

[84]〔汉〕董仲舒:《春秋繁露》，中华书局 1975 年版。

[85] 侯外庐:《中国哲学简史》，中国青年出版社 1963 年版。

[86] [法] 列维 - 布留尔著，丁由译:《原始思维》，商务印书馆 1981 年版。

[87] 林毓生:《思想与人物》，联经出版事业公司 1983 年版。

[88] 游唤民:《孔子思想及其现代意义》，岳麓书社 1994 年版。

[89] 尼采:《偶像的黄昏》，光明日报出版社 1996 年版。

[90] 胡适:《中国哲学史大纲》，上海古籍出版社 1997 年版。

[91] 恩格斯:《家庭、私有制和国家的起源》，人民出版社 1999 年版。

[92] 葛兆光:《视野、角度与方法：思想史研究课堂讲录》，生活·读书·新知三联书店 2005 年版。

[93] 范赟:《儒学和平思想研究》，南京出版社 2008 年版。

[94] 章太炎:《章太炎儒学论集》，四川大学出版社 2011 年版。

[95] 葛兆光:《思想史研究课堂讲录续编》，生活·读书·新知三联书店 2012 年版。

[96] 葛兆光:《中国思想史》，复旦大学出版社 2013 年版。

[97]〔春秋战国〕韩非:《韩非子》，四部丛刊景清景宋钞校本。

[98]〔周〕管仲:《管子》，上海中华书局据吴郡赵氏本校刊。

[99]〔春秋战国〕墨翟:《墨子》，明正统道藏本。

[100]〔南北朝〕庾信撰、〔清〕倪璠注:《庾子山集注》，清文渊阁四库全书本。

[101]〔宋〕王应麟:《诗地理考》，明津逮秘书本。

[102]〔清〕董诰辑:《全唐文》，清嘉庆内府刻本。

[103]〔清〕张维屏辑:《国朝诗人微略》，清道光十年刻本。

[104]〔清〕昭梿:《啸亭杂录》，清钞本。

[105]〔清〕彭元瑞:《宋四六话》，清海山仙馆丛书本。

[106]《诸子集成》，中华书局 1954 年版。

[107] 宿白:《白沙宋墓》，文物出版社 1957 年版。

[108] 何定生:《定生论学集》，幼狮文化事业公司 1978 年版。

[109] 西安半坡博物馆:《西安半坡》,文物出版社1982年版。

[110][英]福斯特:《小说面面观》,花城出版社1984年版。

[111]〔清〕康熙:《御定词谱》,影印文渊阁四库全书本,上海古籍出版社1987年版。

[112]〔清〕曾国藩著,萧守英等整理:《曾国藩全集·日记》,岳麓书社1988年版。

[113] 故宫博物院掌故部编:《掌故丛编》,中华书局1990年版。

[114]〔宋〕祝穆:《古今事文类聚》,上海古籍出版社1992年版。

[115] 叶舒宪:《诗经的文化阐释:中国诗歌的发生研究》,湖北人民出版社1994年版。

[116] 覃光广:《文化学辞典》,中央民族大学出版社1998年版。

[117]〔清〕严可均辑:《全上古三代秦汉三国六朝文》,中华书局1999年版。

[118] 陈高华、徐吉军:《中国风俗通史》,上海文艺出版社2001年版。

[119] 萧放:《岁时——传统中国民众的时间生活》,中华书局2002年版。

[120][英]马林诺夫斯基著,费孝通译:《文化论》,香港华夏出版社2002年版。

[121] 杨善清、杜久明:《中国殷墟:去安阳认识商代文明》,上海大学出版社2006年版。

[122] 刘大杰:《中国文学发展史》,百花文艺出版社2007年版。

[123] 李正民主编:《话本小说选》,三晋出版社2008年版。

[124] 钱玉林、黄丽丽:《中国传统文化辞典》,上海大学出版社2009年版。

[125] 陈炎:《中国风尚史》,山东友谊出版社2015年版。

[126] 厉以宁:《厉以宁经济史论文选》,商务印书馆2015年版。

[127] 许明:《华夏审美风尚史》,北京师范大学出版社2016年版。

[128]〔晋〕佛陀跋陀罗、法显译:《摩柯僧祇律》,大正新修大藏经本。

[129]〔南北朝〕畺良耶舍译:《佛说观无量寿佛经》,大正新修大藏经本。

[130]〔唐〕释澄观:《华严大疏钞》,大正新修大藏经本。

[131]《大藏经》，中国台湾新文丰出版公司影印。

[132] 詹鄞鑫:《神灵与祭祀——中国传统宗教综论》，江苏古籍出版社1992年版。

[133] 郭沫若:《中国古代社会研究》，科学出版社1964年版。

[134] 吕振羽:《史前期中国社会研究》，生活、读书、新知三联书店1961年版。

[135][英] 弗莱泽:《金枝》，中国民间文艺出版社中译本1987年版。

[136] 丁山:《中国古代宗教神话考》，上海文艺出版社1988年版。

[137] 刘晔原、郑惠坚:《中国古代的祭祀》，商务印书馆1996年版。

[138] 王铭铭:《社会人类学与中国研究》，生活·读书·新知三联书店1997年版。

[139] 高有鹏:《中国庙会文化》，上海文艺出版社1999年版。

[140][英] 布朗著、潘蛟等译:《原始社会的结构与功能》，中央民族大学出版社1999年版。

[141][德] 韦伯著，康乐等译:《韦伯作品集》，广西师范大学出版社2004年版。

[142] 招子明、陈刚:《人类学》，中国人民大学出版社2008年版。

[143][瑞士] 雅各布·坦纳著，白锡堃译:《历史人类学导论》，北京大学出版社2008年版。

[144][美] 罗伯特·芮德菲尔德:《农民社会与文化》，中国社会科学出版社2013年版。

字典、辞书、笔记、小说类

[1]〔汉〕许慎:《说文解字》，中华书局1963年版。

[2]〔汉〕许慎撰、〔清〕段玉裁注:《说文解字注》，上海古籍出版社1988年版。

[3]〔清〕郑珍:《说文新附考》，清光绪五年（公元1879年）姚氏刻咫进斋丛书本。

[4] 周法高主编:《金文诂林》，香港中文大学出版社1975年版。

［5］郭沫若:《卜辞通纂》，科学出版社 1983 年版。

［6］朱骏声:《说文通训定声》，中华书局 1984 年版。

［7］徐中舒主编:《甲骨文字典》，四川辞书出版社 1988 年版。

［8］罗振玉:《增订殷墟书契考释》，中华书局 2006 年版。

［9］白川静:《文字讲话》，东京平川社 2003 年版。

［10］〔春秋战国〕程本:《子华子》，明刻本。

［11］〔汉〕班固:《白虎通德论》，四部丛刊景元大德覆宋监本。

［12］〔汉〕郭宪:《汉武洞冥记》，明颜氏文房小说本。

［13］〔汉〕应劭著、王利器校注:《风俗通义校注》，中华书局 1981 年版。

［14］〔晋〕葛洪:《西京杂记》，中华书局 1985 年版。

［15］〔北魏〕杨衒之:《洛阳伽蓝记》，上海辞书出版社 1993 年版。

［16］〔南北朝〕刘义庆撰、刘孝标注:《世说新语》，四部丛刊景明袁氏嘉趣堂本。

［17］〔南朝梁〕宗懔撰、宋金龙校注:《荆楚岁时记》，山西人民出版社 1987 年版。

［18］〔唐〕刘餗:《隋唐嘉话》，明颜氏文房小说本。

［19］〔唐〕崔令钦:《教坊记》，明古今逸史本。

［20］〔唐〕慧琳:《一切经音义》，中国台湾大同书局 1985 年版。

［21］〔唐〕赵璘:《因话录》，清文渊阁四库全书本。

［22］〔唐〕段成式:《酉阳杂俎》，四部丛刊景明本。

［23］〔唐〕张说:《张燕公集》，四部丛刊景明嘉靖本。

［24］〔宋〕高承:《事物纪原》，武汉大学出版社 1997 年版。

［25］〔宋〕沈括著、胡道静校注:《梦溪笔谈校证》，上海古典文学出版社 1957 年版。

［26］〔宋〕蔡绦著，冯惠民点校:《铁围山丛谈》，中华书局 1983 年版。

［27］〔宋〕王得臣撰，俞宗宪点校:《麈史》，上海古籍出版社 2007 年版。

［28］〔宋〕洪迈:《容斋随笔》，上海古籍出版社 2015 年版。

［29］〔宋〕杨亿、陈师道撰，李裕民、李伟国辑校:《杨文公谈苑》，上海古籍出版社 2012 年版。

［30］〔宋〕彭百川:《太平治迹统类》，清文渊阁四库全书本。

［31］〔宋〕刘攽:《中山诗话》，中华书局 1981 年版。

［32］〔宋〕范镇撰、汝沛点校:《东斋纪事》，中华书局 1980 年版。

［33］〔宋〕彭乘:《续墨客挥犀》，中国台湾新兴书局 1988 年版。

［34］〔宋〕朱彧撰、李伟国点校:《萍洲可谈》，上海古籍出版社 1989 年版。

［35］〔宋〕叶梦得撰、侯忠义点校:《石林燕语》，中华书局 1984 年版。

［36］〔宋〕洪迈撰、何卓点校:《夷坚志》，中华书局 1981 年版。

［37］〔宋〕洪迈:《夷坚支志》，清景宋抄本。

［38］〔宋〕曾敏行撰、朱杰人点校:《独醒杂志》，上海古籍出版社 1986 年版。

［39］〔宋〕赵彦卫:《云麓漫钞》，清咸丰涉闻梓旧本。

［40］〔宋〕叶梦得:《避暑录话》，明津逮秘书本。

［41］〔宋〕孟元老:《东京梦华录》，文化艺术出版社 1998 年版。

［42］〔宋〕灌园耐得翁:《都城纪盛》，文化艺术出版社 1998 年版。

［43］〔宋〕无名氏:《西湖老人繁盛录》，文化艺术出版社 1998 年版。

［44］〔宋〕吴自牧:《梦粱录》，文化艺术出版社 1998 年版。

［45］〔宋〕周密:《武林旧事》，文化艺术出版社 1998 年版。

［46］〔宋〕周密:《齐东野语》，中华书局 1983 年版。

［47］〔宋〕周密:《癸辛杂识》，中国台湾商务印书馆 1986 年版。

［48］〔宋〕王辟之:《渑水夜谈录》，清知不足斋丛书本。

［49］〔宋〕罗烨:《醉翁谈录》，古典文学出版社 1957 年版。

［50］〔宋〕司马光:《涑水纪闻》，商务印书馆 1986 年版。

［51］〔宋〕张唐英:《蜀梼杌》，商务印书馆 1986 年版。

［52］〔宋〕王称:《东都事略》，商务印书馆 1986 年版。

［53］〔宋〕无名氏:《靖康朝野佥言》（丛书集成本），中华书局 1985 年版。

［54］〔宋〕王明清:《挥麈录》，商务印书馆 1934 年版。

［55］〔宋〕岳珂:《桯史》，中华书局 1981 年版。

［56］〔元〕王恽:《秋涧集》，四部丛刊景明弘治本。

［57］〔元〕陶宗仪著、文灏点校:《南村辍耕录》，文化艺术出版社 1998 年版。

［58］〔元〕陶宗仪等:《说郛三种》，上海古籍出版社 1988 年版。

［59］何高济据美国柔克义译注本译:《鲁布鲁克东行纪》，中华书局 1985 年版。

［60］［意］马可·波罗著、梁生智译:《马可·波罗游记》，中国文史出版社 1998 年版。

［61］〔元〕熊梦祥:《析津志》，北京古籍出版社 1983 年版。

［62］〔元〕刘埙:《水云村稿》，清文渊阁四库全书本。

［63］〔明〕余继登:《典故纪闻》，中华书局 1981 年版。

［64］〔明〕沈德符:《万历野获编》，清道光七年（公元 1827 年）姚氏刻同治八年（公元 1869 年）补修本。

［65］〔明〕沈德符:《万历野获编补遗》，中华书局 1959 年版。

［66］〔明〕陆深:《金台纪闻》（丛书集成初编本），商务印书馆 1936 年版。

［67］〔明〕胡应麟:《少室山房笔丛》，明万历刻本。

［68］邵伯温:《邵氏闻见录》，中华书局 1983 年版。

［69］〔明〕叶子奇:《草木子》，清乾隆五十一年（公元 1786 年）刻本。

［70］〔明〕李开先:《李中麓闲居集》，明刻本。

［71］〔明〕顾起元:《客座赘语》，明万历四十六年（公元 1618 年）自刻本。

［72］〔明〕袁中道:《珂雪斋集》，明万历四十六年（公元 1618 年）刻本。

［73］〔明〕李绍文:《皇明世说新语》，明万历刻本。

［74］〔明〕何良俊:《四友斋丛说》，中华书局 1959 年版。

［75］〔明〕张岱:《陶庵梦忆》，作家出版社 1995 年版。

［76］〔明〕祁彪佳:《越中园亭记》，清宣统绍兴公报社越中文献辑存书本。

［77］［朝鲜］朴趾源:《热河日记》，上海书店出版社 1997 年版。

［78］〔清〕史梦兰:《止园笔谈》，清光绪四年（公元 1878 年）刻本。

［79］〔清〕潘永因:《宋稗类钞》，清文渊阁四库全书本。

［80］〔清〕于敏中:《日下旧闻考》，清文渊阁四库全书本。

［81］〔清〕邓之诚著、邓珂点校:《骨董琐记》，北京出版社 1996 年版。

［82］〔清〕昭梿:《啸亭杂录》，中华书局 1980 年版。

［83］〔清〕谢章铤:《赌棋山庄词话》，清光绪十年（公元 1884 年）刻赌棋山庄全集本。

［84］〔清〕邓显鹤:《南村草堂文钞》，清咸丰元年（公元 1851 年）刻本。

［85］〔清〕黄协埙:《粉墨丛谈》，清香艳丛书本。

［86］〔清〕孙宝瑄:《忘山庐日记》，钞本。

［87］〔清〕李斗:《扬州画舫录》，清乾隆六十年（公元 1795 年）自然含刻本。

［88］〔清〕徐珂:《清稗类钞》，中华书局 1986 年版。

［89］〔清〕俞樾:《茶香室丛钞》，清光绪二十五年（公元 1899 年）刻春在堂全书本。

［90］〔清〕刘献廷:《广阳杂记》（丛书集成初编本），商务印书馆，中华民国二十六（公元 1937 年）年版。

［91］〔清〕刘廷玑撰、张守谦点校:《在园杂志》，中华书局 2005 年版。

［92］白云生:《白云生文集》，中国戏剧出版社 2002 年版。

［93］〔明〕施耐庵:《水浒传》，上海古籍出版社 2015 年版。

［94］〔清〕曹雪芹:《红楼梦》，文化艺术出版社 2014 年版。

［95］〔清〕李绿园著、栾星校注:《歧路灯》，中州古籍出版社 1998 年版。

［96］《笔记小说大观》，江苏广陵古籍刻印社 1983 年版。

［97］陕西省艺术研究所:《秦腔研究论著选》，陕西人民出版社 1983 年版。

［98］鲁迅:《中国小说史略》，广西人民出版社 2017 年版。

［99］谭正璧:《日本所藏中国佚本小说述考》，知行编译社，中华民国三十四（公元 1945 年）年版。

［100］张日凯:《新笔记小说选》，作家出版社 1992 年版。

［101］吴礼权:《中国笔记小说史》，商务印书馆 1993 年版。

［102］苗壮:《笔记小说史》，浙江古籍出版社 1998 年版。

论文类

一、学位论文

[1] 王福利:《辽金元三史乐志研究》，扬州大学 2001 年博士学位论文。

[2] 李方元:《宋史乐志研究》，扬州大学 2001 年博士学位论文。

[3] 喻意志:《〈乐府诗集〉成书研究》，上海师范大学 2002 年博士学位论文。

[4] 方成军:《宋代戏曲的考古学观察》，安徽大学 2003 年硕士学位论文。

[5] 江林:《〈诗经〉与宗周礼乐文明》，浙江大学 2004 年博士学位论文。

[6] 张国强:《宋代教坊乐制研究》，中国艺术研究院 2004 年博士学位论文。

[7] 郑长铃:《陈旸及其〈乐书〉研究》，福建师范大学 2004 年博士学位论文。

[8] 赫广霖:《戏曲与儒学》，山东大学 2005 年博士学位论文。

[9] 杜鹃:《汉代乐舞研究》，吉林大学 2006 年博士学位论文。

[10] 马海敏:《〈诗经〉宴飨诗考论——周代宴飨礼制度与宴飨诗关系研究》，首都师范大学 2007 年博士学位论文。

[11] 康瑞军:《宋代宫廷音乐制度研究》，上海音乐学院 2007 年博士学位论文。

[12] 蒋国江:《杨家将戏曲研究》，福建师范大学 2007 年硕士学位论文。

[13] 刘国芳:《〈诗经〉宴饮诗与周代礼乐文化》，西北师范大学 2007 年硕士学位论文。

[14] 孙娟:《〈诗经·大雅〉与礼乐文化研究》，首都师范大学 2008 年博士学位论文。

[15] 沈倩:《文物物语——论宋代戏曲文物与宋代演出》，上海戏剧学院 2009 年博士学位论文。

[16] 甄洪永:《明初经学研究》，山东大学 2009 年博士学位论文。

[17] 黄蓓:《清代剧坛“花雅之争”研究》，武汉大学 2010 年博士学位论文。

[18] 韩伟:《宋代乐论研究》，南京大学 2011 年博士学位论文。

［19］李敦庆:《魏晋南北朝礼仪用乐研究》，南京师范大学 2013 年博士学位论文。

［20］王斌:《明朝禁戏政策与明代戏剧研究》，南京大学 2013 年博士学位论文。

［21］余群:《孔子诗乐思想研究》，江西师范大学 2014 年博士学位论文。

［22］郑莉:《明代宫廷乐事与戏剧活动编年要录（1367—1645）》，华东师范大学 2014 年博士学位论文。

［23］徐丽鹃:《周代“六诗”与中国早期诗歌艺术形态研究》，江西师范大学 2014 年博士学位论文。

［24］栗建伟:《周代乐仪研究》，华中师范大学 2014 年博士学位论文。

［25］陈宏志:《中国台湾儒学的社会传播与发展》，南开大学 2014 年博士学位论文。

［26］刘霄霄:《宋代散乐研究》，河南大学 2014 年硕士学位论文。

［27］尹承:《〈太常因革礼〉研究》，山东大学 2015 年博士学位论文。

［28］韩云忠:《先秦儒家礼乐文化的德育价值研究》，山东师范大学 2015 年博士学位论文。

［29］付瑶:《古代宫廷宴乐舞的起源与流变研究》，中国艺术研究院 2015 年硕士学位论文。

［30］付玉立:《元代礼乐制度研究》，山西师范大学 2015 年硕士学位论文。

［31］陈惠卿:《晚明礼乐与教坊演剧考——自嘉靖改制说起》，华东师范大学 2015 年硕士学位论文。

［32］胡雅静:《“瞽矇”考——先秦盲人乐官的兴衰变迁》，哈尔滨师范大学 2016 年硕士学位论文。

［33］杨小英:《满清宫廷“昆弋承应宴戏”研究》，湖南科技大学 2016 年硕士学位论文。

［34］刘铁:《清宫月令承应戏考论》，《辽宁大学》2017 年博士学位论文。

二、期刊（报刊）论文

1980（含）年前

［1］刘师培:《舞法起于祀神考》,《国粹学报》1907 年第 4 期。

［2］刘守鹤:《伶工专记·导言》,《剧学月刊》1932 年第 1 期。

［3］庄清逸:《清代南府之沿革》,《上海画报》1932 年第 835、836 期。

［4］董作宾:《武王伐纣年月日今考》,民国四十年（公元 1941 年）十二月《中国“国立”台湾大学文史哲学报》第 3 期。

［5］朱光潜:《乐的精神与礼的精神——儒家思想系统的基础》,《思想与时代月刊》1942 年第 7 期。

［6］山东省博物馆:《山东安丘汉画像石墓发掘简报》,《文物》1944 年第 4 期。

［7］清逸居士:《南府之沿革》,《半月戏剧》1946 年第 6 卷第 1 期。

［8］许维遹:《飨礼考》,《清华学报》1947 年第 14 卷第 1 期。

［9］朱谦之:《凌廷堪燕乐考原跋》,《民铎杂志》第 8 卷第 4 号。

［10］陈能群:《论燕乐四声二十八调》,《同声月刊》第 1 卷第 11 期。

［11］王运熙:《说黄门鼓吹乐》,《光明日报》1954 年 5 月 10 日。

［12］任二北:《戏曲、戏弄与戏象》,《戏剧论丛》1957 年第 1 辑。

［13］梁济海:《韩熙载夜宴图的现实意义》,《文物参考资料》1958 年第 6 期。

［14］周贻白:《元代壁画中的元剧演出形式》,《文物》1959 年第 1 期。

［15］董 祥:《河南省偃师县酒流沟水库宋墓》,《文物》1959 年第 9 期。

［16］徐苹芳:《宋代的杂剧雕砖》,《文物》1960 年第 5 期。

［17］徐苹芳:《白沙宋墓中的杂剧雕砖》,《考古》1960 年第 9 期。

［18］周贻白:《北宋墓葬中人物雕砖的研究》,《文物》1961 年第 10 期。

［19］吴连成:《山西右玉宝宁寺水陆画》,《文物》1962 年第 Z1 期。

［20］章权才:《礼的起源和本质》,《学术月刊》1963 年第 8 期。

［21］山西文物管委会、山西考古研究所:《山西长治分水岭战国墓第二次发掘》,《考古》1964 年第 3 期。

［22］云南省历史研究所:《云南沧源崖画》,《文物》1966 年第 2 期。

[23] 济南市博物馆:《试谈济南无影山出土的汉代乐舞、百戏、宴饮陶俑》,《文物》1972 年第 5 期。

[24] 河南省博物馆:《济源泗涧沟村三座汉墓的发掘》,《文物》1973 年第 2 期。

[25] 内蒙古博物馆:《和林格尔发现一座重要的东汉壁画墓》,《文物》1974 年第 1 期。

[26] 湖南省博物馆:《长沙马王堆二、三号汉墓发掘简报》,《文物》1974 年第 7 期。

[27] 浙江省文管会、浙江省博物馆:《河姆渡遗址第一次发掘报告》,《考古学报》1978 年第 1 期。

[28] 陈多:《先秦古剧考略》,《戏剧艺术》1978 年第 2 期。

[29] 金维诺:《舞蹈纹彩陶盆与原始乐舞》,《文物》1978 年第 3 期。

[30] 青海省文管处:《青海大通县上孙家寨出土的舞蹈纹彩陶盆》,《文物》1978 年第 3 期。

[31] 常任侠:《北朝的拔头舞探源》,《南亚研究》1979 年第 1 期。

[32] 刘念兹:《宋杂剧丁都赛雕砖考》,《文物》1980 年第 2 期。

1981—1990 年

[1] 黄竹山:《元初戏剧演出的重要史证——山西新绛元墓戏雕考述》,《山西师院学报》1981 年第 2 期。

[2] 岑贤安、何成轩:《荀子不是从礼到法的过渡桥梁》,《学术论坛》1981 年第 4 期。

[3] 刘致中:《〈曲考〉即〈剧说〉考》,《文学遗产》1981 年第 4 期。

[4] 南阳市博物馆:《南阳县王寨汉画像石墓》,《中原文物》1982 年第 1 期。

[5] 吕品、周到:《唐河县电厂汉画像石墓》,《中原文物》1982 年第 1 期。

[6] 万依:《清代宫廷音乐》,《故宫博物院院刊》1982 年第 2 期。

[7] 李尤白:《梨园考论》,《人文杂志》1982 年第 5 期。

[8] 杨富斗:《山西新绛南范庄、吴岭庄金元墓发掘简报》,《文物》1983 年第 1 期。

［9］周到:《温县宋墓中散乐形式的研究》,《戏曲艺术》1983 年第 1 期。

［10］张思青、武永政:《温县宋墓发掘简报》,《中原文物》1983 年第 1 期。

［11］吕品:《河南荥阳北宋石棺线画考》,《中原文物》1983 年第 4 期。

［12］洛阳市文物工作队:《洛阳烧沟西 14 号汉墓发掘简报》,《文物》1983 年第 4 期。

［13］刘文峰:《从南阳石刻画像看汉代的乐舞百戏》,《河南戏剧》1983 年第 4 期。

［14］周到:《荥阳宋代石棺杂剧图考》,《戏曲艺术》1983 年第 4 期。

［15］张剑、王恺:《洛阳涧西三座宋代仿木构砖室墓》,《文物》1983 年第 8 期。

［16］浙江文物管委会、浙江考古研究所:《绍兴 306 号战国墓发掘简报》,《文物》1984 年第 1 期。

［17］周到:《温县宋杂剧雕砖摭谈》,《戏曲艺术》1984 年第 2 期。

［18］廖奔:《温县宋墓杂剧雕砖考》,《文物》1984 年第 8 期。

［19］杨常德:《清宫演剧制度的变革及其意义》,《戏曲艺术》1985 年第 2、3 期。

［20］周国雄:《山西洪洞明应王殿戏曲壁画新探》,《华南师范大学学报》1985 年第 3 期。

［21］高文:《四川汉画像石初探》,《四川文物》1985 年第 4 期。

［22］林沄:《释豊豐》,《古文字研究》1985 年第 12 辑。

［23］杨公骥:《西汉歌舞剧巾舞〈公莫舞〉的句读和研究》,《中华文史论丛》1986 年第 1 期。

［24］尧正:《互渗律:一种新的艺术关系》,《当代作家评论》1986 年第 2 期。

［25］修海林:《“乐”字初义及其历史沿革》,《人民音乐》1986 年第 3 期。

［26］何志国:《四川绵阳河边东汉崖墓》,《文物》1987 年第 3 期。

［27］寒声、栗守田等:《〈迎神赛社礼节传簿四十曲宫调〉注释》,《中华戏曲》1987 年第 3 辑。

［28］王元麟:《中国舞蹈的独特道路与审美特征》,《中国社会科学》1987

年第 6 期。

［29］［荷］伊维德:《院本是十五、十六世纪戏剧文学的次要形式》,《艺术研究》1988 年第 2 辑。

［30］马忠理:《北齐兰陵王高肃墓及碑文述略》,《中原文物》1988 年第 2 期。

［31］张新斌、王再建《温县宋代人物雕砖考略》,《考古与文物》1988 年第 3 期。

［32］周武彦:《“乐”义三辨》,《音乐艺术》1988 年第 3 期。

［33］冯其庸:《关于中国文化史的几点随想——廖奔著〈宋元戏曲文物与民俗〉序》,《文艺研究》19 年第 4 期。

［34］李献奇、王兴起:《洛宁县宋代杂剧雕砖试析》,《中原文物》1988 年第 4 期。

［35］赵逵夫:《我国最早的歌舞剧〈公莫舞〉演出脚本研究》,《中华文史论丛》1989 年第 1 期。

［36］河南省文研所:《河南舞阳贾湖新石器时代遗址第二次至第六次发掘简报》,《文物》1989 年第 1 期。

［37］黄翔鹏:《舞阳贾湖骨笛测音研究》,《文物》1989 年第 1 期。

［38］徐扶明:《折子戏简论》,《戏曲艺术》1989 年第 2 期。

［39］王中河:《浙江黄岩灵石寺塔发现北宋戏剧人物砖雕》,《文物》1989 年第 2 期。

［40］廖奔、杨健民:《河南洛宁上村宋金社火杂剧砖雕叙考》,《文物》1989 年第 2 期。

［41］王中河、卢惠来:《灵石寺塔戏剧砖刻脚色与台州戏曲之滥觞》,《东南文化》1990 年第 6 期。

［42］徐朔方:《金元杂剧的再认识》,《中华文史论丛》1990 年第 46 期。

1991—2000 年

［1］黄桂珍:《唐代说唱俑》,《文博》1991 年第 1 期。

［2］徐扶明:《试论雅部昆剧与花部乱弹》,《艺术百家》1991 年第 1 期。

［3］周华斌:《广胜寺“忠都秀”戏剧壁画新考》,《蒲剧艺术》1991年第4期。

［4］马忠理:《高肃及其〈兰陵王入阵曲〉》,《文物春秋》1992年第3期。

［5］赵逵夫:《三场歌舞剧〈公莫舞〉与汉武帝时代的社会现实》,《西北师大学报》1992年第5期。

［6］李明德、郭艺田:《安阳小南海宋代壁画墓》,《中原文物》1993年第2期。

［7］王廷信、黄竹三:《试论“目连文化”》,《民族艺术》1993年第4期。

［8］薛学仁:《元代宗教政策的演变及其特点》,《山西师大学报》1994年第1期。

［9］吴秀卿:《中国戏曲研究在韩国》,《戏剧艺术》1994年第1期。

［10］周华斌:《日本舞乐〈兰陵王〉源于中国——兼考〈兰陵王〉舞乐面具》,《戏剧》1995年第2期。

［11］戴云:《简论张照及〈劝善金科〉》,《戏曲艺术》1995年第3、4期。

［12］［韩国］吴秀卿:《〈拜月亭〉在杂剧、南戏中的演变》,《河北学刊》1995年第4期。

［13］朱家溍:《昇平署时代“昆腔”“弋腔”与“乱弹”的盛衰考》,《故宫博物院院刊》1995年第S1期。

［14］罗火金、王再建:《河南温县西关宋墓》,《华夏考古》1996年第1期。

［15］李晓:《昆剧表演艺术的“乾嘉传统”及其传承》,《艺术百家》1997年第4期。

［16］葛兆光:《一般知识、思想与信仰世界的历史》,《读书》1998年第1期。

［17］徐朔方:《从关汉卿的〈普天乐·崔张十六事〉说起》,《文学遗产》1998年第2期。

［18］董上德:《论元杂剧的文体特点》,《戏剧艺术》1998年第3期。

［19］胡芝风:《孔子儒学与戏曲审美精神》,《艺术百家》1998年第3期。

［20］姚小鸥:《〈公莫巾舞歌行〉考》,《历史研究》1998年第6期。

［21］李玫:《清代宫廷大戏三题》,《中国典籍与文化》1999年第1期。

[22] 王兆乾:《仪式性戏剧与观赏性戏剧》,《戏史辨》1999年第2辑。

[23] 孙景琛:《乐舞文化和舞蹈史学》,《文艺研究》1999年第5期。

[24] 冯俊杰:《金〈昌宁公庙碑〉及其所言"乐舞戏"考略》,《文艺研究》1999年第5期。

[25] 延保全:《山西蒲县宋杂剧石刻的新发现与河东地区宋杂剧的流行》,《文学前沿》2000年第1期。

[26] 陈双新:《释"乐"》,《河北大学学报》2000年第1期。

[27] 徐朔方:《牡丹亭和昆腔》,《文艺研究》2000年第3期。

2001—2010年

[1] 徐朔方:《评〈录鬼簿〉的得与失》,《文学遗产》2001年第1期。

[2] 戴申:《折子戏的形成始末》,《戏曲艺术》2001年第2期。

[3] [荷] 伊维德:《我们读到的是元杂剧吗?——杂剧在明代宫廷的嬗变》,《文艺研究》2001年第3期。

[4] 葛兆光:《历史乱弹》,《中国典籍与文化》2001年第1、2、3、4期。

[5] 郭英德:《中国古代文体形态学论略》,《求索》2001年第5期。

[6] 幺书仪:《晚清宫廷演剧的变革》,《文学遗产》2001年第5期。

[7] 李玫:《汤显祖的传奇折子戏在清代宫廷里的演出》,《文艺研究》2002年第1期。

[8] [韩] 吴秀卿:《从"文本"问题看中国戏剧研究的本质回归——兼谈韩国的中国戏剧研究》,《戏剧艺术》2003年第1期。

[9] 张婷婷:《试论孔子的音乐思想》,《艺术百家》2003年第1期。

[10] 汪祚民:《从〈仪礼〉"无算乐"看〈诗经〉作品的娱情功能》,《陕西师范大学继续教育学报》2003年第3期。

[11] 高红梅:《元杂剧中的少数民族因素》,《昭乌达蒙族师专学报》2003年第4期。

[12] 李山:《周初〈大武〉乐章新考》,《中州学刊》2003年第5期。

[13] 延保全:《温县西关宋墓杂剧雕砖叙考》,《中华戏曲》2003年第28辑。

[14] 廖奔:《清宫大戏》,《书品》2004年第6辑。

[15] 延保全:《蒲县窝皇庙宋杂剧石雕香台订名及年代判定的一个旁证》,《中华戏曲》2004年第31辑。

[16] 李清泉:《宣化辽墓壁画散乐图与备茶图的礼仪功能》,《故宫博物院院刊》2005年第3期。

[17] 汪晓云:《从仪式到艺术:中国戏剧发生学》,《民族艺术》2005年第4期。

[18] 王贵祥:《关于中国古代宫殿建筑群基址规模问题的探讨》,《故宫博物院院刊》2005年第5期。

[19] 吴敢:《说戏曲散出选本》,《艺术百家》2005年第5期。

[20] 曾永义:《从格范、开呵、穿关到程式》,《戏曲研究》2005年第68辑。

[21] 赵维平:《中国历史上的散乐与百戏》,《中央音乐学院学报》2006年第1期。

[22] 胡天虹:《论宋、元、明、清时期中国说唱音乐的艺术形态》,《乐府新声》2006年第1期。

[23] 宋俊华:《山陕会馆与秦腔传播》,《文艺研究》2006年第2期。

[24] 延保全:《从戏曲文物看宋金元杂剧的脚色行当》,《中华戏曲》2006年第34辑。

[25] 汪晓云:《重构戏剧史:从戏剧发生开始》,《文艺研究》2006年第9期。

[26] 韩启超:《宋代宫廷燕乐盏制探微》,《交响》2007年第1期。

[27] 张荣华:《文化史研究中的大小传统关系论》,《复旦大学学报》2007年第1期。

[28] 王旭瑞:《历史之为记忆:黄帝祭祀的流变》,《社会科学评论》2007年第2期。

[29] 王福才、车文明:《对宋元明清民间祭祀组织"社"与"会"的初步考察》,《中华戏曲》2007年第35辑。

[30] 项阳、张咏春:《从〈朝天子〉管窥礼乐传统的一致性存在》,《中国音乐》2008年第1期。

[31] 许在扬:《陈旸及其〈乐书〉研究中的一些问题》,《黄钟》2008年第

2 期。

［32］王宁:《唐戏“钵头”别解》,《民族艺术》2008 年第 4 期。

［33］项阳:《传统音乐的个案调查与宏观把握——关于“历史的民族音乐学”》,《中国音乐》2008 年第 4 期。

［34］解玉峰:《从全本戏到折子戏——以汤显祖〈牡丹亭〉的考察为中心》,《文艺研究》2008 年第 9 期。

［35］周侃:《唐代中后期宫廷宴飨与乐舞百戏表演场所考察——以勤政楼、花萼楼、麟德殿、曲江为考察中心》,《中华戏曲》2008 年第 38 辑。

［36］杨宁:《元杂剧中僧道形象的类型分析》,《语文学刊》2009 年第 1 期。

［37］李慧:《折子戏研究》,《民族艺术》2009 年第 1 期。

［38］黎国韬:《论中古假面戏群》,《西域研究》2009 年第 1 期。

［39］曾凡安:《试论清宫演剧的礼乐性质》,《浙江学刊》2009 年第 2 期。

［40］曾凡安:《礼乐文化与晚清宫廷演剧的变革》,《文学遗产》2009 年第 3 期。

［41］杨宁:《元杂剧中僧道形象世俗化原因探析》,《天中学刊》2009 年第 4 期。

［42］冯健:《四川泸州宋墓杂剧、大曲石刻考》,《四川文物》2009 年第 6 期。

［43］叶平:《北宋儒学复兴的社会原因》,《社会科学家》2009 年第 6 期。

［44］延保全:《宋杂剧演出的文物新证——陕西韩城北宋墓杂剧壁画考》,《文艺研究》2009 年第 11 期。

［45］康保成:《陕西韩城宋墓壁画考释》,《文艺研究》2009 年第 11 期。

［46］姚小鸥:《韩城宋墓壁画杂剧图与宋金杂剧“外色”考》,《文艺研究》2009 年第 11 期。

［47］延保全:《末泥色及其文物图像小考》,《中华戏曲》2009 年第 39 辑。

［48］延保全:《引戏色及其文物图像小考》,《中华戏曲》2009 年第 40 辑。

［49］［韩］吴秀卿:《中国戏曲在韩国的传播与接受》,《戏曲研究》2009 年第 79 辑。

［50］焦海民:《韩城盘乐宋墓杂剧壁画初步考察》,《戏曲研究》2009 年第

79 辑。

[51] 项阳:《中国礼乐制度四阶段论纲》，载《音乐艺术》2010 年第 1 期。

[52] 项阳:《礼乐、雅乐、鼓吹乐之辨析》,《中央音乐学院学报》2010 年第 1 期。

[53] 范丽敏、高臻丽:《清内廷演戏机构南府、景山沿革考察》,《燕赵学术》2010 年第 2 期。

[54] 冯兵:《生存智慧、人文理性与中和精神——中国礼乐起源与发展的内在理路》,《学术月刊》2010 年第 2 期。

[55] 曾凡安:《礼乐视野下的清代地方官府演剧初探》,《浙江学刊》2010 年第 3 期。

[56] 李玫:《明清戏曲中“小戏”和“大戏”概念刍议》,《文学遗产》2010 年第 6 期。

[57] 季伟:《汉画像中巾舞的艺术与历史价值》,《史学月刊》2010 年第 8 期。

[58] 林乐昌:《唐宋儒学转型略论》,《国际儒学研究》2010 年会议论文。

2011—2018 年

[1] 张鹤泉:《北魏皇帝赐宴考略》,《史学集刊》2011 年第 1 期。

[2] 李建栋:《西域歌舞戏东渐与北齐戏剧之蜕变》,《民族文学研究》2011 年第 1 期。

[3] 赵兴红:《戏曲传承中的“优谏”精神》,《现代传播》2011 年第 1 期。

[4] 伊永文:《孟元老考》,《南开学报》2011 年第 3 期。

[5] 章宏伟:《故宫博物院清朝宫廷戏剧文献收藏现状》,《戏曲艺术》2011 年第 3 期。

[6] 刘希里:《唐代歌舞戏考略》,《四川戏剧》2011 年第 4 期。

[7] 刘洋:《北宋儒学复兴运动的原因与内容》,《安徽广播电视大学学报》2011 年第 4 期。

[8] 吴瑾:《论宫廷宴飨文化对明代庆赏剧的影响》,《传奇·传记文学选刊》2011 年第 5 期。

[9] 车文明:《北宋"舞楼"碑刻的新发现》,《文学遗产》2011 年第 5 期。

[10] 黄敏学:《清代宫廷音乐管理体制的时代特征及其近代转型》,《江淮论坛》2011 年第 6 期。

[11] 元鹏飞:《中国戏曲脚色的演化及意义》,《文艺研究》2011 年第 11 期。

[12] 葛兆光:《清代学术史与思想史的再认识》,《中国典籍与文化》2012 年第 1 期。

[13] 项阳:《词牌、曲牌与文人、乐人之关系》,《文艺研究》2012 年第 1 期。

[14] 李慧:《折子戏研究中的几个概念》,《文化与传播》2012 年第 2 期。

[15] 李志刚:《周代宴飨礼的功能》,《古代文明》2012 年第 4 期。

[16] 李守奎:《清华简〈周公之琴舞〉与周颂》,《文物》2012 年第 8 期。

[17] 朱寿桐:《戏剧本质体认与中国现代戏剧的经典化运作》,《中国社会科学》2013 年第 1 期。

[18] 项阳:《雍、乾禁乐籍与女伶:中国戏曲发展的分水岭》,《戏曲艺术》2013 年第 1 期。

[19] 邓声国:《先秦礼学影响早期文学生存之研究视阈考察》,《江西科技师范大学学报》2013 年第 1 期。

[20] 王东明:《论梨园研究》,《戏剧丛刊》2013 年第 1 期。

[21] 李英:《从承应戏看清王室对吉祥文化的崇拜》,《吉林师范大学学报》2013 年第 2 期。

[22] 韩丽萍:《戏曲初始形态形成及其意义》,《戏曲艺术》2013 年第 4 期。

[23] 柏互玖:《先秦礼乐大曲〈大武〉研究》,《温州大学学报》2013 年第 5 期。

[24] 江林昌:《清华简与先秦诗乐舞传统》,《文艺研究》2013 年第 8 期。

[25] 赵杨:《清代宫廷戏曲活动综述》,《紫禁城》2013 年第 11 期。

[26] 王奕祯:《从仪式到娱乐:戏曲闹热性的发生逻辑》,《中华戏曲》2013 年第 46 辑。

[27] 王俊:《"优谏"传统的根源》,《天水师范学院学报》2014 年第 1 期。

[28] 车文明:《诸宫调创始人孔三传新解》,《文艺研究》2014 年第 2 期。

［29］王小盾:《朝鲜世宗时期的礼乐及其同中国的关联》,《曲学》2014 年第二卷。

［30］王冉:《〈兰陵王入阵曲〉的千古传颂及渊源流变》,《河北学刊》2014 年第 3 期。

［31］汪舒旋:《汉魏六朝儒家礼乐制度类文献考述》,《社会科学研究》2014 年第 4 期。

［32］辛雪峰:《陕西韩城北宋杂剧壁画与戏曲的形成》,《戏曲艺术》2014 年第 5 期。

［33］孙尚勇:《相和歌表演程式演进考论》,《文学遗产》2014 年第 6 期。

［34］丁鼎:《儒家礼乐文化的价值取向与中华民族精神》,《山东师范大学学报》2014 年第 6 期。

［35］时俊静:《“花雅之争”研究中的歧见与困境》,《戏剧艺术》2014 年第 6 期。

［36］郑金刚:《清代中后期社会控制方式转变的得失》,《光明日报》2014 年 6 月 25 日。

［37］程旭:《长安地区新发现的唐墓壁画》,《文物》2014 年第 12 期。

［38］薛晓金:《清宫演剧中的节令戏》,《戏曲艺术》2015 年第 1 期。

［39］项阳:《“礼乐文明”的困惑》,《中国音乐学》2015 年第 1 期。

［40］黄婧:《宋杂剧在两宋宫廷宴飨中的演进》,《曲学》2015 年第 3 卷。

［41］康保成:《新发现的四方北宋铭文杂剧砖雕考》,《中原文物》2015 年第 4 期。

［42］徐燕琳:《杂剧文体探源》,《戏剧艺术》2015 年第 4 期。

［43］廖奔:《北宋杂剧艺人肖像雕砖的发现》,《中原文物》2015 年第 4 期。

［44］曾永义:《“永嘉杂剧”应成立于北宋》,《扬州大学学报》2015 年第 4 期。

［45］胡博:《清代宴飨乐舞“庆隆舞”形态初探》,《北京舞蹈学院学报》2015 年第 5 期。

［46］周华斌:《乞儿驱傩与宋杂剧——韩城“北宋杂剧图”壁画读解》,《戏剧》2015 年第 5 期。

[47] 李娟:《中国古代礼乐制度对乐舞创作的影响》,《大舞台》2015年第5期。

[48] 姚小鸥、王克家:《"外乐"与秦汉乐官制度》,《文艺研究》2015年第8期。

[49] 杨倩丽、郭齐:《论宋代御宴簪花及其礼仪价值》,《江西社会科学》2015年第12期。

[50] 姚晓鸥、孟祥笑:《唐墓壁画演剧图与〈踏摇娘〉的戏剧表演艺术》,《文艺研究》2016年第1期。

[51] 车文明:《北宋乡村庙宇舞楼碑刻在戏曲史建构中的价值》,《中国文学研究》2016年第1辑。

[52] 项阳:《中国人情感的仪式性诉求与礼乐表达》,《中国音乐》2016年第1期。

[53] 贾芳芳、宋学文:《宋代儒学教育的演变、特点及其启示》,《河南大学学报》2016年第1期。

[54] 项阳:《"兴于诗,立于礼,成于乐"辨析》,《音乐研究》2016年第2期。

[55] 黎国韬:《汉唐时期的戏剧》,《中国社会科学报》2016年7月5日。

[56] 梁帅:《〈啸亭杂录〉中的清代戏曲史料刍论》,《戏曲艺术》2016年第4期。

[57] 赵志飞、牛白琳:《从忠都秀壁画看元代戏曲活动》,《吉林艺术学院学报》2016年第5期。

[58] 徐阳:《近三十年昆剧折子戏研究综述》,《文教资料》2016年第9期。

[59] 麻国钧:《〈兰陵王〉:游弋在中日韩演艺史中的舞魂》,《中国古代小说戏剧研究》2016年第12辑。

[60] 范春义:《戏剧图像的价值及判定方法》,《文艺研究》2017年第1期。

[61] 张勇风:《宋代伎艺形态与〈张协状元〉的文本生成》,《文艺研究》2017年第1期。

[62] 项阳:《礼俗·礼制·礼俗——中国传统礼乐体系两个节点的意义》,《中国音乐学》2017年第1期。

[63] 刘薇:《从娱乐到礼乐:顺治朝演剧政策研究》,《戏剧艺术》2017年第1期。

［64］韩文慧:《钵头小考》,《新疆艺术学院学报》2017 年第 4 期。

［65］何娟:《豫西北唐宋民间戏剧史料述考》,《戏剧文学》2017 年第 4 期。

［66］宫文华:《梆子腔的起源、流布及其与道情之关系》,《文化遗产》2017 年第 5 期。

［67］徐建国:《清宫“赵云戏”武打艺术论》,《戏曲艺术》2017 年第 5 期。

［68］邢志向:《从山西晋南戏曲砖雕看宋金元杂剧的发展衍变》,《音乐创作》2017 年第 12 期。

［69］孟祥笑:《图像史学与〈唐墓壁画演剧图〉研究的若干问题》,《文艺研究》2018 年第 1 期。

［70］黄嫦首:《对剧作〈韩熙载夜宴图〉戏剧性的初探》,《东华理工大学学报》2018 年第 1 期。

后　记

曾经以为，人生的某个阶段只是一个过渡，是为了到达更高的阶段。当书稿接近尾声时，蓦然回首，才发现人生的每一个阶段都值得珍惜，不问得失，无论成败。提笔书写后记，心中感慨良多。十余年漫长的工作生涯，有如白驹过隙，往事恍如昨日。我是一个坚持奇怪原则的人，总认为有些事自己可能不会去做，也不应该去做。比如当年的考研、考博，现今的出书。但时间可以改变一切。十年前有青春，有梦想，有抱负；十年后有压力，有坚持，有担当，也有了很多不得不做的事。

书稿是在我博士论文的基础上加工修改而成的，其中饱含着太多人的心血。在此付梓之际，心中充满感激之情。千言万语化作一个词，那就是“感谢”！

感谢恩师车文明教授！先生学养深厚，为人谦逊，工作认真负责，对弟子关怀备至。在千头万绪的行政工作之余，仍以饱满的热情和勤勉的态度投入戏曲文物的研究，尤其是剧场史的研究，经常利用休息时间外出考察。先生时常教导我们作学术研究要沉下心来，甘于坐冷板凳，要耐得住寂寞，忍得住孤独，把基础打扎实；还告诉我们要走出去，做好田野考察工作，要读懂“天地”这部大书。在书稿写作的过程中，先生的关怀更是无处不在。无论是选题、构思，还是材料的筛选、文章的结构，先生都提出了建设性的意见和建议；在细节性的构词、造句，以及段落的安排等方面，也都认真地反复修改。先生不仅是我学术的导师，还是人生的导师。他不止一次地对我说：“学术乃天下公器”，告诫我要兢兢业业为学，踏踏实实做人。在学习、工作、生活等方面，先生都给予了真切的关怀。感谢先生！感谢您教我学习，教我生活，教我做人！

感谢黄竹三教授！先生治学严谨，高山仰止，大家风范，儒雅高洁。每次促膝，都能侃侃而谈；谆谆教诲，至今犹在耳畔。在书稿的写作过程中，先生给出了一些可行而富有建设性的建议，让我少走了好多弯路。在此，深表谢意！

感谢冯俊杰教授！先生为人豁达，颇有东北汉子的气度。待人真诚，热情好客；风趣健谈，记忆力极好。一部《二十四史》，先生如数家珍。治学严谨，对学生要求严格。我的硕士论文，先生一看就说这张照片搞不懂是在开会还是在看戏，我及时更改，才避免了简单的错误。博士期间，先生年迈，不敢经常去打扰。有幸在其主持的“山西民间小戏丛书”项目中，再次与先生合作。交流期间，先生就我书稿的选题提出了很多中肯的建议。感谢冯先生！

感谢延保全教授！先生博学儒雅，多才多艺，眷眷之心，至今犹记。2015年深秋，上课之余，延老师带领我们赴侯马、稷山、新绛三地考察戏曲文物。在侯马董氏墓和稷山段氏墓中，第一次见到了叠涩顶，之后，我对叠涩顶的理解才与建筑学书中的记载联系起来，真正实现了文献与文物的结合。感谢延先生！

感谢曹飞教授！先生德学双馨，待人诚恳，谈笑间见风趣，严肃中蕴期许。工作之余，先生经常与我们一起促膝而谈，开怀大笑。与先生相处，少了几分师生间的严肃，多了几分朋友间的亲切。先生经常教导我们：做人要本分，要坦荡，要心存敬畏和感恩，不管身处顺境抑或逆境，都要保持善良和童真。如此，方能立于天地之间，无愧于心。感谢曹先生！

在博士阶段的求学过程中，张天曦、亢西民、王星荣、范春义、薛耀文、吕文丽、姚春敏、王志峰等老师的多方指导和帮助，让我夯实了研究基础，拓宽了研究思路，开阔了学术视野。张天曦老师的《戏剧美学研究》理论性强，覆盖面广，视野开阔，贯通中西。亢西民老师的《西方戏剧研究》纵横古今，立足当下，对西方当代的一些戏剧大师及其作品的解读深入浅出、细致入微，让我这个有着外国戏剧教学经验的学生受益良多。范春义老师的课结合当下实际，分析戏剧研究的热点问题，切中肯綮，启人良多。吕文丽老师学问精深、童心不泯，她的课堂更是妙语连珠，充满了欢声笑语。老师们的传授，让我收获多多，终生受用不尽。在此，共致谢忱！

感谢所内王福才、孙俊士、许江娥、郭文顺、杨飞、孔美艳、郝成文、甄洪永、陈美青、杨慧、闫春、朱瑶、刘于峰、张勇风、孟伟、曾德元、王艳等老师。王福才老师多次不厌其烦地为我打印论文，借书给我，帮我查找资料；孙俊士师兄为人豁达，乐观向上，多次帮我排忧解难；曾德元、王艳等老师工作勤恳，任劳任怨，对学生认真负责，体贴周到。诸位师友的悉心指导和无私奉献，让我感受到了戏剧与影视学院这个大家庭的温暖。另外，读博期间，文学院的高建旺老师、研究生院的王剑锋老师都给予我许多帮助。谨祝老师们身体康健，工作顺利，阖家幸福！

感谢为我的书稿的选题和写作提供切实帮助的校外专家。2016 年 12 月，在上海大学举办的“纪念汤显祖逝世 400 周年学术研讨会”上，周华斌先生的谈话对我启发良多；在 2018 年博士论文答辩期间，麻国钧先生给我推荐云南大学刘蓝教授主编的《二十四史音乐志》，让我省去了许多收集、查找资料之烦，并不吝垂爱，为本书作序；在西北民族大学举办的“元代文学研讨会”上，元鹏飞先生充分肯定了我书稿选题的价值；李宝宗先生亲自带我参观郑州市华夏文化艺术博物馆，并免费提供照片。感谢他们的帮助，让我的写作得以如期完成。

感谢王潞伟、陈继华、陈仕国、刘一瑾、段飞翔、段金龙、赵丹荣、颜伟、付钰、孙学虎、赵文国、钱海鹏、吉俊虎、景徐媛、张华、吕文丽、薛婧、刘文华、李言实、窦金启、付增芝、苏冠元、黄华等诸位学友。你们的帮助和关爱伴我度过孤独、快乐的博士时光。愿友谊地久天长，好人一生平安。感谢你们！

感谢戏曲文物研究所。这里学风浓郁，厚重深沉，博大包容。用“戏曲”与“文物”这两个词概括研究所的特色，再合适不过。“戏曲”者，包罗万象，兼收并蓄，中华文化尽显其中；“文物”者，积淀既久，沉着冷静，五千年历史在这里驻足。这里是大师的摇篮，学子的熔炉。一代代学人从这里走出，奔向祖国的四面八方。进入新世纪以来，改名戏剧与影视学院，这充分彰显出研究所走向世界、接纳四海宾朋的广阔胸襟。能有幸成为其中一分子，真是三生之福。祝愿研究所越办越好，前景一片光明！

当然，传统戏曲博大而精深，学术道路艰难而漫长。可能我的研究远未达到冰山一角，但似乎已经感到身心俱疲。望洋兴叹之余，只能沉思：学海无涯，何处是岸？但历史终会证明：时间属于奋斗者！漫漫长路既已开启，吾将继续笃定前行。不问得失，无论成败！

宫文华

2020 年 1 月 6 日于山西大同